Barlay · Die geheimen Geschäfte

Stephen Barlay

Die geheimen Geschäfte

Begegnungen mit Industriespionen

Ullstein

Verlag Ullstein GmbH, Frankfurt/M. · Berlin · Wien

Deutsche Ausgabe nach dem englischen Original-Manuskript »Double Cross«
Aus dem Englischen übersetzt von Karl Ludwig Graf

Satz und Druck: Süddeutsche Verlagsanstalt, Ludwigsburg
Printed in Germany 1973
ISBN 3 550 07670 3

Inhalt

Kriegserklärung 7

Die Akte Kubik 12
Versteigerung in Bangkok 18
Amateure, Spieler, Professionelle 22
Tod in San Francisco 28

Nachmacher 32
Strumpfhosen-Krieg 39 – Genehmigung zum Heilen – oder zum Töten 52

Kopfjäger 64
Frei geboren, um zu verraten? 80

Prinz Philip gab mir einen Tip 89
Was ist fair? 94 – Wie heißt das Spiel? 100
Die Spielregeln 104

Das Reich der unbegrenzten Möglichkeiten 121
Wanzenhändler und Stereo-BHs 131
»Da läuft es einem heiß und kalt über den Rücken« 140

Sex 154
Sex ist Wahlfach 164 – Ein Vogel im Busch 175

Computer-Knacker 188
Mit Bargeld macht man Vermögen 198

Suchet und wir werden finden 205
Beförderung zum Tode 221

Die Kubik-Akte Nr. 2 230
Nicht nur die Industrie 244

Die Regierung spielt mit 265
Kulis gegen Cocktail-Schwenker 270

Register 284

Kriegserklärung

Der Himmel hing tief, und die Londoner Dunstglocke lag unverrückbar wie der Deckel eines Schnellkochtopfes über dem Flughafen Heathrow. Verfrorene Menschen quollen aus Taxen und Autos, um wenig später im milden, wärmenden Kunstlicht der Abflughalle aufzutauen. Man schrieb das Jahr 1971, und es war ein guter Tag für all jene kleinen Gauner und frisch geschiedenen Skandalnudeln, deren Geschichtchen von der ersten britischen Massenausweisung 105 sowjetischer Diplomaten wegen Industrie-Spionage aus den Zeitungen verdrängt worden waren.

Die Beamten der Special Branch durften sich langsam entspannen: die Tupolews mit ihren »Ausweisungs-Spezialisten« an Bord waren fort. Der Dienst lief wieder nach Plan, oberflächliche Paßkontrolle erschöpfte sich in Zeitlupen-Nicken, atemlose Passagiere stürzten vorbei, um in zollfreien Waren zu schwelgen, ein »Mr. Khrmmmmmm, Verzeihung, Mr. Krhmmmmmm aus Sambia« wurde dringend am Informationsschalter verlangt, die Mädchen mit den Megaphonen litten keinen Mangel an Aufrufen, Warnungen und ständiger Bestätigung eigener Wichtigkeit, und noch war der Abflug der Pendelmaschine nach Paris nicht angesagt.

Zwei hochgewachsene Herren von der Art jener schwer zu beschreibenden City-Geschäftsleute »entstiegen« einem gut bereiften Bentley, sich wohl der Tatsache bewußt, daß man aus einem solchen Gefährt nicht einfach aussteigen kann. Man darf annehmen, daß niemand ihnen besondere Aufmerksamkeit widmete, wenn wir von einem gelangweilt gen Himmel blickenden Mann absehen, den sie an der Tür passierten, und von einem anderen, der hinter ihnen aus einem blauen Cortina gestiegen war, und vielleicht auch von jenem eifrigen Luftbeobachter, der mit einem starken 10 x 50-Glas die Frau mittleren Alters am Steuer des Bentley beobachtete, wie sie diesen in eine Parklücke lavierte.

Zum Check-in suchten die Insassen des Bentley den vornehmen Schalter mit dem Schild »Nur Handgepäck« auf, gingen anschließend die Treppe hinauf und ließen sich an einem Tisch der Cafeteria nieder, sich die Mühe sparend, vor dem Selbstbedienungsbuffet Schlange zu stehen. Sie unterhielten sich leise, aber nicht zu leise, in Deutsch über sorgfältig ausgesuchte Belanglosigkeiten. Wenige Minuten später ließ sich ihre Fahrerin mit drei Tassen Kaffee bei ihnen nieder. Sie saß teilnahmslos, bis der Herr mit dem Silberhaar aufstand, um einen Berg englischer, französischer und deutscher

Zeitungen zu kaufen. Die Frau, offensichtlich Sekretärin, wandte sich an den anderen: »Noch einen Brief, sagten Sie?«

»Ach ja.«

Ihr Notizblock war in Leder gebunden. Er diktierte in einwandfreiem Englisch ohne die Spur eines Akzentes. Es handelte sich um einen Entschuldigungsbrief an einen wohlbekannten britischen Finanzmann, dessen Diners zur regelmäßigen Futterstelle einer ausgewählten Herde von Industriegrößen geworden waren. Bedauerlicherweise mußte der Schreiber die Einladung zu einem Essen wegen unglücklicher und nicht vorhersehbarer Umstände absagen.

»Ist das alles?«

»Ich glaube wohl.«

Die Maschine nach Paris wurde aufgerufen. Sie ließ die Notizen in ihre wildlederne Handtasche gleiten und fragte sich, was sie so unendlich traurig stimmte. War es der bevorstehende Verlust eines großzügigen Chefs? War es die Tatsache, daß sie einen Monat Zeit hatte, die Büromöbel zu verkaufen und den Mietvertrag zu kündigen oder die Lohnfortzahlung für einen Monat und das Überbrückungsgeld für einen weiteren Monat, das ihr helfen sollte, auf der Suche nach einer neuen Anstellung über das ständige »Ja, ja sicher, aber unser Direktor sucht nach einer etwas weniger erfahrenen (jüngeren) Kraft« hinwegzukommen? Oder war es vielleicht doch der Umstand, daß sie während der letzten sechs Jahre möglicherweise einem Verräter, Betrüger, Spion oder einem Vertreter ähnlicher Sparte gedient hatte?

Die beiden Herren schlenderten zur Paßkontrolle. Der flüchtige Blick des Beamten haftete für Bruchteile einer Sekunde auf jemandem in der Schlange hinter den beiden Passagieren. Dann dankte er ihnen mit einem Nicken. Das Paar hatte die letzte Station auf dem Kreuzweg des Luftreisenden erreicht. Sie standen in einer Ecke und verzichteten auf einen Erfrischungstrunk an der Theke.

Bald darauf befanden sie sich in den endlosen Tunnels, die zum Flugzeug führten. Sie kamen an einem Mann vorbei, der gelangweilt auf seine Schuhe starrte. Ein anderer hinter ihnen machte vor dem letzten Durchgang halt. Der gelbe Sonnenschutz eines Luftbeobachterglases drehte sich langsam und folgte ihnen über den Asphalt bis zum Ende der Treppe.

Die drei Tassen Kaffee in der Cafeteria waren unberührt geblieben. Mr. Khrmmmmmm aus Sambia wurde von einer nicht verzweifelnden Stimme noch immer gesucht. Der blaue Cortina folgte dem Bentley unauffällig bis zu einer Garage, in der die Fahrerin einen langfristigen Mietvertrag auflöste.

Dies alles schildert im Grunde nichts anderes als die rücksichtsvollste Ausweisung in der langen Geschichte des Abschiebens unerwünschter Ausländer. Aber darin sollte sich die Bedeutung des Vorganges nicht erschöpfen.

Die beiden Herren trennten sich in Le Bourget. Der eine wurde von einer nicht mehr ganz jungen Sekretärin in einem Mercedes abgeholt. Der andere mit dem Silberhaarschopf nahm eine Maschine nach Frankfurt, wo ich ihn schließlich im Frühjahr 1972 bei Kaffee und Kuchen wiedertraf.

Er ist ein »alter Hase auf dem Feld der Politik« (seine eigene Definition), ehemaliger Bundestagsabgeordneter, und für nichts weniger berühmt als für seine Abneigung, gegen Honorar oder für politischen Vorteil der Presse Informationen zuzuspielen. Warum er sich mir eröffnete, weiß er allein.

Nach einer anschaulichen Schilderung der Szene auf dem Flughafen Heathrow kam er auf den Kern der Angelegenheit: »Okay, der Deutsche, über den wir sprechen, ist Kaufmann. Zumindest etwas Ähnliches. Klar? Nehmen wir an, die britische Regierung hatte recht mit ihrer Behauptung, er habe britischen Firmen großen Schaden zugefügt. Es war die Rede von einigen hundert Millionen Pfund. Schön. Aber was hat er denn getan? Er kaufte und verkaufte Informationen. Das war seine Ware. Was für Informationen? Ich weiß es nicht. Die britische Regierung weiß es offenbar auch nicht. Sie behauptet, es habe sich um sehr wertvolle Angebote im Zusammenhang mit internationalen Großprojekten gehandelt, und sein Eingreifen sei schuld daran, daß einigen britischen Firmen die Aufträge weggeschnappt worden seien. Ein Verlust, meinetwegen ein großer Verlust, aber kein nationales Unglück, selbst unter der Voraussetzung, daß Großbritannien dringend gesteigerter Deviseneinnahmen bedarf. Aber rechtfertigt das eine Ausweisung? Es gab keinen Krieg, und er war kein Spion. Nicht wie die Kommunisten, bei denen der Fall klarliegt. Sie spionieren bei uns, wir bei ihnen; es kommt zu einigen Ausweisungen, gefolgt von einem diplomatischen Notenwechsel, aber niemand ist wirklich verärgert. Dieser Fall liegt anders. Verstehen Sie? Dieser Mann ist nicht und war niemals ein deutscher Agent. Er hatte mit unserer Regierung nichts zu tun. Wenn er ein Industriespion ist oder ein Geheimagent in Sachen Wirtschaft, dann vertritt er nur sich selbst. Er tut dasselbe wie viele andere aus anderen Ländern überall in der Welt. Insofern durfte man ihn nicht als Spion des Landes verweisen. Okay.«

Mein Gesprächspartner unterbrach sich nur, um neuen Kaffee zu bestellen, den er offenbar brauchte, um seine Entrüstung hinunterzuspülen.

»Also. Ist er ein Verbrecher? Wo sind die Beweise? Selbst die angeblich geschädigten Firmen weigern sich, gegen ihn auszusagen. Worin besteht denn sein Vergehen? Wo ist das Gesetz, gegen das er verstoßen haben soll? Jedermann kauft Informationen. Wenn Sie die Financial Times oder die Neue Zürcher Zeitung kaufen, dann kaufen Sie Informationen. Ist das ein Verbrechen? Nun gut. Es gibt noch andere ungewöhnliche Wege, sich Informationen zu beschaffen.

Nehmen Sie meinen eigenen Fall. Es war auf einem Linienflug nach New York in den frühen fünfziger Jahren, als ich zum ersten Mal davon hörte, daß die Abhörbefugnisse der Alliierten gewissen britischen und amerikanischen Firmen zugute kommen. Die Besatzungsmächte hatten sich das Recht zum Abhören aus Sicherheitsgründen vorbehalten. Nun aber besprachen zwei Geschäftsleute während des Fluges Informationen, die sie auf diesem Wege erhalten hatten. Ich verfolgte ihr Gespräch. Wurde ich dadurch zum Spion? Und doch tut dieser Mann, der gerade aus einem befreundeten Land ausgewiesen wurde, nichts anderes, zumindest in der Hauptsache. Er geht gern auf Parties, einflußreiche Leute schätzen ihn, er bringt sie zum Plaudern, und er hört zu. Schön, die britische Regierung hielt ihn für einen unangenehmen Kunden. Was tat sie also? Sie wendete sich vertraulich an die Bundesregierung und bat unsere Leute, den Mann zum unauffälligen Verlassen der Insel zu bewegen. Um Gottes willen keinen Skandal! Wir sind doch alle hilfreiche Freunde. Klar? So kommt man zu einer Lösung auf Kosten des armen Individuums: keine offizielle Ausweisung – das würde ihm helfen, gegenüber seinen Freunden das Gesicht zu wahren –, aber er mußte überredet werden, keinen Ärger zu machen und Aufsehen zu vermeiden. Meine ekelhafte Aufgabe war es, dies sicherzustellen.

Nun, ob Ihnen das gefällt oder nicht, hier handelt es sich um eine neue Art der Kriegserklärung. Nach den Weltkriegen und dem »Kalten Krieg« erleben wir jetzt den Beginn des »kühlen« oder »heimlichen« Krieges. Wenn private Interessen zu nationalen Interessen werden, dann sieht man nur noch die letzteren. Die Roten haben eine andere Philosophie: Alles gehört dem Staat, also ist auch jedes wirtschaftliche Problem eine Angelegenheit von nationalem Interesse und allgemeiner Sicherheit. Nur daß jetzt im »kühlen« Krieg nicht der Osten gegen den Westen steht, sondern jeder gegen jeden, die Mitglieder des Clubs nicht ausgenommen. Ich meine die EEC, den Europäischen Wirtschafts-Club.« Er machte kein Geheimnis daraus, daß ihm der Scherz gefiel.

Es gelang mir nicht, mich mit seinen Ansichten zu befreunden, und das Schicksal des »armen Kaufmanns« konnte mir wahrlich nicht das Herz brechen. Aber das war nicht das entscheidende, denn über die Ausweisung selbst konnte man wohl kaum eine zuverlässigere Aussage erhalten. Man weiß, daß hohe Beamte nicht alles wissen oder nicht alles wissen wollen. Einer Quelle des Innenministeriums konnte ich den großartigen und streng vertraulichen Kommentar entlocken: »Kein Kommentar.« Die Bemerkung eines kompetenten Beamten der Special Branch erreichte mich auf einem anderen Wege: »Nein, der Fall klingt nicht ganz unbekannt.« Ein französischer Verbindungsmann kommentierte meine Information nur mit einem Wort: »Korrekt.« Als ich weiterbohrte, fügte er hinzu: »Jede Einzelheit stimmt.« Obwohl er sich bei anderen Gelegenheiten sehr hilfreich und gesprächsfreudig gezeigt hatte, wollte er sich diesmal nicht weiter äußern.

Es ist ziemlich gleichgültig, ob die angebliche Ausweisung einer förmlichen Erklärung des »kühlen« Krieges gleichkam oder nicht. Schließlich ist es immer schwierig zu entscheiden, worin der erste tatsächliche und dennoch inoffizielle kriegerische Akt zu sehen ist. Aber nachdem ich mich einige Jahre mit der zwielichtigen Welt der Industriespionage beschäftigt habe, in der man die beiden XX des XX. Jahrhunderts als »Double cross« versteht, habe ich keinen Zweifel mehr, daß der Informationskrieg Wirklichkeit ist. Der Schwerpunkt in der Spionage hat sich von dem politisch-militärischen Sektor auf den wirtschaftlichen verlagert. Hier heißt es nicht mehr West gegen Ost. Hier heißt es auch West gegen West, Nord gegen Süd, jeder für sich, jeder Vorstand für sich, es sei denn, daß sich die Interessen der Firma mit denen des Staates decken und diese wiederum denen eines anderen Staates oder einer supranationalen Institution entgegenstehen.

In jenem Frankfurter Café von altmodischer Eleganz sprach mein Geschäftspartner völlig ungeniert über diesen Krieg, während er unendliche Mengen Kaffee trank, mit denen er ebensolche Mengen von Törtchen hinunterspülte. Seine Voraussage, daß eines Tages französische Diplomaten aus Deutschland, amerikanische aus Schweden, holländische aus Frankreich, ja, jeder aus jedem Land ausgewiesen werden würde, da man ihm Wirtschaftsspionage nachweisen könne, erinnerte mich an zwei ganz verschiedene Begegnungen, bei denen selbst die verwendeten Ausdrücke fast identisch gewesen waren.

Die erste Begegnung war in Hawaii. Ich saß mit Barry Goodenow, einem ehemaligen FBI-Agenten, in seinem Luxusapartment, von dem aus man den ganzen Bogen des Waikiki-Strandes überblicken konnte; er warnte davor, uns im Westen zu viele Illusionen in bezug auf Geschäftsfreundschaften zu machen: »Darüber müssen wir uns klar sein: Industriespionage ist nicht nur Privatkrieg. Das ist der dritte Weltkrieg. Die Regierungen zahlen ihren Anteil; so würden wir beispielsweise ohne Bedenken Freund wie Feind mit falschen wissenschaftlichen oder ökonomischen Daten füttern, in der Hoffnung, daß ihr Erkenntnisfortschritt dadurch verzögert wird. Es geht nur darum, wie man den Extra-Dollar verdient, und heutzutage ist der Handel mit Informationen die bequemste Möglichkeit, große Profite zu machen.«

Die andere Begegnung fand während einer etwas aufreibenden Taxifahrt rund um New York statt. Als wir uns dem UN-Gebäude näherten, wies meine Begleiterin, eine fürchterliche, jeder Weiblichkeit entbehrende junge Dame, auf den Fahnenwald und meinte: »Was ist denn so schlimm am Handel mit Informationen? Die Burschen da drin sind alle vom gleichen Schlag. Die würden Ihnen Ihre Gedanken aus dem Gehirn reißen, wenn sie könnten. Diese Fahnen dienen nur als Feigenblatt für die Botschafter, die UN-Partygeher und andere diplomatische Heinis. Das ist zumindest die Ansicht von Mr. Kubik, und er muß es wissen. Er kauft bei ihnen – und sie sind seine besten Kunden.«

Die Akte Kubik

Kubik ist ein Pseudonym, das sich der Betreffende selbst zulegte; seine Freunde verstanden es als scherzhafte Anspielung auf seinen gedrungenen Körperbau. Er ist nicht die Nummer Eins in der Wirtschaftsaufklärung. Eine solche Nummer Eins gibt es nicht. Wenn überhaupt, dann ist er einer der Erfolgreichen unter den größeren Unternehmern auf diesem Gebiet, was bedeutet, daß man ihn ruhig zu den Millionären zählen darf.

Ihm wird nachgesagt, er habe eine einzige Komplex-Formel eines neuen Medikamentes zusammen mit der vollständig ausgearbeiteten Vermarktungsstrategie, den Reklame-Plänen, den Nachteilen des Mittels und den Plänen, wie es erfolgreich die Kontrollen der amerikanischen Aufsichtsbehörden für Arzneimittel durchlaufen würde, für eine Million Dollar verkauft. Sein Nettogewinn betrug weniger als die Hälfte dieser Summe, nachdem eine stattliche Reihe von Investitionen in Abzug gekommen war. Dazu gehörte unter anderem die Sonderanfertigung eines Katamaran, eine Villa auf Capri, eine Beteiligung an Erdölbohrungen in der Nordsee, ein Keller voller Champagner und umfangreiche Bestechungsgelder; hinzu kam das Gehalt für eine speziell zu diesem Zweck angeheuerte Stabsgruppe für die Dauer von achtzehn Monaten sowie rund fünfzigtausend Dollar für den Kauf, die Installation und die Wartung elektronischer Überwachungsgeräte.

Kubik ist ein schlauer Amerikaner mit einem internationalen Netz legaler Geschäftsinteressen und ständigem Wohnsitz in vier Ländern. Angeblich verfügt er über eine schwach ausgeprägte Hemmung hinsichtlich der Anwendung von Gewaltmethoden – ein ziemlich ungewöhnlicher Zug auf dem Gebiet der Wirtschaftsspionage.

Das war ungefähr alles, was ich über ihn wußte – abzüglich Identität und Pseudonym –, als ich im Dezember 1969 den seltsamen Anruf einer Stewardess einer bekannten europäischen Fluggesellschaft erhielt:

»Erinnern Sie sich an meinen Freund, den Sie damals unbedingt kennenlernen wollten?«

»Ja.«

»Er hat erfahren, daß Sie vorhaben, in nächster Zukunft nach New York zu reisen.«

»Das ist zwar kein Geheimnis, aber es wurde auch nicht an die große Glocke gehängt.«

»Die Welt ist klein.«

Ich muß zugeben, daß mir langsam etwas mulmig wurde. Wenn Kubik von meiner geplanten Reise wußte, dann wußte er auch sicher von meinem ständigen Interesse an seinen Angelegenheiten.

»Ich glaube, Sie haben ihm einen Gefallen getan.«

Das war mir neu. (Erst einige Jahre später kam heraus, daß eine Unterhaltung, die ich mit einem Spezialisten für Firmen-Fusion gehabt hatte, Kubik in vollem Wortlaut hinterbracht worden war. Unter anderem auch meine Bemerkungen über die letzten Mätzchen eines besonders verhaßten Sex-for-secrets-Agenten. Offenbar hatte Kubik mit diesem Mann noch ein Hühnchen zu rupfen, und meine unbeabsichtigte Hilfestellung diente ihm bei der endgültigen Regelung der Angelegenheit.)

»Wo werden Sie wohnen in New York?«

»Ich weiß nicht. Noch nicht.«

»Versuchen Sie's im Tudor.«

»Warum?«

»Mein Freund findet es praktisch.«

»Wozu?«

»Das hat er nicht gesagt.«

»Doch nicht ganz sein Standard, wenn ich richtig sehe.«

»Möglich.«

»Was dann? Will er mich treffen?«

»Davon hat er nichts gesagt.«

»Will er wissen, wann ich ankommen werde?«

»Danach hat er nicht gefragt.«

Anfang Februar 1970 nahm ich ein Zimmer im Hotel Tudor in der 42. Straße Ost. Zwei Tage lang muß mein Benehmen ziemlich seltsam erschienen sein. In jedem zufällig Vorübergehenden, ob Schutzmann oder Kellner, sah ich einen möglichen Kontaktmann. Wenn mich in der Halle jemand nach der Zeit fragte, bewies ich einen derartigen Eifer, seine Uhr mit der meinigen zu vergleichen und bei der Suche nach einem Uhrmacher behilflich zu sein, daß jeder in panischem Schrecken den Rückzug antrat. Der Portier fing an, mir komische Antworten zu geben, wenn ich ihm stündlich meinen jeweiligen Aufenthaltsort durchgab und ihn nach Botschaften fragte, die nie ankamen. Dieses Warten auf was auch immer kommen mochte, gab mir Gelegenheit, gründlich über die Frage nachzudenken: Warum sollte irgendeiner dieser erfolgreichen, zum Teil sehr reichen Nachrichtenleute mit mir sprechen wollen? Dafür gab es keine wirklich vernünftige Erklärung, statt dessen aber vielleicht eine Reihe anderer Gründe.

In den frühen sechziger Jahren bat mich eine Zeitschrift, über Spionageabwehr in der Industrie zu schreiben. Ich schaute mich etwas um und unterhielt mich mit einigen Fachleuten und Industriellen. Selbst mit meinem beschränkten Wissen über das, was man geheimhin als Industriespionage bezeichnet, wurde mir bald klar, wie wenig Top-Manager großer Konzerne mit diesem Problem vertraut waren und, was noch schlimmer war, wie gering sie diese offensichtliche Gefahr einschätzten. Ich versuchte, mehr darüber in Erfahrung zu bringen, und wandte mich an zahlreiche Privatdetektive – ein sehr naheliegender Entschluß, wohl auch für leitende Herren der Industrie, die Rat suchten in Sicherheitsfragen oder auch Informationen wünschten, die auf andere Weise nicht zu beschaffen waren.

Informationen über die Industriespionage zu erhalten schien erstaunlich einfach zu sein. Ein Detektiv nach dem anderen erzählte mir freimütig über seine Erfahrungen, die meist auf dem defensiven Sektor lagen, obwohl sie auch gelegentlich einige offensive Aufträge zugaben. Doch konnte mir nach einiger Zeit das sich ständig wiederholende Grundschema ihrer Geschichten nicht verborgen bleiben, bei denen es sich meist um aufpolierte, aufgebauschte und verjüngte, allseits bekannte Gerichtsfälle handelte, die man je nach Geschmacksrichtung variierte. Schließlich begriff ich, daß die überwiegende Mehrzahl dieser »Fälle« und die persönliche Rolle, die meine Informanten darin gespielt hatten, pure Erfindung waren. Der Grund, weshalb sie ständig in meiner Telefonleitung hingen, war allein die Sucht nach Publicity. Ihre Überlegung war einfach: Kunden würden einem Detektiv, der streng vertrauliche und komplizierte Aufträge der Industrie wahrnahm, eher ihre Eheprobleme und andere Sorgen anvertrauen als einem kleinen Schnüffler, der sein Brot mit dem Belauschen unappetitlicher Schlafzimmerszenen verdienen muß.

Die Wahl des Uneingeweihten ist verständlich: Privatdetektive werden oft als die Spitze des Eisberges angesehen, wobei man unter der Wasserlinie massenweise dunkle Fälle aus der Wirtschaftsaufklärung vermutet. Dabei sieht es so aus, daß der Eisberg nur seinen kleinsten Teil im Wasser verbirgt. Die Mehrzahl der weniger schädlichen und folgenreichen Unternehmungen geschieht über Wasser (am hellichten Tage) – die tatsächlich schmerzenden unter Wasser (bei Nacht).

Zu einem bereits sehr frühen Zeitpunkt im Laufe meiner Recherchen hatte ich mich zwischen zwei Möglichkeiten des Vorgehens zu entscheiden: Entweder ich versuchte, einige wenige, möglicherweise kleinere Fälle von Industriespionage voll aufzudecken, oder ich unternahm es, anhand unwiderlegbarer Beweisführung alle Tiefen des trüben Wassers auszuloten und dadurch zwangsläufig Vertrauter von Betrügern zu werden. In der Hoffnung, einem guten Zweck zu dienen, entschied ich mich für die zweite Möglichkeit, obwohl ich mir der moralischen Fragwürdigkeit meines Entschlusses bewußt war.

François Levine, ein französischer Wirtschaftsberater – man hat etwas übrig für beschönigende Umschreibungen –, verhalf mir zu meinem ersten größeren Erfolg. Er schilderte mir in allen Einzelheiten einen Fall, in den zwei leitende Angestellte einer bekannten griechischen Reederei verwickelt waren. Er versicherte mir, daß der Chef der beiden keine Ahnung hatte, woher sie ihre einen Konkurrenten betreffenden Informationen bezogen, und daß beide nur darauf bedacht waren, ihr Ansehen innerhalb der Firma zu heben und ihre Beförderung zu beschleunigen. Die abschließende Bemerkung des Franzosen werde ich nie vergessen: »Ich glaube, daß ich Ihnen genug Material für einen interessanten Artikel geliefert habe. Aber wenn Sie wirklich dahinterkommen wollen, was sich auf diesem Gebiet tut und in welchen Dimensionen, dann mag es sich auf lange Sicht auszahlen, die Angelegenheit für sich zu behalten und sie als Richtschnur zu benutzen.« Ich befolgte seinen Rat, widerstand der Versuchung, und genau acht Monate später hörte ich von ihm zum ersten Mal über Leute wie Kubik, und Levine war es auch, der mich an einigen Plätzen einführte, woraus sich ein weltweites Netz an Verbindungen entwickeln sollte.

Heute weiß ich, warum er sich mir damals anvertraut hat: Es war wohl so, daß ich ihm, ohne es selbst zu merken, helfen sollte, in einem kleinen Kreis von Freunden und Gegnern einen Konkurrenten in Verruf zu bringen. Ich bin mir klar darüber, daß er nicht der einzige war, der mich für seine Zwecke einspannte.

Viele dieser »Wirtschaftsberater« und »Marketing-Spezialisten« begrüßen einfach die Gelegenheit, zu jemanden – irgend jemandem – über ihre Arbeit und ihre Erfolge sprechen zu können, solange sie sich dabei bewundert fühlen und sie aus dem einen oder anderen Grunde sicher sein dürfen, daß ihre Geheimnisse gut aufgehoben sind, wie beispielsweise aus Mangel an Beweisen, die vor Gericht einer Verleumdungsklage standhalten würden. Die Last der Anonymität und verheimlichter Triumphe wird nicht wie bei einem politischen Spion durch Patriotismus, Pflichtbewußtsein, Kameradschaft und gelegentliche indirekte Anerkennung gemildert. Sie arbeiten ausschließlich für sich, und Profit ist ihr einziges Motiv. In ihren Händen ist wirkliche Macht, sie finden darin Befriedigung, die Rolle der grauen Eminenz zu spielen. Sie können niemals hoffen, aufgrund ihrer Heldentaten in die Geschichte einzugehen. Sie können sich niemals vor ihren Kindern mit ihren geschäftlichen Leistungen und ihrem Einfluß brüsten. Sie können lediglich mit den Früchten ihrer Scheingeschäfte angeben (einzige Möglichkeit, ihre Profite zu legitimieren), aber das ist nur ein schwacher Trost.

Ein »Refa-Mann« sagte mir in Washington: »Es steckt einem wie ein Kloß im Hals, daß man seiner Frau nicht sagen kann ›Schatz, weißt du auch, warum die Aktien der Electronic-Company mit einem Mal so gestiegen sind? Weißt du, warum? Weil ich, ich ganz allein, ihnen den Tip gegeben habe, durch den sie die Ausschreibung eines Vertrages in Deutschland gewonnen haben.‹ Und wie sieht es aus? Meine Frau glaubt sogar, daß ich nur deshalb ein Flugzeug kaufte und fliegen lernte, weil es wirtschaftlicher ist, nach Chicago zu fliegen, wo ich einige Geschäftsverbindungen habe.«

Von Anfang an war mir klar, daß einige meiner Informanten und Verbindungsmänner versuchen würden, dadurch zu glänzen, daß sie ihre Geschichten ausschmückten, einfach logen, oder sich die Fälle anderer »ausliehen«. Aus diesem Grunde stütze ich mich nur auf die Fälle, die durch zusätzliche Bestätigung von anderer Seite Anspruch auf Authentizität erheben können. Das bedeutet, daß dreiundfünfzig von den Interviews, die ich gemacht habe, unter den Tisch fallen.

Einige Informanten brachte ich durch Methoden zum Sprechen, deren ich mich nicht schäme, auf die ich aber auch nicht stolz bin. Und am Schluß gab es einige andere, die sich in ihrem beruflichen Stolz getroffen fühlten: Ich hatte mich ihnen auf Umwegen genähert, aber nie mit ihnen persönlich Verbindung aufgenommen – warum?

Kubik gehörte zu keiner dieser Kategorien. Entsprechend seinem persönlichen Ehrenkodex (»Ein Ja für ein Ja, ein Nein für ein Nein, klar? Ich bin sicher, daß Ihnen das zusagt.«) war er mir etwas schuldig.

Als ich am Abend meines dritten Tages in New York ins Hotel zurückkehrte, fand ich auf dem Fußboden meines Zimmers eine maschinengeschriebene Notiz: WARTEN SIE MORGEN VORMITTAG AUF ANRUF VON MISTER RYAN. Der Anruf am nächsten Morgen kam von einer Frau. Sie stellte sich als Miss Terry Ann vor. (Später erklärte sie mir, daß beide Namen eine Variation von Mystery Ann darstellten. Auch hier ein Beweis für das, was ich als den Humor à la Kubik kennenlernen sollte.) Miss Terry Ann ließ mich wissen, ich sollte am nächsten Morgen, es war der 5. Februar, um 11.15 Uhr das Hotel verlassen, mich nach rechts in Richtung First Avenue wenden und weiterlaufen, bis sie mich in einem blauen Chevrolet aufnehmen würde.

Ich tat, was sie mir aufgetragen, verließ pünktlich das Hotel und versuchte ihren Wagen auszumachen, doch schließlich zeigte es sich, daß es sich bei ihrem Fahrzeug um ein ganz gewöhnliches Taxi handelte, das nur eine Besonderheit auszeichnete, nämlich den Fahrer: Er war wohl der einzige New Yorker Taxi-Chauffeur, der, eine kugelsichere Glasscheibe zwischen sich und den Fahrgästen, nicht ein einziges Mal versuchte, mit diesen Schimpfkanonaden auf die Stadtverwaltung auszutauschen.

Das Taxi fuhr durch die Gegend, einmal schnell, einmal langsam, aber es war leicht festzustellen, daß es auf seinem Weg mehrmals die gleichen Stellen passierte. Wollte der Fahrer sichergehen, daß wir nicht verfolgt wurden? Nach ungefähr zwanzig Minuten erhielt ich Gewißheit bezüglich seiner Absichten. Er reihte sich in die Autoschlange ein, die zum East Side Airline Terminal strebte, und kurz bevor wir die Stelle erreichten, an der man die Flugpassagiere absetzen konnte, scherte er aus der Reihe und gab Gas. Falls uns jemand gefolgt sein sollte, hätte er nun das gleiche tun müssen und damit in Anbetracht der doch recht merkwürdigen Zufälligkeit gleichzeitigen Sinneswandels sich und seine Absichten entblößt.

Bis zu diesem Zeitpunkt hatte sich Terry Anns Konversation auf Tourismus und Auslandsreisen beschränkt. Ihr teurer Pelzmantel, ihr gut geschnittenes dunkles Tageskostüm, ihre mit Diamanten und Rubinen verzierte Armbanduhr mit dazu passendem Ring und Brosche betonten ihre Ähnlichkeit mit einer schrecklich erfolglosen Filmdiva. Sie begann, sich über den gefährlichen Matsch auf den Straßen auszulassen, unterbrach sich aber, als wir die Station verließen: »Nun hören Sie zu, ein gemeinsamer Freund bat mich, Ihnen etwas auszurichten.«

»Ich dachte, ich würde ihn treffen.«

»Darüber weiß ich nichts. Aber davon abgesehen, wir sind nicht in der gleichen Branche.«

»Welches ist denn seine Branche?«

»Ich dachte, das wüßten Sie. Ich habe keine Ahnung. Nächste Frage.«

»Tut mir leid. Was wollten Sie mir sagen?«

»Etwas über meine Branche. Ich bin Auktionator. Mir ist es völlig gleichgültig, was ich versteigere; ich verkaufe alles, einschließlich meines Hammers, an den Meistbietenden. Nun meinte unser Freund, Sie könnten an einer ungewöhnlichen Szene interessiert sein. Läßt es sich einrichten, daß Sie am 9. März in Bangkok sind?« Sie machte eine Pause und fügte hinzu: »Das ist ein Montag.«

»Selbstverständlich, wenn es ein Montag ist, kann ich es schaffen.«

Sie nahm meine Antwort ernst. »Gut. Jetzt werde ich Ihnen erklären, wonach Sie Ausschau halten müssen.« Ich sollte in einem der führenden Hotels, dessen Namen sie mir nannte, absteigen, und um die Mittagszeit auf der Terrasse am Schwimmbecken sitzen. Sie riet mir, dort zu essen, da die Küche vorzüglich sei. Im Hotel sollten einige Papiere aus dem Besitz »unseres gemeinsamen Freundes« versteigert werden. Man erwartete einen Erlös von über fünfzigtausend Dollar. »Nächste Frage?«

Miss Terry Ann legte ebensowenig Begeisterung für ihren doch recht ausgefallenen Beruf an den Tag wie eine Angestellte in der Registratur für das Alphabet. Ich konnte der Versuchung nicht widerstehen, sie etwas aus dem Rhythmus zu bringen. »Halten Sie es nicht für gefährlich, mir dies alles schon im voraus mitzuteilen?«

Ihre Antwort war nicht sehr schmeichelhaft: »Keineswegs. Wir sind zu der Überzeugung gekommen, daß wir in dieser Hinsicht nicht das geringste Risiko eingehen. Ich erzähle Ihnen nichts, was nicht auch mindestens einem Dutzend Spitzenleuten auf dem Sektor der industriellen Sicherheit bekannt ist, gar nicht zu reden von den Managern derjenigen Firmen, die durch Bieter vertreten sein werden. Wenn die an der Sache schon nichts ändern können, dann haben Sie erst recht keine Chance, unsere Planungen über den Haufen zu werfen. Und außerdem, wenn Sie dort mit der Polizei aufkreuzen würden – die daran sowieso kein Interesse hat, das darf ich Ihnen versichern –, würden Sie überhaupt nichts finden. Es wird gar keine Papiere geben, kein Geld wird den Besitzer wechseln und niemand wird sich erinnern können, wovon überhaupt gesprochen wurde. Jeder hat seine Instruktionen. Mehr darüber, wenn wir uns dort wiedersehen sollten.«

»Wird das der Fall sein?«

»Vielleicht.«

»Was machen Sie nun, wenn ich ein Bandgerät bei mir habe und alles, was Sie gesagt haben, auf Band aufgenommen wurde?«

»Was denn schon? Sie wissen ja nicht einmal, wer ich bin, und außerdem sprechen wir doch über einen Film, oder nicht? Wie die Idee, die ich einmal hatte für eine Zwei-Mann-Versteigerung. Wissen Sie, wo wir das organisierten?« Zum ersten Mal verlieh der Stolz ihrer Stimme direkt etwas Menschliches. »Auf einem englischen Rennplatz. Mit angeheuerten Buchmachergehilfen. Eine dolle Sache. Hinterher hörte ich, daß der Signal-Mann des Buchmachers aus Versehen unsere Zeichen aufgenommen und dabei einen Batzen Geld verloren hatte.«

Wir unterhielten uns noch einige Minuten, bevor sie mich an der 59. Lexington absetzte. »Tun Sie mir einen Gefallen,« sagte sie, »entfernen Sie sich ganz normal und schauen Sie nicht zurück.«

Ich ging sehr langsam, hörte aber nicht mehr, wie der Wagen anfuhr. Es fiel mir leicht, mich nicht umzudrehen. Nicht daß ich irgendwelche Gewalttätigkeiten erwartete. Aber welche künftige Chancen würde ich aufs Spiel setzen, wenn ich dabei ertappt würde, wie ich versuchte, die Nummer des Taxis zu ermitteln? Und was würde ich dabei gewinnen? Und dennoch siegte schließlich meine Neugier. Als ich zurückschaute, versperrte mir Terry Anns männliche Brust die Sicht. Sie stand unmittelbar hinter mir.

»Er ist schon weg«, sie lächelte zum ersten Mal. »Bis zum nächsten Mal, Kleiner, ich nehme mir ein anderes Taxi.«

Versteigerung in Bangkok

Einen Monat später stand ich eine halbe Stunde früher auf besagter Terrasse in Bangkok, um mir einen Platz mit guter Rundumsicht zu sichern. Das Schwimmbecken mit dem vielfach geschwungenen Rand lag direkt vor mir. Zur Linken leuchtete ein Stück tropischen Gartens mit Sonnenschirmen und Liegestühlen. Zwischen den Umkleidekabinen und dem weiter entfernten Ende des Schwimmbeckens, in der Nähe eines künstlichen Wasserfalls, erkannte ich auf schmalem Raum zwei Liegestühle und einen kleinen Gartentisch. Dort saß der Auktionator, Terry Anns Strohmann, ganz allein mit einem Buch, einem großen Glas Fruchtsaft, zwei Päckchen Zigaretten und einem Feuerzeug. Weniger standesgemäß war sein Aufzug, denn er trug lediglich eine Badehose und schien auch von seinen Kunden, die nacheinander zu ihm traten, keine andere Aufmachung zu erwarten.

Vier Minuten nach zwölf nahm der erste Bieter Verbindung auf, wobei offenbar bestimmte Regeln eingehalten wurden. Aus den Gesten war zu entnehmen, daß er fragte, ob der zweite Stuhl noch frei sei (später erfuhr ich, daß man sich eines Einführungscodes bediente), aber es war unmöglich, etwas mitzuhören, teils aufgrund der Entfernung, zum anderen wegen des Lärms, den der Wasserfall verursachte und der jeden Versuch, mit Hilfe eines am Körper versteckten Senders oder Bandgerätes die Unterhaltung aufzuzeichnen, zunichte machen mußte. Beide Männer saßen mit dem Rücken zur Terrasse, wohl um sich den Blicken von Lippenlesern zu entziehen. Man konnte sehen, daß sie miteinander sprachen, aber sie machten dabei den Eindruck zweier Fremder, die sich zufällig am Rand des luxuriösen Schwimmbeckens getroffen hatten und nun einige Höflichkeitsfloskeln austauschten. Nach nicht ganz einer Minute beendeten sie ihre Unterhaltung. Der Auktionator konzentrierte sich wieder auf sein Buch, während der Bieter sich noch viereinhalb Minuten sonnte, dann ins Wasser tauchte, eine Runde schwamm, am entgegengesetzten Ende an Land stieg und es sich in einem anderen Stuhl bequem machte.

Nach einer Pause von fünf Minuten schlenderte ein zweiter Mann um das Becken. Mit einem Glas Bier in der Hand ließ er sich in dem leeren Stuhl nieder, nachdem er das Spielchen seines Vorgängers »Verzeihung, mein Herr, ist der Stuhl noch frei?« wiederholt hatte. Gesprochen wurde diesmal nicht. Der Auktionator lächelte und deutete mit seiner Hand auf das Bier, als wollte er sagen: »Möchten Sie noch eins?« Nr. 2 schüttelte den Kopf, trank aus, rief den Kellner und bat ihn, das Glas fortzuräumen. Erst dann begann die Unterhaltung. Nr. 2 bediente sich aus der Zigarettenpackung des Auktionators – seine eigene Schachtel hätte eine Abhöreinrichtung enthalten können.

Ich zählte insgesamt fünf Bieter. Nr. 3 war ein Mädchen, das so ungefähr den winzigsten Bikini zwischen St. Tropez und dem Südchinesischen Meer trug. Da es in dem tropischen Garten genug gemütlichere Plätzchen gab, war es ziemlich unwahrscheinlich, daß sich durch Zufall jemand neben dem geräuschvollen, störenden Wasserfall niederlassen würde, und doch schien dieser Fall in der Pause zwischen Nr. 4 und Nr. 5 eingetreten zu sein. Eine Frau in den Fünfzigern wurde von dem Auktionator höflich, aber bestimmt abgewiesen.

Nach Nr. 5 rief ein Kellner den Auktionator zu einem Telefon am Beckenrand. Nachdem er wieder an seinen Platz zurückgekehrt war, begann die zweite Runde der barfüßigen Wanderung. Diesmal hielt man sich nicht bei Formalitäten auf, und alles ging sehr schnell. Die Bieter nannten ihre Höchstgebote. Nr. 2 tauchte gar nicht mehr auf. Das Mädchen schwamm zum Beckenrand, winkte dem Auktionator, rief ihm etwas zu und schwamm wieder fort. Die Auktion war vorüber. Sie hatte 85 Minuten gedauert. Ich hatte bereits den Lunch bestellt, aber dazu sollte ich nicht mehr kommen, plötzlich stand Terry Ann vor mir. In ihrem auffälligen Sommerrock wirkte sie noch weniger anziehend, als ich sie in Erinnerung hatte.

»Ich möchte mit Ihnen sprechen und Ihnen außerdem etwas zeigen. Kommen Sie mit?«

Ich wollte den Ober rufen, aber sie hielt mich zurück. »Ich habe ihm bereits gesagt, daß er den Lunch abbestellen kann.« Draußen wartete ein Taxi. Ich versuchte es mit einigen Fragen, doch Terry Ann war nicht bereit, über etwas anderes zu sprechen als über Hahnenkämpfe. Sie schien sehr aufgeregt. »Wir gehen in ein Privathaus. Sie werden wirklich echte Kämpfe erleben, nicht diesen Touristen-Zirkus. Stahlbewehrte Schnäbel, Metallzehen und was dazu gehört. Kampf bis zum Tod. Sie können auch Wetten abschließen. Haben Sie Bargeld mit? Das ist der einzige Platz in der Stadt, wo man keine Traveller's Checks annimmt.«

Ich sah, daß ich im Moment nichts Näheres von Terry Ann erfahren würde. Mir blieb nichts anderes übrig als abzuwarten. Sie würde schon zum Thema zurückfinden, wenn die Zeit hierfür gekommen war. Wir fuhren in die Außenbezirke von Bangkok, in die Nähe des Chaophraya-Flusses. In einem verhältnismäßig engen, kahlen Raum drängten sich die Leute. Kaum blieb genug Kampfplatz für die Hähne. Es stank fürchterlich. Die Wände waren blutbespritzt. Ein teilnahmslos blickender kleiner Mann kehrte von Zeit zu Zeit die traurigen Überbleibsel der Verlierer zur Seite. Die Sporen wurden sorgsam wieder aufgelesen.

»Los, bring ihn um!« Terry Anns schweres Keuchen endete in einem schrecklichen Flüstern. »Die Papiere haben siebenundfünfzigtausend gebracht«, fügte sie ebenso atemlos hinzu. »Plus Provision für mich. Der Käufer zahlt zehn Prozent an mich. – Bring ihn um! – Der Verkäufer ebenfalls zehn. Der Ersteigerer wird inzwischen einen Telefonanruf erhalten haben. Er oder seine Auftraggeber können sich nun die Stadt aussuchen, in der sie den Kram übernehmen wollen; sie muß nur auf der normalen Flugroute einer bestimmten europäischen Fluggesellschaft liegen. – Meiner hat's geschafft!« Der Verlierer lag zerpflückt am Boden. Aber auch den Sieger würde man eine Weile aus der Geflügelzucht nehmen müssen. »Lieferung der Papiere über einen vom Flugpersonal. Die Papiere sind in einem Karton zollfreier Zigaretten versteckt. Lieferung will heißen, nach Vorauszahlung des Gesamtbetrages.«

»Schweiz?«

»Etwas Ähnliches. Schließlich besitzt die Schweiz kein Monopol.«

Ein neues Kampfpaar wurde präsentiert. Die Wetten schnellten in die Höhe. Terry Ann wollte unbedingt sichergehen. Nur ja nicht auf den Falschen setzen. Sie schwor, den Sieger zu küssen, aber ich war nicht ganz sicher, daß er sie gewähren lassen würde. Als sie auf der Höhe des Kampfes vor lauter Erregung wieder zu zittern begann, fragte ich nach dem Inhalt der Papiere.

»Ach ja, unser Freund läßt grüßen. Immer sachte! Es handelt sich um ein revolutionäres Lebensversicherungssystem, dessen Entwicklung Jahre in Anspruch genommen hat. Eine Art Packagedeal mit einer Menge Besonderheiten und Verkaufstricks, die einen dazu bringen, den Tod herbeizusehnen.

Alles in der Schachtel, einschließlich vollständig ausgearbeitetem Werbefeldzug. Müßte gerade für jemanden, der nicht über eine eigene Abteilung für Marktforschung verfügt oder der ähnliche Kosten einsparen will, einen hübschen Batzen wert sein. Aber unser Freund ist ein großer Patriot. Wenn nur irgend möglich, verkauft er nur an Amerikaner.«

Terry Ann wurde wieder derart vom Kampf in Anspruch genommen, daß sie nicht mehr ansprechbar war.

Als wir etwas später in einem Hotel ein Bier und ein Sandwich zu uns nahmen, ließ sie ganz am Rande die wirkliche Bombe platzen: Den Zuschlag hatte die Firma erhalten, von der die ganzen Unterlagen stammten, oder wie sie sich ausdrückte, »ausgeliehen« worden waren. Das war kein unerwartetes oder gar ungewöhnliches Ereignis. Weder der Verlust noch die Wiederauffindung der Papiere waren irgend jemandem gemeldet worden, auch nicht der Polizei. Nicht einmal in den Geschäftsberichten der geschädigten Firma war die Tatsache erwähnt. Terry Ann vermutete, daß eine Handvoll leitender Angestellter der Firma den Betrag wahrscheinlich aus eigener Tasche zusammengelegt hatten. Nicht selten sind die Opfer der Industriespionage dazu gezwungen. Der aufzubringende Betrag fällt weniger ins Gewicht als die mögliche Aufdeckung eines Vertrauensbruches und mangelnder Sicherheitsvorkehrungen, die zur Zerstörung von Karrieren und zum Vertrauensschwund bei den Aktieninhabern führen könnte. »Publicity ist das letzte, was sich der Verlierer wünscht«, meinte Terry Ann. »Und wenn es nur die geringste Chance gibt, das Verlorene wieder herbeizuschaffen, freut man sich schon, wenn nur wenige Bieter antreten. Niemand möchte seinen Präsidenten oder seinen Vizepräsidenten der Lächerlichkeit preisgeben, und noch weniger wünscht er einen nachteiligen Effekt auf den Stand seiner Aktien. Wirklich schwerwiegende Fälle werden kaum jemals vor Gericht verhandelt.«

Den Aufschwung, den die Wirtschaftsspionage in einer Welt zunehmenden Konkurrenzkampfes und unerhörter Gewinnspannen genommen hat, beschrieb ein Pinkerton-Agent einmal folgendermaßen: »Betrügerische Informationsgewinnung ist so etwas geworden wie Sex. Jeder schätzt ihn, jeder weiß, daß andere ihn schätzen, aber wenn jemand erzählt, wo er ihn bekommt, bekommt er ihn nicht mehr.« Terry Ann riet den Opfern von Industriespionage stets, ihre Schlappe so geheim wie möglich zu halten.

Wie nahm sie nun Verbindung auf zu den möglichen Interessenten? »Einzeln. Persönliche Auswahl sozusagen. Leute, die wir kennen.« Auf Einzelheiten wollte sie nicht eingehen.

»Was passiert, wenn die Unterlagen fotokopiert und gleichzeitig an mehrere Firmen verkauft wurden?« – »Das ließe sich machen, sogar sehr leicht. Aber nur einmal. Wir haben einen Ruf zu verteidigen.« Meine Unterstellung schien sie wirklich aus dem Gleichgewicht gebracht zu haben.

»Es mag Ihnen seltsam erscheinen, aber das ganze Geschäft basiert auf gegenseitigem Vertrauen. Der Direktor einer geschädigten Firma erhält einen Satz Fotokopien, die ihn überzeugen, daß die Originale in Kubiks Besitz sind. (Es war das erstemal, daß sie das von »unserem Freund« bevorzugte Pseudonym benutzte.) Die anderen Gesellschaften bekommen die Unterlagen überhaupt nicht zu Gesicht, aber sie wissen, von welchem ihrer Konkurrenten sie stammen. Sie erklären sich mit dem organisatorischen Ablauf, wie in diesem Falle mit Bangkok, einverstanden und dürfen damit sicher sein, daß sie ohne Gefahr der Entblößung mittels eines Strohmannes ihr Gebot anbringen können. Man mag sie wohl verdächtigen, aber man wird sie nie überführen können. Sollten sie die Papiere erwerben, dann wissen sie auch verdammt gut, daß keine Kopien mehr in Umlauf sind. Uns geht es nicht um den kurzsichtig geplanten, riskanten ›Einmal-und-nie-wieder-Rebbach‹, das überlassen wir den Amateuren.«

Amateure, Spieler, Professionelle

Jedesmal, wenn Terry Ann oder einer ihrer Kollegen das Wort ›Amateur‹ in den Mund nahm, klang es wie die übelste aller Beschimpfungen. Der Grund war offensichtlich. Alles, was bisher über das »Geschäft mit Geheimnissen« an die Öffentlichkeit gedrungen war, hatte seinen Ursprung ausschließlich in den groben Fehlern gieriger Dilettanten; darunter fielen die Rachsüchtigen, die aufrechten Bürger, die sich vorgenommen hatten, nur einmal mitzumachen, weil sie dringend Geld brauchten, und der naive Privatdetektiv, der sich die Sache zu leicht vorgestellt hatte.

Nehmen wir den Fall der englischen Studentin, die in ihrer freien Zeit ausgefallene Aufträge für eine Londoner Detektei übernahm. Im Jahre 1971 wird sie beauftragt, nach Grimsby in Lincolnshire zu fahren und sich dort eine wertvolle Formel zur Herstellung von Titanoxyd zu beschaffen. Das Geheimnis des Verfahrens ist im Besitz der British Titan Products Ltd., die damit ein europäisches Monopol innehat. Ihre Zielperson: ein verkaufswilliger Angestellter. Ihr Budget: 150 Pfund und »später vielleicht noch mehr«. Nun, was tut sie?

Als Fremde in diesem Angelparadies nimmt sie sich erst einmal ein Taxi, läßt sich zur Fabrik fahren und dann geradewegs durch das Haupttor ins Werksgelände. Sidney Martin, der Taxichauffeur, wird neugierig, und sie eröffnet ihm, daß sie für eine Londoner Agentur vertrauliche Informationen über einen bestimmten Stoff, genannt TC 41, besorgen soll. »Natürlich interessierte mich als Taxichauffeur nicht, was TC 41 ist«, meinte er später vor Gericht. Aber er verspricht ihr, einen Informanten aufzutreiben, und verständigt die Gesellschaft.

Die Fortsetzung der Geschichte ist nicht weniger lustig. Philip Swinburn, ein Angestellter der Firma, spielt die Rolle des Verräters, und sie zögert nicht, ihm die »großartigen« 150 Pfund anzubieten. Während viele Frauen aufgrund gespielter Arglosigkeit sehr oft Erfolg haben bei solchen Aufgaben, kommt unsere Mata Hari von Grimsby gleich zur Sache, ja, sie verfügt für die Befragung sogar über einen detaillierten Fragenkatalog. Der »Agent« braucht Zeit, wofür sie wiederum Verständnis hat. Alles scheint in Ordnung. Eine dreiviertel Stunde später setzen sie telefonisch die Diskussion ihrer Vorschläge fort. Ein anderer Angestellter hört »zufällig« auf einem Nebenapparat mit. Sie bleibt bei ihrem Angebot von 150 Pfund und verweist auf spätere Zahlungen, da sie nicht mehr Bargeld mit sich führe. Nein, der Auftraggeber sei ihr nicht bekannt, und sie könne auch nicht sagen, wieviel er bereit sei, insgesamt für die Formel zu zahlen. Befragt, ob sie ein gewisses »Entgegenkommen« zeigen würde, wenn ein Angestellter sie in ihrem Hotel aufsuchen würde, erfindet sie schnell einen hohen Polizeioffizier als Ehemann, der »das auf keinen Fall gerne sehen würde«.

Obwohl mit großartigem britischem Understatement festgestellt wurde, daß die Kenntnis des geheimen Verfahrens für jeden Konkurrenten »von nicht zu bezweifelndem Vorteil« gewesen wäre, konnten die Agentin und ihr Chef nur wegen »versuchter rechtswidriger Aneignung vertraulicher Informationen durch Bestechung« angeklagt werden. In der ersten Instanz wurden sie zu einer Geldstrafe von 100 bzw. 1500 Pfund verurteilt; in der zweiten Instanz wurde ihnen eine Buße von jeweils einem Pfund auferlegt. Gegen die Höhe dieses Betrages erhoben sie Einspruch. In diesem Zusammenhang sei darauf verwiesen, daß bei einem Prozeß in Amerika die Firma Du Pont den Wert einer Information über die Titanoxyd-Herstellung mit fünfzehn Millionen Dollar veranschlagt hatte.

Nicht weniger reich an Pannen ist die Seite der Amateurverkäufer. Aus der folgenden Schilderung wird ersichtlich, wie aus dem Seifenkrieg zweier Waschmittelgiganten eine Seifenoper wurde.

Im Jahre 1964 gelangte ein britischer Werbefachmann, ehemaliger Unterhauskandidat, in den Besitz einiger »glühendheißer« Reklame- und Marketing-Pläne der Firma Procter & Gamble, die sich mit DASH einen Namen gemacht hat. Der Wert der Information wurde auf 750 000 Pfund geschätzt. Er schrieb einen Brief an die Firma Colgate-Palmolive, die ärgste Konkurrentin des Opfers, die mit AJAX und PALMOLIVE ebenso berühmte Produkte auf den Markt brachte. Dann telefonierte er mit einem Angestellten der Firma, der daraufhin die Polizei einschaltete und die geschädigte Gesellschaft unterrichtete. (Wahrscheinlich trifft es in diesem Fall nicht zu, doch muß man wissen, daß die Sicherheitsreferate größerer Unternehmen Angeboten »aus heiterem Himmel« oft sehr mißtrauisch gegenüberstehen, da sie, meist nicht zu Unrecht, Desinformation ihrer Konkurrenten oder Fallen befürchten, aus denen sich äußerst verkaufsschädigende Skandale entwickeln können.)

Von jetzt an wurde unser Ränkeschmied an der Nase herumgeführt. John

Brand, wie er sich sinnigerweise nannte, verlangte nur 3000 Pfund, und der Käufer erklärte sich mit diesem Preis einverstanden.

Brand hinterlegte einen Stoß Papiere bei einem Postamt, in dem er hinterher von der Polizei sichergestellt wurde, und sandte den Rest, wie angewiesen, mit einem Taxi an einen Mr. Scott im Carlton Tower Hotel. Schließlich nannte er den Ort, an dem das Geld in Ein-Pfund-Noten hinterlegt werden sollte. Als er sich dort einfand, um das vielversprechende Päckchen zu kassieren, wurde er statt dessen von der Polizei festgenommen. Er wurde zu dreizehn Monaten Gefängnis verurteilt.

Mittlerweile bot drüben in den USA, sozusagen im Hinterland, ein junger Werbemann von Procter & Gamble, namens Eugene Mayfield, mit einem Jahresgehalt von 12 000 Dollar den 188 Seiten starken Haushaltsplan seiner Firma und das vollständige Verkaufsprogramm einer neuen Zahnpasta den Leuten von Colgate an; nun, wem auch sonst. Obwohl seine Ware nur mit einer Million Dollar anzusetzen war, also nur halb soviel wert war wie die seines Kollegen Brand, hoffte er auf einen Gewinn von 20 000 Dollar, womit er die Zielvorstellungen Brands weit übertraf. Mit Genugtuung vernahm er, daß Colgate diesen Preis durchaus angemessen fand. Er ersann einen seiner Ansicht nach idiotensicheren Plan. Die Übergabe sollte in einer Toilette des Kennedy-Flughafens stattfinden. Er und der Vertreter der Firma besetzten zwei benachbarte Kabinen. Sobald die Türen geschlossen waren, wies er den Käufer an, die Hosen auszuziehen, das Geld in die Hosentaschen zu stecken und die Hose unter der Trennwand durchzuschieben. Der Colgate-Mann, nun für eine Verfolgungsjagd kaum mehr schicklich gekleidet, mußte warten, bis Mayfield die Unterlagen gegen das Geld ausgetauscht und die Hose zurückgegeben hatte. Der Käufer konnte noch so schnell in seine Beinkleider schlüpfen, dem immer noch unerkannten Mayfield genügten wenige Sekunden, um draußen in der Menge unterzutauchen. Pech für ihn, daß Colgate die Polizei verständigt hatte, die ihn bereits erwartete.

Wie viele andere Fälle, mit denen ich mich beschäftigt habe, beleuchtet auch diese Episode die Unzulänglichkeit der gesetzlichen Bestimmungen. Mayfield kam mit zwei Jahren Gefängnis auf Bewährung davon.

War seine Forderung zu hoch? Ein deutscher Fachmann auf diesem Sektor meinte dazu: »Eigentlich nicht. Alles hängt von den Umständen ab. Man muß den Wert der Ware, deren Wert für den Käufer, das eigene Risiko, den Zeitaufwand, die entstandenen Unkosten, den Geldwertschwund, den örtlichen Lebensstandard und die steigenden Lebenshaltungskosten in ein Verhältnis zueinander setzen und danach seinen Preis errechnen. Andernfalls wird man nicht als Geschäftsmann respektiert.«

Wenn man sich vergegenwärtigt, daß die amerikanische Arzneimittelindustrie jährlich 300 Millionen Dollar in die Forschung steckt und daß die amerikanische Cyanamid Company 24 Millionen Dollar für die Entwicklung von Antibiotika auf Tetracyclin-Basis ausgab, um dann der entscheidenden

Formel, der Musterkulturen und eines voraussichtlichen Verkaufsvolumens von 250 Millionen beraubt zu werden, und daß, wie Richard Greene jr. in seinem Buch über Wirtschaftsaufklärung und Spionage schreibt, der amerikanischen Pharmaindustrie durch gestohlene Geschäftsgeheimnisse jährlich Verluste entstehen, die sich nur in astronomischen Zahlen ausdrücken lassen, dann wird man verstehen, warum es ein Unterschied ist, ob ein Angebot von einem Professionellen oder von einem Amateur kommt.

Der folgende Fall, von verschiedener Seite berichtet, beleuchtet diesen Gesichtspunkt besonders deutlich. Um ihn richtig zu würdigen, sollte man sich jedoch vorher drei Dinge noch einmal vor Augen halten: 1. Der verzweifelte Wettbewerb in der pharmazeutischen Industrie beschäftigt innerhalb des Geheimnishandels einen eigenen, bereits spezialisierten Zweig. 2. Die Mehrzahl der Unternehmen glaubt, daß ihre Konkurrenten auf die zweifelhaften Praktiken der Industriespionage verzichten, wenn sie selbst diese ablehnen und Anbieter zur Anzeige bringen. 3. Die anständigen Angestellten sind immer noch in der Überzahl, und aus diesem Grunde bieten die alten Hasen ihre Ware auch niemals aufs Geratewohl an; sie wissen sehr genau, wer von welcher Firma geneigt sein könnte, ihnen etwas abzukaufen.

Ein Londoner Chemiker des bekannten pharmazeutischen Unternehmens Parke-Davis erhielt 1962 den rätselhaften Anruf des Vertreters einer »Agentur für die Beschaffung technischer Informationen«. Obwohl der Anrufer vorgab, er habe etwas, was für Parke-Davis sehr nützlich sein könne, bewies er doch nur recht oberflächliches technisches Wissen, wenn er zu präziseren Fragen Stellung nehmen sollte. Der Chemiker vermutete einen Schwindel hinter der Sache, bis der Anrufer begann, intime Kenntnisse über eine Konkurrenzfirma und deren Produkte auszuspielen und schließlich das magische Wort »Aldomet« fallenließ. Dieses damals noch neue, auf der Basis von Methyldopa entwickelte Antihypertonicum bedeutete einen Durchbruch bei der Behandlung überhöhten Blutdrucks. Der Chemiker berichtete alles seinen Vorgesetzten, die ihrerseits sofort die betroffene Firma Morson's, eine britische Tochtergesellschaft der amerikanischen Merck, Sharp & Dohme Company, in Kenntnis setzten. Angeblich soll ein Direktor von Merck sofort eine Dosis Aldomet genommen haben, mit der Bemerkung: »Es hat sich, weiß Gott, gelohnt, drei Millionen Dollar in die Entwicklung dieses Zeugs zu stekken. Im Augenblick brauche ich schon etwas ganz Besonderes, um meinen Blutdruck niedrig zu halten.«

Bereits wenige Stunden nach dem Telefonat flogen drei leitende Angestellte der Firma Merck nach London. Die Art und Weise des Telefonanrufes sowie der Hinweis auf eine »Agentur« ließen vermuten, daß man es mit einem berufsmäßigen Spionagering zu tun hatte. Um alle Risiken auszuschalten, hatte man die Herren ermächtigt, bis zu 25 000 Dollar für den Rückkauf der firmeneigenen Geheimnisse zu zahlen. (»Wenn es notwendig geworden wäre, hätte man telegrafisch eine Erhöhung des Betrages erwirken können, und zwar eine mehrstellige, das kann ich Ihnen versichern«, lautete Terry Anns Kommentar, als wir in Bangkok über diesen Fall sprachen.) Die Firma Parke-Davis zeigte sich sehr hilfsbereit. Als der Mann wieder anrief, vereinbarte man ein Treffen im Hotel Russel, in der Nähe des Britischen Museums. Der Beauftragte der Firma hatte fünfhundert Pfund in bar bei sich, die als erste Anzahlung gedacht waren. Und jetzt beging der Mann einen schweren Fehler: er verlangte lediglich fünfzig Pfund für die unschätzbaren, zweifellos echten und geheimen Unterlagen über das Medikament Aldomet. Damit hatte er sich selbst den Teppich unter den Füßen weggezogen. Nun bestand keine Gefahr mehr, daß, im Falle einer Festnahme dieses Agenten, eine größere internationale Organisation Fotokopien der Papiere an einige ehrgeizige und skrupellose Forscher anderer Gesellschaften verkaufen würde. Nach einem kurzen Feilschen konnte der Preis sogar auf 30 Pfund heruntergedrückt werden. Doch statt des erwarteten Geldes handelte sich der Amateur eine sechsmonatige Gefängnisstrafe ein. Wie sich herausstellte, war es ein unzufriedener ehemaliger Arbeiter der Fertigungsabteilung von Morson's, den man wegen regelmäßiger mutwilliger Arbeitsversäumnisse entlassen hatte.

Natürlich kassieren auch gelegentlich Amateure, wenn sie Glück haben, der liebe Gott ihnen eine Sache in die Hand spielt und sie über den richtigen Markt stolpern. Doch der für sie sicherste Weg, ihren Schnitt zu machen, bleibt der, die Sache langfristig aufzuziehen und als Gelegenheitsinformanten für Organisationen zu arbeiten, die unter einem legalen Deckmantel operieren.

Auf einer Konferenz über Sicherheitsfragen in Washington behauptete bereits 1964 ein Redner, daß die Industriespionage ein äußerst hochentwikkeltes Stadium erreicht habe und daß es keinen schnelleren Weg gäbe, geheime Handelsinformationen zu erlangen, als sie von entsprechend spezialisierten Organisationen zu kaufen. Inzwischen sitzen die erfolgreichsten Händler so fest im Sattel und haben einen derartigen Umsatz, daß sie es sich leisten können, auf die vergleichsweise niedrigen Gewinne aus Firmenaufträgen zu verzichten.

Vincent Carratu, Direktor einer in Manchester ansässigen Ermittlungs- und Sicherheitsorganisation, ein Mann mit internationaler Erfahrung und langjähriger Tätigkeit im Betrugsdezernat von Scotland Yard, sagte mir einmal: »Sicher, einige Privatdetektive und andere Leute verdienen nicht schlecht mit der Übernahme von Aufträgen. Aber die dicken Fische bleiben für die Spezialisten. Diese verfügen über ein Verbindungsnetz in allen großen bekannten Unternehmen, in allen Forschungsinstituten und in den Industriezweigen, in denen der Wettbewerb am stärksten ausgeprägt ist. Sie können es sich leisten, wöchentlich kleine Bestechungshonorare an Leute zu zahlen, die jahrelang keine Ergebnisse bringen, wohlwissend, daß sie eines Tages mit einer nützlichen Information aufwarten könnten. Dann schauen sie sich nach einem Käufer um. Da sie ihren Markt kennen, können sie tatsächlich an den

Höchstbietenden verkaufen – und es ist überraschend, wie hoch die Gebote oft gehen.« Carratu war der Ansicht, daß die meisten dieser »Informationszentren« auf dem europäischen Kontinent liegen.

Meine eigenen Nachforschungen haben in der Tat zu dem Schluß geführt, daß größere »Informationsbüros« ihren Sitz in Stockholm, Amsterdam und Düsseldorf haben. Ein französisches »Versteigerungsunternehmen« wird aus irgendeinem dunklen Grund von einer Privatanschrift in Annecy aus geleitet (vielleicht wegen der Nähe zur Schweizer Grenze der Zufluchtsort eines bekannten Industriespions?). Aber die Mehrzahl der dicken Fische wird in New York und Hongkong an Land gezogen, wobei sich zwei, möglicherweise drei Unternehmen, die untereinander Verbindung halten, wenn nicht gar zusammenarbeiten, in die Erfolge teilen. Diese Firmen suchen sich ihre Ziele, finanzieren die »Forschung« und arbeiten auf Spekulationsbasis. Amateure, Ein-Mann-Agenturen sowie auch kleinere Unternehmen verkaufen ihre Ware an diese Branchenkönige, denn sie sind dafür bekannt, daß sie immer den höchsten Preis erzielen. Man erzählte mir von mehreren Fällen, in denen eine Information über fünfmal den Besitzer gewechselt hatte, bevor sie erstmals einem Käufer angeboten wurde, der tatsächlich etwas damit anfangen konnte.

Obwohl mir das Organisationstalent der besagten Firmen inzwischen nichts Neues mehr war, fand ich die gründliche Planung und die daraus resultierende Einfachheit und Reibungslosigkeit des Ablaufs bei der Versteigerung in Bangkok doch äußerst bewundernswert. Terry Ann freute sich über mein Lob. In offensichtlich bester Laune setzte sie zu einer Geschichte an, deren Ende ich aber nicht mehr zu hören bekam. Sie schaute plötzlich auf ihre Uhr und stand auf. »Was haben wir heute? Montag? Ach ja, dann muß ich doch ins ›Radschadamnern-Stadion‹ – ich glaube, so spricht man es aus. Thailändisches Boxen, mein Lieber. Wissen Sie, was das ist? Die Teilnehmer treten. Sie können jemanden ebenso spielend in die Kehle treten wie in die Hoden. Ist das nicht herrlich?« Allein diese Vorstellung versetzte sie bereits in Unruhe, doch im letzten Moment fiel ihr eine Botschaft Kubiks ein: »Er nimmt an, daß er mit Ihrem Besuch in Bangkok und der Möglichkeit, an einer Auktion teilzunehmen, seine Schuld beglichen hat. Ihr seid quitt. Einverstanden?«

»Ich würde ihn trotzdem gerne kennenlernen.«

»Werde ich ihm ausrichten.«

Sie hielt sich nicht damit auf, mir wenigstens noch einmal zuzuwinken. Acht Monate später hörte ich, daß sie tot war.

Terry Ann kam bei einem Verkehrsunfall ums Leben. Fahrerflucht. Nach den Erfahrungen, die ich bis dahin gesammelt hatte, schien es mir nicht ausgeschlossen, daß sie ein Opfer ihres Berufes geworden war.

Ray Mory wurde ebenfalls Opfer eines Autounfalls, so wird behauptet. Einige nehmen an, es war Selbstmord. Die Witwe weiß, daß es Selbstmord war, behauptete aber gleichzeitig, es sei Mord gewesen – begangen von Kubik.

Die erste Begegnung mit Mory hatte ich in Singapur; wir saßen auf kleinen, zerschlissenen Stühlen an der Beach Road, gründlich eingeräuchert von dem Budenbesitzer, der Saté für uns zubereitete. Es war Mitte April 1965, und ich befand mich auf Materialsuche für mein Buch über neuzeitliche Formen des Mädchenhandels. Mory, Amerikaner ungarischer Herkunft, stand in Verbindung zu einem Goldschmuggler-Ring, der sich darauf spezialisiert hatte, Gold in unter dem Hemd verborgenen Leinenwesten à la James Bond nach Indien zu schmuggeln, wo die Preise hoch und die Nachfrage kaum zu befriedigen waren. Welche Rolle er genau spielte, sollte ich nie erfahren, aber er schien über eine Menge Geld zu verfügen. Während ich dort unten weilte, schnappte die Polizei zwei Grenzgänger, deren James-Bond-Westen mit Goldbarren gefüllt waren. Mory aber ließ man in Ruhe, und er schien auch keineswegs aus der Fassung gebracht. Von anderer Seite wurde der Verdacht geäußert, er sei ein Polizeispitzel. Doch was auch immer er war, für mich erwies er sich als eine äußerst nützliche Verbindung, in die ich nichts investierte als ein paar Glas Bier und einige Lobeshymnen auf Puskas und andere vergangene Größen des ungarischen Fußballs.

Sechs Monate später trafen wir uns durch Zufall wieder, und zwar im Sahali, in Tangers Escalada Sidi Hosni, das übertriebener Glorifizierung die Bezeichnung »Café« verdankte. Mory war völlig pleite, und ein Freund, mit dem er zusammen war, half ihm mit 150 Dirham aus, die damals umgerechnet einen Wert von etwa zehn Pfund hatten. Diesen einen Freund stellte er als einen FBI-Agenten vor, der mir im Rahmen meiner Nachforschungen nützlich sein könnte. Dann sprachen sie in wenig schmeichelhaften Formulierungen von einem Mann mit dem unvergeßlichen Namen Tom Asquare, den man offenbar für Morys Fehlschläge verantwortlich machte.

Fast ein Jahr später hatte ich eine Unterhaltung mit einem englischen »Sicherheitsberater«, einem ungeschlachten Gelegenheitsbetrüger, der für die armen Geschäftsleute, die sich seinem Rat anvertrauten, echtes Mitleid an den Tag legte. Er behauptete, seine Fühler überall zu haben, und ich gewann den Eindruck, daß er damit nicht gelogen hatte. Wie er trotz des an sich dichten Systems an derartige Informationen kam, ist mir ein Rätsel. Gegen Ende unseres kurzen Gespräches erwähnte er die »glücklichen Dreckskerle, die wirklich das große Geld machen«. Tom Asquare alias Blockley bezeichnete er als einen von ihnen: »Mein Lieber, der hat sein Schäfchen ins trockene gebracht. Noch nie von ihm gehört? Asquare – alias Blockley – – alias Kubik – alias Ich-weiß-nicht-was-alles? Muß wohl auch einen richtigen Namen haben, aber den kenne ich nicht.«

Immer häufiger sollte ich auf Kubiks Namen stoßen.

Im November 1967 suchte ich Morys FBI-Freund in New York auf. Er erzählte mir, daß Mory wieder in Kalifornien sei, da er an ein einträgliches Importgeschäft geraten sei. »Sie sollten ihn einmal besuchen. Großer Wagen, großes Haus, alles ist groß, selbst das Mädchen, das er aus der Schweiz eingeführt und geheiratet hat. Alles ganz legal, das können Sie glauben.«

Als ich ihn 1968 wiedertraf, berichtete er mir, Morys Geschäfte seien einmal gut, einmal weniger gut gelaufen, aber nun schwimme er anscheinend obenauf und reise häufig in den Fernen Osten. »Er hat sich wohl wieder mit Asquare zusammengetan, nur daß dieser sich jetzt Blockley nennt. Ich nehme an, ein Schmuggler.«

Im Spätsommer 1971 rief mich der FBI-Agent in London an. Mory war tot. Autounfall. Wahrscheinlich Selbstmord. Die Witwe zog wieder in die Schweiz und lebte dort unter ihrem Mädchennamen, um sich Nachforschungen möglichst zu entziehen. Einige Zeitungen waren ihr auf der Spur. Ich sagte ihm, daß ich auf dem Wege nach Genf sei, und fragte, ob es Sinn habe, sie aufzusuchen. »Nein, aber ich könnte sie bewegen, Sie anzurufen, wenn Sie mir Ihren Aufenthaltsort verraten.«

Mrs. Mory rief tatsächlich an, und wir verabredeten uns zum Dinner im Restaurant »Aux Armeurs«. Sie war wirklich groß. Das Nummernschild ihres Wagens war aus Lausanne. Sie behauptete, es sei ein Leihwagen, was ich ihr jedoch nicht abnahm. Äußerlich schien sie amerikanisiert bis hin zu den Tischmanieren und der juwelenbesetzten Brille, aber im Grund war sie Schweizerin geblieben.

»Welche Geschäfte betrieb Ray?«

»Importgeschäfte.«

»Welcher Art?«

»Alles mögliche.«

»Und wo?«

»Fernost.«

»Hongkong?«

»Auch Hongkong.«

Eine Zeitlang hatte er hierbei außerordentlich gut verdient. Er hatte sich auf bestimmte Waren verlegt, für die er sich in San Francisco einen guten Absatz versprach, und organisierte deren Produktion in Taiwan, Hongkong und gelegentlich in Japan. Eines Tages hatte er dann zufällig Tom Asquare in Hongkong getroffen.

»Wahrscheinlich hatte Asquare ihn abgepaßt«, behauptete Mrs. Mory. »Ray konnte ihn niemals leiden.«

»Sagten Sie Asquare?«

»Ja. Sie kennen ihn sicher unter dem Namen Blockley. Er hat Ray umgebracht.«

»Wie?«

»Er hat ihn zu Tode gehetzt. Nachdem er einmal an ihm dran war, hat er nicht mehr von Ray abgelassen. Ray stellte sogar seine Reisen in den Fernen Osten ein.«

»Wie konnte er Importgeschäfte machen, ohne sich vorher die Ware anzuschauen? Ließ er sich Muster schicken?«

»Nein. Er ließ die Muster in den Staaten anfertigen, sandte sie beispielsweise nach Taiwan, von wo dann die Produkte geliefert wurden.«

»Was waren das für Waren?«

»Wie gesagt, alles mögliche. Haushaltsgegenstände, dann Spielzeug, gelegentlich Textilien und später Uhren.«

»Wo wurden die Muster gefertigt?«

»Keine Ahnung.«

Dann hatte es Asquare – Blockley offenbar wieder einmal auf ihn abgesehen. Damit begann eine endlose Reihe von Schwierigkeiten: Lieferungen verzögerten sich, kleine chinesische Fabriken, die bisher für Mory gearbeitet hatten, weigerten sich, Aufträge von ihm anzunehmen, und eines Tages »rückten ihm die Polizeibehörden auf den Hals und behaupteten, seine Muster und Prototypen seien bei anderen amerikanischen Firmen gestohlen worden! Das war natürlich purer Unsinn.« Darauf investierte Mory sein ganzes Geld in eine kleinere Fabrik in Hongkong, da er hoffte, aufgrund seiner ausgedehnten Verbindungen einen großen Auftrag zu erhalten, um den er sich beworben hatte. Er bekam ihn nicht, einmal, weil er von einem bis jetzt noch unbekannten Mitbewerber durch ein besseres, völlig unwirtschaftliches Angebot unterboten worden war, zum anderen, weil seine Fabrik abbrannte. Er war überzeugt, daß hinter allen Niederlagen dieser Asquare steckte. Das Geld von der Versicherung deckte bei weitem nicht alle seine Schulden. Er versuchte seine alten Geschäfte wieder zu beleben, aber keiner seiner ehemaligen Partner wollte etwas von ihm wissen. Seine Frau war nicht an die Armut gewöhnt, der sie sich nun gegenübersahen und deren er sich schämte.

»Er hat mir einmal gesagt«, erklärte sie mir mit matter Stimme, »daß er nur noch den Ehrgeiz habe, mich gut versorgt zu sehen. Er wünschte seinen Tod, damit ich in Besitz der Versicherungssumme käme. Ich habe die Äußerungen nicht ernst genug genommen. Einen Tag später fuhr er mit hoher Geschwindigkeit gegen eine Ziegelwand. Er war nicht betrunken, das steht fest. Er war nie ein unaufmerksamer Fahrer, und ich habe ihn nie rasen gesehen. Die Polizei meinte, es sei Selbstmord gewesen, und ich war der gleichen Ansicht. Unter diesen Umständen sah es so aus, als werde die Versicherungsgesellschaft niemals zahlen.

Dann besuchte mich eines Tages ein untersetzter Mann. Er gab vor, ein Freund von Ray gewesen zu sein und mir helfen zu wollen. Ich sollte mir wegen der Versicherung keine Sorgen machen. Er werde sich um die Angelegenheit kümmern.«

Bald darauf zahlte die Versicherung. Sie wurde verpflichtet, niemals öffentlich zu verbreiten, daß es Selbstmord gewesen sein könne oder daß er einen Grund gehabt haben könne, sich umzubringen. Offenbar zufällig fiel das Eingreifen des Fremden zusammen mit einiger moralischer Unterstützung und günstigen Charakterauskünften seitens des damaligen FBI-Chefs Edgar Hoover.

»Erst als ich wieder in der Schweiz war, hörte ich, daß es sich bei dem Fremden, der mich in San Francisco aufgesucht hatte, möglicherweise um Asquare handelte«, fügte sie hinzu.

»Asquare – Blockley –, hat Ray niemals den Namen Kubik erwähnt?« fragte ich auf gut Glück.

»Ein- oder zweimal. Ich glaube, das ist der gleiche Mann.«

Mrs. Mory hatte keinen Anlaß, sich über die Vielzahl von Kubiks Namen zu erregen – schließlich hatte Mory selbst unter einem Decknamen gelebt.

»Klingt amerikanischer, besser fürs Geschäft«, pflegte er sich zu entschuldigen.

Warum hatte Kubik Mory so gehaßt? Und warum war er dann doch bereit, seiner Witwe beizustehen? Sentimental war er gewiß nicht. Mitleid? Lag nicht auf seiner Linie. Sexuelle Zuneigung? Man konnte sich nur schwer vorstellen, daß er für die ziemlich unscheinbare, häuslich veranlagte Fünfzigerin etwas übriggehabt haben soll. Die einzige mögliche Erklärung war in seinem seltsamen Ehrenkodex zu suchen. Mein Wunsch, hierüber etwas aus seinem eigenen Munde zu erfahren, wurde immer drängender.

Was Ray Morys Laufbahn angeht, so scheint mir das Rätsel nicht unlösbar. Während er anfangs Schmuggel betrieb und sich später auf Patentdiebstahl verlegte, verdingte er sich wahrscheinlich gleichzeitig als Informant für das FBI.

Nachmacher

Kam Luang kann man nicht als einen besonders gesprächigen Mann bezeichnen. Als wir einander in einem Privatzimmer des Restaurants »Golden Crown« in Kaoluns Nathan Road vorgestellt wurden, spielte er gerade Ma-Jong. Meine Gegenwart quittierte er mit einem flüchtigen Halblächeln und einer Verbeugung. Während des Essens, zwischen Sauté Black mit weißen Pilzen und Haifischflossen mit Krebsfleisch, d. h. zwischen dem zweiten und dritten Gang, fragte ich ihn, ob er Ray Mory gekannt habe. Als der sechste Gang, zweimal gekochte Schweinszunge und Trompetenschnecke, aufgetragen wurde, drehte er langsam den Kopf in meine Richtung und meinte: »Vielleicht.« Um nicht zu aufdringlich zu erscheinen, wartete ich mit meiner nächsten Frage bis zum siebten Gang, gekochter Garupa in brauner Sauce. Ich fragte ihn, ob er von Kubik gehört habe. Anstatt einer Antwort füllte er mein Brandyglas (eigentlich ein ganz normales Gefäß, solange es mit Wasser gefüllt ist) bis zum Rand. Ich konzentrierte meine Unterhaltung auf andere Tischgenossen und würzte meine Sätze mit Bemerkungen, die, wie ich hoffte, ihren Eindruck auf Kam Luang nicht verfehlen würden. Abgesehen von zwei telefonischen Empfehlungen lange vor meiner Ankunft, besaß ich nichts als einige Namen, nach denen ich fragen konnte, einige andere, die ich gesprächsweise fallenlassen konnte, und eine auf den neuesten Stand gebrachte Preisliste einiger »Imitationen«. Das war alles, was mir den Zugang zu gewissen Kreisen in Hongkong erschließen sollte. Noch immer keine Antwort. Wo hatte ich einen Fehler gemacht? Durch was hatte ich mich als Außenseiter verraten?

Wir hatten bereits Klößchen und Mandelkreme hinter uns, und diejenigen, die sich etwas mehr zurückgehalten hatten als ich, waren gerade im Begriff, sich den dreizehnten und letzten Gang des eigens für uns zusammengestellten Menüs, raffiniertes Gebäck, einzuverleiben. Die Unterhaltung am Tisch verebbte langsam und, gemästet wie wir waren, schlürften wir schweigsam unseren Tee. Jetzt erst würdigte mich Kam Luang einer Antwort: »Nein, ich kenne ihn nicht.«

Meine Hoffnungen schwanden dahin.

»Aber andere als Asquare oder Blockley«, fügte er mit undurchsichtiger Miene hinzu, »kenne ich auch nicht.«

Die Tafelrunde brach auf. Er fragte mich, wo ich abgestiegen sei. Man hatte mich vorher darauf hingewiesen, daß einige Leute, denen ich begegnen würde, es vorzögen, auf der Kaolun-Seite zu bleiben. Als ich daher das August-Moon-Hotel nannte, billigte er es durch ein fast unmerkliches Nikken.

Am nächsten Morgen holte er mich im Hotel ab, und wir machten einen längeren Spaziergang. Sein Beitrag zur Unterhaltung bestand meist aus kurzen, klaren Fragen. Welche Textilien ich bevorzugen würde, was ich von japanischer Fertigungsqualität hielte, ob ich Schweizer Uhren japanischen vorziehen würde, ob ich der Ansicht sei, daß Einschränkungen des freien Goldmarktes sich günstig auswirken würden usw. Er tastete mich immer noch ab. Dieses Gefühl des ständigen Verdächtigtwerdens verließ mich bei keinem unserer Spaziergänge. Immerhin schien er den Zweck meines Besuches, nämlich den Markt für verschiedene Nachahmungen zu erkunden, akzeptiert zu haben, aber andererseits befürchtete er, meine vorgebliche »Legende« als Journalist könne einer polizeilichen Nachforschung nicht standhalten, falls etwas mit meinen Geschäften schiefgehen sollte. Es hieß Geduld zu üben, denn schließlich bezweckte sein hinterhältiges, beharrliches Bohren nichts anderes als die Ausschaltung jeglicher Sicherheitsgefährdung für ihn selbst wie auch für meinen angeblichen Auftrag.

Kam Luang oder »Mr. Fixit«, wie er von einigen genannt wurde, gehörte zu den Top-Leuten in der windigen, mißtrauischen, unzuverlässigen, aber äußerst mächtigen Organisation der Patentdiebe, einem internationalen Netz mit Millionengewinnen, das Markenartikel schnell, in unbegrenzter Auflage, in erstaunlich guter Qualität und zu einem Bruchteil des Originalpreises produzierte und auf den Markt brachte.

Worin lag das Geheimnis ihres Erfolges? Sie verfügten über verhältnismäßig billige Arbeitskräfte, ein unermeßliches Reservoir an know-how und Fachkräften, genug ungenutzte Produktionskapazität sowie über Möglichkeiten, durch erschlichenen Schiffstransportraum die Frachten niedrig zu halten. Vor allem jedoch besaßen sie engste Kontakte zu Quellen, die in der Lage waren, sie mit wichtigen, vertraulichen Schlüsselinformationen zu versorgen. Dieser Umstand verhalf den »Nachmachern« von Hongkong, Taiwan, Japan und Südkorea zu Gewinnen, wie sie von der Masse der gewöhnlichen Imitatoren, Fälscher, Design-Piraten und Patentdiebe kaum jemals erzielt werden konnten. Die Zuverlässigkeit ihrer Informationen nämlich ermöglichte es ihnen, sich die gewinnträchtigsten Artikel für Imitationen auszuwählen, sie überraschend risikolos auf den Markt zu werfen und hierfür den richtigen Zeitpunkt auszusuchen: Oft können sie schon die Läden mit ihren Kopien überschwemmen, während sich das ahnungslose Opfer noch mit den Ärgernissen des Produktionsanlaufes herumschlägt.

Während die Konjunktur andauert und sich das Betätigungsfeld ständig erweitert, mindern unvermeidliche Lohnerhöhungen und neue Möglichkeiten attraktiven Nebenverdienstes den traditionellen Vorteil billiger Arbeitskräfte, eine Entwicklung, die besonders auf Japan zutrifft. Nur die »Nachmacher« bleiben davon unberührt. »Es stimmt, daß über die Hälfte der Bevölkerung unter 21 Jahren ist, daß sie besser ausgebildet ist und mehr Ansprüche stellt als die Generationen vor ihr«, erklärte mir ein Regierungsbeamter in Hongkong, »aber anderseits arbeiten unsere Geschäftsleute mit einem Minimum an Verwaltungspersonal. Sie beschäftigen nicht Armeen Rolls-Royce-bewußter Bürokraten, die jede Gehaltserhöhung zum Anlaß nehmen, gleichzeitig ihre Mittagspause auszudehnen. Außerdem stecken sie fast nichts in die Forschung, die Entwicklung oder ins Design. Sie überlassen es ihren überseeischen Konkurrenten, das für sie mit zu tun.« Dem wäre noch hinzuzufügen, daß die meisten dieser Händler auch noch vollen Nutzen ziehen aus den kostspieligen Marketing- und Werbekampagnen, die ihre Opfer für sie bezahlt haben.

Und das Ergebnis? Mir wurden japanische Imitationen von Parker-Füllhaltern für 25 Pence und Kopien minderer Qualität aus Hongkong für 19 Pence das Stück angeboten. Digital-Uhren und andere teure Modelle der Marke »Seiko« (Imitationen japanischer Originale, für die ein enormer Werbeaufwand betrieben wird) waren bei Abnahme größerer Mengen zum Schleuderpreis von zweiundzwanzig bis siebenundzwanzig US-Dollar zu haben; dieser Preis umfaßte sogar noch die Lieferung (sprich Schmuggel) in jedes beliebige Land. (Ein Seiko-Manager, der sich zu einem Besuch in Hongkong aufhielt, rief einmal aus: »Aber dieses Geschäft mit den Nachahmungen ist doch völlig unmoralisch!« Diese Bemerkung eines japanischen Geschäftsmannes, dessen Landsleute, wenn auch nicht Kollegen, sich doch besonders auf dem Sektor der Produkt-Imitation auszeichnen, unterstreicht die Macht und die Bedeutung chinesischer »Nachmacher«.)

Die Liste der häufig nachgemachten Artikel ist praktisch endlos, und es seien hier nur einige herausgegriffen: Viele amerikanische und britische Kosmetika und Medikamente; französische Stoffe und Textilien; japanische, amerikanische, deutsche und britische Spielwaren; französische und britische Feuerzeuge; Autozubehör, Fotoapparate und elektrische Geräte verschiedenen Ursprungs; Schweizer Uhren; Getränke, einschließlich riesiger Mengen von Brandy und Whisky bekanntester Marken; Briefmarken vieler Länder, oft mit dem Sonderstempel der Erstausgabe versehen ...

Ein großer Teil dieses Fernosthandels wurde begründet und wird immer noch beherrscht von einer recht gemischten Bande internationaler Betrüger. Ein paar Deutsche, die örtliches Talent um eindrucksvolles technisches Geschick und Ideen bereicherten, waren die ersten Vorboten westlicher Einflußnahme. In den frühen fünfziger Jahren kamen sie direkt aus Deutschland herüber und führten bei sich mehr oder weniger echte Dokumente, die sie als Vertreter deutscher und südamerikanischer Firmen auswiesen. In Singapur und Hongkong starteten sie dann mit örtlicher finanzieller Unterstützung den einträglichen Design-Diebstahl allgemein bekannter Produkte. Aufmachung, Name und Verpackung der Produkte waren denen der Originale sehr ähnlich. Sehr bald gesellten sich Veteranen der französischen Fremdenlegion zu ihnen, was zur Folge hatte, daß sich die Unternehmungen auf die Imitation von Waffen und Goldschmuggel ausdehnten.

In den sechziger Jahren belebte ein neues wichtiges Element die Szenerie: Diesmal waren es amerikanische Soldaten des Vietnamkrieges, die aus unpolitischen Gründen desertiert waren. Aufgrund ihrer Kontakte zur Mafia und zum Drogenhandel sowie ihrer neuen Ideen (beispielsweise Fälschung von Staatsobligationen) fanden sie willkommene Aufnahme. Doch die größten Erfolge wurden in dem Moment erreicht, als man sich auf das sogenannte »advanced pirating«, also auf die perfektionierte Imitation, verlegte. Diese bestand darin, daß man Muster oder Produktionsgeheimnisse stahl und unter der ursprünglichen Markenbezeichnung exakte Kopien herstellte, die auf Lager gelegt oder teilweise bereits an den Einzelhandel ausgeliefert wurden, um dann gleichzeitig mit dem Original und im Fahrwasser kostenloser Werbeaktionen auf dem Markt zu erscheinen. Diese Nachahmungen waren in bezug auf ihr Aussehen und manchmal auch hinsichtlich der Qualität so fehlerlos, daß sie im Handel unter der Bezeichnung »echte Fälschung« bekannt wurden.

Einer dieser amerikanischen Händler, angeblich ein ehemaliger Armeeoberst, besitzt als Tarnberuf einen leitenden Posten bei einer Reederei in Singapur, deren Mitinhaber er tatsächlich ist. Er lebt im Stil eines echten Millionärs inklusive Düsenflugzeug, das ja heute in diesen Kreisen als wesentliches Statussymbol gewertet wird. Es wird behauptet, daß kein auf dem Gebiet der Industriespionage tätiges Unternehmen für sich in Anspruch nehmen kann, zur internationalen Spitze zu gehören, solange es noch keine Aufträge von ihm bekommen hat.

Ich hatte das nervenkitzelnde Vergnügen, wenigstens seinen Leibwächter kennenzulernen, einen recht bemerkenswerten Charakter mit einer portugiesischen Mutter und einem chinesischen Vater. Er stammte aus Macao. Von kleiner, schmächtiger Statur und mit dem runzeligen Gesicht einer Zitrone, wirkte er eher unscheinbar und keineswegs wie ein Leibwächter; er galt als Künstler im Umgang mit der Garrotte und als »einigermaßen passabler« Killer im Umgang mit einigen anderen Waffen. Er behauptet, Macao verlassen zu haben, »als es unmöglich wurde, jemanden zu erwürgen, ohne zuvor die Einwilligung des Vorsitzenden Mao eingeholt zu haben.« Sein »Handwerkszeug«, eine sechs Millimeter dicke Nylonschnur mit Stahldrahtenden, trug er um den Hals. Ein schweres Bronzekreuz baumelte an diesem Strick über seiner Brust, ebenfalls eine wirkungsvolle Waffe darstellend. Eine seiner entnervenden Angewohnheiten bestand darin, ständig an dieser Schnur zu fingern, als trage er einen Rosenkranz um den Hals.

Ich glaube, daß er und sein Chef ganz wesentlich beteiligt waren an einer umfangreichen Unternehmung zur Imitation von Rasierklingen. Diese Aktion wurde von zwei Zentren aus gesteuert und basierte auf detaillierten

Kenntnissen von Fertigungsmethoden der betroffenen Firma. Diese Kenntnisse bezogen sich angeblich auf die Herkunft des verwendeten Stahls, das Verpackungsmaterial und sogar die Art der benutzten Druckerschwärze, so daß die Imitatoren das benötigte Material, wenn schon nicht bei den gleichen Zulieferern, so doch nach entsprechend spezifizierten Angaben bei anderen Firmen bestellen konnten.

Für das europäische Zentrum hatte man praktisch zu Altmetall-Preisen den gesamten Maschinenbestand eines eingegangenen Rasierklingen-Herstellers aufgekauft. Kurz nachdem man in Belgien die Produktion aufgenommen hatte, war man bereits in der Lage, über Verteilerzentren in Italien den europäischen, den arabischen und den afrikanischen Markt zu überfluten.

Die Nachahmungen waren aufgrund einschneidender kostensparender Maßnahmen zwar nicht perfekt, durften aber immer noch als »echte Fälschungen« gelten, da der Großteil der Kundschaft die beiden wesentlichen Unterscheidungsmerkmale zwischen Original und Imitation nicht wahrnahm. Nur Fachleuten mußte auffallen, daß einmal das Markenzeichen auf den Kopien nur aufgedruckt war, während es in die Original-Klingen im Säurebad eingeätzt worden war, und daß zum anderen an der Innenseite des Wachspapier-Umschlages vier Tropfen Vaseline fehlten, die bei der Originalverpackung ein Verschieben der Klinge verhinderten. Die Einrichtung einer entsprechenden Anlage am Ende des Produktionsweges hatten sich die Kopisten aus Überlegungen der Kostensenkung gespart.

»Wer wird auch schon vor der Rasur mit dem Fingernagel das Wachspapier oder die Klinge abkratzen?« verzweifelte mein Informant, Marketing-Spezialist der geschädigten Firma. »Der Kunde wird nur dann merken, daß mit der Klinge etwas nicht stimmt, wenn sie vorzeitig schartig und stumpf wird und blutige Kratzer hinterläßt, was er von seiner bevorzugten Marke nicht gewohnt ist. Aber den meisten wird nicht einmal das auffallen, und wenn es ihnen doch aufstößt, werden sie höchstens uns dafür verantwortlich machen und uns vorwerfen, wir ließen in der Qualität nach. Das kann dann dazu führen, daß sie von der Original-Marke nichts mehr wissen wollen!«

Dieser letzte Gesichtspunkt erklärt auch, warum mein Informant ebenso wie die »Nachmacher« gar nicht erpicht darauf war, das Vorhandensein von Fälschungen im Zusammenhang mit dem Firmennamen an die große Glocke zu hängen. Er mußte befürchten, daß sich ein allgemeines Mißtrauen breitmachen und zu einem Vertrauensverlust bei der regelmäßigen Kundschaft führen würde.

Ende 1972 gaben Ermittler der belgischen Polizei den entscheidenden Hinweis. Sie durchsuchte die Fabrikanlagen und nahm mehrere Personen auf der Stelle fest. Eine sich anschließende Säuberungsaktion in Italien und Afrika war ebenfalls erfolgreich; das Zentrum im Fernen Osten blühte jedoch nach wie vor. Die dort ansässige Fabrik konzentrierte sich darauf, in den amerikanischen Markt des geschädigten Herstellers einzudringen, von dem schätzungsweise jede zehnte Klinge stammt, die in den Vereinigten Staaten verkauft wird. Das Vorgehen der Betrüger ähnelte in vielem dem belgischen Konzept, nur daß es in diesem Falle ein zusätzliches Problem zu bewältigen galt: Wie sollte man Millionen von Klingen durch den amerikanischen Zoll bringen, ohne deren dunkle Herkunft zu offenbaren?

Zu diesem Zweck erwarb man ein kleines chinesisches Exportunternehmen, das sich nur dadurch auszeichnete, daß es regelmäßig und ganz legal kleinere Mengen einer billigen, unbekannten Rasierklingen-Marke in die USA ausführte. Diese ordentlich lizenzierten Exportaufträge wurden nun aufgebläht. Die Kartons wurden präpariert und unter einer Schicht minderwertiger Originalklingen mit den berühmten Falsifikaten gefüllt. Die ersten Lieferungen trafen ein – aber bei weitem nicht schnell genug, um die Nachfrage zu befriedigen. Ganze Ladungen verkaufte man im voraus an Geschäfte, die nicht zu viele Fragen stellten, wenn ihnen Klingen zu »stark reduzierten Sonderpreisen« angeboten wurden.

Ich fragte meinen Gesprächspartner Kam Luang nach dem Klingen-Geschäft. Nein, er hatte keine Ahnung, aber er zeigte sich interessiert: »Können Sie mir etwas darüber berichten?« Das konnte ich. »Ja«, nickte er, »das klingt vernünftig. Tausend Stück des Originals werden in den USA für 56 Dollar verkauft, während die Kopien für 11,50 Dollar je tausend angeboten werden.« Zweifellos eine schnelle und genaue Schätzung von einem Mann, der von diesem Geschäft gerade zum ersten Mal gehört hatte.

Einige Leute deuteten mir gegenüber an, Kam Luang sei bei diesem Unternehmen Partner des Amerikaners. Ich glaube es nicht. Kam Luang ist ein Mann, der sich zwischen den Linien bewegt und der für alles einen Preis verlangt, den man schwer voraussagen kann. Er erinnerte mich an den köstlichen alten Besitzer eines jüdischen Restaurants in Budapest, der für ein Essen mit Wein für vier Personen fünfzehn Forint in Rechnung stellte, während er es fertigbrachte, zu einem anderen Zeitpunkt das Zehnfache für eine Suppe oder zweihundert Forint für eine Flasche Soda zu verlangen, je nachdem, wie er gerade gelaunt war.

Welcher Art die Geschäfte waren, die ihm mehr zu liegen schienen, zeigte sich sehr deutlich, als ich vorgab, Absatzmöglichkeiten für eine neue Filmkamera zu sehen. Bis jetzt existiere sie lediglich auf den Reißbrettern einer international bekannten deutschen Firma. Seinem glatten pergamentfarbenen Gesicht war keine Reaktion anzumerken, doch nach weniger als vierundzwanzig Stunden machte er mich darauf aufmerksam, daß ich mit meinen Informationen nicht auf dem neuesten Stand sei: »Diese Kamera hat nämlich fast Produktionsreife erlangt. Wenn Sie also interessiert sind, sollten Sie sich beeilen.«

Dann sagte er mir, was er für mich tun könne: Vermittlung eines Kontaktes zu einem deutschen Geschäftsmakler, der einen Angestellten der besagten

Firma auf seiner Lohnliste habe. Dieser wiederum sei in der Lage, erst einmal alle technischen Einzelheiten der Kamera und später den Namen, den Preis, die Marketing-Pläne und die Verpackungsdetails zu liefern. Kam Luang bot sich weiter an, ein Treffen mit dem Mann zu arrangieren, der die Produktion aufziehen könne, wobei die verschiedenen Einzelteile in kleineren Fabriken hergestellt würden und nur die Endfertigung im Falle erfolgreicher Nachforschungen unmittelbar der Gefahr der Entdeckung ausgesetzt wäre. Ebenso würde er mich mit einem Marketing-Spezialisten zusammenbringen, der Zugang zu zahlreichen Absatzgebieten habe, vornehmlich in Hongkong, in Singapur und auf den Fidschi-Inseln. Auch einen zweiten Mann für die Produktion würde er mir zuführen, der sich schließlich mit der Verpackung, der Bedienungsanweisung und dem anderen gedruckten Material, wie beispielsweise den Garantiescheinen, befassen könne. Wenn es notwendig sei, werde er mich endlich auch einem Finanzier vorstellen, der bereit sei, mir zu einem einigermaßen vernünftigen Zinssatz das Geld für sämtliche Investitionen vorzuschießen. Kam Luang verlangte keine Beteiligung an dem Geschäft. Er würde sich mit einer einmaligen Summe von 40 000 Hongkong-Dollar begnügen, das entsprach damals fast einem Gegenwert von 3000 Pfund.

Er akzeptierte meinen Einwand, daß ich allein keine Entscheidung treffen könne, sondern zuerst beim Syndikat, als dessen Vertreter ich mich ausgab, Weisungen einholen müsse; jedenfalls kam er nicht mehr auf das Thema zu sprechen.

Das war 1972, als Ray Mory noch am Leben war und ich bemüht war, mehr über ihn zu erfahren: »Wie ich höre, macht er ganz gute Geschäfte mit seinem Zubehör.«

»Wirklich?«

»Er soll auch an einigen Textilien interessiert sein.«

Pause. Ohne mich anzuschauen, murmelte Kam Luang: »Sie fragen zuviel.«

»Das war keine Frage.«

»Nein?« Wieder eine lange Pause. »Ich kann mich nie an Dinge erinnern, die ich über andere Leute höre. Sie vielleicht?«

Wieder einmal war mir nicht recht wohl in meiner Haut. Es war einfach nicht möglich, mit Kam Luang in ein freundschaftliches Gespräch zu kommen. Die undurchsichtige Maske seines Gesichtes gab nicht einmal sein Alter preis; meiner Ansicht nach konnte er alles sein zwischen 35 und 65.

Wir tranken ein Bier in dem heruntergekommenen und verstaubten Hotel Luk Kwok, dem einst von lärmendem Treiben erfüllten Bordell der Suzie Wong. Dann bummelten wir durch die schmutzigen Uferstraßen, in denen es mehr Zuhälter als Barmädchen und Kunden zusammen zu geben schien; aber kein einziger Schlitzrock versuchte, sich an uns heranzumachen. Selbst als wir eine besonders schmierige Spelunke aufsuchten, wo Kam Luang mit dem Barmann einige schnelle Sätze in Chinesisch wechselte, bat uns keine der anwesenden Hostessen um einen Cherry Brandy, wie man dort den Fingerhut voll verdünnter Coca-Cola bezeichnete und für den man bezahlte, als sei jedes Bläschen ein echter Brillant. Stimmte es also, daß mein Begleiter auch seine Hände im Geschäft mit der käuflichen Liebe hatte? Diese Frage sollte, wie noch einige andere in bezug auf seine Person, unbeantwortet bleiben.

Es war das einzige Mal, daß wir uns auf der Hongkong-Seite trafen, wo der gute Geruch knisternder Geldscheine selbst die dicken Rauchschwaden in den Fleischbratereien durchdringt. Kam Luangs Zuhause war das niemals schlafende, vom Opiumduft durchzogene Kaolun. Dort betrieb er sein offizielles Geschäft, einen Laden für alle möglichen Waren, der als Erklärung für seine offensichtlich sparsame Lebensführung herhalten mußte. Er hatte eine »Tsai«, die Hauptfrau Nr. 1, in Kam Tin, einem alten, noch von einer Mauer umgebenen chinesischen Dorf, weit draußen im Neuen Land; außerdem hielt er sich angeblich eine Frau in Macao und eine andere in Aberdeen, dem Fischerei-Zentrum. Außer diesen sorgfältig voneinander getrennten, eher bescheidenen Zerstreuungen schien er aus dem Vermögen, das er unablässig vermehrte, keine anderen Freuden zu ziehen.

Am Ende unseres zweiten Spazierganges bat ich Kam Luang um Auskünfte, mit wieviel Kosten ich bei der Nachahmung einer Damenkleider-Kollektion rechnen müsse. Mein Ansinnen quittierte er mit dem mir schon vertrauten gleichgültigen Nicken, doch dann schien er seine Meinung geändert zu haben:

»Wollen Sie das wirklich wissen?«

»Ja. Warum?«

»Weil Sie besser daran täten, bei Ihren Kameras zu bleiben. Das ist sicherer.«

Dies war das zweite Mal, daß man mich davor warnte, mich auf das unberechenbare Geschäft mit der Mode einzulassen. Die erste Warnung stammte von einem Herrn Holz, dem humorlosesten Bayern, der mir je begegnet war. Feierlich wie ein Schicksalsprophet gab er mir damals den Rat: »Lassen Sie die Hände von Damenunterwäsche. Sie stinkt.«

Strumpfhosen-Krieg

Wenn man von Industriespionage und Wirtschaftsaufklärung spricht, macht man leicht den Fehler, diese Begriffe ausschließlich auf so offensichtlich wichtige Zielbereiche zu beschränken wie Motorenbau, pharmazeutische und chemische Industrie, Flugzeugbau, Werbung und neue Erfindungen wie Instant-Fleisch, einbruchsichere Fensterscheiben oder Video-Kassetten für den Fernsehapparat, wobei ich nur erwähnen möchte, daß gerade der letztgenannte Artikel immer häufiger in den Auftragsbüchern der berufsmäßigen Industriespione auftaucht, d. h. wenn sie derartige Bücher überhaupt führen.

Es ist noch nicht allzulange her, daß für den käuflichen Spion »Mode« gleichbedeutend war mit Pariser Haute Couture. Die Leute, die auf diesem Sektor arbeiteten, waren keine hergelaufenen Schnüffler. Es genügte nicht, sich einigermaßen auf der wirbelnden Bühne des Pariser Modebetriebes auszukennen und den jährlichen Rummel um die Neue Linie mitzumachen, sondern man mußte sich spezialisiert haben auf Häuser wie Dior, Balmain, Chanel beispielsweise, oder auf den noch jungen YSL-Kult. YSL steht natürlich für Yves Saint-Laurent. Einer der Großen im Mikrokosmos der Modespionage überschüttete mich einmal mit Hohn, weil ich die Bedeutung der drei Buchstaben nicht kannte, während er mich ein anderes Mal, zu einer Zeit, als Präsident Johnson und Lady Bird noch Schlagzeilen machten, fragte, wer sich hinter den Buchstaben LBJ verberge. Aber ihm bedeuteten Schlagzeilen weniger als Rocklängen, und schließlich hat ihm das Wissen um entscheidende Zentimeter ein Schlößchen mit einem dazu gehörigen Weinberg eingebracht.

Die Rocklänge, eine Kleinigkeit von außerordentlicher, wenn auch künstlich etwas hochgespielter Bedeutung – wird der Rocksaum wirklich unmerklich unter, über oder gar mitten auf dem Knie enden? –, bleibt immer noch ein sorgfältig gehütetes Geheimnis der Couturiers. Diese haben aber anderseits ihre Sicherheitsvorkehrungen im Laufe der letzten Jahre etwas heruntergeschraubt und davon Abstand genommen, ihre höchstgeheimen Vor-Vorschauen mit Hilfe elektronischer Geräte und strengster Leibesvisitation gegen den heimlichen Einsatz von Fotoapparaten, Skizzenblöcken und Gedankenlesern – wie zumindest einmal geschehen – abzuschirmen, wodurch sich wieder gewisse Möglichkeiten eröffnen, den Sicherheitsgürtel, der die Schau für die wenigen Auserwählten umgibt, zu durchlöchern. Dennoch bedarf es natürlich eines besonderen Ausweises, ausgestellt von der mächtigen »Chambre Syndicale de la Couture Parisienne«, um vor den inneren Toren des Heiligtums den Beweis antreten zu können, daß man entweder zur Geldaristokratie oder zum Kreis jener ausdrücklich ernannten Hohepriesterinnen des Mode-Journalismus gehört, die getreulich die Fastenzeit einhalten und ihr Wissen erst zum vorgeschriebenen Zeitpunkt offenbaren.

Berufsagenten sind sich dieser Entwicklung wohl bewußt und verzichten auf altbewährte Methoden, wie beispielsweise den Einbau von Kleinstkameras in die Schuhe »wohlhabender« Damen (eine wurde dabei erwischt, weil sie zu laut mit ihren Absätzen klapperte), oder das Einschmuggeln von Personen, denen sich die Türen öffnen, weil sie sich wie potentielle Großeinkäufer geben, und die sich allein auf ihr vorzüglich funktionierendes Gedächtnis verlassen. Die Mode-Piraten finden es bequemer, sich die benötigten Informationen von Leuten zu beschaffen, die man gekauft, beschwatzt oder auch erpreßt hat. Hierzu muß man gute Verbindungen haben, meist festbesoldete Gefolgsleute aus dem inneren Kreis des angezielten Modehauses; diese Form der Informationsbeschaffung garantiert zugleich einen gesicherten Absatzmarkt. So hat es zum Beispiel der bereits erwähnte Schloßbesitzer, der sich recht vage »Modeberater« nennt, fertiggebracht, über mehrere Jahre seine Informationen nicht nur an »Nachmacher« und an Fabrikanten auf der Suche nach »Inspirationen« zu verkaufen, sondern auch an eine Modejournalistin, die aus diesem Wissen für sich und ihren Verleger Kapital schlägt, indem sie es diskret in erstaunlich einfühlsame Trendbeurteilungen und unheimlich genaue Voraussagen ummünzt.

Die letzten revolutionären Entwürfe manchen Modekönigs mögen heute gelegentlich anmuten wie Nachschöpfungen einer Linie, die in den »In-Boutiquen« Londons, New Yorks oder Münchens aus der Taufe gehoben wurde; aber niemanden stört das – am wenigsten den Modespion. Für die Welt bleibt Paris doch immer noch die Stadt, die allem Neuen auf dem Gebiet der Mode den Stempel der Billigung aufdrücken muß, und das ist es, was der Kunde im voraus wissen möchte.

Jacques Besson von der französischen Sûreté hat die jährlichen Verluste, die der französischen Haute Couture durch Modespionage entstehen, einmal auf vierzehn Millionen Dollar geschätzt. Einige andere Leute, mit denen ich sprach, setzten den Betrag noch viel höher an. Sie machten mich aber auch auf einen anderen interessanten Gesichtspunkt aufmerksam: Nicht alle gestohlenen Informationen gelangen in die Hände von »Nachmachern«.

»Nehmen wir einmal an, Sie produzieren Kameras. Dann wissen Sie zumindest im Prinzip, welche Überlegungen ihr Konkurrent anstellt. Er muß bessere, billigere und kleinere Apparate für den Massenkonsum herausbringen, für die Profis wiederum muß er auf technische Verfeinerungen achten. Informationen müssen Sie nur dann kaufen, wenn Sie beispielsweise unbedingt in den Besitz einer Erfindung kommen wollen, die das Konkurrenzunternehmen hat.

In der Mode ist das anders. Dort gibt es keinen logischen Trend, keine unvermeidliche Entwicklung. Ein Wunderkind, umjubeltes Genie des Augenblicks, kann es sich leisten, eine völlig verrückte Kollektion herauszubringen – die sowieso oft nichts anderes ist als die Wiedererweckung einer Mode aus den dreißiger oder vierziger Jahren. Aber alle anderen müssen mitmachen. Keiner kann es sich leisten, abseits zu stehen und als zu konservativ verschrien zu werden. Informationen helfen ihnen, die richtigen Entscheidungen zu treffen.«

Hindernisse und Abschirmeinrichtungen dienen aber nicht nur der Haute Couture in ihrem Kampf gegen Spionage, sondern sie schützen auch den spezialisierten Modespion vor der Konkurrenz vor Neulingen. Für diese bleiben als Betätigungsfeld andere Bereiche der Mode, die, so versicherte man mir, größere Profite abwerfen und weniger Schwierigkeiten bereiten. Ich besuchte zum Beispiel in London den zu dieser Zeit von der Jugend sehr geschätzten Modeschöpfer Ossie Clark und konnte dabei feststellen, daß es ein Kinderspiel war, in sein Studio und seinen Arbeitsraum einzudringen und alles zu kopieren, was dort herumlag. Fremde, kurzfristig engagierte Mannequins, Freunde und Bewunderer bewegten sich gleichermaßen ungehindert innerhalb seiner Werkstatt. Dasselbe galt für seine Wohnung, in der seine Frau Celia ihre originellen Stoffe entwarf. Hier lag das »Geld« zum Greifen nahe und wartete nur auf einen unternehmenden Agenten.

Für »Nachmacher« und ihre Spione ist jedoch der Damenwäsche-Markt wahrscheinlich die leichteste und einträglichste Beute. Eine der erfolgreichsten und dennoch verblüffend einfachen Operationen entwickelte sich aus dem amerikanischen »Strumpfhosen-Krieg«.

Im Jahre 1965 feierte man das Erscheinen der Panties oder Strumpfhosen als die größte Modesensation seit der Erfindung des Strumpfhalters.

Allein in Amerika beläuft sich der augenblickliche Jahresumsatz in dieser Branche auf annähernd 1,5 Mrd. Dollar. Es gibt mehr als tausend Fabrikate, von denen viele recht obskurer inländischer oder ausländischer Herkunft sind. Die Konkurrenz ist hart und führt zu Preisdifferenzen von 50 Cents bis zu fünf Dollar.

Erst 1971 unternahm die »Hosiery Manufacturers' Association« (Verband der Schlüpfer-Industrie) einen ersten Versuch, die Größen zu standardisieren, indem sie anhand der Maßangaben von zehntausend Frauen die häufigsten Gewicht-Größe-Kombinationen ermittelte. Inzwischen war es aber schon zu einem nationalen Aufstand gekommen. Frauen beklagten sich bitterlich über unwahre Werbesprüche, die gewisse Produkte als »beliebig dehnbar« anpriesen, und über schlechte Qualität und Laufmaschenanfälligkeit selbst solcher Hosen, deren Verpackung stolz verkündete: »Sie halten und halten und halten ...« Die Angabe der Farbe traf meist nicht zu, und neue Panties rutschten, nachdem man sich zum ersten Mal damit hingesetzt hatte, wie Fußballersocken nach einer längeren Verletzungspause.

Auf Anregung der Kongreßabgeordneten Sullivan und Senator Hart kam es zu einer Untersuchung durch die »Federal Trade Commission« (Bundeskommission für Handel). Im Verlauf dieser Untersuchung ergab sich, daß die Frauen glaubten, es gäbe grundsätzlich keine Qualitätsunterschiede, egal wie hoch der Preis sei, so daß sie stets das billigste Fabrikat in einem Laden kauften. Manche der »fit-all«-Höschen (»für alle Größen«) erwiesen sich als japanische Miniaturen, die mit Mühe den kleinen Töchtern der Käuferinnen paßten, während Panties aus Deutschland so weit waren, daß College-Studentinnen sich einen Spaß daraus machten, zu zweit in eine Hose zu steigen.

Mitten im Hosenkrieg, ich glaube, es war 1968, beauftragte eines der größeren amerikanischen Unternehmen einen Privatdetektiv namens Jasper »Jazzy« Ford, die Geschäfte einer Konkurrenzfirma, die man verdächtigte, in einem Falle das Patentrecht verletzt zu haben, unter die Lupe zu nehmen.

Der Verdacht bestätigte sich nicht, aber der Detektiv ging dennoch nicht leer aus. Er stellte nämlich fest, daß viele Erzeugnisse dieser Firma in Hongkong hergestellt wurden. Für seinen Auftraggeber war das ohne Belang, aber ihn selbst brachte es auf eine glänzende Idee.

Ford reiste nach Hongkong, ließ sich an Ort und Stelle – weil es dort billiger ist – Visitenkarten und Auftragsformulare drucken und präsentierte sich dann dem Besitzer der kleineren Strumpffabrik mit einer hübsch ausgedachten Geschichte. Er gab an, seine Firma, eben jenes von ihm bespitzelte Unternehmen, habe die Absicht, auch auf dem billigeren Markt Fuß zu fassen. Die »neue Kollektion« solle sich jedoch äußerlich nicht von der bisherigen unterscheiden, solle auch die gleiche Verpackung erhalten, nur an der Qualität müsse man eben, um konkurrenzfähig zu bleiben, einige Abstriche machen. Es gelang Ford, den Preis fast um die Hälfte zu drücken – und als er Hongkong verließ, hatte er erreicht, daß die Fabrik von nun an zwei Qualitäten lieferte und mindestens in der doppelten Menge.

Der Trick mit den Auftragsformularen bestand nun in folgendem: Ford hatte vorgegeben, die beiden Qualitäten würden von zwei verschiedenen Zentren aus vertrieben, und deshalb sollten Lieferung und Rechnung getrennt an die jeweilige »Abteilung« (in der einen saß er) gesandt werden.

Einen Monat später trafen die ersten Lieferungen ein, und Ford begann, den Preis des Original-Erzeugnisses bei weitem zu unterbieten und trotzdem noch eine größere Gewinnspanne zu erzielen. Achtzehn Monate lang lief das Geschäft reibungslos. Doch mittlerweile hatte eine Flut von Beschwerden die völlig ratlose geschädigte Firma überschwemmt. Ein Vertreter der Firma wurde schließlich nach Hongkong geschickt, wo er innerhalb von fünf Minuten über die Ursache des ganzen Ärgers informiert war.

Sollte sich die betroffene Firma nun an die Polizei wenden und sich möglicherweise auf langwierige Prozesse einlassen, von denen nichts anderes zu erwarten war als die Schließung der Zuliefererfabrik und Vertrauensverlust bei der Kundschaft? Sie tat es nicht, sondern nahm Verbindung auf mit dem »Zweigbüro«, verhandelte mit Jazzy Ford und nahm es hin, daß dieser seinem Opfer in aller Ruhe den Ankauf des Schwindelunternehmens vorschlug. So geschah es schließlich auch, aber die eigentliche Pointe liegt darin, daß die Firma beschloß, die Produktion der besseren Qualität einzustellen und sich nach Ankündigung »radikal herabgesetzter Preise« ganz auf den Verkauf der billigeren Ware zu konzentrieren.

Ich habe nie herausbekommen, wieviel man Ford bezahlt hat, aber es scheint doch wohl genug gewesen zu sein, da er es sich erlauben konnte, sich 1970 zur »halben« Ruhe zu setzen und einen respektablen Namen anzunehmen. »Halbe« Ruhe insofern, als er vier Jahre zuvor einen mühelosen, interessanten und glänzend dotierten Halbtags-Job ausfindig gemacht hatte, der es ihm nun ermöglichte, gut zu leben, ohne sein Kapital angreifen zu müssen.

Vor der Operation »Hongkong« pflegte er stolz von sich zu behaupten, er sei der Agent, der niemals Reklame für sich mache. Es gab wohl Zeiten, in denen er sich das nicht leisten konnte. Aber in besseren Tagen mochte es tatsächlich so sein, daß er von einem Kunden an den nächsten empfohlen wurde.

Ungefähr 1966 traf er mit einem leitenden Angestellten eines mittleren Versandhausunternehmens zusammen, das unbedingt einen Verkaufszweig für Reizwäsche aufbauen wollte. Ob Mr. Ford da nicht mit – nun ja – mit einigen Informationen behilflich sein könne?

Selbstverständlich. Ford zeigte sich sehr verständnisvoll. Er brauchte sich nur die Erfahrungen eines älteren Kollegen auszuleihen. Ihm war sofort klar, daß er an eine lohnende Sache geraten war, denn die Umsätze in dieser Sparte waren nicht zu verachten.

Der ungekrönte König dieser etwas delikaten Branche ist wahrscheinlich Frederick Mellinger. Seine erste Million verdiente er mit so intimen Verkaufsschlagern wie aufblasbaren Büstenhaltern, die, so stand es in seinen Katalogen, einem die unübertroffene Möglichkeit gaben, »sich zu seiner Lieblingsgröße aufzublasen«. Außerdem verkauft er Instant-Kurven für jeden beliebigen Teil des Körpers, an strategisch richtigen Stellen gelochte Schlüpfer und Büstenhalter, falsche Waden und Hüfthalter »mit dem lebendigen Hinterteil«. Mit Versand und rund drei Dutzend Läden macht er einen Umsatz, der inzwischen bei über zehn Millionen Dollar im Jahr liegen dürfte.

Die meisten Wäsche-Versandhäuser beschränken sich jedoch auf die mehr konservativen Artikel erotischer Unterbekleidung, auf gepolsterte Büstenhalter, Baby-Dolls und durchsichtige Nachthemden, die angeblich aus Hausfrauen »die attraktive Alternative zu seinen Fernseh-Lieblingen« machen sollen und die geeignet sind, Ehen zu retten, indem sie »die Brunftzeit direkt ins Familienheim bringen«.

Fords Auftrag ging dahin, Informationen über die neuen Entwürfe eines erfahreneren Konkurrenten zu beschaffen. Dies gelang ihm auch zur vollsten Zufriedenheit seines Kunden. Er brachte es sogar fertig, bis in das Hauptbüro der »Opposition« vorzudringen, indem er vorgab, eine Routinekontrolle der Klimaanlage vornehmen zu müssen, die sich günstigerweise genau gegenüber dem Zeichentisch des Designers befand. Ein Lieferwagen, ein Overall und eine Werkzeugtasche, die er mit berufsmäßiger Lässigkeit durch die Gegend schwenkte, hatten ihm schon manche gut bewachten Tore geöffnet. Nachdem er die Räume verlassen hatte, befand sich mit einem Mal eine winzige ferngesteuerte TV-Kamera in der Mitte der Deckenverkleidung, versteckt hinter einer Neonleuchte. Ihre Direktsendungen erfreuten sich von da an größter Beliebtheit.

Ein Jahr später zogen die Designer in ein größeres Büro, und die Übertragungen mußten eingestellt werden. Doch Ford hatte mittlerweile zwei

Angestellte bestochen, die den Informationsstrom nicht abreißen ließen. Er hatte sogar in Erfahrung gebracht, daß seine Ziel-Firma ihren Markt auf Europa auszudehnen gedachte und daß sie zu diesem Zweck in München einen humorlosen, aber tüchtigen Bayern, den ich einmal Holz nennen möchte, damit beauftragt hatte, den Markt zu erkunden und herauszufinden, mit welcher Konkurrenz man zu rechnen haben würde.

Ford flog unverzüglich nach München und bot Holz ein bescheidenes Salär, worauf dieser sich bereit erklärte, ihn über alle Maßnahmen seiner Firma in Europa auf dem laufenden zu halten. Er weigerte sich stets, in seinem Verhalten doppeltes Spiel zu sehen, sondern pflegte die Situation mit einer Ehe zu dritt zu vergleichen, in der jeder glücklich ist. Er behauptete sogar, daß er einem anständigen Kunden wie der amerikanischen Firma niemals echten Schaden zufügen könne.

»Ja, wirklich eine anständige Firma. Hat bisher alle Rechnungen anstandslos bezahlt, auch wenn das Geschäft einmal schlecht, ja, sehr schlecht ging«, meinte Holz, als er mich warnte, in das Geschäft mit der Unterwäsche einzusteigen. »Sehr schade, daß sie schließlich doch nicht in Europa Fuß faßten.« Immerhin profitierte er über einen längeren Zeitraum recht gut von seiner »Marktforschung« – ein Glücksfall, den er einzig seiner unerschütterlichen Überzeugung verdankte, daß man Kunden nur mit einer guten elektronischen Ausrüstung imponieren könne.

Holz und seine unvermeidliche Assistentin (fast jede Woche eine andere, aber immer hübsch und immer blond) waren sorgfältig gekleidet und wirkten betont unauffällig. Aber wenn sie sich für ihre Kunden zurechtmachten, hatte man den Eindruck, einem mit Spielzeug behangenen Weihnachtsbaum gegenüberzustehen. Das Mädchen war gewöhnlich von Kopf bis Fuß mit elektrischen Drähten umwickelt, Mikrophone lugten aus ihrem Büstenhalter, Kleinstkameras und Bandgeräte klebten an ihrer Taille. Holz selbst führte ebenfalls eine Reihe anderer Geräte bei sich, darunter auch einen Signalgeber, den man an Autos heften kann, die man verfolgen will. Wie die gut ausgebildete Assistentin eines Zauberers war Holz' Sekretärin darauf eingestellt, den potentiellen Kunden jedes Gerät an jeder Stelle zu zeigen – natürlich hinter einem Wandschirm.

»Das ist natürlich nutzloses Zeug«, gestand mir Holz, »aber es beeindruckt die Leute. Die Idee stammt aus einer amerikanischen Zeitschrift.«

»Benutzen Sie überhaupt jemals Ihre Geräte?«

»Nein. Nur um den Kunden davon zu überzeugen, daß ich der richtige Mann für den Job bin. Und das bin ich, egal für welchen Job.«

Zweifellos beeindruckte er die amerikanische Versandfirma in Sachen Reizwäsche. Als er noch für sie arbeitete, hatte man dort einige Sorgen wegen einer undichten Stelle, durch die Entwürfe und Reklameideen ihren Weg zu einem Konkurrenzunternehmen fanden. Holz wurde um Rat gefragt. Er äußerte lediglich die Vermutung, es handele sich bei den besorgniserregenden Übereinstimmungen um Zufälligkeiten. »Sie müssen nicht hinter allem irgendwelche dunklen Machenschaften vermuten.« Er ging davon aus, so erklärte er mir, daß »solch kühle Objektivität ihren Eindruck auf die Kundschaft niemals verfehlt«.

Damit hatte er recht. Die Firma fragte ihn, ob er in den Vereinigten Staaten eine entsprechende Untersuchung durchführen könne. Schließlich bezeichnete er in seiner Werbung sein kleines, schäbiges Büro, das er zudem noch mit einem Telefondienst teilte, als »das moderne Hauptquartier eines ausgedehnten internationalen Netzes mit Agenten in aller Welt«.

Nach angemessener Bedenkzeit übernahm er die Aufgabe. Er wußte, daß er sich auf die Dienste des einzigen amerikanischen Detektivs, den er je getroffen hatte, verlassen konnte, nämlich auf Jazzy Ford. So war es denn keine Überraschung, daß er bereits nach vierundzwanzig Stunden seinem Kunden ausrichten konnte, daß »sein Mann in den Staaten schon eine Spur habe«. Ford überließ ihm die Code-Bezeichnungen zweier Entwürfe, die er selbst dem Konkurrenten entwendet hatte.

Dazu Holz: »Mein Auftraggeber schüttelte mir die Hand und sagte – übrigens kann ich Ihnen auch das Band abspielen –: ›Herr Holz, das ist deutsche Tüchtigkeit!‹ Stimmt ja auch. Monate später erzählte mir Ford die Einzelheiten.«

Die Operation war sehr »kostspielig« gewesen; aber wer spricht über Geld, wenn er es mit einem so erfolgreichen Agenten zu tun hat? Ford kämpfte wie ein Löwe mit sich selbst. Es erübrigt sich zu erwähnen, daß aufgrund der schwierigen Operationsbedingungen die Unkosten auch für die andere Firma in die Höhe gingen: »Die andere Seite ist mißtrauisch geworden. Wir müssen vorsichtig sein«, erklärte er seine gestiegenen Forderungen.

Die Beschaffung von Entwürfen verlief weiterhin reibungslos, doch nun galt es auch, dem Verteidiger Erfolge vorzuweisen. Seinen größten Wurf in dieser Hinsicht landete Ford, als er nach Tagen erfolgloser Suche nach Minispionen die ferngesteuerte Kamera entdeckte. Er besaß sogar die Frechheit, eine Untersuchung durchzuführen, die zu dem überraschenden Ergebnis führte, daß die Anlage offenbar von einem Handwerker installiert worden war.

Dann tüftelte er ganz besondere Pläne aus, mit denen er beide Kunden zu beeindrucken hoffte. Er überzeugte den Kunden Nr. 2, daß man den Kunden Nr. 1 durch Spielmaterial auf eine falsche Fährte setzen müsse. Kunde Nr. 2 nahm den Vorschlag begeistert auf. Kunde Nr. 1 erhielt die heißen Informationen – und war ebenfalls begeistert. Aber dabei blieb es nicht. Einige Wochen später deckte Ford das Komplott auf. Er bewies dem Kunden Nr. 1, daß man ihn angeführt hatte, und besorgte neues, diesmal echtes Material.

Kunde Nr. 2 drängte Ford, herauszufinden, wer die Kamera installiert hatte und wer hinter all diesen gegen ihn gerichteten Operationen steckte.

Holz machte sich Sorgen deswegen und besprach sich mit Ford über Telefon. Wie immer nahm er die Unterhaltung auf Band auf, und er bestand darauf, daß ich mir das Gespräch anhörte. Das Ganze war nichts als der recht langweilige Austausch vorsichtiger Andeutungen, die plötzlich mit einem lauten Gelächter abbrachen:

Holz: »Was passiert, wenn sie dahinterkommen?«

Ford: »Das werden sie nicht.«

Holz: »Sie könnten etwas unternehmen.«

Ford: »Vielleicht gegen die andere Seite.«

Holz: »Und was geschieht mit uns?«

Ford: »Machen Sie sich darüber keine Sorgen.«

Holz: »Sie haben leicht reden. Mein Ruf steht auf dem Spiel.«

Ford: »Keine Angst. Da ich das Wäschegeschäft kenne, habe ich dafür gesorgt, daß die Beweise Löcher haben.« (Gelächter.)

Holz: (das Gelächter überschreiend) »Was ist daran so lustig? Was ist daran so lustig?«

Er erzählte mir, er habe vor Wut über »den Schwindler« den Hörer auf die Gabel geknallt. Das war der erste Krach in der Partnerschaft Ford–Holz. Dann kam 1968 Fords Hongkong-Unternehmung, die er auf Deutschland ausdehnen wollte. Er versprach, seinen Partner zu beteiligen, sollte die Operation gelingen. Holz unternahm einige Nachforschungen, aber sie führten zu nichts. Daraufhin versuchte er, Ford zu erpressen, ihm für nichts und wieder nichts einen Anteil abzutreten. Ford verkaufte den Laden 1970, und Holz sah nicht einen Pfennig von dem Geld. Schließlich fand Holz in Chicago seine Lieblingsblondine bei Ford im Bett. Man traf sich noch dreimal in New York, München und London, um zu bereden, wie man die Zusammenarbeit einstellen könne, ohne die Henne zu schlachten, die die goldenen Eier legt.

Noch war man zu keiner Einigung gekommen, als Holz völlig überraschend einen Brief seines Kunden mit beigefügtem Scheck erhielt, der ihn davon in Kenntnis setzte, daß seine Dienste nicht mehr benötigt würden. Er rief Ford an, der keineswegs überrascht schien. Das war ihr letztes Gespräch. Holz stellte einige Nachforschungen an und erfuhr, daß seine alte Firma einen »Sicherheitsberater« engagiert hatte – Jazzy Ford.

»Warum zeigen Sie ihn nicht an?« fragte ich, nur um ihn zu ärgern; aber er ging ganz ernsthaft darauf ein: »Ich kann nicht. Die Beweise reichen, wie er schon sagte, nicht aus. Aber ich werde ihn kriegen. Und ich möchte, daß er weiß, daß ich ihn kriegen werde. Es sei denn, er zahlt. Das können Sie ihm ausrichten.«

Ford lehnte es ab, sich mit mir zu treffen. Wie ich hörte, hat er sich 1972 in Hawaii niedergelassen. Manchmal frage ich mich, ob er dort vielleicht Schwimmunterricht nimmt – mit einem Betonklotz an den Füßen.

Diese aufschlußreiche Geschichte eines Doppelspiels scheint jenen Zynikern recht zu geben, die behaupten, daß die Industriespionage in gleichem

Maße zunehme wie die Werbeanstrengungen amerikanischer Sicherheitsagenturen und daß Bedrohung und Gegenmittel aus der gleichen Ecke kämen, nämlich jenem Lager, das im Begriff stehe, »ein neues Konzept für eine sich stets selbst ernährende Industrie« zu entwickeln. Diese Ansicht vertrat auch W. E. Randall, Leitender Direktor der Firma Chubb's (»Die Sichermacher«), in seinem Beitrag zu einem Buch über Sicherheit, Verhaltensregeln und Techniken im Industrie-Management, aber er kam zu dem Schluß, daß »sich die Geschäftsleute dieser Gefahr inzwischen bewußt geworden seien«. Leider konnte ich nur das Gegenteil feststellen. Die in höheren Ebenen des Managements weit verbreitete Gleichgültigkeit gegenüber diesem Problem garantiert praktisch dem berufsmäßigen Wirtschaftsspion die ungestörte Ausübung seines Metiers.

Auf ein typisches Beispiel für diese Einstellung stieß ich in Thailand. Siamesische Seide, ein großartiges Erzeugnis altehrwürdiger Handwerkstradition, hat entscheidenden Anteil am internationalen Ruf des Landes und an seinen Exporteinkünften. Doch die Produktion beträgt nur noch die Hälfte derjenigen vor dem zweiten Weltkrieg. Der Grund liegt in dem Mangel an Rohmaterial. Seit Jahren liefern die beiden bedeutendsten Rohstoffproduzenten immer geringere Mengen; Japan aufgrund zunehmender Industrialisierung und China wegen offizieller Verdammung der Seide als eines »bourgeoisen Gebrauchsartikels«. Mit Hilfe der »Star of Siam Company« hat die Regierung vielversprechende Versuchsprojekte zur Steigerung der Seidenproduktion unternommen und damit gleichzeitig in Gegenden, in denen Familien von einem durchschnittlichen Jahreseinkommen von 20 Pfund leben, den Kampf gegen die Armut aufgenommen. Die Fabriken, in denen heutzutage die Seide gewebt wird, konnten daraufhin ihren Ausstoß erhöhen. Aber immer noch obliegt die Weberei den alterfahrenen Handwerkern, deren Geschicklichkeit nicht zuletzt von der Länge ihres linken Daumennagels abhängt, mit dem sie den Faden zwischen die 1750 Zinken des stählernen Webkammes einlegen.

Während sich Thailand, wohlwissend, daß es seine Seide überall in der Welt ohne großen Werbeaufwand in jeder beliebigen Menge absetzen könnte, noch mit den geschilderten Problemen auseinanderzusetzen hat, verdienen andere Firmen in Japan, Taiwan und Hongkong Vermögen mit ihren »echten Fälschungen«. Doch neigen gerade die betroffenen Experten dazu, diese Konkurrenz zu unterschätzen. Ein Direktor der »Star of Siam Company« sagte mir in Bangkok:

»Der Unterschied ist zu leicht festzustellen. Ich weiß, daß Japaner und andere seit Jahren versuchen, thailändische Seide nachzumachen, doch kann man mit Maschinen niemals die besondere Wirkung handgewebter Seide erzielen.«

»Als Fachmann mag er wahrscheinlich recht haben; für den Fachmann sind solche Unterschiede offensichtlich. Aber selbst regelmäßige Käufer und

Importeure darf man diesem Kreis oft nicht zurechnen«, meinte dagegen F. W. Kendall, Leiter des »Fidelity Inspection Service«, einer Organisation, die sich die Aufklärung von Lizenzdiebstählen und ähnlichen Vergehen zur Aufgabe gemacht und ihren Sitz in Hongkong hat. Jeden Tag sieht sich dieser Beamte mit dem völligen Unverständnis und den Zweifeln der Betrogenen und Bestohlenen konfrontiert. Ein anderer fügte hinzu: »Wenn es auch keine Beweise gibt, so sind es doch keine Gerüchte mehr, die besagen, daß in Thailand eine zwei Jahre dauernde Spionage-Operation in die Wege geleitet wurde, die zum Ziel hatte, alle Fabrikationsgeheimnisse zu beschaffen und die Absatzmärkte, vor allem in Amerika, dem größten Abnehmer für Siam-Seide, zu sondieren. Offenbar hat man dann hier irgendwo mit der Produktion begonnen, aber mehr wissen wir auch nicht.«

Kendall ist davon überzeugt, daß in Hongkong alles und bis ins kleinste Detail nachgemacht werden kann, daß aber die Aufträge und die wichtigsten Geheiminformationen aus dem Ausland kommen: »Das macht unsere Arbeit besonders schwierig. Die Fabrikation übernehmen meist kleine chinesische Firmen, deren Inhaber sehr oft kaum lesen oder schreiben können. In gutem Glauben übernehmen sie häufig Aufträge, ohne Fragen zu stellen, und sind sich selten einer Schuld bewußt. Der eigentliche Übeltäter ist in den meisten Fällen der Exporteur, aber der wiederum ist vorsichtig: Kaum jemals befindet er sich im Besitz nachgemachter Artikel. Wie soll man ihn also überführen? Die Fabrik kann man schließen, aber die Verteilerkette bleibt davon unberührt, und für den Exporteur ist es ein leichtes, eine andere Firma mit der Produktion zu betrauen.

Selbst große, international bekannte Unternehmen lassen Imitationen erstklassiger Kleiderkollektionen anfertigen. Sie verkaufen diese Machwerke zu Spottpreisen, bevor die teuren Originale in New York auftauchen. Die nötigen Informationen beschafft man sich durch Bestechung. Das ist hier die natürlichste Sache von der Welt. Die Leute, die Geld dafür nehmen, daß sie Muster entwenden, Schnittmuster fotografieren, oder die Schnittmuster selbst »ausleihen«, halten das nicht für ein unmoralisches Verhalten. Sie halten sich höchstens für besonders schlau.

Doch die Opfer wollen nicht sehen, was da wirklich vor sich geht. Eine Schweizer Uhrenfabrik ließ sich erst von einem offenkundigen Geheimnisdiebstahl überzeugen, nachdem wir ihr Beweise aus dem Papierkorb der Piratenfirma vorgelegt hatten. Das war ein schmutziges Stück Arbeit. Sicher, ich habe es nicht immer nötig, am frühen Morgen in Mülltonnen herumzustochern, denn bei den sauberen Firmen findet man meistens den ganzen Unsinn, den die Direktoren verzapfen, fein säuberlich verpackt jeden Morgen auf dem Schreibtisch. Wenn nur einige Sekretärinnen ihren Kaugummi nicht immer in den Papierkorb spucken würden! Ich hasse diese Art Drecksarbeit, tiefer kann man kaum sinken, aber gelegentlich zahlt es sich aus.«

Als ein amerikanischer Fabrikant mit der Imitation eines seiner Produkte konfrontiert wurde, vermutete er noch Diebstahl: »Das Ding ist so perfekt, das kann nicht nachgemacht sein!« Es handelte sich um eine elektrolytische Farbensprühpistole, deren Entwicklung sechs Jahre in Anspruch genommen hatte. Sechs Wochen benötigten einige Industriespione, um für eine Fabrik in Hongkong die vertraulichen Herstellungsdaten und die Blaupausen zu beschaffen. Sechs Monate wiederum brauchte Kendall, um die »Nachmacher« aufzuspüren. Diese wurden schließlich zur Zahlung eines Schadenersatzes in Höhe von einer Viertelmillion Dollar verurteilt.

Am Morgen nach meinem zweiten Spaziergang mit Kam Luang ging ich zur Handels- und Industrieabteilung der Regierung von Hongkong, um dort ein Interview über einen Entwurf-Diebstahl bei einer britischen Hemdenfabrik zu verabreden. Man riet mir, um 14.30 Uhr wiederzukommen; ich könne dann mit Mr. James D. McGregor sprechen, dem stellvertretenden Direktor der Unterabteilung für Industrie.

Wenige Minuten, nachdem ich das Gebäude wieder verlassen hatte, rannte ich fast mit Kam Luang zusammen. »Ein reizender Zufall«, meinte er höflich, ohne dabei zu lächeln. Offensichtlich war unser Zusammentreffen ebenso »zufällig« wie ein königlicher Besuch auf den Fidschi-Inseln. Schweigend marschierte er an meiner Seite. Ich murmelte einiges über Journalismus und einen Artikel, den ich über die Regierung von Hongkong zu schreiben gedächte. Er schien wenig beeindruckt, versicherte mir aber, daß er zur rechten Zeit wieder bei mir vorsprechen würde.

Im Laufe des Vormittages warnte mich der alte Lau Big Shang, Chef der einzigen chinesischen Privatdetektei in der Kolonie, ganz beiläufig vor Unvorsichtigkeiten bei der Auswahl meiner Bekanntschaften. In seiner liebenswürdigen Art bestand er darauf, daß wir uns zusammen vor einem Bild des chinesischen Gottes der Detektive fotografieren ließen. »Als Erinnerung und zur Sicherheit«, sagte er. Lag die Betonung nicht auf »Sicherheit«? Ohne entsprechenden Aufhänger fügte er hinzu: »Hongkong kann ein recht gefährlicher Ort sein.«

Mit einigen Befürchtungen und einem etwas flauen Gefühl in der Magengegend suchte ich zum zweiten Mal das Regierungsgebäude auf.

Das Büro McGregors kontrolliert Hongkongs Industrie und sammelt Daten mit Hilfe von dreihundert Angestellten. Eine der Aufgaben dieses Büros besteht darin, den über hundert Beschwerden nachzugehen, die jeden Monat aus dem Ausland eingehen. Im allgemeinen verdienen nur zwanzig Prozent davon eine ernsthafte Prüfung. Immerhin hat es die Regierung in der Hand, Firmen, die den Ruf der Hongkonger Industrie schädigen, zur Rechenschaft zu ziehen. So fällt etwa die Entwurfs-Piraterie, gerade auf dem Spielzeugsektor, in diese Rubrik. Die Abteilung kann Export-Lizenzen entziehen, Anlagen durchsuchen und notfalls sogar Muster und Gießformen zerstören. Die Strafandrohung reicht bis zu einem Jahr Gefängnis und einer Geldbuße bis zu 100 000 Hongkong-Dollar.

»In den meisten Fällen«, sagte mir McGregor, »weiß der hiesige Vertragspartner nicht einmal, daß hinter seinen Aufträgen Lizenzvergehen und Verletzungen des Warenzeichenschutzes stecken, es sei denn in so eindeutigen Fällen, wo er seine Waren mit ›Made in England‹ beschriftet. Auch das kommt vor, wie in dem Fall mit den ›Doppel-T-Hemden‹.«

Diese Affäre spaltete die Angestellten der britischen Hemden-Fabrik Wakefield in zwei Lager, nämlich in das der Skeptiker und das der Vorsichtigen oder, wie sie sich in der Firma hinter ihrem Rücken gegenseitig nannten, in die »Blinden« und die »Grübler«. Hier sind die Tatsachen, die Schlußfolgerungen überlasse ich Ihnen.

Tatsache Nr. 1:

Kleinerer Einbruch in die Büroräume der Firma. Verluste: Geringe Mengen Bargeld und der Terminkalender des Direktors.

Tatsache Nr. 2:

Nach achtzehn Monaten Entwicklungsarbeit ist die Firma endlich so weit, daß sie ihr »revolutionäres neues Modell«, das zu allen bisherigen Vorteilen noch den der Knitterfreiheit bietet, auf den Markt bringen kann. Die Vertreter werden angewiesen, den Bestellern nicht wie sonst üblich die Muster für eine Nacht zu überlassen. Man fertigt nur eine beschränkte Anzahl von Musterhemden an, und die Planung ist darauf abgestellt, daß vor dem Tage X in keinem Geschäft auch nur ein einziges der neuen Hemden ausliegt. Man weiß auch, daß sich bereits Konkurrenten für das neue Erzeugnis interessieren, denn ein Unbekannter hatte versucht, eines der Fabrikmädchen über die Neuheit auszufragen.

Einige Zeit vor dem Tage X erfolgt dann ein Einbruch in die Fabrik. Die Diebe dringen durch das Dach ein, wenden sich schnurstracks zur Bügelabteilung, wo die Ware in großen Mengen gestapelt ist, und nehmen nichts mit als lediglich einige Musterexemplare.

Tatsache Nr. 3:

In verschiedenen Ländern tauchen Nachahmungen des erfolgreichen »Doppel-T-Hemdes« auf. Die Qualität ist schlechter, aber es handelt sich um »echte Fälschungen«. In Freetown, der Hauptstadt von Sierra Leone, heißen sie »Drei-T-Hemden«, aber sonst ist alles gleich, selbst die Verpakkung, auf der man nur den Slogan »Doppel-T bleibt immer glatt« um ein T erweitert hat. Der Preis liegt um die Hälfte niedriger als der des Originals.

In Rhodesien und Pakistan tauchen weitere Nachahmungen auf. »Made in England« steht auf den Etiketten. Die Aufschrift der pakistanischen Verpackung ist nur noch durch den Zusatz »Heavy Weight« ergänzt, stimmt aber sonst mit der auf der Originalpackung überein. Farbe, Schnitt, Beschriftung, alles deutet auf perfekte Imitationen. In Aden kommen die Fälschungen sogar unter dem Originalnamen auf den Markt.

Durch Drohungen und verschiedene Druckmittel gelingt es über die

Läden, die die Kopien vertreiben, eine heiße Spur nach Hongkong aufzunehmen. Neuntausend Unternehmen sind dort im Besitz ordentlicher Exportlizenzen.

»Obwohl wir einige tausend Lizenzen und Ausfuhrerklärungen überprüfen mußten, stießen wir bald auf die Verdächtigen«, erklärte McGregor. »Die Hersteller wußten nicht einmal, daß es sich um eine in Großbritannien eingetragene Handelsmarke handelte. Man hatte ihnen nur gesagt, wie das Erzeugnis auszusehen habe und mit welchem Etikett es zu versehen sei. Die höchste Geldstrafe erhielt selbstverständlich der Exporteur, doch glaube ich nicht, daß man die Importeure in den verschiedenen Ländern irgendwie zur Rechenschaft gezogen hat.«

Kam Luang nahm weder am Abend noch am Morgen nach meinem Besuch bei der Regierung Verbindung mit mir auf. Ich hinterließ einige Botschaften, aber sie blieben unbeantwortet. Der Verbindungsmann, der mich zuerst mit Kam Luang bekannt gemacht hatte, reagierte auf meine Fragen mit völligem Unverständnis: »Wer? Kam was? Wie buchstabieren Sie den Namen? ... Nein, habe ich noch nie gehört.« Anderseits erkundigte er sich recht anzüglich, wie ich mit der Industrie-Abteilung zufrieden sei. Ich hielt es für klüger, ihn nicht zu fragen, woher er diese Information habe.

Mit einiger Erleichterung verließ ich wenige Tage später diese in anderer Beziehung so wundervolle Stadt. Kam Luang lieferte niemals die versprochenen Informationen. Wenn ich vielleicht auch mehr durch meinen eigenen Schatten in Nervosität versetzt worden war, so hatte ich doch Jahre später die bescheidene Genugtuung, von einem wichtigen Kontaktmann und gemeinsamen Bekannten folgendes zu hören: »Kam Luang? Ach ja. Ihretwegen hat der nüchterne Chinese damals vor Angst fast in die Hosen gemacht.«

Genehmigung zum Heilen — oder zum Töten

Eine solche Genehmigung ist auch James Bond niemals erteilt worden, geschweige denn den »Großhändlern in Wirtschaftsinformationen« oder den selbsternannten »Bonds von heute«, bei denen Intelligenz eine Beschäftigung und keine geistige Qualität ist. Die einzigen, die einen solchen Berechtigungsschein in der Tasche haben, sind die Pharma-Piraten, die man zu den Schwergewichtlern in der Industriespionage zählen darf.

Der Informationsdiebstahl auf diesem Sektor ist meist eine ganz legale Angelegenheit. Der Massenaustausch wissenschaftlicher Erkenntnisse ist ein Eckpfeiler des Fortschritts – und der meistbeschrittene Weg, um in einem Industriezweig, in dem die Forschung eine so große Rolle spielt und der so sehr auf neue Erkenntnisse angewiesen ist, nicht abgehängt zu werden. »Es ist unheimlich schwer, die Wissenschaftler davon abzuhalten, gleich einen

Artikel zu veröffentlichen, sobald sie etwas entdeckt haben, oder glauben, etwas entdeckt zu haben«, meinte Barry Goodenow auf Hawaii. »Das liegt eben in der menschlichen Natur. Sie wollen alle die ersten sein, und der Nobel-Preis ist ihnen lieber als eine fette, aber stille Beteiligung am Gewinn.«

Es ist noch nicht lange her, daß Wissenschaftler es für unter ihrer Würde hielten, ihre Erfindungen patentieren zu lassen, da sie darin ein Indiz für Habgier sahen und solches Verhalten die romantische Vorstellung vom wissenschaftlichen Helden, der sein Leben der Forschung geweiht hat, zu zerstören drohte. Als er der Menschheit seine größte Entdeckung, das Penicillin, schenkte, lieferte Sir Alexander Fleming das leuchtendste Beispiel wahrhaft hochherziger Dummheit. Mit Bedauern stellte er selbst 1958 fest, daß er es versäumt hatte, »den Prozeß der Penicillin-Gewinnung patentieren zu lassen«. Dieser »entscheidende Irrtum« des Jahres 1928 hatte nicht nur zur Folge, daß Großbritannien unermeßliche Einkünfte an andere Länder verlor, sondern auch, daß Penicillin, als einer der bedeutendsten Durchbrüche in der modernen Medizin, in den Schubladen ruhte und seine lebensrettende Wirkung vierzehn Jahre lang ungenutzt blieb. Da das Herstellungsverfahren jedermann zugänglich war, zeigte sich niemand bereit, Geld in die Weiterentwicklung zu stecken, bis schließlich die amerikanische Regierung während des letzten Weltkrieges der Penicillin-Herstellung Vorrang einräumte. Erst 1943 konnte man die Streitkräfte mit diesem unschätzbaren Medikament beliefern, und nach dem Krieg führte der Mangel an Penicillin zur Entstehung eines Schwarzmarktes, wie ihn Graham Greene in seinem Film »Der dritte Mann« schildert. Alle Länder, einschließlich Großbritanniens, erwarben dann für eine Menge Geld die amerikanische Methode zur Massenproduktion des Medikamentes.

Zu Anfang unseres Jahrhunderts entsandte Japan Beobachter in die ganze Welt, »um zu sehen, welches die größten Nationen seien und wie wir ihnen gleich werden könnten«. In Washington kam einer der japanischen Besucher zu der simplen Feststellung: »Wir haben uns gefragt ›Was macht die Vereinigten Staaten zu einer so großen Nation?‹ Wir stellten Untersuchungen an und kamen zu dem Schluß, daß es der Besitz von Patenten ist; also werden wir uns auch Patente zulegen.«* Daß die japanische Industrie sich inzwischen eines Patentschutzes erfreut, gleichzeitig aber kraft der Geschicklichkeit und Tüchtigkeit der »Nachmacher« aus jeder Mauerritze in den Geheimschutzfestungen anderer Industrievölker bedenkenlos ihren Vorteil zieht, steht auf einem anderen Blatt.

Die Frage nach der moralischen Berechtigung des Patentsystems hat vielerlei Kontroversen hervorgerufen. Während niemand etwas dagegen einzuwenden hat, daß einzelne ihre Erfindungen wie Steuergeräte, Polaroid-

* L. Earle Arnow: Health in a Bottle, Verl. Lippincott Co., 1970.

Kameras, Hubschrauber, Klimaanlagen oder UKW-Radios patentieren lassen, um ihre Interessen zu wahren, runzeln viele die Stirn über gleiche Praktiken in der pharmazeutischen Industrie. Dies liegt vielleicht daran, daß dieser Industriezweig sich gerne als der altruistische Helfer der Menschheit darstellt. Möglicherweise spielt es auch eine Rolle, daß wir in unseren Ärzten gerne die geheiligten Beschützer der wichtigsten Schöpfung des Universums – des Menschen – sehen, der nicht auf schnellen Verdienst aus ist wie seine Schützlinge. Ihren Grund mag diese Einstellung auch in der Tatsache haben, daß Entdeckungen auf dem pharmazeutischen Sektor eine derart zeitraubende und kostspielige Angelegenheit geworden sind, daß nur noch anonyme Forschungszentren und finanzstarke Großunternehmen, die in keiner Weise unserer Neigung zur Heldenverehrung entgegenkommen, solche erzielen können.

Unabhängig von diesen Einwänden muß man aber auch berücksichtigen, daß gerade das vielgeschmähte Gewinnstreben der eigentliche Anlaß dafür war, riesige Summen in die Forschung zu stecken, ohne sich des Erfolges sicher sein zu dürfen. Sir Derrick Dunlop, ehemaliger Direktor der britischen Arzneimittelkommission, läßt keine Gelegenheit aus, darauf hinzuweisen, »daß die UdSSR und ihre Satellitenstaaten nicht ein einziges Medikament von therapeutischer Bedeutung entwickelt haben«. Das vielgepriesene Können ungarischer pharmazeutischer Unternehmen wird im wesentlichen dazu benutzt, anderen Firmen ihre Erkenntnisse zu stehlen und den Markt mit ausgezeichneten, aber billigeren Nachahmungen zu überschwemmen.

Gegen das Patentsystem wird vor allem eingewandt, daß es einer Firma unter Umständen eine Monopolstellung verschaffen könnte, wodurch die Arzneimittelpreise in die Höhe getrieben und rücksichtslosem Profitstreben Tür und Tor geöffnet würden. Anderseits wird in vielen Ländern eine solche Entwicklung teils durch Regierungskontrollen, teils durch eine systembedingte Anomalie verhindert: Patente können zwar dem Erfinder seinen Anteil am Gewinn sichern, aber sie garantieren keinen völligen Schutz. Patente werden nur dann erteilt, wenn die gesamte Formel für ein Medikament oder der Herstellungsprozeß erläutert werden. Die Einsichtnahme in die Patentakte ist jedermann freigestellt.

Man hat oft mit einer gewissen Berechtigung behauptet, daß der Hauptunterschied zwischen Mensch und Tier darin bestehe, daß der Mensch gerne Pillen schlucke. Ein Beamter der amerikanischen Aufsichtsbehörde für Ernährung und Medikamente (American Food and Drug Administration) sagte mir einmal: »Unabhängig von ihrem therapeutischen Wert können Sie mit jeder Tablette einen geschäftlichen Erfolg erzielen, solange Sie das Wort ›neu‹ auf die Packung schreiben.« Dies ist der Hauptgrund, weshalb Unternehmen der Pharma-Industrie sich und ihre neuesten Produkte ständig mit Argusaugen belauern.

Anständige Gesellschaften haben nicht nur das Recht, sondern auch die

Pflicht gegenüber ihren Aktionären, ständige und durchaus rechtmäßige wissenschaftliche Abteilungen zu unterhalten, denen die Auswertung von Erkenntnissen anderer Firmen obliegt. Sobald einmal ein neues Produkt patentiert worden ist, macht sich ein jeder an die Ausbeutung. Tag und Nacht arbeiten die Forschungslaboratorien, um die Formel so weit zu modifizieren, daß man darauf ein neues Patent beanspruchen kann, und gelegentlich entbrennt der Wettbewerb zwischen dem Neuesten und dem Allerneuesten in ungeahnter Schärfe.

Es ist leicht, diesen Zustand zu verteidigen oder anzugreifen. Beides geschieht mit gleicher Erbitterung. Die Verteidiger führen ins Feld, daß der Wettbewerb den monopolistischen Kräften entgegenwirkt und die Preise niedrig hält und daß die Anstrengungen auf dem Gebiet der Forschung zu neuen Entdeckungen und ständiger Verbesserung bereits vorhandener Medikamente führt, einer Tatsache, der überhaupt alle Errungenschaften der modernen Medizin zu verdanken seien. Außerdem biete gerade die Vielfalt der angebotenen Medikamente dem einzelnen die Möglichkeit einer maßgeschneiderten Behandlung. »Völliger Unsinn«, lautet meist die Antwort auf dieses Argument und auf die Ankündigung eines weiteren Sortiments neuer Medikamente. Dieser Schrei der Kreuzzügler scheint nicht ganz unberechtigt zu sein. Es stimmt, daß wahrscheinlich die Mehrzahl der »neuesten Entdeckungen« nichts anderes sind als ME 2s, wie sie in der Fachsprache bezeichnet werden (aus dem Englischen: *Me too,* too phonetisch gleich *two* = 2, im Sinne von »*Auch ich* will ein Stück von dem Kuchen!«). Diese Eintagsfliegen unter den Wunderdrogen haben keine bessere Wirkung als das Originalerzeugnis, und sie tragen vielleicht nur dazu bei, die Verwirrung unter den Ärzten, die sowieso kaum mit der rasanten Entwicklung auf dem Heilmittelsektor Schritt halten können, noch zu vergrößern. Dennoch mag es vorkommen, daß in dem einen oder anderen Fall ein solches Mittel einem bestimmten Patienten Erleichterung bringt. Wo soll man also die Grenze ziehen?

Große Unternehmen haben auch hierauf eine Antwort. Sie lassen einfach einige bestimmte geheime Formeln und Verfahren nicht zum Patent anmelden, oder sie werfen neue Medikamente schlagartig und in solchen Mengen auf den Markt, daß sie ihre Investitionen bereits in der Anlaufzeit wieder hereinholen; in einer Aussage vor dem Kefauver-Ausschuß umschrieb Dr. William Bean von der Universität Iowa diese Praktiken mit dem einprägsamen Wort »Quick kill with the quick pill« (etwa: Schnelle Gewinne durch schnelle Pillen!). Durch solche Methoden mag man vielleicht die Konkurrenz der verhältnismäßig anständigen ME 2-Piraten einschränken oder auch gänzlich ausschalten, aber den Industriespionen und jenen, die nicht einmal vorgeben, die »Forschung zu vertiefen«, eröffnet sich damit ein weites Feld der Betätigung.

Mehr als alle anderen Geheimnisdiebe bedarf der »Nachmacher« auf dem pharmazeutischen Sektor einer möglichst unzugänglichen Produktionsstätte, besonderer Geschicklichkeit bei der Informationsbeschaffung, guter Verarbeitungs- und Marketing-Kenntnisse, moderner Maschinen für die »schnelle Pille« und einer ausgekochten Rechtsabteilung, die dafür Sorge trägt, daß die lizenzrechtlichen Streitigkeiten sich möglichst in die Länge ziehen und für den »Quick kill« eine optimale Zeitspanne herausgeholt wird. Sollte es jemand unternommen haben, alle günstigen Voraussetzungen zu einer solchen Operation zusammenzutragen, in der Absicht, damit einen Computer zu füttern, um von diesem wiederum den Hinweis auf das für die Operation geeignetste Land zu erhalten, dann würden eine Menge Leute in der ganzen Welt ihn für einen Narren halten und ihm nachweisen, daß er sich einer völlig überflüssigen Mühe unterzogen habe. Alle Träume eines angehenden Pharma-Piraten erfüllen sich nämlich in Italien.

Der italienische Gesetzgeber weigert sich nämlich beharrlich, internationaler Praxis zu folgen; und er verleiht keine Patente für die Entdeckung von Medikamenten. Unter dem wachsenden Druck anderer Mitglieder der Europäischen Gemeinschaft flüchten sich die Italiener immer wieder gerne in ihre schwer angreifbaren moralischen Argumente und behaupten, der Nutzen lebensrettender Medikamente müsse jedermann kostenlos zuteil werden. Das mag vernünftig klingen, solange es sich auf den Erwerb des Medikamentes selbst bezieht, aber wer soll die immensen Ausgaben für Forschung und Entwicklung aufbringen, die bei der Kostenberechnung eines wirklich neuen Arzneimittels den entscheidenden Faktor spielen? Man will uns glauben machen, es sei reiner Zufall, daß in diesem lautlosen dritten Weltkrieg die Pharma-Piraterie zu Italiens wichtigsten Geheimwaffen zählt, mit der es den Ländern, die bedeutende Arzneimittel produzieren, beträchtlichen Schaden zufügt. Es scheint jedoch keineswegs Zufall, daß in den größten, am meisten und am wenigsten bekannten Fällen von Spionage und Produktnachahmung in der Geschichte der Pharmazie alle Spuren nach Rom, Mailand oder Turin führen.

Einen dieser Fälle betrachtet man heute als den größten bisher bekanntgewordenen Raub, da er der amerikanischen Cyanamid Corporation einen Schaden von schätzungsweise hundert Millionen Dollar zufügte, was indirekt natürlich auch einen Schaden für die amerikanische Nation bedeutete. Diese Zahlen belegen, daß es sich bei den Verlusten nicht um Pfennigbeträge handelt und daß Industriespionage als Waffe nicht mit einem Blasrohr verglichen werden darf.

In den späten fünfziger Jahren versprachen die Tetracycline und die Entwicklung der Breitband-Antibiotika der pharmazeutischen Industrie die saftigsten Gewinne. Die Firma Lederle aus der Cyanamid-Gruppe investierte 24 Millionen Dollar in entsprechende Forschungen. Hungrig warteten italienische Unternehmen auf die Ergebnisse, und einige Cliquen von Berufs- und Gelegenheitsspionen saßen auf dem Sprung, um sie damit zu versorgen. Ein unzufriedener Chemiker, dessen Loyalität Lederle vergessen hatte, mit genügend Bargeld und Versprechungen zu erkaufen, hatte leichten Zugang zu allen Geheimnissen. Er begann Kulturen und Fermentationsmethoden zu verkaufen, und zwar einer Strohfirma, die alles an ein italienisches Unternehmen weiterverkaufte. Das Ganze führte sehr bald zur Einrichtungen von Tarnfirmen, sogenannten »Consultancies«, zur Verwendung von Dutzenden falscher Namen, zu Doppelspielen großen Stils zwischen den konkurrierenden Spionen, zur berufsmäßigen Lagerung gestohlener Kulturen, zur heimlichen Dokumentenfotografie, häufigen Flugreisen zwischen Amerika und Italien, zu Verkaufsgesprächen in Privatsuiten luxuriöser Hotels und, was am wichtigsten ist, zur Erweiterung des Absatzmarktes, so daß man schließlich mit fünf Gesellschaften in Italien, einer in Ungarn und einer in Polen Geschäfte machen konnte. Innerhalb von drei Jahren fiel dabei für ein Dutzend Schlüsselfiguren ein Gewinn von rund einer halben Million Dollar ab – die tatsächlichen Gewinne werden von einigen Leuten auf mindestens zwei Millionen Dollar veranschlagt –, alles in allem kein schlechtes Geschäft, wenn man bedenkt, daß drei Beteiligte zu zwei Jahren und drei andere zu je sechs Monaten Gefängnis verurteilt wurden.

In einen anderen die Vereinigten Staaten betreffenden Fall war ein italienischer Adliger verwickelt, der Geheimnisse der pharmazeutischen Industrie in Rom verkaufte. Selbst in Verhandlungen, in denen es um reine Patentrechtsverletzungen geht und in denen Unternehmensausspähung keine komplizierende Rolle spielt, treten mit verdächtiger Häufigkeit italienische Fabrikanten und internationale Großhändler, die die Produkte auf den Markt bringen, als Angeklagte in Erscheinung. Beecham's, die britische Unternehmensgruppe, der es 1957 gelang, den »Kern« des Penicillin-Moleküls zu isolieren und damit den Weg frei machte für maßgeschneiderte halbsynthetische Penicilline, erlitt schwerste Verluste bei den Lizenzgebühren durch die Erzeugnisse eines italienischen Konkurrenzunternehmens. Obwohl Beecham's immer wieder neue gerichtliche Schritte unternahm, mahlten die Mühlen des Gesetzes so langsam, daß die »Nachmacher« sich auf lang andauernden, ungestörten Absatz ihrer Produkte einstellen konnten.

Das will natürlich noch nicht heißen, daß die Italiener die einzigen Nutznießer der Pharma-Piraterie und -Spionage sind. Ein »Consultant«, in dessen Hände das Geheimnis eines Merck-Erzeugnisses gelangt war, beschwindelte zumindest eine Schweizer, eine britische, eine französische und wahrscheinlich noch einige andere Gesellschaften um rund eine Million Dollar, indem er ihnen die Formel als seine eigene Entdeckung verkaufte. Den Schaden bei Merck schätzte man auf zwanzig Millionen Dollar. Als der Betrug herauskam, konnten die betroffenen Firmen, die in gutem Glauben gehandelt hatten, ihre Investitionen als Verlust abschreiben. Oder nehmen wir zum Beispiel den Fall der amerikanischen Firma Pfeizer's, die einige undichte Stellen vermutete, und John Broady, dem König der privaten Telefonanzapfer in den USA, sechzigtausend Dollar zahlte, damit er eine Sicherheitsüberprüfung startete, in deren Verlauf auch die Leitungen einiger Angestellter und Rechtsbeistände abgehört werden sollten. Er ermittelte, daß eine amerikanische Konkurrenzfirma, die ebenfalls Tetracyclin verkaufte, den Bemühungen von Pfeizer's, ihr eigenes Erzeugnis patentieren zu lassen, entgegenarbeitete. (Daß Broady dann vorpreschte und offenbar ohne Rückfrage und Genehmigung von Pfeizer's die Leitungen des Konkurrenten und der Aufkäufer ebenfalls anzapfte, ist eine andere Geschichte.)

Doch rütteln solche Fälle nicht an Italiens Spitzenposition. Im Laufe meiner Untersuchungen wurde mir bei zwei Gelegenheiten sowohl von französischen als auch von britischen Fachleuten der Wirtschaftsaufklärung versichert, daß mehrere Mitglieder italienischer Handelsdelegationen sowie jüngere Mitarbeiter größerer italienischer Botschaften der Arzneimittelindustrie regelmäßige Dienste leisten. Sie versorgen die Firmen mit offiziellen Marktlageberichten, kaufen frühzeitig Muster neuer Produkte, verweisen auf vielversprechende Forschungsprojekte und helfen bei der Suche nach unzufriedenen, mühsam sich abrackernden oder überehrgeizigen Angestellten ausländischer Unternehmen. Dies wurde mir später auch von leitenden Angestellten britischer Firmen bestätigt.

Es wurde in keinem Falle angedeutet, diese Diplomaten seien unmittelbar in Spionageoperationen, Bestechungsaffären oder andere Formen der Korruption verwickelt, aber es liegt auf der Hand, daß sie den Agenten der Industrie den Weg ebnen, sei es auch nur, um ihnen anläßlich eines glänzenden Empfangs in der Botschaft entsprechende Bekanntschaften zu vermitteln. Leider steht diese zweifelhafte Diplomatie im Begriff, zur Standardwaffe im »kühlen Krieg« zu werden, was dazu führt, daß, wie wir sehen werden, immer mehr Regierungen in die Kämpfe zwischen den Industriegiganten hineingezogen werden.

Ich war ziemlich erstaunt, in Italien von einem erfolgreichen Mann der Pharma-Branche zu hören – im Geschäftsleben unter dem Namen Fabrizio bekannt geworden –, der trotz seiner außergewöhnlichen Verdienstmöglichkeiten und einer Arbeit von fast nationalem Interesse den Agentenberuf an den Nagel gehängt hatte. Angeblich soll er verrückt geworden sein. Er spendete den Großteil seines Geldes für gemeinnützige Zwecke und verriet viele seiner Kollegen. Letzteres ist wohl auch die Erklärung dafür, warum er es vorzieht, allein zu sein, oder vielmehr, warum er dafür sorgt, daß niemand an ihn herankommt.

Am nächsten kam ich ihm in Paris, nachdem ich einen gemeinsamen »Freund«, der zu jener Zeit zum Stab des Hotels George V. gehörte, etwas unter Druck gesetzt hatte. Ich kannte einige Einzelheiten aus seiner unappetitlichen Vergangenheit, die zu einer gerichtlichen Verurteilung nicht ganz ausreichten, die ihn aber unter seinen Kollegen im Geschäft mit der Liebe recht unbeliebt gemacht hatten. Ich hatte keine Ahnung, wo sich Fabrizio zu jener Zeit aufhielt, doch mein Kontaktmann sandte ihm offenbar eine Botschaft. Zwei Tage später kam die Antwort. Meine Anweisung lautete, dreißig Minuten vor Mitternacht vor der »Grünen Bar« in der Rue Jacob auf Fabrizio zu warten.

Während ich draußen wartete, jagte ein Wagen durch die dunkle, enge Gasse und raste, ohne seine Geschwindigkeit zu verringern, nur wenige Zentimeter an mir vorbei. Hatte man mich für die Begegnung mit einem Spion oder für einen Unfall hierher bestellt? Niemand näherte sich mir sonst, und nach weiteren vierzig Minuten, die ich in dem relativ sicheren Torweg zubrachte, verließ ich den Ort. Ich glaubte, die Botschaft verstanden zu haben. Aber ich irrte mich. Den Sinn der Botschaft begriff ich erst am nächsten Morgen im »George V.«.

»Sie waren nicht sehr freundlich zu mir«, sagte mein Kontaktmann. »Aber ich habe getan, worum Sie mich gebeten haben. Und jetzt lassen Sie mich in Ruhe!«

»Was ist mit Fabrizio?« fragte ich, im stillen immer noch hoffend, der Vorfall mit dem Auto habe nichts Ernsthaftes zu bedeuten gehabt.

»Ich weiß nicht, was er meint, aber er behauptet, in der letzten Nacht Ihr Leben gerettet zu haben. Als Gegenleistung wünscht er nichts weiter, als ebenfalls in Ruhe gelassen zu werden.«

Nun war die Botschaft vollständig. Aber Fabrizios Gesinnungswandel wurde dadurch nur noch unerklärlicher. Warum sollte der Panther sein Revier wechseln? Dann eines Tages erfuhr ich, was ihn dazu veranlaßt hatte. Doch um diesen Entschluß richtig würdigen zu können, wollte ich zuerst einer Sache auf den Grund gehen, die ein höherer Beamter des deutschen Bundesministeriums für Jugend, Familie und Gesundheit mir gegenüber als den »eingebauten Risikofaktor« beim Geschäft mit nachgemachten Medikamenten bezeichnet hatte.

Es handelt sich um ein zweifaches Risiko. Das erste bezieht sich auf die Reinheit und Wirksamkeit des nachgemachten Medikamentes. Infolge ungenauer Informationen und mangelnder Sorgfalt kann die Qualität des Produktes weit unter derjenigen des Originals oder zumindest unter der vom Original erwarteten Qualität liegen. Wenn erst ein Arzt, der das Mittel verschrieben hat, feststellt, warum ein Patient nicht in der erhofften Weise auf das Medikament reagiert, dann ist es meist zu spät, noch etwas dagegen zu unternehmen.

Das typische Beispiel hierfür ereignete sich Mitte der sechziger Jahre in Großbritannien, als ein besonders preisgünstiges Tetracyclinpräparat für die Behandlung von Kindern aus Italien eingeführt wurde. Die Tabletten, die in jeder Apotheke erhältlich waren, wurden gegen Fieber bei Babys und Kleinkindern verschrieben, auch in Fällen von Lungenentzündung. In Birmingham, wo man Medikamente regelmäßigen Tests unterzog, stellte man fest, daß diese Tabletten nur dreiviertel der angegebenen Stärke aufwiesen. Die Gefahr lag auf der Hand, und die Regierung sah sich gezwungen, die gesamte Lieferung aus dem Verkehr ziehen zu lassen. Das Gesundheitsministerium versuchte daraufhin, die Einfuhr von Antibiotika dadurch einzuschränken, daß es nur noch den ursprünglichen Inhabern von Patenten Einfuhrlizenzen erteilte.

Dies war jedoch nur eine vorübergehende Lösung. In den frühen fünfziger Jahren hatten neue wichtige Medikamente den Markt überflutet. In den späten sechziger Jahren verloren viele dieser Ausgangsdrogen und Standardmedikamente – wenn auch nicht die ganz bekannten Marken – wegen Fristenablaufs ihren Patentschutz. »Aus diesem Grunde gewann das Medikamentengesetz von 1968 besondere Bedeutung«, erklärte mir Sir Derrick Dunlop. »Aus Polen, Ungarn und Italien wurden eine Menge billiger Arzneimittel eingeführt, und es mußte auf jeden Fall sichergestellt werden, daß diese Mittel den Anforderungen des britischen amtlichen Arzneibuches entsprachen. Vor Erlaß dieses Gesetzes hatten wir nämlich keine Handhabe, Qualität und Reinheit solcher Einfuhren zu überprüfen. Inzwischen trägt das neue Lizenz- und Überwachungssystem mit dazu bei, die Gefahren für die Öffentlichkeit zu verringern.«

Leider differieren Kontrollmaßnahmen und Standardanforderungen in den einzelnen Ländern sehr stark voneinander. Während in mancher Hinsicht die Anstrengungen verdoppelt, ja verdreifacht werden, geschieht in anderen Bereichen wiederum gar nichts, wodurch Lücken entstehen, durch die Unheil seinen Einzug halten kann. Selbst innerhalb der EG wird es voraussichtlich noch »viele, viele Jahre« dauern, bis man sich auf ein einheitliches Kontrollverfahren geeinigt haben wird.

In der Tat steht eine dieser Lücken in engem Zusammenhang mit dem zweiten »eingebauten Risikofaktor«, mit dem die Pharma-Piraterie zu leben hat. Es gibt nämlich noch kein weltweites Alarmsystem für den Fall, daß bei einem Medikament nachteilige Folgeerscheinungen oder gar durch ein Mittel ausgelöste Krankheiten entdeckt werden. Man hat sehr viel, wenn auch noch nicht genug, unternommen, um die rechtzeitige Erkennung gefährlicher Symptome zu erleichtern. Dennoch befindet sich der Inhaber des Patentes stets in einem gewissen Vorteil, als er ja, zumindest in den fortschrittlicheren Ländern, gewöhnlich als erster von Klagen und Verdächtigungen Kenntnis erhält. Wenn er anständig ist, wird er alle derartigen Informationen unverzüglich an jene Firmen weitergeben, die sein Medikament auf Lizenzbasis ebenfalls herstellen – aber natürlich nicht an die »Nachmacher«.

Geheimnishändler und berufsmäßige Wirtschaftsspione waren noch nie bekannt für übertriebene Skrupel und moralische Bedenken. Für sie ist der Risikofaktor »just one of these things«. Solchen Einzelheiten besondere Beachtung zu schenken gehört nicht zu ihrem Professionalismus.

Fabrizio war darin keine Ausnahme. Er brüstete sich stets damit, nach dem gleichen System zu arbeiten wie die großen pharmazeutischen Unternehmen: Er studierte Statistiken über Todesursachen, genau wie die Leiter der betrieblichen Forschungabteilungen, und richtete seine Agententätigkeit danach ein. Darauf beruhte sein Professionalismus. Anhand solcher Methoden machte er Herzkrankheiten und die damit in Zusammenhang stehenden Probleme der Fettleibigkeit, die ja der Grund für die im Westen so lebhafte Nachfrage nach Schlankheitsmitteln ist, zu seinen Spezialgebieten. Seine Interessen deckten sich durchaus mit denen der großen Forschungszentren.

Im Laufe seiner »Untersuchungen« hörte er von einem verhältnismäßig kleinen, neuen und aufstrebenden Unternehmen. Man sagte mir, daß er auf gut Glück Kontakt zu einem Angestellten herstellte (ihn bestach) und bald von Experimenten erfuhr, deren Nebenprodukt sich zufällig als eine Substanz mit sedativer Wirkung erwies.

Diese Substanz mit dem Namen K 17 war das spätere Thalidomid.

Wie seine Entdecker erkannte auch Fabrizio die vielversprechenden Möglichkeiten eines solchen Mittels in einer schlafmittelsüchtigen Welt. Zu einer Zeit, als den meisten anderen noch nicht einmal klargeworden war, daß sich hier ein gewinnträchtiges Geschäft anließ, und noch bevor im Dezember 1955 das Thalidomid-Symposium stattfand, verkaufte er seine Informationen an zwei italienische Firmen; diese ließen die Formeln in der Schublade, bis in den späten fünfziger Jahren das Geschäft in Deutschland wirklich ins Rollen kam.

Das neue Wundermittel wirkte nicht suchterzeugend und konnte außerdem auch Säuglingen gefahrlos gegeben werden. Es überflügelte alle anderen Konkurrenten auf dem Markt und wurde bekannt als Deutschlands Babysitter Nr. 1. Krankenhauspatienten und schlaflose werdende Mütter schluckten es bedenkenlos Nacht für Nacht. Dann erschien es kombiniert mit anderen Drogen als Mittel gegen Migräne, Asthma, Neuralgien, Kopfschmerzen und Erkältungen. Seine Zukunft schien gesichert. Fabrizio machte es sich bequem und beglückwünschte sich zu seiner guten Nase.

Während britische, schwedische, kanadische, spanische und portugiesische Gesellschaften noch wegen der ausschließlichen Lizenzvergabe für ihre jeweiligen Länder verhandelten und während eine amerikanische Gesellschaft noch gegen die Einwände der Regierung ankämpfte, um möglichst schnell in die Produktion einsteigen zu können, waren die »Nachmacher« schnell auf dem Plan. Zwei japanische Firmen kopierten das Mittel, und eine davon hatte es tatsächlich bereits auf dem Markt, noch bevor die Herstellerfirma die Lizenz für Japan vergeben hatte.

In Italien gab es keine Formalitäten. Obwohl nach Italien keine einzige Lizenz vergeben wurde, begannen nicht weniger als sieben italienische Gesellschaften mit der Herstellung von Thalidomid, in reiner Form oder kombiniert mit anderen Substanzen. Der Großteil der Produktion wanderte wie gewöhnlich in den Export.

Wieder war Fabrizio den anderen um Meilen voraus. Er sagte sich, daß ein erfolgreiches Forscherteam, dem gerade ein großer Wurf gelungen war, vielleicht auch noch andere Schlager in Reserve halten könnte. Nachdem er etwas in der Vergangenheit seines Kontaktmannes geforscht hatte, war er Ende 1959 / Anfang 1960 so weit, daß er diesen mit einer kräftigen Mischung aus Bargeld und Erpressung auf seine Seite gezogen hatte.

Aber die Informationen waren recht enttäuschend. An Gerüchten über gefährliche Nebenwirkungen des Thalidomids und an Berichten über Bemühungen der Firma, die Klagen nicht laut werden zu lassen, war Fabrizio sehr wenig interessiert. Das war nicht die Ware, die er bei seinen Kunden absetzen konnte. – Damit war für die Industriespionage die einmalige Chance vertan, Menschenleben zu retten.

Angeblich kam 1961 in Fabrizios Familie ein schrecklich mißgestaltetes Kind auf die Welt. Natürlich betrachtete man dies als Schande, als Zeichen der Ungnade, als von Gott zugemessene Strafe und verbarg das Kind vor allen Außenstehenden. Nur wenige Monate später wurde der wirkliche Grund für die Welle von Mißgeburten bekannt, und der Skandal nahm seinen Lauf.

Es ist niemals völlig geklärt worden, in welchem Umfang die Lizenzfabriken in den verschiedenen Ländern über die ersten Vermutungen von schädlichen Nebenwirkungen unterrichtet wurden, aber diese hatten immerhin die Möglichkeit – und machten auch davon Gebrauch –, die Herstellerfirma um Erklärungen zu bitten und sich bei ihr rückzuversichern. Fabrizio war sich sofort darüber klar, daß den Piraten dieser Weg verbaut war. Offenbar waren viele der Thalidomid-Präparate, die in Brasilien noch bis Mitte 1962 verkauft wurden, also sechs Monate nachdem die Schreckenskunde bereits in der ganzen Welt Schlagzeilen gemacht hatte, italienischen Ursprungs.

Nach Aussage meines Informanten soll Fabrizio zu diesem Zeitpunkt »den Verstand verloren haben«. Er übernahm es, für den Rest seines Lebens persönlich die Sorge für drei durch Thalidomid geschädigte Kinder zu tragen. Angeblich soll er während des Prozesses in Deutschland seinen Kontaktmann gezwungen haben, den Staatsanwalt mit vertraulichen Informationen zu versorgen.

Im September 1971 nahm ich in Genf an einer internationalen Tagung der Arzneimittelindustrie teil. Dort unterhielt ich mich eines Abends mit einem italienischen Chemiker und kam dabei auch auf diesen Fall zu sprechen. Mein Gesprächspartner gab vor, Fabrizio nicht zu kennen, und versicherte mir, daß er sich auf keinen Fall mit Leuten dieses Schlages in Geschäfte einlassen würde. Aber gegen Ende unseres Gespräches meinte er mit einem zynischen Lächeln:

»Wollen Sie etwa von den Industriespionen verlangen, daß sie mit dem

Verkauf ihrer Informationen auch noch einen langfristigen Kunden- und Wartungsdienst verbinden?«

Ich habe einige Bereiche herausgegriffen, in denen die »Nachmacher« Vermögen verdienen, tatsächlich aber gibt es keinen Wirtschaftszweig, der nicht mit »echten Fälschungen« aufwarten könnte. Ganz oben in der Liste erfolgreicher Imitationen stehen chemische Produkte. Erzeugnisse wie Klingeln,
Ich habe einige Bereiche herausgegriffen, in denen die »Nachmacher« Ver-
deutlichen die Spanne der Möglichkeiten.

Ein großer Teil der notwendigen Vorausinformationen besteht in gestohlenen Dokumenten und Mustern, der Rest ist so beschaffen, daß er beim »Nachmacher« ins Büro marschiert. Letztgenannter Methode bedient man sich in den dunkelsten Winkeln des Profit-Dschungels, wo »Kopfjäger« mich mehrmals fragten: »Warum sollen wir den Gehirnprodukten nachjagen, wenn wir das Gehirn selbst bekommen können?«

Kopfjäger

Liste Nr. 27
Betr.: 312/MOG:LM/Paris
Dat.: 26/10/69 Brüssel

»... worauf Verdachtsperson Nr. 5 begann, mich so fest in intime Körperpartien zu kneifen, daß ich gezwungen war, ihm einen Stoß zu versetzen. Hierdurch fiel die Person auf den Boden neben das Bett und bemerkte dabei das Tonbandgerät (Philips-EL 3302A/15G Serien Nr. 6262727), das nur teilweise verdeckt ... vgl. beiliegenden Film und Band ...«

Dieser trockene Auszug in imitiertem Polizeijargon stammt aus einem detaillierten Bericht eines weiblichen »Operateurs«, verfaßt für die Brüsseler Zweigstelle einer amerikanischen »Organisation für vertrauliche Nachforschungen«, die bei ihren wenig ausgesuchten Kunden unter dem Namen CIO bekannt ist. Ein Stil meisterhafter Heuchelei und ein erbärmlich schwacher Versuch, dem Ganzen einen respektablen Anstrich zu verleihen, aber immerhin genug, um das traurige Schicksal der »Verdachtsperson Nr. 5« zu besiegeln.

Der beiliegende Film zeigte die Verfasserin, wie sie nackt durch die Gegend tänzelte und dabei einen bemerkenswerten Mangel an schauspielerischen Fähigkeiten entfaltete. Ihr verlebter Körper schaffte nicht ganz die Luftsprünge, die sie mit Hilfe der Sprungfedern ihres Bettes zu vollführen sich bemühte. Daß ein einigermaßen gut aussehender, angeblich »welterfahrener« Top-Manager auf diesen Schmus hereinfiel, beweist nur die Blendwirkung, die von leichter Zugänglichkeit ausgeht.

Das ebenfalls beigefügte Tonband erwies sich als der schlimmste Teil des Ganzen. Man hörte sie stöhnen und keuchen, und daß »dieser plötzliche Ausbruch von Sexualität«, der sie in seine Arme getrieben hatte, sich nur in Paris ereignen konnte, klang herzlich wenig überzeugend. Doch offensichtlich kam ihrem Partner zu keinem Zeitpunkt der Gedanke, daß ihr unwiderstehlicher Gefühlsausbruch ebenso »unvorbereitet« sein könnte wie der Abschuß einer Apollo-Rakete.

Als ich zum ersten Mal von dieser ungewöhnlichen Affäre und ihrem unmittelbaren Hintergrund (»Überwachung von fünf Männern anläßlich des Pariser Autosalons«) hörte, ahnte ich noch nicht, daß ich ein bedeutsames Stück eines Puzzles in Händen hielt, dessen Zusammensetzung mir schließlich eines Tages mit Hilfe einer plötzlichen Eingebung, einigen Schweißtropfen und einer ordentlichen Portion Glück gelingen sollte.

Jetzt, da die bruchstückweisen Informationen in chronologischer Reihenfolge vor mir liegen, darf ich mich darauf beschränken, nur die wesentlichen

Ereignisse aus einer Schlacht des »kühlen Krieges« zu berichten, wobei ich den Beteiligten strenge Anonymität zugestehen muß. Entsprechend den Abmachungen mit meinen Informanten und im Hinblick auf die Vermeidung von Verleumdungsklagen aufgrund eines Wortes oder einer Formulierung habe ich die Länder, die Namen der Firmen und Personen, selbst die Seriennummer des erwähnten Bandgerätes so verändert, daß keine Rückschlüsse auf wahre Identitäten gezogen werden können. Dennoch brauche ich nicht zu verschweigen, daß die geschilderte internationale Operation im Zusammenhang steht mit dem Aufschwung eines schnell wachsenden Unternehmens, das sich in verschiedenen Ländern einen beträchtlichen Marktanteil am Automobilhandel erobern sollte.

Mai 1969

Mr. S., Vertreter der Firma Dreigestirn in Paris, ein eher taktvoller Mann, verhandelte im Auftrag seiner Arbeitgeber. Man hatte ihn ausdrücklich davor gewarnt, »die Branche in Aufregung zu versetzen«. Wenn es auch »unbedingt notwendig sei, für jeden Job den besten Kopf zu bekommen«, wolle man doch nicht der Abwerbung bezichtigt werden.

Vierundzwanzig Stunden später war er in Brüssel bei der europäischen Hauptniederlassung der Partnerfirma XYZ, einer größeren Agentur für Personalvermittlung, die sich nicht allzusehr bemühte, ihre Aktivitäten auf dem Sektor »Management-Consultancy« zu kaschieren. (Einige dieser Management-Consultants haben das Ansehen ihres Berufsstandes durch Erteilung eigennütziger Ratschläge erheblich geschädigt. Sie überreden Kunden zum Kauf von Computern, Büroeinrichtungen und sogar Möbeln bei einem bestimmten Hersteller, der ihnen dafür eine Kommission zahlt, oder in manchen Fällen sogar das »Beratungsbüro« unterhält. Ebenso betätigen sie sich als Schnüffler und Strohmänner für »Kopfjäger«.)

Mr. S., ausgerüstet mit vorzüglichen Empfehlungen und bekannt als Vertreter einer namhaften Unternehmensgruppe, wurde selbstverständlich durch einen leitenden Personalagenten – höfliche Bezeichnung für einen Kopfjäger – empfangen. Die Begrüßung gestaltete sich etwas förmlich, entbehrte aber nicht gewisser Herzlichkeit, und vor allem bewahrte man die Begegnung vor dem geringsten unmoralischen Aspekt. Wie es ihm von seiner Unternehmensleitung eingeschärft worden war, versäumte es Mr. S. bei keiner Gelegenheit, darauf hinzuweisen, daß der gute Name seiner Firma unter allen Umständen geschützt werden müsse. Der Personalagent erzählte mir ungefähr achtzehn Monate später von diesem Gespräch:

»Man merkte gleich, daß der Junge nervös war und keine Erfahrung besaß. Mir kam es darauf an herauszufinden, wie sehr seine Firma in der Klemme steckte und wie weit wir tatsächlich gehen sollten. Sie wissen, was ich meine; diese Geschäfte werden eben nicht ganz so abgewickelt, wie manche sich das vorstellen – wie soll ich mich also ausdrücken? Da saß ein guter Kunde, und wir kämpften ums Überleben. Unsere Branche ist ein Dschungel, in dem nur die Besten durchkommen... Sie verstehen, was ich damit sagen will.«

Was er meinte, wurde am Schluß der geschilderten Unterredung deutlich, als er seinen Kunden fragte, ob er etwaige Einwände gegen »moderne, aggressive Techniken der Anwerbung« habe. Die Antwort lautete: »Nein, selbstverständlich nicht, aber natürlich können wir auch keine unmoralischen Maßnahmen billigen.« Natürlich nicht! Mit diesem Vorbehalt sicherte sich seine Firma »Dreigestirn« ab. Anderseits gab man der Agentur grünes Licht für jede Art von Vorgehen, angefangen vom fleißigen Studium der Stellenanzeigen bis zur Androhung von Schußwaffengebrauch gegenüber einem wünschenswerten Kandidaten.

Mit dem heiklen Auftrag betraute man unverzüglich André Rillon, einen in Chicago ausgebildeten belgischen »Berater«, der noch jung genug war, um ihn im Falle einer Panne »ernsthaft maßregeln« zu können.

Mitte Mai 1969

Die Suche nach passenden Angestellten war bereits in vollem Gange. Rillon und sein Assistent durchstöberten entsprechende Nachschlagewerke und Anzeigenjournale. Sie werteten die Ergebnisse des firmeneigenen Computers aus, der, wie XYZ & Co. bei jeder Gelegenheit stolz hervorhob, die Namen, Fähigkeiten, berufliche Lebensläufe, gegenwärtige Position, in den meisten Fällen das Gehalt sowie einige die Person und deren Familien betreffende Daten von fast einer Viertelmillion Menschen gespeichert hatte, die »alle über 12 000 Dollar, meistens jedoch über 15 000 Dollar im Jahr verdienten«.

Die »Viertelmillion« mag sicher eine Übertreibung sein, aber es stimmt, daß derartige Karteien mit durchschnittlich vielleicht 50 000 Namen die eigentliche Basis für die Arbeit sowohl legaler Beratungsdienste als auch der allgemeinen Wirtschaftsaufklärung sind. Abgesehen von offiziellen Nachschlagewerken des Handels und der Industrie bilden die Wirtschaftsseiten der Tageszeitungen und die Fachzeitschriften eine wesentliche Informationsquelle für die Erstellung von Listen und Übersichten. Ernennungen und Beförderungen in der Spalte »Persönliches« werden sorgfältig vermerkt, und ein gewissenhafter »Consultant« wird es niemals versäumen, dem Grund für eine Beförderung, eine frühzeitige Pensionierung oder einen Rausschmiß nachzuspüren. Selbst Agenturen, die unlautere Werbemethoden ablehnen, beschäftigen Privatdetektive zur Überwachung hochbezahlter Manager.

Gegen Ende Mai schrumpften die Listen bei der Suche nach geeigneten Top-Managern auf ein einigermaßen übersichtliches Maß zusammen. Rillon,

Ideal eines geschmeidigen, nüchternen und gehorsamen Privatsekretärs, oblag die Gesamtleitung der Operation. Brüssel hatte man zum Hauptquartier gewählt, weil von dort »die ständige Verbindung zum Kunden besser gewährleistet war«, wie er mir mit einer entschuldigenden Geste erklärte. Nun war er so weit, daß er den Zweigstellen in den verschiedenen Ländern ihre einzelnen Aufgaben zuweisen konnte.

»Vorsicht ist die erste Voraussetzung bei der Erledigung solcher Aufträge«, meinte Rillon, »das sollte sich besonders in diesem Fall beweisen.« Die Automobilindustrie und die mit ihr verwandten Branchen des Instrumentenbaus und des Zubehörhandels verzehren sich in ständigem Mißtrauen, und das nicht zu Unrecht. Der Konkurrenzkampf geht bis aufs Messer und schließt natürlich auch sehr viel Industriespionage ein – was wiederum nicht auf unserer Linie liegt. Die Sicherheitsvorkehrungen sind, wie soll ich sagen, sehr weitreichend, und man kann leicht eine Menge einflußreicher Freunde verlieren, wenn man einmal zuviel Aufmerksamkeit auf sich gelenkt hat. Das ist alles verständlich, denn die Einsätze sind hoch. Ein neues Modell bedeutet ein Multi-Millionen-Spiel. Ein Mann, der viele Geheimnisse kennt, der Bescheid weiß über die Pläne und Marktstrategie seiner Firma, ein guter Designer, ein Werbe- oder Marketingfachmann sind dem Konkurrenzunternehmen ein Vermögen wert, und die Firma, die solche Leute verliert, wird oft um ein Vielfaches geschädigt.

»Kommt der Mann aus dem Bereich Forschung und Entwicklung, dann kann der Schaden noch beträchtlicher sein. Vielleicht haben Sie schon gehört, welche Ausmaße der Nachrichtenhandel im Zusammenhang mit der Entwicklung des Wankel-Motors, der Elektro-Autos, einer neuen Entrostungstechnik, umweltfreundlicher Technik und eines Platin-Ersatzes angenommen hat.«

Ich ermunterte ihn, mir mehr darüber zu erzählen, aber er wollte nicht auf Einzelheiten eingehen. Seine Vorgesetzten könnten mir da vielleicht eher Auskunft geben, meinte er.

Was er über die Automobilindustrie sagte, stimmte haargenau. Ein französischer Agent, der im allgemeinen jede Art von Industriespionage übernahm und der seine Pistole trug wie andere Leute ihr Taschentuch, weigerte sich einmal, einen besonders gut bezahlten Auftrag aus Amerika zu übernehmen, weil, wie er mir erklärte, er »ebenso gut den Patientinnen in einer Cholerastation den nackten Hintern küssen könnte«, wenn er bereit wäre, solche Risiken einzugehen.

Bereits am 1. Mai 1960 wußte die »Los Angeles Times« zu berichten, daß die »Automobilindustrie außerhalb der staatlichen Institutionen den größten Spionageapparat der Welt unterhalte«, dessen Agenten das neue Modell der Konkurrenz schon drei Jahre vor seinem offiziellen Debüt kennen würden. Mercedes verlor 1966 fast zehn Millionen Mark, nachdem in der Presse Fotos des neuen Modells erschienen waren und damit die Lagerbestände von 156 Händlern in der ganzen Welt mit einem Schlage praktisch veraltet waren. Die Kunden nahmen ihre Bestellungen zurück, um das Erscheinen des neuen Modells auf dem Frankfurter Automobilsalon abzuwarten.

Der Generalstaatsanwalt von Turin, Dr. G. Amore, erhob 1969 Anklage wegen Industriespionage gegen den Generaldirektor und dreizehn leitende Angestellte einer Tochterfirma von Alfa Romeo. Sie hatten angeblich versucht, Herstellungsdaten über den damals noch auf dem Reißbrett stehenden Fiat 128 in Erfahrung zu bringen. Dr. Amore beschuldigte sie, Angestellte der Fiat-Werke mit hohen Summen und Inaussichtstellung gut dotierter Posten bestochen zu haben, um von diesem zum Zwecke des Kopierens 2000 Produktionskarten zu erhalten.

Die bekanntermaßen besonders langsam mahlenden Mühlen der italienischen Justiz brauchten vier Jahre, um der Eröffnung des Verfahrens etwas näher zu kommen. Dadurch ergibt sich eine groteske Situation. Die beiden Automobilhersteller haben inzwischen längst das Kriegsbeil begraben und befinden sich 1973 schon auf verschiedenen Ebenen in einem Zustand engster Zusammenarbeit, die auch das gemeinsame Projekt einer Fabrik für Nutzfahrzeuge in Rio de Janeiro umfaßt.

Vor kurzem habe ich nun gehört, daß Fiat keinen Wert mehr darauf legt, die Anklage von 1969 durchzufechten. Das Gesetz bestimmt jedoch, daß einmal eingelegte Klagen nicht zurückgezogen werden können. Um den Geschäftspartner vor Peinlichkeiten und die Branche vor unliebsamer Publicity zu bewahren, sind beide Seiten zur Zeit bemüht, rechtliche Möglichkeiten zur vorzeitigen Beilegung des Konfliktes zu finden.

Um dem zu begegnen, was man in höflicher Umschreibung als »Indiskretionen« bezeichnet, scheuen die großen Gesellschaften weder Kosten noch Mühen. Die meisten stellen sicher, daß ihre Teststrecken für neue Entwicklungen von keiner Stelle außerhalb eines bewachten Umkreises eingesehen werden können, und einige beschäftigen sogar Luftbeobachter, seit eines Tages ein neues Modell von General Motors in einem ummauerten Hof von einem Hubschrauber aus fotografiert worden war. Die Spionage-Abwehrabteilungen einiger Automobilfabriken, vor allem in Amerika, sollen so aktiv sein, daß sie genauestens über die Probleme und geheimen Wünsche eines leitenden Angestellten Auskunft geben können und in der Lage sind, frühzeitig seinen beabsichtigten Firmenwechsel vorauszusagen.

Die Vorsicht, die Rillon bei Inangriffnahme seines Auftrages walten ließ, war also durchaus berechtigt. »Zuerst hoffen wir natürlich, daß sich die ideale Lösung einstellen wird: Wir annoncieren, der beste Mann für den Posten meldet sich, und unser Kunde ist mit ihm einverstanden. So einfach kann das sein. Aber die Erfahrung zeigt, daß dem gerade bei der Besetzung von Führungspositionen, wie in unserem Fall, eine ganze Reihe von Schwierigkeiten entgegensteht. Viele dieser Top-Manager lesen zum Beispiel niemals Stellenanzeigen, und mit Recht, denn sie dürfen erwarten, daß man sich persönlich an sie wendet. Solche Angebote macht man bei Dinnerparties oder auf dem Golfplatz. Ein weiteres Problem besteht darin, daß sie die Anzeigen nicht beantworten, selbst wenn sie sie gelesen haben sollten; denn sie glauben, sich mit einem derartigen Schritt zu erniedrigen, und befürchten außerdem, sich unliebsamem Gerede auszusetzen, das ihrem Arbeitgeber zu Ohren kommen könnte. Gewöhnlich ist das auch so.

»In meinem Fall bat ich Kollegen in den in Frage kommenden Ländern, einige Testannoncen unter Postfachnummer aufzugeben, um zu sehen, welche Art von Bewerbungen daraufhin eingehen würde. Das Ergebnis war sehr enttäuschend. Schließlich sind Führungskräfte gegenüber solchen Anzeigen besonders auf der Hut. Aber mir kam es in diesem Stadium darauf an, nichts von den Expansionsbestrebungen meines Kunden durchsickern zu lassen.«

»Haben Sie auch Scheininterviews geführt?«

»Nein, das machen meist Leute im Spionagegeschäft, die auf diese Weise Informationen über die Arbeit, die Pläne und die Arbeitsbedingungen des Bewerbers erhalten wollen. Wie ich Ihnen schon sagte, betreiben wir keine Industriespionage.«

Doch ohne etwas Spionage sollte es auch hier nicht abgehen.

Juni 1969

Für Rillon stand inzwischen fest, daß er mit der Ideallösung nicht mehr rechnen durfte. »Nun hieß es, die zweitbeste Lösung zu versuchen, die darin bestand, herauszufinden, ob einer der auf meiner Liste aufgeführten Männer mit seinem Job, seinem Gehalt oder überhaupt mit seinen allgemeinen Aussichten unzufrieden war. Frustrierte Leute sprechen eher auf direkt unterbreitete Angebote an. Der Seniorpartner der ›Thorndike Deland & Co‹ behauptete einmal in einem der ›Harvard Business Review‹ gewährten Interview, den meisten Firmen sei nicht klar, daß ein Mann unglücklich oder mit etwas unzufrieden sein muß, wenn er an Kündigung denkt. Diese Erkenntnis ist meine Bibel.«

Um den bestgeeignetsten unglücklichen Bewerber zu finden, brauchte Rillon »Hilfe von draußen«. Dazu bedurfte es wieder der Genehmigung der Auftragsfirma.

»War diese erteilt, konnte ich den Auftrag an eine internationale Firma weiterreichen, die gelegentlich die Überprüfung der Kreditwürdigkeit bestimmter Leute oder andere Überwachungsaufgaben für uns durchführte«, fuhr Rillon fort.

»CIO?« Es sollte ganz beiläufig klingen. Ich wußte, daß CIO über eine Niederlassung in Brüssel verfügte, weshalb die Vermutung nahelag.

»Ja – Sie kennen sie?«

Es hatte gewirkt. Nun mußte ich dranbleiben, um den Umstand auszubeuten, daß Rillon, zumindest momentan, von meinem Informationsstand beeindruckt schien: »Sicher. Von ihr habe ich übrigens einiges über diesen Fall erfahren.« Das stimmte nicht. Damals hatte ich keine Ahnung, daß der Bericht über den Pariser Automobilsalon etwas mit Rillons Auftrag zu tun hatte.

»Dann will ich Sie nicht mit unnötigen Einzelheiten langweilen. Sagen Sie mir, was Sie wissen wollen.«

»So viel wie möglich. Von Ihnen will ich es hören, im Interesse der Genauigkeit.«

Rillon war offensichtlich stolz darauf, als Pedant und ein Mann mit gutem Gedächtnis zu gelten. Nur die Andeutung einer Schmeichelei genügte, sein Verlangen nach mehr zu wecken. Dankbar gedachte ich eines Freundes, der bei der Regierung eine bemerkenswerte Karriere gemacht hatte und dessen Grundsatz immer gelautet hatte: »Einem Mann kannst du niemals zu viel schmeicheln – die geringste Wirkung wird immer noch sein, daß er versucht, dir zu glauben; bei Frauen hingegen wirst du damit keinen Erfolg haben, da sie aus jeder Schmeichelei den Schluß ziehen werden, daß du mit ihnen ins Bett gehen willst, selbst wenn sie schon 75 ist.«

Von nun an behandelte mich Rillon als einen echten Vertrauten. Er ging weit über seinen Auftrag, mir einige Fragen zu beantworten, hinaus und versorgte mich, sicher unerlaubterweise, mit einigen vertraulichen Details. An einem bestimmten Punkt im Laufe unseres Gesprächs wurde ihm wohl klar, daß er einen Fehler begangen hatte, aber es blieb ihm nichts anderes übrig, als sich darauf zu verlassen, daß ich ihn gegenüber seinen Vorgesetzten nicht in eine peinliche Lage bringen würde.

Wir sprachen auch über den Österreicher L., der für CIO den europäischen Betrieb leitete und der in der Lage war, gleichzeitig in mehreren Ländern Nachforschungen durchzuführen.

»Ich wandte mich an L., und innerhalb weniger Wochen kamen die Dinge ins Rollen«, sagte Rillon. »Ich wollte lediglich die üblichen Hintergrundinformationen über einige Leute, um die Lücken in meinem Archiv zu schließen. Es ist ganz erstaunlich, wie viele Firmen um die Gehälter, die sie ihren Direktoren und leitenden Angestellten zahlen, ein streng gehütetes Geheimnis machen.

»Gegen Ende des Monats fand in Chicago eine weniger bedeutende Fachmesse statt, wo, wie mir bekannt war, auch unser Kunde, die Firma ›Dreigestirn‹, ausstellen würde. Das war eine gute Gelegenheit. Wir registrierten jeden, der durch seinen Besuch des Standes ein berufliches Interesse an ›Dreigestirn‹ zeigte, um zu sehen, ob uns auf unserer Liste vielleicht jemand entgangen war. Tatsächlich gab es drei Leute, über die wir nichts wußten, und L. wurde mit entsprechenden Nachforschungen beauftragt. Einer der drei war ein gewisser Frank Fairmont. Ich hatte niemals vorher von ihm gehört, und auch in der Fachliteratur wurde er nirgends erwähnt. Schließlich fanden wir seine Spur in der Elektro-Haushaltswaren-Branche, wo er einen hochdotierten Marketing-Posten bekleidete und immer noch als ein brillanter, einfallsreicher Denker angesehen war. Das war merkwürdig. Warum war die Übernahme seiner derzeitigen Stellung niemals angezeigt worden? War er aufgrund eines Irrtums oder besonderer Umstände gezwungen gewesen, einen drittklassigen Job zu übernehmen, und hatte dies für sich behalten wollen?«

Mit dem triumphierenden Lächeln eines Zauberers auf einer Kindergesellschaft holte Rillon einen dicken Ordner aus seinem Schreibtisch.

Mr. Fairmonts Lebenslauf, mit Einzelheiten, die er wahrscheinlich selbst längst vergessen hatte. Die Berichte müssen ungefähr fünfzig Seiten umfaßt haben. Darunter befanden sich Photokopien von Dokumenten, einschließlich des Einstellungsvertrages für seinen derzeitigen Posten (eine Sekretärin besorgte ihn für bare fünfzig Dollar), seine offizielle Kredit-Einstufung, seine Bankauszüge der letzten zwei Jahre, ein polizeiliches Führungszeugnis ohne Eintrag, ein Interview mit seinen Kindern von neun und zwölf Jahren, die man auf einem Kinderspielplatz angesprochen hatte (»... Mama schimpft immer, wenn Papa abends spät nach Hause kommt ...«), Einzelheiten aus einem Gerichtsverfahren, in dem er von dem Vorwurf rücksichtsloser Fahrweise freigesprochen worden war, Aufnahmen seines Hauses, seiner Familie und seines Wagens, der Bericht eines »Marktforschers« mit Beschreibung seiner Wohnungseinrichtung und einer groben Einschätzung seines Lebensstandards sowie andere Papiere, darunter genaue Aufzeichnungen, wie die Familie mehrere Weekends verbracht hatte.

Rillon gab hierzu einige kurze Erläuterungen, während er die schriftliche Aufzeichnung einer Tonbandaufnahme heraussuchte. »Diese Aufnahme wurde ganz am Anfang gemacht, als wir noch keine Ahnung hatten, was er eigentlich trieb, und es uns auch niemand, den L.'s Agent befragte, sagen wollte«, meinte Rillon und reichte mir das Blatt.

Der Agent hatte sich eines alten, einfachen Rezeptes bedient. Er rief in Fairmonts Firma an, die sich als ein größerer potentieller Konkurrent von »Dreigestirn« herausgestellt hatte. Er wußte, daß Fairmont noch nicht im Büro sein konnte, weshalb er bei der Vermittlung unbesorgt seine Nummer verlangen konnte.

»Büro Mr. Fairmont.«

»Guten Tag, hier spricht Jack Smith. Ich möchte Frank sprechen, bitte.«

»Er ist nicht da, kann ich etwas ausrichten? Ich bin seine Sekretärin.«

»Weiß ich, Süße, ich erinnere mich an Ihre Stimme. Würde viel lieber mit Ihnen plaudern als mit Frank, aber es geht nicht anders. Wann erwarten Sie ihn zurück?«

»Er wird wohl nicht vor einer Woche zurück sein.«

»Ach ja, jetzt erinnere ich mich, er erwähnte irgendeine Reise – was war es noch mal?«

»Schweden?«

»Ganz richtig. Diese Sache in Schweden ...«

»Nun, dann wissen Sie ja, was er treibt.«

»Ein Jammer, daß er Sie nicht mitgenommen hat. Oder handelt es sich wieder um eine streng vertrauliche Angelegenheit?«

»Ich glaube schon, aber wir konnten das Büro nicht leer lassen. Schließlich sind schon seine beiden Assistenten mit ihm gefahren.«

»Alle beide, sagten Sie?«

»Ja, aber sein Vertreter ist hier. Wollen Sie vielleicht mit ihm sprechen?«

»Mit seinem Vertreter? Lieber nicht, Süße. Dann warte ich besser, bis der alte Junge wieder im Lande ist. Ich rufe in einer Woche oder so wieder an.«

»Er wird morgen hier anrufen; dann werde ich ihm ausrichten, daß Sie ihn sprechen wollen. Jack Smith war Ihr Name?«

»Genau, Süße, Jack Smith.«

Das Gespräch hatte einige wertvolle Hinweise ergeben: Fairmont war nicht auf einen untergeordneten Posten abgerutscht, er hatte einen Vertreter, zwei Assistenten und einen vertraulichen Auftrag in Schweden wahrzunehmen. (Die Information über ein bevorstehendes Geschäft mit Schweden war ein reines Gratisgeschenk.) Weitere Nachforschungen erschienen gerechtfertigt. Sehr bald stellte sich heraus, daß Fairmont offenbar recht umwälzende Marketing-Ideen entwickelt hatte und daß man ihm einen einflußreichen, zwar nicht gerade geheimgehaltenen, so doch unauffälligen Posten gegeben hatte, um in aller Stille eine größere Verkaufskampagne in Europa vorzubereiten.

Als er aus Schweden zurück war, rief ihn einer von Rillons amerikanischen Kollegen an. Als Empfehlung genügte der Name der Firma XYZ & Co. Der Agent bediente sich eines alten Tricks in diesem Geschäft, der auf der Erkenntnis beruht, daß die Menschen nichts mehr lieben, als gute Ratschläge zu geben – das kostet sie nichts und gibt ihnen das Gefühl, wichtig zu sein. Er fragte ihn also um nichts weiter als um seinen Rat.

Selbstverständlich konnte der »Consultant« den Namen seines Auftraggebers nicht nennen, aber er erklärte, daß er einen Mann suche, der – nun folgte eine lange Liste von Qualifikationen und Forderungen, die zusammen eine fehlerlose Beschreibung seines Gesprächpartners, Mr. Fairmonts, ergaben. Er schämte sich nicht, es ganz deutlich zu machen: »Jemand wie Sie, Mr. Fairmont, ein richtiger Könner. Er könnte praktisch seinen Vertrag selbst aufsetzen.«

Leider biß Fairmont nicht an. Vielleicht war er glücklich mit seinem Job. Vielleicht war er auch, wie es in dem Bericht des Agenten anklang, »ein zu welterfahrener Hase, um auf einen solchen Trick hereinzufallen«, dennoch versprach er, sich zu melden, wenn ihm eine geeignete Persönlichkeit einfallen sollte.

Welterfahren. Bei Erwähnung dieses nicht gerade häufig gebrauchten Adjektivs klickte es irgendwo in meinem Hinterkopf. Ich war sicher, daß ich kürzlich eine Personenbeschreibung gehört hatte, bei der mein Gesprächspartner das gleiche Wort benutzt hatte. Ein seltsamer Zufall.

Die Rekrutierungsmaßnahmen für »Dreigestirn« machten in allen Ländern gute Fortschritte. Einige Schwierigkeiten gab es mit einem unentschlossenen französischen Entwicklungsingenieur. Man hatte festgestellt, daß er eine Firma in der Nähe von Paris aufgesucht hatte, und es bestand der Verdacht, er verhandele dort wegen einer Anstellung, statt den Posten von »Dreigestirn« in Amerika anzunehmen. Diese Möglichkeit mußte zuerst einmal ausgeschaltet werden. Er wurde von nun an ständig überwacht, und als er der Firma seinen zweiten Besuch abstattete, »klärte« ein Agent, mit wem er dort gesprochen hatte, und schrieb dann in seinem Bericht, daß »irgendwelche Absichten, die Stellung zu wechseln, nicht vorlägen«. Der für Rillon bestimmte Bericht enthielt keine Einzelheiten darüber, wie der Agent diese »Klärung« herbeigeführt hatte, doch sind solche Operationen nicht sehr schwierig.

Irving Shumbord, ein New Yorker Privatdetektiv und Leiter der ABC-Detective-Agency, erzählte mir ein nettes Beispiel hierfür. Er arbeitete an einem Abwehr-Auftrag, der einen Fall von Industriespionage betraf, bei dem man auch vor einem Einbruch und dem Diebstahl von Zeichnungen und Plänen nicht zurückgeschreckt hatte; einige Angestellte verdächtigte man des Verkaufs von Informationen. Shumbords Aufgabe bestand darin, zwei Leute zu überwachen und zu melden, wen sie anläßlich einer Reise nach New York aufgesucht hatten. Eines Tages folgte er den beiden in ein Gebäude, stieg mit ihnen in den Aufzug und stellte fest, daß sie im 17. Stock ausstiegen; sämtliche Räume auf dieser Etage gehörten zum Büro eines bekannten Büromöbel-Herstellers. Shumbord hatte nichts weiter zu tun, als auf der Straße zu warten, bis beide das Gebäude verlassen hatten, in die Halle des 17. Stockwerks zurückzukehren und dort die Empfangsdame zu fragen, wo er dringend die beiden Besucher, deren Namen er ja kannte, sprechen könne. Sie war so liebenswürdig, überall herumtelefonieren, und erhielt die Auskunft, daß die Herren bei Mr. A. gewesen seien, ihn aber schon verlassen hätten, um Mr. B. aufzusuchen. Mr. B. teilte mit, daß sie bereits weggegangen seien. Shumbord spielte den Enttäuschten – aber hatte alles erfahren, was er wollte.

Im Fall des französischen Ingenieurs schien es Rillon, nun da er wußte, daß keine anderen Angebote erwogen wurden, an der Zeit, etwas sanften Druck auszuüben. Auf einem Empfang »traf es sich«, daß die Frau des Ingenieurs mit einer freundlichen Dame ins Gespräch kam, die nicht aufhörte, von den »phantastischen Möglichkeiten« zu schwärmen, die sich im Augenblick in Amerika auftäten, wobei sie geschickt einfließen ließ, daß ihr Freund sich gerade um einen Traumposten bei »Dreigestirn« bewerbe. Es ist anzunehmen, daß die Frau nach Rückkehr von der Party begann, ihren Mann zu bearbeiten und ihn zu veranlassen suchte, sich ebenfalls um einen solchen Posten zu bewerben. Nach Rillons Ansicht brüstete der Ehemann sich daraufhin damit, daß die Stellung bei »Dreigestirn« ihm bereits angeboten worden sei, er aber kein Interesse bekundet habe. Was auch immer an jenem Abend geschah, der französische Ingenieur unterzeichnete jedenfalls am nächsten Morgen den Anstellungsvertrag.

Mehr als zwei Dutzend Einstellungen hatte »Dreigestirn« schon vorgenommen, und das Unternehmen war sehr zufrieden mit Rillon und den bisher von XYZ & Co. geleisteten Diensten. Einige andere Bewerber warteten nur noch auf die endgültige Zusage. Dennoch blieben einige Probleme ungelöst, und die Peinlichkeit, daß ein französischer PR-Mann, den man wärmstens empfohlen hatte, sich als die Hauptfigur in einem bösen Werbe-Skandal entpuppte, blieb XYZ & Co. auch nicht erspart. Alles in allem verblieben zwei freie Stellen, deren Besetzung Rillon noch schlaflose Nächte bereitete.

Zwei Amerikaner auf Rillons Liste erschienen hierfür die am besten geeigneten, und »Dreigestirn« weigerte sich hartnäckig, jemand anders als diese beiden in Betracht zu ziehen, obwohl sie sich bisher allen Annäherungsversuchen gegenüber als sehr zurückhaltend erwiesen hatten.

Der eine war ein kalifornisches Verkaufsgenie, dem man nachsagte, er könne eine Leiche dazu überreden, sich mit Shampoo einzudecken, weil Haare auch noch im Grab wachsen würden. Der andere war Fairmont.

»Ich versuchte Mr. S., ›Dreigestirns‹ Mann in Paris, klarzumachen, daß es keinen Sinn habe, auf einem Mann zu bestehen, der an dem Posten nicht interessiert sei. Denn selbst, wenn man ihn dazu brächte, die Firma zu wechseln, würde er wahrscheinlich niemals in seiner Arbeit aufgehen«, erklärte mir Rillon. »Dreigestirn« wollte nicht einsehen, daß eine Firma wie die unsere nicht ihren guten Ruf aufs Spiel setzen konnte, indem sie ganz offen diesen Männern Angebote unterbreitete, die den Himmel auf Erden versprachen. Was würde geschehen, wenn sie ihre Arbeitgeber davon unterrichteten? Man würde uns unprofessioneller Methoden bezichtigen, wir würden höhnische Aufmerksamkeit auf uns lenken und wir liefen Gefahr, ebenso wie unser Kunde, wegen unlauterer Abwerbungsmethoden gerichtlich verfolgt zu werden. Eine Anklage wegen versuchter Beschaffung vertraulicher Informationen durch unverschämte »Kopfjägerei« ließe sich spielend damit verbinden.

S. riet mir, maßgeschneiderte Anzeigen aufzugeben. Das System dürfte Ihnen bekannt sein: Man muß herausfinden, welche Zeitungen und Zeitschriften die Zielperson regelmäßig liest. Dann muß man in diesen Blättern den Posten so anbieten, daß geforderte Qualifikationen und Anreize genau auf den gewünschten Mann abgestimmt sind. Jede Woche bietet man mehr, weist alle anderen Bewerber ab und wartet, bis er anbeißt. Aber ich wußte, daß die Methode in diesen beiden Fällen nicht funktionieren würde. Wir hatten inzwischen schon stärkere Mittel versucht. Wie weit wollte S. tatsächlich gehen? Mit diesem Problem trug ich mich, als er auf einmal eine völlig unerwartete Frage stellte. Er fragte mich, ob ich ihm dabei helfen könne, das Auslaufdatum eines Vertrages zwischen der amerikanischen Regierung und einer Konkurrenzfirma festzustellen. Ich erwiderte ihm, nicht kompetent zu sein, denn das sei nicht unsere Linie, doch nach Rückfrage bei einem der Seniorpartner erklärte ich ihm, daß ich ein Gespräch mit L. vermitteln könne. Der könne möglicherweise helfen.«

L. half. Er fand heraus, daß es sich bei diesem Vertrag um eine höchst vertrauliche Angelegenheit handelte, denn es hatten sich überhaupt keine anderen Firmen darum beworben. Nur diese eine Gesellschaft hatte man um Einreichung eines Angebotes ersucht, und selbst den leitenden Angestellten waren die Einzelheiten des Vertrages nicht bekannt. Es schien hoffnungslos, zu versuchen, einen der Vizepräsidenten zu bestechen, aber L. war unermüdlich, sobald ein Kunde mit fetter Brieftasche in seinem durch starke Brillengläser eingeschränkten Gesichtskreis auftauchte.

Wenn auch diese Operation nicht direkt zur Rekrutierungsaktion für »Dreigestirn« gehörte, liefert sie doch ein schönes Beispiel für den verblüffenden Einfallsreichtum, den einige Agenten wie L. aufbieten, wenn es darum geht, eine gute Verteidigung zu durchlöchern.

Einer seiner US-Agenten erkundete die Büros der Gesellschaft und kam zurück mit einigen offenbar harmlosen, zufällig erlangten Informationen. CIO-Leute überprüften die aufgelisteten Ergebnisse, einschließlich der Namen aller Vertragsfirmen bis hinunter zur Reinigungsfirma. L., der einen Durchschlag des Berichtes erhalten hatte, konzentrierte sich auf zwei Hinweise. Der eine besagte, daß sich in der Haupteingangshalle ein internes Telefon für Besucher befand, und der andere bezog sich auf den Namen der Vertragsfirma, deren uniformierter Stab zweimal jährlich sämtliche Telefone im Haus reinigte und desinfizierte. Es war nicht schwierig, sich eine solche Uniform zu besorgen.

An einem letzten Freitag nachmittag des Monats betrat um 15.35 Uhr ein Mädchen des Telefonreinigungs-Unternehmens die Empfangshalle, begrüßte freundlich den Portier, säuberte in drei Minuten das Besuchertelefon und fuhr dann mit dem Lift bis zur Direktionsetage. Niemand hielt sie an. Während sich die Türen des Aufzugs schlossen, erhaschte sie noch einen Blick auf einen gut gekleideten jungen Mann, der den Portier fragte, ob er von der Halle aus jemanden im Hause anrufen könne. Man zeigte ihm das Besuchertelefon.

Um 15.39 Uhr vermittelte das Telefonfräulein einen internen Anruf eines Besuchers zum Firmenarchiv. Der Besucher, dessen Kopf in einer dieser futuristischen, durchsichtigen Plastikkugeln steckte, konnte nicht belauscht werden. Er gab sich als Mr. L. aus, Name des Vizepräsidenten, und verlangte mit großer Selbstsicherheit in der Stimme nach dem Auslaufdatum eines Regierungsvertrages. Man bat ihn um einen Augenblick Geduld.

Um 15.41 Uhr betrat ein Mädchen des Telefon-Reinigungsdienstes das Büro des Vizepräsidenten. Während sie sich mit dem Telefon beschäftigte, plauderte sie mit der Sekretärin.

Ebenfalls um 15.41 Uhr befand sich der Archivar in Nöten; er mußte den am Telefon wartenden Mr. L. darüber aufklären, daß er zwar zu dem Personenkreis zähle, der Einsicht in die Dokumente nehmen dürfe, daß es aber gegen die Vorschrift verstoße, telefonische Auskünfte über Einzelheiten zu erteilen. Der »Vizepräsident« blieb sehr freundlich: es sei äußerst tröstlich zu wissen, daß man geheime Dokumente einem so gewissenhaften Mann anvertraut habe, und er, Mr. L., hätte es gewiß nicht durchgehen lassen, wenn der Herr Archivar weniger vorsichtig reagiert hätte. Der korrekte Weg sei zweifellos, daß in seinem Büro zurückgerufen werde und man die Auskunft seiner Sekretärin gebe.

»Selbstverständlich, Herr Direktor, geben Sie mir bitte Ihre Nummer?«

Jetzt riß Mr. L. der Geduldsfaden. Ob denn der Archivar für jeden Anruf ein Kindermädchen brauche? Ob er nicht bei der Vermittlung nachfragen oder in der Telefonliste nachsehen könne? Dann knallte er den Hörer auf die Gabel und verließ das Gebäude.

Um 15.43 Uhr klingelte das Telefon auf dem Schreibtisch der Sekretärin im Vorzimmer des Vizepräsidenten. Das Mädchen von der Reinigung nahm den Hörer ab und hätte fast die vertrauliche Information entgegengenommen, wenn die tüchtige Sekretärin nicht darauf bestanden hätte, den Anruf selbst zu beantworten. Sie machte sich eine Notiz auf ihrem Stenoblock, offenbar ein Termin, nach dem ihr Chef gefragt hatte. Das Mädchen hatte natürlich neben ihr gestanden und die Notiz lesen können. Während die Sekretärin noch mit ihrem Chef sprach und beide zu dem Schluß kamen, der dumme Archivverwalter müsse sich wieder einmal geirrt haben, beendete das Mädchen seine Arbeit und verließ ohne Hast das Büro.

Mit dieser Leistung empfahl sich L. der Unternehmensgruppe »Dreigestirn« auf denkbar beste Art und Weise.

September 1969

Abgesehen von den genannten beiden Fällen, die Rillon immer noch Kopfschmerzen bereiteten, waren alle anderen Leerstellen bei »Dreigestirn« besetzt. Ausgehend von der Bedenkenlosigkeit, die »Dreigestirn« bei der Beschaffung der Vertragsdaten an den Tag gelegt hatte, glaubte Rillon, daß sein Kunde zu allem bereit wäre, um die beiden Amerikaner zu bekommen. Wie weit würde seine eigene Firma gehen, um den Kunden zufriedenzustellen? Ein Seniorpartner riet ihm, für den Fall, daß »Dreigestirn« darauf bestand, noch mehr zu wagen, als seine Firma bereits gewagt hatte, L. hinzuzuziehen, der sich bei »Dreigestirn« schon gut eingeführt hatte und der vielleicht in der Lage war, einen »etwas direkteren« Weg der Annäherung zu beschreiten. Rillon meinte dazu:

»S. gefiel der Vorschlag. Ich gab ihm die Kopien sämtlicher Fairmont-Akten und noch einige andere dazu und wies ihn darauf hin, daß sich anläßlich des bevorstehenden Pariser Automobilsalons wahrscheinlich eine gute Gelegenheit auftun könnte, die beiden anzugehen, da sicher mit ihrer Anwesenheit zu rechnen sei.«

Erst zu diesem Zeitpunkt erkannte ich den Zusammenhang zwischen der Dreigestirn-Geschichte und einigen anderen Fällen, die L. mir gegenüber bereits einige Zeit vorher erwähnt hatte. Als man in Paris seine Betterlebnisse auf Film und Tonband festhielt, erwies sich der »welterfahrene« Mr. Fairmont offenbar als doch nicht ganz so »welterfahren«.

L. gehört zu jenen Leuten, die man häufig unterschätzt. Er trägt eine starke Brille, ist klein und dünn, wie jemand, der ständig an Magengeschwüren leidet, und versteht sich auf ein leichtes Stottern, das ihm Zeit zum Nachdenken gibt, während seine Gesprächspartner ihn bemitleiden. Es macht ihm nichts aus, wenn seine Kunden ihn gönnerhaft behandeln – das ist gut fürs Geschäft. Zu irgendeinem Zeitpunkt seiner Laufbahn war er einmal sechs Monate lang Detektiv in Tirol. Aus diesen glorreichen Tagen bewahrte er die leichte Neigung zu trockenem Polizistengehabe und die Gewohnheit, bei jeder sich bietenden Gelegenheit die Innsbrucker Polizei als die perfekte Mischung aus Scotland Yard und Pariser Sûreté darzustellen. Auch das kommt bei den Kunden gut an. Aber seine eigentliche Trumpfkarte ist die Fähigkeit, Auftreten, Haltung und Ausdruck in einer Weise zu verändern, daß man ihn für den Star im dritten Akt eines Agatha-Christie-Thrillers halten könnte – den Meisterdetektiv, der alles weiß. Diese Rolle spielte er, als wir uns 1970 zum ersten Mal trafen.

Ich fragte ihn nach CIO. »Handelt es sich hierbei um die Abkürzung für Confidential Investigations Organisation?«

»Ja, das dürfte stimmen«, antwortete er mit dem geduldigen Lächeln, das man gewöhnlich für neugierige Kinder bereit hat, deren Fragen man nicht beantworten kann. »Wir haben nichts dagegen, wenn wir unter diesem Namen bekannt sind, also können Sie uns ruhig so nennen.«

»Ist das denn nicht der richtige Name Ihrer Firma?«

»Eigentlich nicht.«

»Wie lautet denn der? Können Sie mir das sagen?«

»Nein, das kann ich nicht. Nicht daß ich nicht wollte, aber sehen Sie, es gibt überhaupt keinen richtigen Namen. Wir haben keine Büros, keine Tarnfirmen, keine eingetragenen Telefonnummern, keine Geschäftsadresse und natürlich keine Konten. Das hat seine Vorteile.«

»Aber Sie müssen doch Akten haben. Sie haben doch bereits diese Liste Nr. 27 und einige Aktenzeichen erwähnt.«

»Ja. Wir haben Akten. Sicher aufgehoben, könnte man sagen.«

Zwischen unserer ersten und zweiten Begegnung lag dann eine längere Zeitspanne. Später hörte ich von verschiedener Seite, daß er intensive Nachforschungen über mich angestellt hatte. Unsere zweite Begegnung war sehr kurz. Er bat mich lediglich, ihm eine Empfehlung für jemanden in Australien mitzugeben. Das tat ich, und schließlich suchte er mich einmal in London auf. Er sagte, er könne mir einige interessante Sachen zeigen, wenn ich es arrangieren könnte, daß wir nicht gestört würden. Ich schlug vor, für einige Stunden ein Hotelzimmer zu mieten, aber er zog es vor, mich zu Hause aufzusuchen. Ich sollte nur sicherstellen, daß die Kinder nicht im falschen Moment hereinplatzten.

Landaus Ankunft gestaltete sich wie die eines Wanderzirkus. Er baute seinen Filmprojektor und sein Tonbandgerät auf und führte mir die erwähnten Aufnahmen vor. Damals erzählte er mir Geschichte und Hintergrund von »Liste Nr. 27«.

Oktober 1969

L.'s Auftrag auf der Pariser Auto-Show lautete: »... fünf Vertreter (es folgten die Namen der Männer und ihrer Gesellschaften) zu beobachten und festzustellen, ob die Möglichkeit bestand, daß sie in eine kompromittierende Situation gerieten ...«

Diese vage und vorsichtig formulierte Anweisung bedeutete für L. eine ganze Menge mehr. Er behauptete ursprünglich, der Auftrag sei ihm »aus zweiter Hand« erteilt worden, womit er sagen wollte, daß es sich nicht notwendigerweise um einen Auftrag von den Arbeitgebern der fünf Herren handeln mußte; nach Meinung L.'s und vieler Sicherheitsbeauftragter wären die Firmen durchaus berechtigt gewesen zu wissen, was ihre leitenden Angestellten trieben.

»Wir betrauten zwei Männer und zwei Frauen mit der Sache«, berichtete L. und paffte an seiner bleistiftdünnen Zigarre, die er sich in einen Mundwinkel geschoben hatte.

»Wir zogen eine 24-Stunden-Beobachtung aller fünf Zielpersonen auf, aber bei zweien gelang es uns nicht, irgendwelche Anhaltspunkte zu finden.

Der dritte trank in Gesellschaft einer unserer Agentinnen eine reichliche Menge Alkohol. Zu einem verabredeten Zeitpunkt begann sie in ihrer Handtasche nach einem Feuerzeug zu suchen. Eine große Rolle Schweizer Franken, die obenauf lag, war ihr angeblich dabei hinderlich, weshalb sie ihren Begleiter bat, das Geld einen Augenblick zu halten. Es gelang uns, ihn mit den Scheinen in der Hand zu fotografieren.

Der vierte Verdächtige – ich meine natürlich Firmenrepräsentant – verführte erfolgreich unsere Mitarbeiterin Nr. 2...«, L. machte eine hilflose Geste mit seinen Händen, »wobei wir natürlich ihr Zimmer vorher mit einer Filmkamera und einem Bandgerät ausgestattet hatten.

Dieser Mann machte anschließend seinen Freund und Kollegen, nämlich Nr. 5, mit unserer Agentin bekannt, die sich auch mit ihm verabredete. Dieser

Mann kam etwas zu früh, das Mädchen war noch damit beschäftigt, ein zusätzliches Bandgerät zu überprüfen. Unvorsichtigerweise schob sie es schnell unter ihr Bett.«

Dann kam die umwerfende Liebesszene, die Nr. 5 um sich herum alles vergessen ließ; das unheilvolle Kneifen führte dann zu jenem Schubs, den L. als »etwas unklug« bezeichnete. »Nach der Entdeckung des Bandgerätes unter dem Bett sah sich unsere Mitarbeiterin den Angriffen ihres wütenden Liebhabers ausgesetzt, aber unsere männlichen Operateure, die hereinstürmten und sich als Hoteldetektive ausgaben, retteten sie. Natürlich machten sie schnell noch ein paar Aufnahmen. Nachdem er sich davon überzeugt hatte, daß in dem Gerät überhaupt kein Band eingelegt war und er das Mädchen völlig zu Unrecht verdächtigt hatte, entschuldigte sich Nr. 5 und verließ friedlich das Hotel.«

Ich fragte L., welchen Gebrauch man von seinem Bericht machen würde, worauf er plötzlich seinen trockenen Berichtsstil vergaß und ausrief:

»Das ist mir scheißegal! Um ihn zu erpressen oder ihn zu feuern – das ist doch nicht meine Sache.«

Untreuen Ehemännern und »habgierigen Bastarden« warf er vor, selbst schuld zu sein, wenn sie in die Klemme kämen. In einem langen Vortrag, der im wesentlichen aus einer Aneinanderreihung von Schimpfworten bestand, machte er mich mit seiner wenig schmeichelhaften Meinung von der Welt vertraut.

Rillon erzählte mir dann, was weiter geschah. »Verdächtiger Nr. 3« war niemand anders als der kalifornische Superverkäufer. Als man ihm das kompromittierende Foto vorlegte und ihm erklärte, daß das Mädchen, dessen Geld er gerade in der Hand halte, Angestellte bei »Dreigestirn« sei, wurde ihm klar, »daß er seinen Vorgesetzten eine Menge Erklärungen schuldig war«. Daraufhin konnte er den attraktiven Bedingungen des »Dreigestirn«-Angebotes nicht mehr widerstehen und wechselte die Stellung.

»Verdächtiger Nr. 5« war Fairmont. Als er den Film sah, brach er zusammen. Dann rang er sich aber offensichtlich zu dem Entschluß durch, lieber seine Stellung als Ehe und Selbstachtung zu opfern. Er kündigte seine leitende Stellung und verschwand mit seiner Familie von der Bildfläche. Man nimmt an, daß er nach Kanada ging, um dort einen unbedeutenden Büroposten zu übernehmen. Die hysterische Eifersucht seiner Frau war den »Dreigestirn«-Leuten von den ersten Nachforschungen her bekannt, und Rillon wertete es »als sehr anständig von ›Dreigestirn‹ und L., Fairmonts Spur nicht verfolgt zu haben, um aus reinem Trotz seine Frau mit dem Film zu konfrontieren«.

Inzwischen ist die ausgedehnte Operation von »Dreigestirn« angelaufen. Die beiden ersten Erfolge waren, soweit ich weiß, daß ein Konkurrenzunternehmen beträchtliche Verluste hinnehmen und eine andere Fabrik ihre Tore schließen mußte, wodurch siebenhundert Leute arbeitslos wurden.

Eine Akte dieser widerwärtigen Angelegenheit wurde bis jetzt noch nicht abgeschlossen: Rillon und L. schmieden gnadenlose Rachepläne, und zwar gegeneinander, wie ich vermute. Bei unserer letzten Begegnung, während der ich versuchte, einiges aufzurühren, zeigte sich Rillon etwas lebhafter als gewöhnlich und behauptete, L. habe die Operation in Paris verdorben, und er sei schuld daran, daß »Dreigestirn« sich weigere, das vereinbarte Honorar an seine Firma zu zahlen. Außerdem warf er dem Österreicher vor, doppeltes Spiel betrieben zu haben, indem er Informationen an Dritte verkaufte und falsche Behauptungen in die Welt setzte, wonach Rillons Firma unmittelbar für seine schmutzige Arbeit verantwortlich sei. Als ich danach L. zum letzten Mal traf, berichtete ich ihm von diesem Gespräch und lauschte seinen Gegenbeschuldigungen.

L. gab vor, niemals irgendwelche direkten Geschäfte mit »Dreigestirn« abgewickelt zu haben, sondern der Auftrag sei ihm »aus zweiter Hand« über Rillon erteilt worden. »Dreigestirn« weigere sich, seine beträchtlichen Ausgaben in voller Höhe zu erstatten, und werde darin von Rillons Firma unterstützt, obwohl er Rillon eine hübsche Summe als persönliche Provision habe zukommen lassen (was Rillon natürlich heftig bestritt). Außerdem habe Rillons Firma oder er selbst Informationen an Dritte weiterverkauft und dadurch ihn und den Kunden hintergangen.

Im Grunde war es ohne größere Bedeutung, wer nun wirklich die Wahrheit sagte. Jedenfalls offenbarte das Gezänk die eigentlichen Motive der beiden, und es erschütterte einigermaßen mein Vertrauen in die neu erworbene Technik, andere durch Schmeicheleien zum Sprechen zu bringen – außer mir, der ich Rillon zum Sprechen gebracht hatte, hatte sich wohl niemand geschmeichelt gefühlt.

Frei geboren, um zu verraten?

Im August 1964 beschäftigte sich »The New York Times« mit »der wachsenden Besorgnis amerikanischer Unternehmen über die zunehmenden Diebstähle nicht greifbaren, aber doch höchst wertvollen Besitzes – ihrer Geschäftsgeheimnisse«. In dem Bericht wurde auch darauf hingewiesen, daß ein großer Teil dieser Ausspähung auf die Weise geschah, daß man der Konkurrenz wissensträchtige Angestellte ausspannte.

Die bereits erwähnte Befragung der »Harvard Business Review« führte zu dem Ergebnis, daß die überwiegende Mehrheit aller Angestellten behauptete, sie würden niemals einen Mann der Konkurrenz anwerben, nur um an Informationen zu kommen, obwohl sie anderseits die Meinung vertraten, 32,7 Prozent ihrer Konkurrenten täten es »selten« und weitere 37,8 Prozent täten es »gelegentlich, häufig oder regelmäßig«.

Harold Lipset, Inhaber eines großen Detektivbüros, erzählte mir in seinem weiträumigen, mit elektronischem Spielzeug vollgestopften Heim-Hauptquartier in San Franciscos elegantem Wohnviertel Pacific Heights:

»›Kopfjägerei‹ ist die legitimste Form direkter Industriespionage. In einem freien Staatswesen, in dem es jedem erlaubt ist, von Stellung zu Stellung zu wechseln, kann man diese Praxis nicht unterbinden. Nichts kann einen freien Mann davon abhalten, seine Geschicklichkeit und Erfahrungen einem neuen Arbeitgeber zur Verfügung zu stellen, auch wenn dies manchmal auf den Verrat von Geschäftsgeheimnissen hinausläuft.«

Die erwähnten Veröffentlichungen und auch diese letzte Bemerkung verdeutlichen, wie ernst und weit verbreitet das Problem ist, obwohl ich zugeben muß, daß ich nur auf wenige Fälle gestoßen bin, die so extreme Ausmaße angenommen haben wie die »Dreigestirn«-Operation. In diesem Geschäft ist es immer schwierig zu entscheiden, wo man die Grenze zwischen aggressiven Anwerbungsmethoden und getarnten »Kopfjäger«-Praktiken ziehen soll.

Ein von London aus operierender Ermittler erklärte mir hierzu folgendes: »Wir werden gelegentlich beauftragt, Einzelheiten über die Anstellungsverträge bestimmter Leute zu beschaffen, aber die meisten Firmen sind in der Lage, so etwas selbst zu erledigen. Ich kenne ein amerikanisches Unternehmen, das ein Team von rund zwölf Leuten beschäftigt, von denen jeder zuzüglich reichlich bemessener Spesen weit über 10 000 Pfund im Jahr verdient und die keine andere Aufgabe haben, als die Welt zu bereisen. Ausstellungen, Vorträge und Kongresse zu besuchen, mit Firmenvertretern an der Bar zu plaudern, da und dort nützliche Informationen aufzufangen und Spezialisten ausfindig zu machen, die einem Angebot zugänglich sein könnten, oder die sich mit dem Gedanken tragen, die Stellung zu wechseln.« Sind das noch raffinierte Methoden der Anwerbung, oder ist das schon »Kopfjägerei«?

Betrachten wir doch einmal in den Zeitungen echte, rechtlich einwandfreie Stellenangebote für Führungskräfte der Wirtschaft. Die Zusage »strengster Vertraulichkeit« mag bereits ein Hinweis darauf sein, daß die Firma besonders an bereits gutgeschultem Personal der Konkurrenz interessiert ist, vielleicht an einem wissensträchtigen, ehrgeizigen und unzufriedenen Stellvertreter – ein Schluß, der vor allem naheliegend ist, wenn es sich um eine Branche handelt, in der es nur wenige Konkurrenten gibt.

Gesucht wird: »Elektronik-Ingenieur, Alter 28–35, mit Verkaufserfahrungen vor allem auf dem Fernmeldesektor. Auslandserfahrung und perfekt in einer oder mehreren Fremdsprachen.«

Gesucht wird: »Zweiter Verkaufsdirektor mit mindestens fünfjähriger leitender Praxis im Verkauf von ... an Krankenhäuser und Pflegeanstalten ...«

Gesucht wird: »Direktor eines EDV-Dienstes – Europa – ca. £ 8.000 p. a.« Um diese Spitzenstellung zu bekommen, bedarf es »administrativer Erfahrungen im europäischen Raum – langjähriger engster Verbindung mit Computer-Systemen und hervorragender Befähigung zur Leitung einer großen

EDV-Organisation.« Das Vermittlungsbüro wird einem etwaigen Bewerber ohne vorherige Genehmigung des betreffenden Unternehmens keine Auskünfte erteilen.

»Kopfjägerei« oder nicht?

Diese Frage läßt sich nur anhand einer Untersuchung der Methoden beantworten, deren sich die Firmen auf der Suche nach Führungspersonal im Einzelfall bedienen. Im Fall »Dreigestirn« wandte man übelste Praktiken der »Kopfjägerei« an. Das gleiche gilt für die Methoden eines amerikanischen Stellenvermittlers, der seine Zielpersonen zum Schuldenmachen ermunterte oder ihnen gar noch dabei half, um dann im richtigen Moment im Namen seines Auftraggebers ein unwiderstehliches Angebot zu machen. (Nach meiner Kenntnis hat das FBI mehrere Verfahren gegen ihn eingeleitet, die aber immer wieder fallengelassen werden mußten, da es praktisch unmöglich war, einen Zusammenhang zwischen der wachsenden Verschuldung und der gottgesandten Gelegenheit, alles zu bezahlen, einwandfrei nachzuweisen.)

Was erwartet man von einem neuen Angestellten? Das ist für viele Manager die Frage, aber selbst die klarste und ehrlichste Antwort wird uns nicht zufriedenstellen. Denn obwohl praktisch alle Firmen hartnäckig an dem Glauben festhalten, daß die Loyalität innerhalb des Stabes die beste Sicherung gegen Industriespionage ist, verteidigen sie anderseits ihre Ansprüche auf Nutzung des gesamten Wissens, der Fähigkeiten und der Spezialkenntnisse, die ein neuer Mitarbeiter mitbringt, wobei dieser in der Tat bereit ist, alles zu geben, einschließlich seiner Loyalität.

»Dagegen kann man nichts machen«, meinte Barry Goodenow, der Ex-FBI-Agent in Hawaii. »Nachdem ein Spitzenmann von General Motors zu Ford übergewechselt war, erschien auf einmal ein Thunderbird auf dem Markt, der sehr viel Ähnlichkeit mit einem Pontiac aufwies, zumindest in manchen Grundzügen. Aber hier handelte es sich nicht um einen Fall von Industriespionage oder vorsätzliche Abwerbung mit dem Ziel des Ideendiebstahls. Hier hatte man ganz einfach einem Mann einen besseren oder passenderen Job angeboten oder auch Bedingungen, die seinen Vorstellungen eher entsprachen. Natürlich brachte er seine eigenen Design-Ideen mit. Schließlich kann er seine Denkweise nicht ändern, oder?«

So betrachtet würde sich das Problem auf die Frage reduzieren, ob Vorsatz im Spiel war oder nicht, was in vielen Fällen nur sehr schwer gerichtlich zu klären ist. Warum wurde der oder der eingestellt? Doch offensichtlich, um zur Steigerung des Umsatzes beizutragen. Wenn also ein solcher Streitfall vor Gericht ausgetragen wird, sehen sich die Richter keiner beneidenswerten Aufgabe gegenüber, und es bleibt ihnen meist nichts anderes übrig, als die angewandten Methoden und die möglichen Schäden zur Basis der Urteilsfindung zu machen.

Auch in Fällen, in denen keine Spionageabsicht dahintersteckt, kann »Kopfjägerei« als Vergehen gewertet werden. Ronald Getty, Sohn des Ölmilliardärs Paul Getty, machte sich der »unlauteren Abwerbung von Angestellten und Agenten« der französischen Firma »Labo-Industrie« schuldig. Er wurde angezeigt und von einem Pariser Gericht zu zweimal drei Monaten Gefängnis auf Bewährung und zu einer Geldstrafe von 230 Pfund verurteilt. In einer Gegenaktion verklagte seine Firma, Veedol-France, den Präsidenten der »Labo-Industrie«, M. Vacher, ebenfalls wegen Abwerbung von Angestellten der Veedol. Auch diese Klage führte zu einer Verurteilung: M. Vacher bekam dreizehn Monate auf Bewährung.

Wie bereits angedeutet, ist der Vorsatz der Spionage und der unlauteren Abwerbung in den meisten Fällen kaum nachzuweisen. Wenn gerichtliche Schritte eingeleitet werden, handelt es sich meist um Fälle, in denen es gilt, eine Firma vor dem Geheimnismißbrauch eines ehemaligen Angestellten zu schützen, der entweder zu einem anderen Unternehmen gewechselt ist oder sein Wissen nutzt, indem er selbst eine Konkurrenzfirma aufmacht. Aber selbst in dieser Hinsicht ist der rechtliche Schutz nur unvollkommen, denn die Umstände variieren von Fall zu Fall ganz beträchtlich und erschweren damit eine einheitliche Rechtsprechung.

Harvey C. Smith betonte in einem Vortrag über »Wettbewerb und Nachrichtenbeschaffung« anläßlich der 12. Marketing-Jahrestagung der Staatlichen Industrie- und Handelskammer, daß es in den Vereinigten Staaten »eine gesetzliche Handhabe gebe, um unlautere Abwerbungsmethoden zu bekämpfen«. Er sagte: »Bei unseren Gerichten hat sich der Grundsatz herausgebildet, daß bei Einstellung eines ehemaligen Angestellten der Konkurrenzfirma das Fehlen einer unlauteren Absicht nicht ausreicht. Die einstellende Firma ist verpflichtet, die Verwendung oder Preisgabe von Geheimnissen des früheren Arbeitgebers durch den Neuling zu verhindern.«

Ein Angestellter der »Union Carbide« benutzte Firmengeheimnisse, um mit einer selbstgegründeten Firma »synthetische Stern-Saphire« herzustellen. Sein ehemaliger Arbeitgeber verklagte ihn mit Erfolg. Ein Chemiker der Firma »Carter Products« wechselte zu Colgate-Palmolive. Carter setzte eine gerichtliche Verfügung durch, die es dem Chemiker untersagte, von seinem Wissen bezüglich des von Carter entwickelten Verfahrens zur Herstellung von Rasierschaum Gebrauch zu machen. In den meisten Fällen erfolgen die gerichtlichen Maßnahmen jedoch erst dann, wenn ein ehemaliger Angestellter und die Konkurrenzfirma bereits Schaden verursacht haben. Du Pont gelang es in einem Verfahren, das das Unternehmen gegen einen leitenden Angestellten der Forschungsabteilung und gegen die »American Potash and Chemical Corporation« angestrengt hatte, einen Präzedenzfall zu schaffen: Als der Wissenschaftler auf eine Stellenanzeige der anderen Gesellschaft antwortete, klagte Du Pont und machte dabei geltend, daß das Geheimwissen, über das der Angestellte verfüge, einen Wert von fünfzehn Millionen Dollar darstelle. Daraufhin erließ der Richter einen vorläufigen Unterlassungsbefehl, der es dem Chemiker untersagte, die neue Stelle anzutreten.

Einer britischen Herstellerfirma für Diamant-Grammophonnadeln gelang es nicht, eine einstweilige Verfügung durchzusetzen, die es der Tochter des Vorstandsvorsitzenden untersagte, ihre »Geschäftsgeheimnisse« zu benutzen, nachdem sie Direktor eines Konkurrenzunternehmens geworden war. Obwohl sie und ihr Ehemann in der Fabrik ihres Vaters gearbeitet hatten, vertrat der Richter die Auffassung, daß über das Herstellungsverfahren von Diamantnadeln genug veröffentlicht worden sei, um beide in die Lage zu versetzen, mit der eigenen Herstellung zu beginnen, ohne auf die Fabrikationsgeheimnisse angewiesen zu sein, die sie in ihren vorhergehenden Stellungen erlangt hatten. Ebenso war er der Ansicht, daß beide nicht verpflichtet seien, »von der Werbung derjenigen Kunden abzusehen, die ihnen noch als Kunden der klagenden Gesellschaft bekannt seien«, da der Markt sehr begrenzt und es praktisch unmöglich sei, andere Kunden zu finden. (Die Klage auf Unterlassung läuft noch, während ich das niederschreibe.)

Im August 1970 setzte sich die »Times« mit dem feinen Unterschied auseinander, den die Rechtsprechung zwischen »Erfahrung« und »Informationen« zu machen pflegt. Die Freiheit des Abeitnehmers, die erhaltene Ausbildung und die allgemeinen Berufskenntnisse, die ihm seine Arbeitsstelle vermittelten, zu seinem eigenen Vorteil zu nutzen, darf nicht eingeschränkt fabelhaftes Gedächtnis zu benutzen, um für künftige Verwendung im Kopf werden, da sonst jedes Arbeitsverhältnis in Sklaverei ausarten würde. Geschäfts- und Fabrikationsgeheimnisse gehören jedoch dem Arbeitgeber. »Ein Kundennamen zu listen, ist ebenso strafbar, wenn auch schwerer nachweisbar, wie das Anfertigen schriftlicher Listen.«

Viele Firmen versuchen heutzutage ihre Geheimnisse zu schützen, indem sie ihre Angestellten an komplizierte Verträge binden. Es wird ihnen untersagt, vertrauliche Geschäftsinformationen preiszugeben, nachdem sie ihre Stellung gewechselt haben. Die Mehrzahl dieser Abmachungen ist schwer durchzusetzen, da sie die Berufsaussichten eines Arbeitnehmers insgesamt beeinträchtigen können. Dieser Schwäche versucht man oft dadurch zu begegnen, daß man sogenannte »Warte-Klauseln« in den Vertrag aufnimmt, in denen sich der Arbeitnehmer verpflichtet, vor Ablauf eines Jahres oder auch länger nach Beendigung des Arbeitsverhältnisses nicht für ein Konkurrenzunternehmen zu arbeiten. Dabei geht man davon aus, daß die in der alten Stellung erworbenen Spezialkenntnisse mittlerweile so veraltet sind, daß sie ihre Attraktivität für die Konkurrenz verloren haben.

Ebenso wie Regierungen bezüglich der traditionellen militärischen Spionage, so können auch Firmen den vergleichsweise höchsten Grad an Sicherheit gegen Schädigung durch »Kopfjägerei« erzielen, indem sie sich des »Schottensystems« bedienen: niemand erfährt mehr über Planungen, Forschungsziele, Unternehmenspolitik, Herstellungsverfahren und andere vertrauliche Informationen, als unbedingt zur Bewältigung seiner Aufgaben notwendig ist. Leider ist dieses System nicht immer anwendbar. Häufig genügt den Spionen ein kleines Detail, ein Vermarktungsdatum und nur ein neuer Zusatz zu einem alten chemischen Produkt – eine Information, die dem Hauptzielbereich der »Kopfjäger«, den höheren Ebenen des Managements und der Forschung, nicht vorenthalten werden kann.

Auf nationaler Ebene könnte all das zu wirtschaftlich katastrophalen Folgen führen. Das beste Beispiel hierfür bietet seit zwei Jahrzehnten Großbritannien mit seinen ständigen Krisen, seiner häufig stagnierenden Wirtschaft, seinem wissenschaftlichen Potential, seinem technologischen Einfallsreichtum sowie seiner wissenschaftlich aufgeschlossenen Geisteshaltung, die in krassem Gegensatz steht zur Investitionsbereitschaft der Industrie und dem Bemühen um Erweiterung des Marktes. In den sechziger Jahren erreichte die Abwerbung durch die Amerikaner derart bedauerliche Ausmaße, daß, wenn ich mich recht erinnere, Peter Fairley vom »London Evening Standard« den Begriff vom »brain drain« (Gehirn-Leck) prägte, der inzwischen Eingang in den internationalen Sprachgebrauch gefunden hat.

Großbritannien war nicht das einzige Opfer des »brain drain«. Auch in verschiedenen anderen europäischen Ländern kam es zu einem Aufschrei, vor allem in Deutschland, wo jährlich zehn Prozent der Universitätsabsolventen nach Amerika abwanderte. Das Schweizerische Bundesinstitut für Technologie verglich diesen Trend, den jährlichen Verlust eines Fünftels der jungen Wissenschaftler und Ingenieure, mit dem »Blutverlust« im Mittelalter, als die schweizerische Jugend das Land verließ, um sich in anderen Ländern als Söldner zu verdingen. Als im Dezember 1967 George Douglass von der Gesellschaft »American Careers Inc.« nach Paris kam, um dort mehrere junge Franzosen anzuwerben, taufte ihn »Le Monde« Mr. Brain Drain und warnte, daß die gebotenen Aussichten für den einzelnen zwar glänzend, für die Nation aber trübe sein dürften.

Wenn auch die Liste der Emigranten von Schweizer, norwegischen und holländischen Wissenschaftlern angeführt wurde, traf es Großbritannien doch am härtesten, da dessen Ausgaben für die Forschung einen viel größeren Anteil am Bruttosozialprodukt ausmachten als in jedem anderen europäischen Land und die Konzentration auf die vielversprechenden Bereiche Luftfahrttechnik und Kernenergie der internationalen »Kopfjägerei« ein lohnendes Feld eröffnete. Einige Unternehmensberater fanden es einträglich genug, sich darauf zu spezialisieren, für ihre Kunden all jene Kräfte zu locken und anzuheuern, die auch nur im geringsten zum Erfolg der britischen Luftfahrttechnik, worunter besonders die Entdeckung des Strahlenantriebs fällt, beigetragen hatten. Diese eifrigen Abwerbungskampagnen dauerten bis zum Ende des amerikanischen Luftfahrt-Booms.

Die Spezialisten, die lediglich durch die verlockenden Gehalts- und Beförderungsaussichten angezogen wurden, dachten nie daran, irgend jemanden zu betrügen, am wenigsten ihr eigenes Land. Aber es war unvermeidlich, daß sie viele Geheimnisse mitnahmen, die in der Tat nationales Vermögen darstellten. Das traf besonders bei jenen Wissenschaftlern zu, die an Verfahren zur besseren und billigeren Nutzung der Atomkraft gearbeitet hatten, einem Forschungsbereich, in dem Großbritannien führend war. In den ersten beiden Stadien der Entwicklung blieb dieser unbestrittene Erfolg wirtschaftlich fast ungenutzt, denn nur mit Italien und Japan hatte man bis dahin Verträge hinsichtlich des Baus von Atomkraftwerken abgeschlossen. Entschuldigungen oder vielmehr Erklärungen waren leicht zur Hand. Anthony Wedgewood Benn, Minister für Technologie, gab zu, daß der wissenschaftliche Wert der Ergebnisse zu lange die praktische Bedeutung überschattet hatte, möglicherweise weil man Forschungserfolge nach dem Verlust des Empires als Beitrag zur moralischen Wiederaufrüstung begrüßte.

Inzwischen hatte man aber auch die Gelegenheit verpaßt, das erste »Atom-Empire« zu werden. Die Amerikaner waren auf diesem Sektor Spätstarter, aber einmal in Bewegung, gewannen sie mit bewundernswerter Entschlossenheit und Schnelligkeit an Boden. Die beiden Giganten General Electric und Westinghouse scheuten keine Kosten und waren darauf eingerichtet, die Produktion in großem Umfang aufzunehmen und sich auch unter Inkaufnahme anfänglicher Verluste ihren Markt zu erobern. Die mangelnde Erfahrung versuchte man durch gezielte Abwerbung auszugleichen.

Die Forschungsarbeit am Prototpy eines »Schnellen Brüters« in Dounreay in Schottland bewies bereits die Lebensfähigkeit eines neuen Systems, die Möglichkeit der Gründung eines neuen mächtigen Atom-Empires für Großbritannien. Weil er »so verdammt schnell war und brütete wie ein Rammler« und Energie erzeugte, während er sich im Grunde immer von neuem ergänzte, wobei nach jedem Zyklus mehr Brennstoff übrigblieb, als man hineingesteckt hatte, beschrieb ihn mir einmal jemand als den einzigen vollkommenen Ersatz für das »beste Geschäftsprinzip«, das in einem jüdischen Witz über Prostitution erläutert wird: man hat es – man verkauft es – und man hat es immer noch.

Zwangläufig nahm die »Kopfjägerei« Ausmaße an, daß ein Redakteur des »Daily Telegraph« feststellte: »Das Vorgehen der Firma Westinghouse beinhaltet ohne Zweifel Elemente der Industriespionage, denn schließlich läßt es sich nicht vermeiden, daß Wissenschaftler des Instituts in Dounreay einiges Wissen von allgemeinem Wert mitnehmen.«

Wie Anthony Sampson es recht milde in seinem Buch über die »Neuen Europäer« formulierte, sind die amerikanischen Firmen »mit ihren ›Schnellen Brütern‹ auf dem Wege nach vorn – mit britischem ›Brain Drain‹ als Hilfestellung«. Sie haben an mehrere Länder, darunter Italien und die Bundesrepublik, Lizenzen verkauft und fast zwei Dutzend Reaktoren außerhalb der Vereinigten Staaten gebaut oder unter Lizenz bauen lassen.

Was den finanziellen Erfolg der britischen Anstrengungen angeht, so ist heute noch nicht alles verloren. Zum ersten Mal werden vom Staat selbst umfassende Pläne zur Erschließung des Weltmarktes ausgearbeitet. Das

Dounreay-Projekt hat immer noch einen Vorsprung, wenn auch einen knappen. Mit den Russen liegt man bereits in einem Kopf-an-Kopf-Rennen. Die Amerikaner haben Jahre gutgemacht. Die japanische, französische und deutsche Forschung holt ständig auf. Abgesehen von einem zweiten Engagement steht im Augenblick für Großbritannien mehr Geld auf dem Spiel als jemals zuvor: Läßt man mögliche Verkaufsgewinne außer Betracht, dann übersteigen die Investitionen bis auf den heutigen Tag bei weitem die Summe von einer Milliarde Pfund.

Nun droht auf der Schwelle des Atomzeitalters von den »Kopfjägern« neue Gefahr. In Amerika ist die Einstellungsquote zurückgegangen, worauf die britische Luftfahrtindustrie den schwachen Versuch unternommen hat, den »Brain Drain« umzukehren und das verlorene Potential zurückzugewinnen. Inzwischen aber sind verschiedene europäische Unternehmensberater eifrig bemüht, ihre EG-Kunden auf britische Köpfe und britische Geheimnisse einzuordnen.

Der freie Austausch von Arbeitskräften innerhalb der Europäischen Gemeinschaft ist eigentlich als Gegenverkehr gedacht. Aber in der Praxis sieht es so aus, daß ein natürlicher Fluß von Arbeitskräften aus Ländern mit Arbeitslosigkeit in Länder mit vergleichsweise günstiger Arbeitsmarktlage entsteht. Es gibt keinen Grund anzunehmen, daß es bei den Wissenschaftlern, Ingenieuren und Managern anders sein könnte. L. in Brüssel, zwei Privatdetektive in Deutschland und kürzlich einige Agenten hier in London haben mir bestätigt, daß sie bereits einige »Voruntersuchungen« für europäische Unternehmensberater durchführen, die auf einen ostwärts gerichteten »Brain Drain« aus England eingestellt sind.

Was diese Pläne zu einer akuten Gefahr werden läßt, ist die Tatsache, daß die Grundbedingungen für den »Brain Drain« der sechziger Jahre in Großbritannien immer noch gegeben sind. Intellekt ist immer noch eine sozial unterbewertete Größe. Der im Jahre 1963 verfaßte Bericht der Royal Society besitzt heute noch seine Gültigkeit in bezug auf die »wissenschaftlichen Hintertreppler«, die den Eindruck haben, »daß sie nur, was die Verschuldung angeht, die Spitze halten« und nur geringe Berufsaussichten haben. Der Überfluß an Forschungskapazität und technologischem Wissen dauert an – ebenso wie die Unterbezahlung in diesen Bereichen.

Wir stehen also wieder vor der Tatsache, daß die fähigsten britischen Forscher und Manager im Begriff sind, leichte Beute internationaler »Kopfjäger« zu werden. Daß ihr Durchschnittsgehalt unter dem ihrer Kollegen in Deutschland, Frankreich und anderen europäischen Ländern, auch solchen Ländern wie Amerika, Australien und Südafrika liegt, läßt sich noch in gewissem Maße wegdiskutieren, indem man auf die unterschiedlichen Lebenshaltungskosten und auf zusätzliche Leistungen wie Firmenwagen verweist. Eine kürzliche Untersuchung der »Inbucon-AIC Managementberatung« über die Einkommensverhältnisse leitender Angestellter ergab jedoch, daß britische Manager relativ ärmer und ärmer werden, da ihre Gehaltsaufbesserungen gerade noch Schritt halten mit der Steigerung der Lebenshaltungskosten und ihre mageren Gewinnbeteiligungen langsam zusammengestrichen werden, während sie auf der anderen Seite bedeutend weniger Urlaub erhalten als Angestellte auf dem Kontinent. Unter Berücksichtigung der überall steigenden Lebenshaltungskosten ergab sich beispielsweise für das Jahr 1971 eine durchschnittliche Steigerung der Angestelltengehälter von 13,4 Prozent in Frankreich, von 9,2 Prozent in der Bundesrepublik, von 1,8 Prozent in Irland und von 0,5 Prozent in Großbritannien.

Falls die große Wanderung über den Kanal einsetzen sollte, werden unbeabsichtigter Verrat wertvoller Geheimnisse und Verluste an nationaler wissenschaftlicher und technologischer Substanz an der Tagesordnung sein. Loyalität? Loyalität gegenüber dem Vaterland und seinem Arbeitgeber als Basis der Sicherheit? In diesem Zusammenhang sei nur »Mr. Brain Drain« Douglass zitiert: »Junge Wissenschaftler und Ingenieure« – man könnte hinzufügen Manager – »bewahren nicht mehr ihrem Arbeitgeber, sondern ihrem Beruf die Treue.« So kann man es natürlich auch sehen.

Prinz Philip gab mir einen Tip

Diese einigermaßen überraschende Bemerkung stammt von L., der sie im Laufe unserer Begegnungen mindestens dreimal wiederholte. Dabei rasselte er jedesmal die Worte herunter wie ein schläfriges Kind sein Nachtgebet. Mit monotoner Leichtigkeit und Schnelligkeit zitierte er sein Sprüchlein, geriet aber etwas in Schwierigkeiten, als er es mir zum Mitschreiben einmal in gemäßigtem Tempo vortragen sollte. Jedesmal wenn ich ihn unterbrach, mußte er wieder ganz von vorn beginnen:

»Unsere Bodenschätze sind zusammengeschrumpft, aber die intellektuelle Kapazität unserer Wissenschaftler und Ingenieure war niemals größer, und unser Wohlstand hängt weitgehend von ihrer Erfindungskraft ab.«

Wenn Großbritannien seinen Wohlstand darauf zu gründen hoffte, folgerte L., warum sollte er es dann nicht ebenso versuchen: »Als der Prinzgemahl mir das erzählte, fiel es mir wie Schuppen von den Augen, das war das Zielland, auf das ich mich konzentrieren mußte – Großbritannien.«

»Sie meinen, er hat Ihnen das persönlich anvertraut?«

»Sie wissen, was ich damit sagen will. Natürlich waren diese Worte nicht an mich gerichtet, aber für mich haben sie den Wert einer königlichen Audienz.«

Aus reiner Neugier überprüfte ich die Echtheit des Zitats und fand es bestätigt. Es stammte aus einer Rede vor der Britischen Gesellschaft in Edinburgh. Machte diese aufrichtige und patriotische Feststellung den Herzog von Edinburgh zum unbewußten Helfer der Industriespione? In gewisser Weise ja. Ein Hinweis oder wertvoller Tip ist das erste Stadium und damit ein wesentlicher Teil jeder Spionageoperation. Jede Veröffentlichung und jede maßgebliche Äußerung wird von allen Leuten notiert und katalogisiert, die an einem bestimmten Gebiet interessiert sind. Natürlich ist der Großteil dieser Arbeit in jeder Hinsicht völlig rechtmäßig.

Gewöhnlich stuft man die Hauptziele unter zwei Rubriken ein: *Themen*, die für jeden Agenten, egal in welcher Branche, von besonderer Bedeutung sind, und *Branchen*, in denen voraussichtlich am meisten für die Spionage abfällt, da sie besonders wettbewerbsintensiv sind.

Zu den wichtigsten *Themen* zählte Peter Hamilton einmal die folgenden: Informationen über Forschung und neue Rohstoffquellen, Fusionspläne, Marketing-Pläne und Einzelheiten über Angebote. Natürlich läßt sich diese Liste erweitern, denkt man nur an Themen wie Werbekampagnen, Preis-

und Marktpolitik, Investitionspolitik und Liquidität, Managementstruktur, Führungswechsel, Rentabilität, interne Probleme, wie Lieferschwierigkeiten, Kontakte zur Regierung, Aufträge, Exportverträge und Herstellungsverfahren. Im Rahmen dieser Themen gibt es wieder Teilbereiche für die Spezialisten und die etwas verfeinerte Informationsnutzung. Hierzu zählt beispielsweise die Beschaffung aller relevanten Daten über Effektivität, Kosten, Ausstoß, Zuwachsraten einer Konkurrenzfirma, um daran die eigene Leistungsfähigkeit messen zu können.

Ein häufiger Aufklärungswunsch bezieht sich auf die Balance zwischen Forschung und Vermarktung, auf jene Überlegungen, die dem Entschluß vorangehen, zu einem bestimmten Zeitpunkt Millionen für eine neue Entdeckung zu riskieren. Kunstfasern und Elektroautos spielen gerade in dieser Hinsicht eine große Rolle.

Ein Unternehmen, das frühzeitig und in großem Maßstab investiert und beispielsweise mit der Serienproduktion eines Überschall-Passagierflugzeuges beginnt, bevor die Konkurrenz aufgewacht ist, hat den Markt für sich allein und kann sich eine starke, möglicherweise nicht zu erschütternde Position aufbauen. Wenn aber in der Zwischenzeit die anderen Unternehmen ihre Forschungsarbeit fortsetzen, auf billigere Produktionsmethoden stoßen und Maschinen entwickeln, deren Betriebskosten niedriger liegen und die noch mehr den Anforderungen des Umweltschutzes entsprechen, dann kann sich diese Verspätung natürlich zu ihren Gunsten auswirken, da sie nun klüger investieren können und dadurch einen Grad der Wettbewerbsfähigkeit erzielen, mit dem die erste Firma auf dem Markt nicht Schritt halten kann, ohne ihre gesamten Produktionsanlagen zu verändern. Deshalb ist es für jede Unternehmensleitung nicht nur Pflicht, sondern ganz einfach eine Frage des Überlebens, zu wissen, wie weit ihre Konkurrenten in der Forschung fortgeschritten sind, welche entscheidenden Entschlüsse sie gefaßt haben, um daraus Rückschlüsse auf die Marktbedingungen zu ziehen.

François Levine, ein französischer »Unternehmensberater«, faßte es einmal in folgendem Satz zusammen: »Alles, was in einer gegebenen Situation für die Entscheidungsfindung einer Unternehmensleitung relevant sein könnte, gehört auf die Zielliste eines Industrieagenten.« Richard Greene zitiert in seinem Buch die Definition, mit der die Firma »Litton Industries Data Systems Division« den Themenkreis auf einen Nenner bringt; diese warnte ihre Angestellten vor dem Informationsdurst der Konkurrenten, der sich vor allem auf die vier P konzentriere: Pläne, Patente, Preise und Probleme. (Litton's Präsident, Roy Ash, einer der Verfechter dieser Ansicht, wurde von Präsident Nixon zum neuen Direktor mit Kabinettsrang des Büros für Management und Haushalt ernannt.)

Geht man über diese allgemein gültige 4-P-Forderung hinaus, dann nimmt die Wunschliste eines einzigen Unternehmens gar kein Ende mehr. Ich hatte einmal Gelegenheit, Einblick zu nehmen in das Informations-

Archiv eines größeren, international bekannten Unternehmens der stahlverarbeitenden Industrie. Die gesamten Akten waren erst einmal in fast vierhundert Rubriken unterteilt. Jede dieser Rubriken war wiederum aufgeschlüsselt in einen ganzen Katalog von Untertiteln und diese wiederum in »Unteruntertitel« mit Tausenden von Eintragungen. Es erübrigt sich, zu erwähnen, daß natürlich über jeden großen und kleinen Konkurrenten, über jeden Zulieferer und jeden potentiellen Käufer eine Akte vorlag, in der man Einzelheiten der Entwicklungsforschung ebenso nachschlagen konnte wie Personaldaten und Hinweise auf frühere und gegenwärtige Unternehmenspolitik. Eine solche Mammut-Informationsabteilung ist notwendig, wenn man alles wissen und zu jedem Zeitpunkt eine gewünschte Information zur Hand haben will. Die Menge der Informationen kann natürlich auch einmal dazu führen, daß die tatsächlich wichtigen Hinweise untergehen und übersehen werden. Eine unabhängige, berufsmäßige Spionageagentur kann es sich dagegen nicht leisten, eine riesige Informationsbibliothek zu unterhalten, deren Material größtenteils offen ist und deshalb auch auf dem Schwarzmarkt der Geheimnisse nicht abgesetzt werden kann.

Ein Versuch, die einträglichsten Ziel-*Branchen* zusammenzustellen, hat im Laufe meiner Untersuchungen zu heftigsten Diskussionen mit verschiedenen Industriespionen und Sicherheitsleuten geführt. Im Grunde genommen schienen die meisten mit Hal Lipset einer Meinung, der behauptete, daß auf dem Spionagesektor alle Informationen als Spitzeninformationen gewertet würden, die im Zusammenhang stünden mit dem Aktienmarkt, dem Erdölgeschäft, dem Wettlauf um Regierungsaufträge und mit der Politik – wobei er offenbar Politik als Geschäftsbranche verstanden haben wollte. Andere gehen von der praktischen Erfahrung aus und führen all jene Branchen an, für die sie bereits einmal Spionageaufträge erledigt haben. Einig ist man sich auch darüber, daß pharmazeutische und chemische Industrien sowie alle Branchen, die darauf angewiesen sind, ständig neue Produkte auf den Markt zu bringen, wie etwa die Kosmetik- und Haushaltswarenindustrie, zu den lohnenden Zielbereichen zählen.

Der Einzelhandel ist ein verhältnismäßig neues Feld für die Nachrichtenbeschaffer. Dort fängt alles ganz klein an.

Gibt es in einem kleinen Ort nur ein einziges Geschäft, dann benötigt der Inhaber wenig oder gar keine Marktinformationen, um trotzdem gute Geschäfte zu machen. Vielleicht besucht er gelegentlich Geschäfte in den Nachbarstädten, um beim Einkauf einige Vergleiche zu ziehen, doch erfährt er im allgemeinen die Neuigkeiten über Trends, Preise und neue Ideen über die Vertreter. Unabhängig davon weiß er von Freunden und Kunden, was am Ort gewünscht wird und was man unter Umständen dafür zu zahlen bereit ist.

Wird aber im gleichen Ort ein zweiter Laden aufgemacht, dann tauchen sehr schnell neue Probleme auf. Wie sind die Preise in dem anderen Laden?

Von welcher Qualität sind die dort angebotenen Waren? Woher bezieht der andere so pünktlich, so preiswert und in solcher Vielfalt seine Ware? Mit welchen Neuheiten wird er aufwarten? Wann beabsichtigt der andere einen Ausverkauf? Was hat er für Sonderangebote? Welche Werbemittel wird er einsetzen? Mit dem wachsenden Bedürfnis nach »Wettbewerbsinformationen« steigt auch das Bedürfnis nach Geheimhaltung – die Antworten auf die Fragen des Händlers sind mit einem Mal zu einem Wertfaktor geworden. Da er nicht selbst den Laden des anderen aufsuchen kann, ohne damit seine Neugier zu verraten, schickt er zum Beispiel ein Schulmädchen, um in dem neuen Geschäft einige Preisvergleiche anzustellen. Für die tägliche Preisliste belohnt er das Mädchen mit ein paar Äpfeln – und damit hat der Handel mit Geheimnissen begonnen.

Natürlich wird das Mädchen auf die Dauer nicht alle seine Fragen beantworten können. Also bekommt gewöhnlich erst einmal der nächstbeste Detektiv einen entsprechenden Auftrag. Je nach Größe der konkurrierenden Geschäfte oder Ladenketten wendet man sich dann schließlich an die echten Profis. Dabei ist es erstaunlich zu beobachten, wieweit selbst die kleinsten Unternehmen in ihrer Verzweiflung zu gehen bereit sind.

Vincent Carratus Sicherheits-Agentur hatte einmal mit einem solchen Fall von Mini-Spionage in der Nähe von Liverpool zu tun. Carratu, ein Feinschmecker sowohl in bezug auf das Essen als auch auf den Nachrichtendienst, erzählte mir folgende Geschichte, während er sich durch einen Berg von Wildbraten durchkämpfte: »Ein Mann kam zu mir und bat mich, seine Frau zu beobachten. Ich erklärte ihm, daß ich schon genug zu tun hätte, meine eigene Frau zu beobachten, und schlug ihm eine andere Firma vor, die sich auf Scheidungsfälle spezialisiert hatte. Die würde sich seiner Frau annehmen, versicherte ich ihm. Aber dann rückte er damit heraus, daß es um einen Spionagefall ginge, in den seine Frau verwickelt sei. Das lag eher auf meiner Linie, und so sagte ich zu, ihn in seiner Fabrik aufzusuchen.

Als ich hinkam, fiel ich aus allen Wolken«, sagte Carratu und verschlang den letzten Bissen seines Rehbratens. »Die Fabrik bestand aus einem alten Schuppen, und das Büro befand sich in der hintersten Ecke. Der Kunde hatte eine – sagen wir eine Vorrichtung erfunden, die sich in einigen Bereichen der Transportindustrie als nützlich erwiesen hatte. Er machte fast alles selbst und hatte nur einen Mitarbeiter – seine Frau.

Er annoncierte in den Fachzeitschriften und erhielt täglich als Antwort einige Rückfragen. Um diese zu befriedigen, beschäftigte er einige nebenberufliche Vertreter, die die Kunden abends oder in ihrer Freizeit aufsuchten. Gewöhnlich riefen ihn die Vertreter täglich zwischen 16.00 und 16.30 Uhr an, und dann übermittelte er ihnen die Adressen der Interessenten.

Alles lief recht gut, bis die Vertreter herausfanden, daß die Kunden, die sie aufsuchten, bereits am späten Nachmittag oder am frühen Morgen vom Vertreter einer Konkurrenz angelaufen worden waren, der ihnen das Geschäft weggeschnappt hatte. Die Konkurrenz, die ein ähnliches, aber weniger gutes Gerät vertrieb, beschäftigte offensichtlich hauptberufliche Vertreter und profitierte von den Anzeigen meines Kunden. Aber wie beschafften sie sich die Adressen? Trieb etwa die Ehefrau Handel damit?

Ich sprach mit der Frau, aber sie schien genauso schockiert wie ihr Mann. Ich konnte mir nicht vorstellen, daß sie so gut schauspielerte. Ich versprach, einige Nachforschungen anzustellen, aber mein Kunde bestand darauf, daß in seinen »Anlagen« ein Abhörgerät versteckt sein müsse, wenn seine Frau es nicht gewesen sei. In seinen »Anlagen«! Fast hätte ich laut gelacht. Dies schien mir doch ein äußerst ungeeigneter Ort für die Anbringung einer »Wanze« oder eines ähnlich komplizierten Gerätes. Fast hätte er mir vorgeworfen, nichts von meinem Beruf zu verstehen. Um ihn zu beruhigen, nahm ich eine routinemäßige Untersuchung der Räume vor. Die Kunden erwarten so etwas von einem; sie glauben sonst nicht, daß man es ernst meint.

Zu meinem Erstaunen fand ich im einzigen Telefon des Büros eine »Wanze«. Nicht sehr geschickt, wahrscheinlich eine Do-it-yourself-Anlage mit sehr begrenzter Reichweite, aber das Ding funktionierte. An diesem Nachmittag beobachteten wir ein Mädchen, das vor dem Büro über eine Stunde in seinem Auto saß. Es hatte außer seinem Autoradio noch einen ziemlich guten UKW-Empfänger, und jedesmal, wenn einer der Vertreter anrief, machte es sich Notizen.

Ich folgte ihr bis zu der Firma, die das andere Gerät fabrizierte. Mein Kunde wollte auf eine Anzeige verzichten. Also gingen wir zur Konkurrenz und konfrontierten sie mit Beweisen ihrer Verkaufstätigkeit, mit Adressen, mit Fotografien des Mädchens und dem Abhörgerät selbst. Sie stritten alles ab – aber die Vertreter hatten von da an keinen Ärger mehr.

Eigentlich war es schade, daß mein Kunde die Sache so schnell hinter sich bringen wollte. Zumindest hätten wir eine Weile ein hübsches Spielchen mit dem anderen treiben können, indem wir ihn mit falschen Informationen gefüttert und ihm auf diese Weise einigen Schaden zugefügt hätten.«

Carratu betrieb seine Nachforschungen in einer Weise, die seinen Kunden sowohl verständlich als auch nützlich war. Das ist allerdings nicht überall so. Selbst anständige Marktforschungsunternehmen bedienen sich eines Professionalismus vortäuschenden Stils, mit dessen Hilfe die betrügerischen Kollegen den Schein der Respektabilität zu bewahren versuchen. Barnett Sussman, ein Unternehmensberater, erzählt die Geschichte* eines Einzelhandelskaufmanns, der auf die Idee kam, örtliche Veränderungen der Bevölkerungsschichtung könnten sich möglicherweise auf die Nachfrage, den Geschmack und die Kaufkraft auswirken. Hier konnte nur die Marktforschung helfen. Aus dem ihm zugesandten Bericht sei nur der folgende Auszug wiedergegeben:

* Business Intelligence.

»... das stratigraphische Muster indiziert genügend geringe Variabilität, um bezüglich Frage 7 die Zuverlässigkeit von Zwischenpositionen zu bestätigen. Demgemäß läßt die Null-Hypothese erkennen, daß kein signifikanter Wechsel eintreten wird, Feststellung mit Stand vom 01. VS-vertraulich.«

Alles, was der geschlagene Kaufmann jetzt noch brauchte, war ein zuverlässiger Übersetzer, der ihn gegen eine fette Gebühr darüber informierte, daß mit keinen größeren Veränderungen zu rechnen sei.

Was ist fair?

Immer wieder erklärten mir britische Geschäftsleute, daß der Wirtschaftsnachrichtenhandel, geschweige denn die Industriespionage, eben kein Kricketspiel seien. Aus diesem Grunde wollten sie auch nicht einsehen, daß es vielleicht andere Leute geben könnte, die vor solchen verachtenswürdigen Praktiken nicht zurückschreckten, vor allem da der Großteil der Weltbevölkerung noch nie von Kricket und seinem Geist der Fairness gehört hat. Diese Einstellung kommt natürlich jenen höchst unfeinen Herren entgegen, die nicht nur anderer Leute Briefe öffnen, sondern sie auch noch lesen. Auch in anderen Ländern stößt man auf ähnlich gefährliche Tatsachenblindheit – oder ist sie oft nur gespielt? In den hochmütigen Kreisen, in denen jede Art von Nachrichtendienst summarisch verdammt wird, kommt es dann so weit, daß selbst die gewissenhaftesten und gesetzestreuesten Unternehmensberater sich ihres Berufes schämen und dazu übergehen, ihre Büros »Informationsdienst« und »Daten-Zentrum« zu nennen.

Dennoch kann es keinen Zweifel geben, daß die überwiegende Mehrheit des besten Nachrichtenmaterials auf völlig anständige Art und Weise gesammelt wird. Für den guten militärischen Nachrichtendienst trifft dies ebenfalls zu. Der französische Abwehrdienst DST veröffentlichte einen Leitfaden für Arbeitnehmer in der Industrie, in dem er vor unvorsichtigen Äußerungen, Angeberei gegenüber Fremden und vor anderen Fahrlässigkeiten warnte und in dem er auf Schätzungen hinwies, nach denen kommunistische Agenten – und auch einige Konkurrenten aus befreundeten westlichen Ländern – neun Zehntel ihrer verwertbaren Informationen aus öffentlichen Bibliotheken, Fachzeitschriften, Vorträgen, Fachmessen und anderen frei zugänglichen Quellen schöpfen. Die Geschichte der Kriegsspionage bietet eine Fülle von Beispielen, die diese Theorie stützen. Ein amerikanischer Nachrichtenoffizier, der jetzt in der Auslandsmarktforschung tätig ist, stellte die Behauptung auf, daß die italienischen Provinzblätter mehr zur Vorbereitung des Brückenkopfes bei Anzio beigetragen hätten als alle mit dem Schirm abgesprungenen Agenten, alle Funkstellen des Widerstandes und alle Gefangenenbefragungen zusammengenommen.

Während des letzten Krieges entdeckte man in Rußland einen Sender im

Haus eines Krüppels, der niemals sein Schlafzimmer verließ noch jemals Besuch empfing. Es stellte sich bald heraus, daß er lediglich als Relaisstation diente. Er empfing täglich Funksprüche aus Moskau, konnte aber bezüglich des Senders keine Angaben machen. Die russischen Sicherheitsbeamten zwangen ihn, seine Tätigkeit fortzusetzen, und dies führte schließlich auf die Spur eines japanischen Spions in der Hauptstadt.

Man begann ihn zu überwachen, um auch seiner Verbindungen und Quellen habhaft zu werden. Drei Monate lang wurde er beschattet, ohne daß man ein Ergebnis erzielte. Der Mann hatte keine Verabredungen und keine Freunde, empfing keine ungewöhnlichen Postsendungen und bekam keine Anrufe. Wie der Krüppel, an den er seine ausgezeichneten Informationen funkte, verließ er kaum einmal seine Wohnung, verbrachte die meiste Zeit mit Lektüre und erboste seine Bewacher gewöhnlich durch seine mangelnde Aktivität.

Um dem ständigen Informationsstrom ein Ende zu bereiten, sah man sich am Ende gezwungen, ihn zu verhaften. Bei der Vernehmung gab er alles zu, behauptete aber, sämtliche Nachrichten aus legalen Quellen bezogen zu haben. Er rettete seinen Kopf, indem er sich bereit erklärte, seine Methode zu demonstrieren – und zwar im Gefängnis.

Er verlangte nur, mit sämtlichen Zeitungen, technologischen Fachzeitschriften und statistischen Veröffentlichungen versorgt zu werden. Obwohl die Russen von jeher besonders vorsichtig und sicherheitsbewußt in bezug auf gedrucktes Material waren – die Zeitungen veröffentlichten beispielsweise nur Teildaten, die die Produktionssteigerungen nur prozentual widerspiegelten –, bewies der Agent, daß man dieses System mit peinlich genauer Buchführung schlagen konnte. Er vermerkte zum Beispiel eine Notiz in der Prawda, nach der ein sibirisches Stahlwerk sein Produktionssoll um fünfzehn Prozent überboten habe. Drei Monate später lobte die Iswestija die Arbeiter des gleichen Werkes für die Lieferung von soundsoviel Tonnen Stahl über Soll an die stets hungrige Rüstungsindustrie. Mit Hilfe dieser beiden Informationen konnten sogar die Gefängniswärter das Produktionsvolumen des betreffenden Unternehmens errechnen.

Heutzutage erleichtert der ständig anschwellende Informationsstrom aus gut bekannten, zuverlässigen Quellen die Arbeit des Nachrichtenmannes, gibt ihm aber gelegentlich auch Grund zur Erbitterung.

Eine zweite Kategorie von Informationen kann man ebenfalls offen beschaffen, wenn auch nicht katalogisiert und geordnet am Zeitungskiosk, sondern eher so, wie man Geld auf der Straße findet – man muß sich nur bücken, um es aufzuheben, aber man muß wissen, wo. Die umfangreichen, höchst professionellen Informationsabteilungen von Großunternehmen, beispielsweise der Automobil- oder Luftfahrtindustrie, wissen sofort, wo sie nachschauen müssen. Aber Gesellschaften ohne entsprechende Beratung durch einen Spezialisten kapitulieren oft vor relativ einfachen Fragen.

Während mehrerer Jahre weigerte sich Coca-Cola beharrlich, seinen Jahresumsatz zu veröffentlichen. Gleichzeitig bemühten sich verschiedene Gesellschaften, hinter diese kostbaren Zahlen zu kommen. Dabei waren die Zahlen während all dieser Jahre für jeden zugänglich, der sich die Mühe machte, sie in den Akten der »Securities and Exchange Commission« nachzuschlagen, wo aufgrund gesetzlicher Bestimmungen zum Schutz der amerikanischen Öffentlichkeit und der Aktienbesitzer eine ausgedehnte Sammlung wichtiger, vertraulicher Daten aus den Büchern aller größeren Unternehmen aufbewahrt wurde. Ich hatte einmal das zweifelhafte Vergnügen, mit einem in Kalifornien wohnenden Privatdetektiv zusammenzutreffen, der sich damit brüstete, von der Industrie »eine Menge Spionageaufträge« zu bekommen. Das nahm ich mit einiger Zurückhaltung auf, aber was ich ihm abnahm, war, daß er innerhalb von achtzehn Monaten sein offenes Geheimnis über Coca-Cola an vier verschiedene Kunden für Honorare zwischen 200 und 2000 Dollar verkauft hatte.

Die dritte Gruppe der mehr oder weniger offen zu beschaffenden Informationen nähert sich schon dem Bereich der konspirativen Praktiken, da es sich zum Teil um Informationen handelt, die im Grunde nicht für unbefugte Ohren bestimmt sind. Ein gutes Gehör, scharfe Augen und Erfahrung im Umgang mit starken Getränken sind die Voraussetzungen für einen Agenten, der auf diesem Sektor zu arbeiten gedenkt.

Sehr oft verrät sich eine Firma unwillentlich durch die Ausschreibung freier Stellen. Solche Stellenanzeigen sprechen oft Bände und lassen Rückschlüsse zu auf Schwächen, neue Planungen und Ausweitungsbestrebungen einer Firma. Zum Beispiel kann man von einer Reihe von Umbesetzungen im Marketingbereich auf die Absicht schließen, neue Verkaufskampagnen zu starten. Eine Firma, die erstmals einen Ingenieur mit norwegischen Sprachkenntnissen einstellen will, braucht sich über die Richtung ihrer nächsten Export-Offensive nicht mehr auszulassen.

Gelegentlich nehmen sich die Anzeigen aus wie Einladungen an Spione und skrupellose Konkurrenten. Als »eine Unilever-Tochter, führend auf dem Sektor Nahrungsfette«, in Zeitungsannoncen ihren Wunsch bekundete, »ihre Interessen auch auf andere Sektoren der Nahrungsmittelindustrie« auszudehnen, bedurfte es nur noch eines Bewerbers ohne Interesse an der angebotenen Stellung, um alle Einzelheiten in Erfahrung zu bringen. Die Firma suchte einen zusätzlichen Leiter der Entwicklung für neue Erzeugnisse und versprach ein »überdurchschnittliches Gehalt«. Es war durchaus möglich, daß die betreffende Gesellschaft ihre Pläne bezüglich neuer Erzeugnisse bereits angekündigt hatte, wenn sie aber tatsächlich noch in dieser Hinsicht mit einigen Geheimnissen hinter dem Berg gehalten hatte, dann hatte sie mit dieser Veröffentlichung allen interessierten Parteien eine klare Zielansprache gegeben.

Stellenvermittler verstecken ihre Auftraggeber gern hinter einem dünnen

Schleier der Geheimhaltung, aber gerade das findet die Konkurrenz aufschlußreicher als die volle Preisgabe der Identität. Ich nehme an, daß es nicht schwer gewesen sein dürfte zu erraten, wer sich hinter der »internationalen pharmazeutischen Unternehmensgruppe – die im Begriff steht, einen entscheidenden Durchbruch auf dem europäischen und lateinamerikanischen Markt zu erzielen« und die über die ISL-Unternehmensberatung einen »Top-Marketing-Mann« suchte, verborgen hielt. Die Identifizierung des »Millionenunternehmens auf dem Konsumgütersektor mit Fabriken und Märkten in vielen Ländern«, die ihre Aktivitäten »auf den Mittleren Osten auszudehnen gedenkt« und verständlicherweise einen jungen arabisch sprechenden Exportkaufmann suchte, war für den Eingeweihten sicher auch kein Problem.

Auf Stellenanzeigen kann man nicht verzichten, aber für manches Unternehmen würde es sich vielleicht bezahlt machen, wenn es zu der Einsicht gelangte, daß der regelmäßige Zeitungsleser auch zwischen den Zeilen lesen kann – zumindest mit Hilfe einer anständigen Dokumentation.

Geschwätz, ein nicht besonders verläßlicher, aber dennoch nützlicher Faktor im Geheimnishandel, gehört auch zu dieser Gruppe. Vertreter und andere Firmenangehörige, die häufig mit Angestellten von Konkurrenzunternehmen zusammentreffen, werden inzwischen systematisch darauf trainiert, zufällige Bemerkungen von Kollegen auf ihren Informationsgehalt hin zu prüfen und zu notieren. Aber übertriebener Pflichteifer und übermäßiges Training können auch nach hinten losgehen. Sie führten zu jener angeblich wahren Geschichte, die in Geschäftskreisen die Runde machte. Ich habe mindestens drei Versionen davon gehört. Ein noch jüngerer amerikanischer Verkaufsexperte, gerade frisch von einem Lehrgang über Wirtschaftsnachrichtengewinnung kommend, spielte Golf mit dem Vizepräsidenten eines Konkurrenzunternehmens.

»Haben Sie schon gehört, was mit unserem Forschungsdirektor passiert ist?« fragte der Vizepräsident, als sie sich dem dritten Loch näherten.

Der Jüngere spitzte die Ohren. »Nein. Aber vielleicht können Sie es mir erzählen?« Er spürte, daß er einer heißen Information auf der Spur war.

»Er wurde in der letzten Nacht verhaftet. Er hat seine Frau mit einem Nine-Iron (Golfschläger) zu Tode geprügelt.«

Schon völlig abgelenkt von dem Gedanken an seine erste Meldung und geschärft durch den neu erworbenen »Sinn fürs Detail«, platzte er mit der mittlerweile berühmt gewordenen Frage heraus: »Wie viele Schläge hat er gebraucht?«

Die Gefahr bei der Auswertung von Geschwätz liegt darin, daß auf diesem Wege sehr leicht bewußte Desinformation getrieben werden kann. Unvorsichtige Bemerkungen und »zufällig aufgeschnapptes« Geplauder angetrunkener Party-Gäste sind in dieser Hinsicht verläßlicher. Ein australischer Nachrichtenagent zahlt vier oder fünf Stewardessen und Stewards, denen die

Bedienung der Erste-Klasse-Passagiere obliegt, ein regelmäßiges Honorar. »Das ist ein verdammt langer Flug nach Sydney, Getränke werden großzügig verabreicht und die Leute sprechen frei von der Leber weg – die bringen jede Woche etwas Nützliches mit«, erklärte er mir.

Ein klassisches Beispiel unvorsichtiger Gesprächsführung mit schwerwiegenden Folgen kommt aus der amerikanischen Automobilindustrie. Der finanzielle Schaden ist schwer zu schätzen, doch muß er in die Millionen gegangen sein.

Es begann auf einer ganz gewöhnlichen Cocktailparty in Detroit. Unter den Gästen befanden sich viele Leute aus der Automobilbranche, die alle krampfhaft bemüht waren, nicht vom Geschäft zu sprechen. Aber es blieb bei dem Bemühen. Irgend jemand brachte das Gespräch auf den Mann, der zu jener Zeit als Fords bevorzugter Fotograf galt. Ein Angestellter von Chrysler schnappte einige Brocken des Gespräches auf und erfuhr bei der Gelegenheit, daß der Fotograf sich angeblich in Paris aufhielt. Es war Juni, und es konnte sein, daß er dort seinen Urlaub verbrachte. Aber im Juni wurden doch gewöhnlich die Werbekampagnen für das kommende Jahr vorbereitet. Urlaub zu diesem Zeitpunkt war also unwahrscheinlich. Was war da los bei Ford?

Ein Telex brachte den Chrysler-Repräsentanten in Paris auf die Beine, und sein Bericht bestätigte die Vermutung: Ja, die neuen Modelle von Ford wurden am Fuße des Eiffelturmes fotografiert, und Hongkong war als nächste Station vorgesehen. Fords Werbung bemühte sich offenbar um einen internationalen Anstrich.

Harvey Smith schrieb dazu in der Zeitschrift »Sales Management«: »In diesem Jahr konterte Chrysler unverzüglich mit einer Anzeigenkampagne, in der die neuen Modelle ausschließlich vor amerikanischen Sehenswürdigkeiten präsentiert wurden – eine Maßnahme, die nach Ansicht der Firma der Ford-Kampagne die Durchschlagskraft nehmen mußte, da die meisten Autokäufer sich wahrscheinlich eher mit der George-Washington-Brücke identifizieren konnten als mit dem Hongkong-Hilton.«

Hiermit verlassen wir den zwielichtigen Bereich noch legitimer Nachrichtenbeschaffung und wenden uns in jene grauen, kartographisch unerfaßten Räume, wo die Grenzen zur zweifelsfrei unlauteren Industrieausspähung sehr verschwommen sind und wo es keinen Checkpoint Charlie gibt, der den Reisenden warnt, daß er von nun an als echter Spion oder zumindest als Abenteurer betrachtet werden müsse. Denn der Kaufmann, der im Laden eines Konkurrenten einige unschuldige Einkäufe macht, um einen Preisvergleich anstellen zu können, bedient sich schließlich des Mittels der Täuschung. Und wenn der Angestellte eines bestimmten Unternehmens einige Aktien eines Konkurrenzunternehmens erwirbt, unter Umständen sogar mit Hilfe eines von seinem Arbeitgeber speziell zu diesem Zweck bereitgestellten Fonds, um Einblick in Zwischenberichte nehmen zu können, die nur Anteilseignern zugesandt werden, dann beschafft er sich auf einwandfreie Weise vertrauliche Informationen zu einem nicht ganz so seriösen Zweck. Dabei kommen nur ganz schwache graue Flecken auf ihre sonst blütenweiße Weste. Fälle in der »grauen Zone« sind Auslegungssache.

»Noch nie hat jemand Spionageaufträge von uns verlangt, und wir würden ein solches Ansinnen auch ohne Zögern von uns weisen, aber die Beschaffung von Handelsinformationen ist eine anständige Sache, und solche Aufträge übernehmen wir«, sagte mir Colin Finlay, Direktor der angesehenen Londoner Agentur FBI (Finlay's Bureau of Investigation), während wir an seinem Schreibtisch saßen und aus einem Lautsprecher die über Autofunk abgesandten Meldungen seiner Leute quäkten.

»Vor einer Fusion oder der Übernahme einer Firma sind diesbezügliche Informationen von äußerster Wichtigkeit«, fuhr er fort. »Wir führen auch Personenüberprüfungen durch, doch die politische Einstellung bestimmter Personen interessiert nur einige amerikanische Gesellschaften.

Da wollte beispielsweise ein bedeutender amerikanischer Hersteller von alkoholfreien Getränken hier in England Fuß fassen, mußte aber feststellen, daß eine Londoner Firma eine Limonade mit fast gleichlautendem Namen auf den Markt brachte. Man wollte mehr über diese Firma wissen. Wir machten den Limonadenfabrikanten im West End ausfindig. Das Büropersonal umfaßte wohl nicht mehr als ein Dutzend Angestellte, und das Geschäft schien nicht gerade gut zu laufen. Die beiden Direktoren steckten offenbar in finanziellen Schwierigkeiten. Das war die ideale Ausgangsbasis für Verhandlungen, aber ich weiß nicht, was daraus geworden ist.

In einem anderen Fall beabsichtigte eine südafrikanische Gesellschaft, in Großbritannien einen Wein in einer sehr ungewöhnlich geformten Flasche auf den Markt zu bringen. Man warnte sie, daß die deutsche Firma Henkell ihren Sekt in einer praktisch identischen Flasche verkaufte. Die Frage war jetzt, ob die Deutschen ihre Flasche urheberrechtlich geschützt hatten.

Etwas Schriftliches war nicht darüber zu finden. Also fuhr ich nach Wiesbaden und gab mich dort als Importeur aus. Potentielle Abnehmer werden immer gut aufgenommen, und während des Gesprächs bemerkte ich ganz am Rande, daß es doch seltsam sei, daß keine andere Firma diese Art Flaschen benutze. ›Doch, doch‹, widersprach man mir, ›da gibt es einen französischen Sekt, der in genau den gleichen Flaschen verkauft wird.‹ Das war die Antwort auf unser Problem. Mein Kunde konnte die gewählte Flaschenform beibehalten.«

Wenn auch vielleicht einige Leute über solche Methoden die Nase rümpfen könnten, so werden doch die meisten Geschäftsleute mit Colin Finlay darin übereinstimmen, daß es sich hier um die saubere Beschaffung von Handelsinformationen handelte. Auch Irving Shumbord in New York berichtete mir von einem solchen Fall, als wir uns in seinem Büro in der 43. Straße West gegenübersaßen:

»Observation ist teuer, aber so lautete mein Auftrag. Wir sollten zwei Männer beobachten und berichten, was sie taten, wohin sie gingen, mit wem sie sich trafen und, wenn möglich, worüber sie sprachen.«

»Und was taten Sie?«

»Wir beobachteten sie. Wir bekamen sogar heraus, was ihnen der Hotelportier auszurichten hatte.«

»Wie haben sie das angestellt?«

»Sie nahmen die Notiz, lasen sie, rissen sie durch und warfen sie in den Papierkorb. Mein Mann las die Papierschnitzel wieder heraus und setzte sie zusammen.«

Anläßlich einer Tagung sprachen sie mit Dutzenden von Leuten, und Shumbord notierte sie alle – komplett mit Beschreibung, Namen und wahrscheinlicher Nationalität. Wie? »Die Namen standen auf den Schildchen an ihren Rockaufschlägen. Sehr bequem.«

Er notierte sich ebenfalls Gesprächsbrocken. Dieser Umstand war Anlaß eines kurzen Wortwechsels mit dem Richter, als der Fall vor Gericht kam und der Detektiv seine Zeugenaussage machte. Der Richter fragte nämlich, ob die Beschatter absichtlich versucht hätten, die beiden Männer zu belauschen.

Antwort: »Selbstverständlich. Das ist allgemein geübte Praxis, wenn es sich überhaupt durchführen läßt.«

Frage: »Sie haben es also darauf angelegt mitzuhören?«

Antwort: »Ja. Wenn Ihnen an dem Ausdruck ›belauschen‹ gelegen ist, dann trifft das in diesem Falle zu. Wir haben sie belauscht.«

Genügen derartige Praktiken, um aus legitimer Beschaffungsarbeit Industriespionage zu machen? Über die Antwort kann man geteilter Meinung sein.

Wie heißt das Spiel?

»Industriespionage« ist ein unglücklicher Ausdruck, der die zu beschreibenden Tatbestände zu sehr verallgemeinert, und man benutzt ihn nur in Ermangelung eines besseren. Eigentlich sollte er die Grenze zwischen den unlauteren und zweifelsfrei kriminellen Methoden und den mehr unseren moralischen Wertmaßstäben angepaßten, legalen Techniken der Nachrichtenbeschaffung aufzeigen.

In der August-Ausgabe 1972 der Zeitschrift »The Investigator« (»Der Ermittler«) nahm der Herausgeber, Peter Heims, mit lobenswerter Offenheit zu dem moralischen Problem Stellung: »Die Vereinigung Britischer Ermittler kann keine klare Definition des Begriffs (der Industriespionage) liefern, und jedes Mitglied muß nach seinem eigenen Gewissen entscheiden.«

Die gleiche Frage stellt sich den Geschäftsleuten. Hans Niemann, ein sehr erfahrener Ermittler und Sicherheitsberater aus München, gab dazu folgenden Kommentar, als wir einmal auf einer internationalen Tagung in Brighton zusammentrafen: »Finanzieller Vorteil ist der wirksamste Zerstörer moralischer Maßstäbe. Im industriellen Wettlauf gilt noch immer: je höher der Einsatz, desto geringer sind die moralischen Bedenken.«

Wie weit würden also Industrielle und Geschäftsleute gehen? Diese Frage stellte ich mehr als hundertzwanzig Leuten, darunter berufsmäßigen Spionen, Sicherheitsbeauftragten und leitenden Angestellten verschiedener Industriezweige.

»Soweit es der Etat erlaubt«, lautete die Antwort der Mehrheit.

Diese Ansicht teilte auch Barry Goodenow, als wir über einige der bekanntesten amerikanischen Unternehmen sprachen: »So weit, wie es die Geldmittel erlauben – damit können einige verdammt weit gehen«, meinte er. »Hunderttausend Dollar im Jahr ist für einige der Burschen, die für sie arbeiten, reines Taschengeld.

Ich kenne zum Beispiel den Sicherheitschef einer Firma der Flugzeugbranche. (Er nannte den Namen der Firma.) Er muß gegenwärtig einen Bestechungs-Fonds von rund hunderttausend Dollar jährlich haben. Für Buchungszwecke ist er natürlich schön abgetarnt, und vielleicht weiß nicht einmal der Präsident, hinter welchem Posten man diese Ausgaben versteckt. Leute in diesen Positionen möchten auch nicht gerne mit solchen Details behelligt werden. Es ist sicherer und belastet nicht unnötig das Gewissen, wenn man nicht alles weiß.

Doch ist dieser Geheimfonds, der dem erwähnten Bekannten zur Verfügung steht, wahrscheinlich nur für die laufenden Operationen gedacht, als da sind Beobachtungen des Schlüsselpersonals, Beobachtung aller Aktivitäten der Konkurrenz, Bezahlung von Agenten, Zuträgern und Gelegenheitsinformanten. Wenn sich das Unternehmen an einer großen Ausschreibung beteiligt oder sich beispielsweise um einen Regierungsvertrag bewirbt, kann er über Sonderkonten verfügen, denn der Erfolg ist immer eine Panne wert.

Mit den Forderungen, die der Auftraggeber an ein neues Militärflugzeug stellt, müssen sich alle Firmen in gleicher Weise auseinandersetzen. Höchstgeschwindigkeit, Landungsgeschwindigkeit, Reichweite, Aufnahmekapazität für Betriebsstoff und Bewaffnung usw. sind vorgeschrieben. Von dieser Leistungsbeschreibung müssen die Entwicklungsingenieure ausgehen. Außer einigen geringfügigen technischen Unterschieden geht es also beim Bieten nur um den Preis – um die Reduzierung der Verdienstspanne und um Senkung der verschiedenen Kostenfaktoren. Bei solchen Überlegungen muß man einfach wissen, was die Konkurrenz macht.«

Einige andere Leute, wie beispielsweise Vincent Carratu, sind davon überzeugt, daß große Unternehmen auch in anderen Ländern, wie in Schweden, Frankreich, Großbritannien, Deutschland und Italien, solche Geheimfonds unterhalten, wenn auch verständlicherweise deren Existenz überall energisch bestritten wird.

Da Geheimfonds nicht ohne Genehmigung der Unternehmensführung eingerichtet und unterhalten werden können, kommt ihnen bei Abwägung der moralischen Schuld eine besondere Bedeutung zu – denn sie widerlegen die übliche Entschuldigung leitender Herren, nicht bis ins Detail über alle Aktivitäten der Firma informiert zu sein. Ein Gentleman liest nicht anderer Leute Briefe. Treffender müßte es heißen, er läßt sich nicht gerne dabei beobachten.

Zweifellos erschwert innerhalb eines Landes die Loyalität der Firmen untereinander die Arbeit des Industriespions, aber auf internationaler Ebene gibt es keine solche Bindungen, und es ist sicher kein Einzelfall, wenn der Direktor einer Firma das Opfer eines Spionagefalles alarmiert, nachdem er vorher einen gründlichen Blick auf die angebotenen Informationen geworfen hat.

Um sich selbst den Anschein moralischer Rechtschaffenheit zu bewahren, verlagern Industriekapitäne die Verantwortung für bestimmte Aufgaben oft auf die nächstniedrigere Ebene und schwelgen dann in suffisanten Bemerkungen über die Skrupellosigkeit der jüngeren Manager-Generation. In dieser Ansicht finden sie sich bestätigt durch Meinungsumfragen und andere Untersuchungen, die ergeben haben, daß jüngere Führungskräfte gegenüber zweifelhaften Methoden der Informationsgewinnung und gegenüber eindeutiger Industriespionage weniger Abneigung an den Tag legen als ihre älteren Kollegen. Das mag in dem Sinne stimmen, daß ein junger, ehrgeiziger Mann, dem man eine wichtige Aufgabe übertragen hat, nichts unversucht lassen wird, um seine Vorgesetzten zu beeindrucken. In der Tat behaupten viele berufsmäßige Agenten und private Ermittler, daß viele ihrer Aufträge aus der mittleren Managementebene kommen – selbstverständlich abgestützt durch entsprechende Fonds ihrer Gesellschaften.

Die Unternehmensführung muß die Quelle und die Zuverlässigkeit einer Information kennen. Vertrauliche Informationen sind nützlich, manchmal unbedingt notwendig, wenn Entschlüsse gefaßt werden sollen. Eine Entscheidung ist wenig wert, wenn sie auf Daten zweifelhafter Exaktheit basiert. Wenn also behauptet wird, daß sich Führungskräfte um die Praktiken der Informationsgewinnung nicht kümmern, dann kann das nur bedeuten, daß sie die Verantwortung für diese Arbeit einzelnen Angestellten, einer entsprechenden Abteilung oder einer außerbetrieblichen Organisation übertragen haben, von denen sie wissen, daß sie auf die eine oder andere Weise das Gewünschte beschaffen werden.

Schließlich darf man davon ausgehen, daß ein Manager, der aus einer zuverlässigen Quelle wertvolle Informationen erhält – wobei wertvoll meist im Sinne von unerwartet zu verstehen ist –, genügend Schläue und Erfahrung besitzt, um zumindest vermuten zu können, daß Informationen von solcher Bedeutung nicht per Postwurfsendung zugestellt werden. Wenn er das nicht merkt, hätte er nicht Manager werden dürfen.

Die Einsicht in diese Tatsache und die beständige Suche nach Formulierungen, die helfen könnten, das Gesicht zu wahren, haben zu dem geführt, was ein Direktor in Hamburg als »das ungeschriebene deutsche Handelsgesetz moralischer Schauspielerei oder geschauspielter Moral« bezeichnet hat.

Hans Niemann gab hierzu einige Erläuterungen: »Deutsche Firmen ziehen es vor, ihre Erkundungsarbeit möglichst selbst zu erledigen, weil sie nur zu gut wissen, daß nur sehr, sehr wenigen Ermittlern, die auf dem Sektor Industriespionage arbeiten, Wichtigeres anvertraut werden kann als ein simpler Abhör-Job. Viele Detektive sind in keiner Hinsicht echte Profis, fühlen sich keinem beruflichen Ehrenkodex verpflichtet und würden unter Umständen Informationen dazu mißbrauchen, den Kunden zu erpressen oder durch den Verkauf der Geheimnisse an Dritte doppeltes Spiel zu treiben. Außerdem lieben es deutsche Geschäftsleute überhaupt nicht, anderen gegenüber als unmoralisch zu erscheinen, besonders gegenüber solchen, denen sie nicht trauen können.

Das ist vielleicht nicht eine ausschließlich deutsche Eigentümlichkeit. Typisch dagegen ist, daß deutsche Firmen, die gezwungen sind, sich an Außenstehende zu wenden, um vertrauliche Information zu erhalten, stets eine dritte Partei zwischen sich und dem Agenten einschalten. Solange nämlich die Informationen erst einmal an ein Marktforschungsinstitut oder an einen Rechtsanwalt gehen, kann man es sich leisten, über Spionage abfällige Bemerkungen zu machen und zu behaupten, daß derartige Praktiken in Deutschland nicht üblich sind.«

»Rechtsanwälte als Pufferstationen sind sowohl für den Auftraggeber als auch für den Ermittler recht nützlich«, erklärte mir der Inhaber eines Duisburger Detektivbüros mit mehreren Filialen im Ruhrgebiet. »Nehmen wir den Fall einer Firma, die mich beauftragt, die Geschäfte eines Konkurrenzunternehmens unter die Lupe zu nehmen. Man erzählte mir, daß der Leiter der Forschungsabteilung, der Produktionsleiter und der Verkaufsdirektor gleichzeitig ihren Arbeitgeber, meinen Kunden, verlassen hatten, um eine Konkurrenzfirma zu gründen. Die Frage lautete: Welche internen Informationen hatten sie vorsätzlich mitgenommen und in ihrem neuen Geschäft verwertet?

Mein Assistent, den ich mit der Sache betraut hatte, mußte den Umsatz der Firma ermitteln und versuchen, alle möglichen Einzelheiten über ihre Herstellungs- und Vermarktungstechniken herauszufinden. Ich gewann den Eindruck, daß es nicht meine Sache sein konnte zu entscheiden, ob die Ergebnisse bereits den Charakter der Industriespionage in sich bargen, oder ob sie nur der berechtigten Verteidigung meines Kunden dienten. So wählte ich den einzigen Ausweg, der sich in solchen Fällen einem anständigen Detektiv bietet: Ich übergab sämtliche Forschungsergebnisse einem auch vom Auftraggeber akzeptierten Rechtsanwalt und überließ ihm die Entscheidung, was ohne rechtliche Bedenken meinem Kunden ausgehändigt werden konnte.«

Leider ist diese Praxis, den Schwarzen Peter weiterzureichen, kein Allheilmittel, denn Gesetz und ethische Wertmaßstäbe sind uns gleichermaßen nur eine schwache Hilfe bei Entscheidung der Frage, was denn nun Industriespionage sei und was nicht.

Für meine Untersuchungen und für die Arbeit an diesem Buch bin ich von folgender Definition ausgegangen:

Industriespionage ist die Suche nach und der Erwerb von vertraulichen Informationen über die Geschäfte eines anderen durch rechtmäßige oder unrechtmäßige Mittel mit dem Zweck, die eigenen Unternehmungen zu fördern oder die eines anderen zu behindern.

Außerhalb dieser Definition stünden also lediglich zu rechtfertigende Aufklärungstätigkeiten im Zusammenhang mit der Selbstverteidigung beispielsweise in einem Mordfall oder Ermittlungen im öffentlichen Interesse wie Presseuntersuchungen, die die Bloßstellung unlauterer Machenschaften zum Ziel haben.

Zweifellos kann man auch diese Definition zerpflücken. Was heißt »vertraulich«? Würde der aus dem bürgerlichen Recht stammende Tatbestand des Vertrauensbruches bereits dadurch zu einem Strafrechtstatbestand, daß er zur Erreichung eines oben beschriebenen Zweckes begangen wurde? Wie weit dürfte man in echter Selbstverteidigung denn gehen? Könnten nicht zweifelhafte Situationen dadurch entstehen, daß aus den »rechtmäßigen Mitteln« unrechtmäßige werden, weil die beschafften Informationen einem unlauteren Zweck gedient haben?

Doch ist es unerheblich, ob diese Definition hieb- und stichfest ist oder nicht. Worauf es ankommt, ist, daß Industriespionage anhand klar definierter Tatbestandsmerkmale als strafwürdiges Vergehen geahndet werden kann. Solange auf diesem Sektor keine Queensberry-Regeln aufgestellt werden und niemand weiß, wo beim anderen die Gürtellinie beginnt, unterhalb der er nicht mehr treffen darf, werden wir das Schattenboxen fortsetzen, und jedem Nachrichtenbeschaffer und Sicherheitsberater wird es überlassen bleiben, seine eigenen Regeln zu erfinden. Leider können die Gerichte nicht ebenso verfahren.

Die Spielregeln

Im Jahre 1971 standen zwei Privatdetektive vor einem britischen Gericht. Der Richter machte einige vernichtende Bemerkungen über die Spionagetätigkeit der beiden Angeklagten und bezeichnete Industriespionage als Vergehen. Die Zeitungen wußten zu berichten, daß man die beiden der Industriespionage für schuldig befunden habe. Vom strafrechtlichen Gesichtspunkt aus gesehen lag der Richter natürlich schief. Industriespionage ist kein Vergehen, geschweige denn ein Verbrechen. In der Tat wurden die beiden verurteilt wegen »Vereinigung zur Erlangung vertraulicher Informationen mittels betrügerischer und anderer rechtswidriger Methoden und versuchter Bestechung«.

Nicht ohne eine gewisse Spur von Verzweiflung kommentierte Peter Heims das Urteil: »Es war reiner Zufall, daß diese Straftaten im Rahmen einer Operation begangen wurden, die man vielleicht als Industriespionage bezeichnen kann. Aber ich brauche wohl nicht zu erwähnen, daß die verhängten Strafen sich ausschließlich auf die nachgewiesenen Straftatbestände bezogen.«

Wenn die Anklage gegen einen erfolgreichen Industriespion, der möglicherweise Schäden in Millionenhöhe verursacht hat (was wiederum nur in einem Zivilprozeß Berücksichtigung finden kann), strafrechtlich relevante Beschuldigungen vorbringen will, kann sie sich nur auf eine Reihe anderer, verhältnismäßig geringfügiger Straftatbestände abstützen, weshalb der Spion meist mit einer leichteren Strafe wegen Hausfriedensbruchs, unbefugten Betretens, Diebstahls einer Fotokopie oder wegen Bestechung und Vereinigung zur Begehung einer rechtswidrigen Tat davonkommt.

Die meisten Gesetze, die unter Umständen verschiedene Aspekte der Industriespionage abdecken würden, sind zu veraltet, um eine angemessene Verurteilung darauf aufbauen zu können. Ihre Begründer konnten die Probleme unseres technologischen Zeitalters nicht vorhersehen, um so weniger die Möglichkeiten, die es einem Spion eröffnen sollte, und die immensen finanziellen Verluste, die einer Industrie durch Geheimnisverrat entstehen können. Das britische Anti-Korruptionsgesetz von 1906 sieht beispielsweise als Höchststrafe eine Geldbuße von 500 Pfund und/oder zwei Jahre Gefängnis vor. Wenn man bedenkt, daß die Bestechung eines einzigen Angestellten eine ganze Firma ruinieren kann, daß dadurch Hunderte von Menschen arbeitslos werden können und dem Staat beträchtlicher Schaden zugefügt werden kann, dann muß man zu der Ansicht gelangen, daß die Abschreckung durch solche Strafen nicht ausreicht.

Der Diebstahl eines wackeligen Schreibtisches wird strenger bestraft als die Entwendung sämtlicher Geschäftsgeheimnisse eines Großunternehmens. Der im Jahre 1968 überarbeitete britische Diebstahlserlaß prägte zum ersten Mal den Begriff des »nicht greifbaren Eigentums« und schien einen gewissen Schutz vertraulicher Informationen zu versprechen. Aber es sollte bei diesem Versprechen bleiben. Es wäre reiner Zeitverlust, die Probe aufs Exempel zu machen. Ungleich den Dieben machen sich Spione laut Gesetzesdefinition in keinem Falle der unehrenhaften Aneignung von Eigentum »mit der Absicht dauernder Beraubung« des Opfers schuldig. Selbst wenn sie eine geheime Formel entwenden, ist es unwahrscheinlich, daß sich keine zweite Kopie im Besitz des Bestohlenen befindet; also wurde er auch nicht seines Geheimnisses »beraubt«. Eine Firma um die Exklusivität eines Erzeugnisses oder um mögliche künftige Gewinne aufgrund besonderen Wissens zu bringen, mag zwar große Schäden zur Folge haben, aber es ist kein Vergehen.

Damit sind wir wieder bei dem Problem des »eigentlichen Wertes«, der wie das Wissen eines abgeworbenen Wissenschaftlers kaum ermessen werden kann und deshalb ungeschützt bleibt. Dieser anomalen Situation verdanken wir eine Reihe verrückter Fälle.

Ein Angestellter der Firma »Gramos Chemicals« wurde dabei ertappt, wie er versuchte, eine chemische Geheimformel an einen Konkurrenten zu verkaufen. Er wurde nur wegen Diebstahls einiger Blätter Papier im Werte von zwei Pence angeklagt und zu einer Geldbuße von dreißig Pfund verurteilt.

Ein anderer »Spion« wußte, daß auf dem Sektor synthetischer Harze ein unerbittlicher Konkurrenzkampf im Gange war, aber er hatte seinen potentiellen Käufer falsch eingeschätzt. Er entwendete bei seinem früheren Arbeitgeber Revertex eine Formelsammlung und bot sie der Firma »Vinyl Products« zum Verkauf. Man verhaftete ihn, während die Dokumente noch in seinem Besitz waren. Die Anklage lautete auf Diebstahl eines Aktenordners im vergleichbaren Wert eines Bohneneintopfs, und die Geldbuße belief sich auf 100 Pfund.

Ein dritter britischer Amateur wurde wegen Diebstahls von Geschäftskorrespondenz und Chiffrierkarten im Wert von dreißig Pfund für drei Monate ins Gefängnis geschickt. Daß diese Papiere Forschungsgeheimnisse von unschätzbarem Wert für die Farbenindustrie enthielten, war vom strafrechtlichen Gesichtspunkt aus gesehen unerheblich. Ähnliche Fälle gibt es praktisch in jedem Land. Ein Sicherheitsagent berichtete mir von einem Fall mit besonderer Note:

»Zwei Privatdetektive stahlen einige die Bauindustrie betreffende Dokumente. Als man sie schnappte, hatten sie bereits kassiert. Ein Konkurrent hatte ihnen die Informationen abgekauft, aber nicht die Original-Dokumente. Damit entfiel natürlich der Tatbestand der Annahme von Diebesgut. Die beiden Detektive kamen vor Gericht und wurden wegen einfachen Diebstahls zu DM 800,– bzw. DM 500,– verurteilt.

Später strengte die betroffene Firma zwar einen Zivilprozeß gegen die beiden an und klagte auf Schadenersatz, aber das Verfahren wurde im Interesse beider Parteien eingestellt. In solchen Fällen legt niemand Wert auf Publicity.«

Wenn kein Diebstahl vorliegt und kein vorhandenes Gesetz auf eine illegale Beschaffungsoperation Anwendung finden kann, da auch der Nachweis eines Hausfriedensbruches, eines Einbruches, einer Bestechung usw. nicht erbracht wird, in anderen Worten, wenn es sich um einen echten professionellen Akt moderner Industriespionage handelt, stehen dem Opfer keine wirklichen und sofort wirksamen rechtlichen Maßnahmen zur Verfügung.

Eine in diesem Sinne klassische Operation ersann Kubik alias Asquare alias Blockley zu einem frühen Zeitpunkt seiner Laufbahn.

Ein amerikanischer Zigarettenhersteller hörte von einer kurz bevorstehenden europäischen Anzeigenkampagne eines Konkurrenten, der eine französische Agentur mit der Durchführung betraut hatte. Der Zeitpunkt war ungewöhnlich, und es gab keine Möglichkeit mehr, die voraussichtliche Wirkung durch Vorbereitung und Lancierung einer Gegenkampagne rechtzeitig genug auszubalancieren. Deshalb beauftragte man Kubik, die Maßnahmen des Konkurrenten zu verzögern. Er fand den Auftrag ungewöhnlich, da er mehr nach Sabotage als nach Industriespionage roch und sein Kunde kein besonderes Interesse an den Geheimnissen seines Rivalen zeigte. Aber Kubik blieb sich treu. Sein Plan trug eindeutig seine besondere Handschrift.

Zuerst einmal erneuerte er seine Kontakte zu einer alleinstehenden Sekretärin in mittleren Jahren, die bei der beauftragten französischen Werbeagentur angestellt war und die ihm bei der Beschaffung von Firmeninterna behilflich sein konnte. Nachdem er sie »in Erinnerung an alte Zeiten« einige Male auf großzügigste Weise ausgeführt hatte, erklärte sie sich bereit, ihm zu helfen. Sie hatte Zugang zu den Plänen und Zeichnungen und sah auch Möglichkeiten, die wichtigsten Dinge zu fotokopieren; aber in diesem besonderen Fall genügte das nicht. Kubik kam es darauf an, daß ihr Arbeitgeber erfuhr, daß die Pläne für den Werbefeldzug gestohlen worden waren, anderseits wollte er aber auf keinen Fall die Sekretärin in Verdacht bringen, deren wertvolle Dienste er sich noch für künftige Aufgaben erhalten wollte.

Während der gemeinsamen Abendessen befragte Kubik sie nach einigen nützlichen, auf den ersten Blick bedeutungslosen Hintergrundfakten bezüglich ihrer Firma. Sie erzählte ihm, wer von den Angestellten mit wem ins Bett ging, wer die wichtigsten Kunden waren, warum der Chefdesigner wegen einer neuen Stellung verhandelte und mit wem, daß die Agentur unter chronischem Platzmangel litt, daß das Büro des Direktors im Parterre des alten Gebäudes hatte geteilt werden müssen, um Platz für Akten, Schreibmaschinen und Schreibwaren zu schaffen; sie erzählte ihm, wohin die Agentur gerne umziehen würde, wenn dort etwas Passendes frei würde, wer wen auszustechen versuchte, wer im Fernsehen für Schleichwerbung bestochen wurde und welch offenes Ohr der Direktor für Büroklatsch habe, der ihn immer wieder in die Lage versetze, die Zügel fest in der Hand zu behalten.

Kubik entwarf seinen Plan, der einerseits seinem Kunden dienen mußte, aber auch dem eigenen Geschäft etwas einbringen sollte. (Soviel ich weiß, war sein Auftraggeber zwar scharf darauf, das Vorhaben seines Konkurrenten zu sabotieren, aber nicht scharf genug, um dafür mehr als 5000 Dollar plus Spesen auf den Tisch zu legen, eine Summe, die Kubik selbst zu jener Zeit als Taschengeld betrachtete.)

Nach langen Beratungen mit einem damals noch windigen Rechtsanwalt – inzwischen hat er sich gefangen und besitzt jetzt eine angesehene Praxis in Montreal – rief Kubik den Direktor der Agentur an und bot ihm vertrauliche Informationen über seinen Chefdesigner. Er erreichte eine Verabredung für den folgenden Tag. Vorher veranlaßte er die Sekretärin, dafür zu sorgen, daß während seiner Anwesenheit im Büro des Direktors der entscheidende Entwurf auf dessen Schreibtisch zu sehen sei.

Er bot dem Direktor kostenlos die Neuigkeiten über den Designer und ließ sich schließlich zur Annahme einer Belohnung im Gegenwert von hundert Dollar überreden. Zu diesem Zeitpunkt betrat ein Bote das Zimmer und legte eine Zeichnung auf den Schreibtisch.

Nachdem der Bote den Raum wieder verlassen hatte, entnahm Kubik seiner Tasche eine kleine Kamera und fotografierte in aller Gelassenheit die vor ihm liegende Zeichnung. Der folgende Streit muß ihm unheimlichen Spaß bereitet haben. Er berief sich darauf, daß Kamera und Film sein Eigentum sei und daß die Agentur nicht einmal ihr Urheberrecht geltend machen könne, da der unentwickelte Film keine Reproduktion darstelle.

Der aufgebrachte Direktor drohte, ihm die Kamera mit Gewalt abzunehmen, und forderte telefonisch Verstärkung an. Kubik war kein Neuling, und eine kleine Rauferei hätte ihm nichts ausgemacht, aber wie immer zog er die eleganteste Lösung vor: Er öffnete das Fenster und warf die Kamera einem auf der Straße wartenden Assistenten zu.

Bevor man ihn ebenfalls aus dem Fenster beförderte, bot er den Film für zwanzigtausend Dollar zum Verkauf. Der Direktor wollte nicht mehr als tausend herausrücken. Daraufhin schilderte ihm Kubik die Lage, wie er sie sah. Wohlweislich vergaß er dabei, seine Mitarbeiterin in der Agentur zu erwähnen, denn ihre Existenz und die mit ihr getroffenen Absprachen waren die einzigen Risiken, die er eingegangen war, denn der Nachweis der Korruption und der strafbaren Vereinigung hätten ihn hinter Gitter bringen können. Er räumte ein, daß die Agentur sehr schnell eine einstweilige Verfügung gegen ihn erwirken könne, die es ihm untersagte, die Fotografie zu verkaufen, zu veröffentlichen und zu reproduzieren, und daß man möglicherweise auch auf der wackeligen Grundlage des Vertrauensbruches gegen ihn klagen könne, zuvor aber müsse doch erst einmal nachgewiesen werden, daß überhaupt eine solche Aufnahme existiere. Die Verzögerung und die unerwünschte vorzeitige Publizität würden natürlich dem Kunden der Agentur wenig gefallen. Und zudem, hatte denn der Herr Direktor keinen Stolz? War er denn nicht Manns genug gewesen, seinen Besucher am Fotografieren zu hindern?

Es folgte eine Woche hartnäckigen Feilschens. Kubik entwickelte den Film und übersandte der Agentur einen Abzug. Am Ende war der Direktor froh, den Film für bare zweitausend Dollar zu bekommen. Er war nur deshalb so billig, weil Kubik zugeben mußte, daß er inzwischen Gelegenheit gehabt hätte, Abzüge an Konkurrenten zu verkaufen. Das hatte er denn auch tatsächlich getan, dreimal.

Kubiks Auftraggeber war zufrieden. Aufgrund der Ungewißheit, in der man nach dem Zwischenfall schwebte, entschloß sich die Konkurrenzfirma zu einigen Änderungen bezüglich ihrer Pläne und vor allem zur Überarbeitung des Hauptthemas der ganzen Kampagne. Das bedeutete beim fortgeschrittenen Stand der Arbeiten eine Startverzögerung von vier Wochen.

Der Direktor der Agentur war ebenfalls zufrieden. War es doch dem »beschränkten Informanten« überhaupt nicht klargeworden, welchen Wert seine Fotografie wirklich besaß und welcher Schaden er der Agentur hätte zufügen können.

Auch Kubik hatte allen Grund, zufrieden zu sein. Von Kunde Nr. 1 kassierte er fünftausend plus Spesen, von Kunde Nr. 2 zweitausend, von Kunde Nr. 3, 4 und 5 jeweils dreitausend Dollar (für die exklusive Information), und schließlich sicherte er sich auch für die Zukunft die wertvollen Dienste seiner Helferin. Doch die eigentliche Ernte sollte er erst zwei Jahre später einbringen. Zu diesem Zeitpunkt suchte er nämlich den Fabrikanten auf, dessen Pläne er damals durchkreuzt hatte, weihte ihn in die Praktiken seines Rivalen ein und überzeugte ihn von der Unfähigkeit seiner bevorzugten Werbeagentur. Diese Eröffnungen nahm sein einstiges Opfer zum Anlaß, sich auf Dauer seiner Dienste zu versichern.

Die sorgfältige Planung macht diese Operation vielleicht zu einer Besonderheit, doch Ad-hoc-Fotografien von Dokumenten durch Besucher sind keine Einzelfälle. Ein Rechtsanwalt eines amerikanischen Unternehmens liegt im Rechtsstreit mit einer Fernsehgesellschaft, die im Rahmen eines rechtmäßigen Filmberichtes unbeabsichtigt einige Aufnahmen gemacht hatte, »die sich für das Unternehmen und die nationale Sicherheit nachteilig auswirken könnten«. Einige dieser umstrittenen Aufnahmen hatten offenbar über einen Laboranten den Weg zu einem professionellen Spionagering gefunden. Der Rechtsanwalt ist davon überzeugt, daß die Fernsehgesellschaft einen Prozeß verlieren würde, aber die Weisung seines Klienten, jedes Aufsehen zu vermeiden, stellt ihn vor unüberwindbare Schwierigkeiten. Eine einflußreiche Gewerkschaft hat nämlich damit gedroht, die Angelegenheit an die große Glocke zu hängen, wenn eines ihrer Mitglieder unter Anklage gestellt werden sollte.

Außer fehlenden rechtlichen Handhaben und der Befürchtung, sich lächerlich zu machen, ist es auch die Angst vor unliebsamer Publicity, die viele Spionageopfer davon abhält, vor Gericht zu gehen, ein Umstand, der nur dazu beiträgt, die Position der Industriespione zu stärken. Dabei wissen viele Gesellschaften nicht, daß, wie mir Michael Kempster, Mitglied des

Younger Komitees, erklärte, in Großbritannien beispielsweise Zivilrechtsfälle, in denen Firmengeheimnisse zur Sprache kommen, unter Ausschluß der Öffentlichkeit verhandelt werden können. Der Aushang ist in diesen Fällen so allgemein abgefaßt, daß keine Rückschlüsse auf den genauen Verhandlungsgegenstand gezogen werden können.

Auf der anderen Seite ist Harvey C. Smith* davon überzeugt, daß entschlossene Gegenmaßnahmen, ohne Rücksicht auf bestehende Gesetzeslücken, dazu beitragen, Präzedenzfälle zu schaffen, die entsprechende Gesetzgebung zu beschleunigen und jene abzuschrecken, die sich vielleicht noch weniger Publizität leisten können als ihre vorgesehenen Opfer: »Durch solche aggressiven Methoden haben es einige (amerikanische) Firmen erreicht, daß sie von den Industriespionen in die Kategorie der nicht lohnenden Zielobjekte eingereiht wurden.«

Die unbefriedigende Rechtslage ist ein weltweites Problem mit nur wenigen Ausnahmen. Der amerikanische Bundesstaat Illinois hat wahrscheinlich als erster in der Welt den Geheimnisdiebstahl zu einer Straftat erhoben, indem er ihn aus der Gruppe des »geistigen Eigentums« herausnahm und ihn als konkretes Eigentum definierte. Geheimnisdiebstahl kann jetzt mit Gefängnisstrafen bis zu zehn Jahren geahndet werden, sobald der Wert des gestohlenen Gutes 150 Dollar überschreitet.

Ein texanisches Gesetz schützt zumindest die seismologischen Ergebnisse der Erdöl-Prospektoren, die als »Treubesitz« klassifiziert werden. Es ist normalerweise schwierig, solche Diebstähle zu beweisen, aber es ist in einigen Fällen gelungen.

In Frankreich genießt die Mode-Industrie besonderen Rechtsschutz in bezug auf den Diebstahl von Geheimnissen.

Die Schweiz besitzt ein etwas eigenartiges Gesetz gegen »Wirtschaftsspionage«, das den Geheimnisdiebstahl nur dann als Vergehen wertet, »wenn der Dieb ein Ausländer ist oder für einen Ausländer handelt«. Offenbar wird hierbei nur der nationale Wert des Geheimnisses in Betracht gezogen und davon ausgegangen, daß der Besitzwechsel von Geheimnissen im Lande nur unbedeutende Verschiebungen des Wohlstandes zur Folge hat. Aufgrund dieses Gesetzes bemühen sich die Schweizer Behörden seit langem, aber bisher erfolglos, einem Spionagering auf die Spur zu kommen, der sich auf den Verkauf Schweizer Bankgeheimnisse spezialisiert hat. Praktisch sind alle anderen Regierungen potentielle Kunden dieser Organisation, da sie stets daran interessiert sind, Beweise für Steuerflucht, für unrechtmäßig erworbene und versteckte Vermögen, wie die der Mafia, und für das Hinausschmuggeln von Milliardenbeträgen aus ihren Ländern und deren Deponierung auf Geheimkonten in die Hand zu bekommen.

In den meisten Fällen jedoch nehmen die betroffenen Regierungen eine

* Competitive Intelligence.

ausgesprochen scheinheilige Haltung an. »Sie verhandeln niemals direkt mit dieser besonderen Organisation«, verriet mir ein Schweizer Verbindungsmann. »In einigen Fällen schlugen sie rundweg angebotene Informationen aus, um gleichzeitig einen Strohmann mit völlig inoffiziellem Hintergrund mit dem Ankauf zu beauftragen. Das amerikanische Schatzamt und das FBI haben Vertreter hier im Lande. Diese verfügen alle über Sonderfonds, die zumindest auf dem Papier für die Verfolgung von Kriminellen bestimmt sind. Wenn solche Gelder von den Vertretern dazu »mißbraucht« werden, einem Spionagering Informationen abzukaufen, und sie hinterher mit einigen wertvollen Bankgeheimnissen aufwarten können, dann braucht die Regierung auch gar nichts zuzugeben. Den Vertreter fragt niemand nach seinen Quellen, denn die Antwort könnte peinlich ausfallen.«

Die Methoden des besagten Spionagerings schlagen eindeutig in das Feld der Industriespionage. Darüber mögen die Regierungen hinwegsehen, aber nur äußerst ungern würden sie zugeben, wie eifrig sie hinter den Ergebnissen her sind und daß sie jeden Preis zu zahlen bereit sind. Denn die Schweizer Behörden nehmen es keinesfalls auf die leichte Schulter, wenn jemand mit den Geheimnissen ihrer Goldminen – der Banken – auf den Markt geht, und solche Risiken läßt man sich von seiten der Beschaffer teuer bezahlen.

Obwohl die Schweiz gegenwärtig ausländische Behörden in zunehmendem Maße bei der Auffindung verbrecherisch erworbener Vermögen unterstützt und in Brüssel komplizierte Verhandlungen über ihr künftiges Verhältnis zur Europäischen Gemeinschaft führt, besitzt das Land immer noch keine Devisenbestimmungen und betrachtet auch Steuerflucht – im Gegensatz zur betrügerischen Steuerhinterziehung usw. – keineswegs als kriminelles Delikt. Die Auskunftserteilung der Schweizer Kredit-Bank bezüglich der geheimen Konten von Mrs. Irving, auf denen die Einkünfte ihres Mannes aus der umstrittenen Howard-Hughes-Biographie festgelegt waren, bedeutete einen schweren Schlag gegen das unverletzliche Bankgeheimnis, und die Tatsache an sich sandte Schockwellen durch die Hochburgen der Schweizer Finanzwelt. Da der Vertrauensbruch aber mit einem Verbrechen im Zusammenhang stand, entfachte die Angelegenheit keine allgemeine Empörung. Diese Reaktion sparte man sich für eine britische Untersuchung auf, die mit der Irving-Affäre parallel lief.

Das Britische Schatzamt verfügt über eine Devisenkontrollstelle, der es obliegt, Verstöße gegen die Währungsbestimmungen aufzudecken. Viele solcher Fälle betreffen Gelder, die aus Großbritannien hinausgeschmuggelt und auf Schweizer Nummernkonten eingezahlt wurden. Ziel solcher Machenschaften ist gelegentlich Steuerflucht, manchmal die Anhäufung von Kapital für Investitionen im Ausland und auch die Absicherung gegen zunehmende Abwertung des britischen Pfundes. Solche Absichten werden in der Schweiz nicht als Vergehen betrachtet, weshalb man dort auch den Bemühungen britischer Finanzdetektive, derartige Konten ausfindig zu machen, mit verständlicher Animosität begegnet. Als im Jahre 1972 Einzelheiten über eine Sonderermittlung ans Tageslicht kamen, brach deshalb die Hölle los.

Ein ehemaliger Kriminalinspektor, jetzt Agent des Schatzamtes, gelangte an Informationen über »riesige Summen«, angeblich Millionen von britischen Pfund, die aus Großbritannien herausgeschmuggelt worden waren und nun auf Schweizer Geheimkonten schlummerten. Der Erhalt dieser Informationen wurde durch das Schatzamt nicht dementiert, aber es bestand auf absolutem Quellenschutz.

Die Schweizer kamen dennoch dahinter. Sie behandelten die Angelegenheit wie einen Fall von Industriespionage. Nach Auskunft der Genfer Polizei hatten zwei kleinere Angestellte einer Finanzierungsgesellschaft die Informationen an den Beamten des Britischen Schatzamtes verkauft. Anfangs sprach man von einer Bestechungssumme von 50 000 Pfund, die sich aber im Laufe der Zeit auf »weniger als 1000 Pfund« reduzierte, was wohl etwas mehr den Tatsachen entsprach.

Das Schatzamt gab zu, einen Sonderfonds zu unterhalten. Ein Sprecher äußerte sich gegenüber dem Daily Telegraph folgendermaßen: »In der Haushaltsliste ist ein Betrag für die Bezahlung von Informanten ausgeworfen, aber ich kann nicht sagen, ob in diesem Falle Zahlungen geleistet worden sind.«

Soviel mir bekannt ist, beläuft sich dieser Fonds auf 5000 Pfund jährlich, aber er kann beträchtlich aufgestockt werden, »wenn es notwendig ist«. Die Frage ist, ob in Anbetracht des Wertes der Information und des Professionalismus der Informanten in diesem Falle eine Aufstockung des Fonds als gerechtfertigt angesehen wurde. Ich neige zu der Überzeugung, daß die Information bedeutend mehr wert war als »weniger als 1000 Pfund« und daß das Schatzamt auch bereit gewesen wäre, eine höhere Summe zu bezahlen, daß aber die Informanten Amateure waren und der erwähnte Spionagering mit der Angelegenheit höchstwahrscheinlich nicht das geringste zu tun hatte.

Die Schweizer Bankiers waren wütend. »Solche Dinge erwarten wir von Diktaturen, aber nicht von euch Engländern«, beklagte sich einer von ihnen bei einem Korrespondenten der Sunday Times.

Die beiden Informanten wurden der Wirtschaftsspionage angeklagt. Das ist ein schwerwiegender Verstoß gegen das Schweizer Strafgesetzbuch und unterliegt jederzeit der Verfolgung, sobald eine Schweizer Firma entsprechende Klage gegen ein ausländisches Unternehmen erhebt, oder wie in diesem Falle gegen Schweizer Bürger, die im Interesse einer fremden Regierung handelten.

Den britischen Beamten warnte man davor, jemals wieder seinen Fuß auf Schweizer Boden zu setzen, da er ebenfalls verhaftet und wegen des gleichen Deliktes verurteilt werden könne. Man machte dagegen keinen Versuch, die Aktion des Ermittlers zu verurteilen. Offenbar hatte man nämlich noch weitere Beweise für die unmittelbare Verwicklung der britischen Regierung in die Angelegenheit erhalten: Ein Erster Sekretär der britischen Botschaft in Bern wurde plötzlich versetzt, und ein anderer wurde vorzeitig abberufen. Von beiden behauptete man, sie hätten bei der Sache ihre Hand im Spiel gehabt.

Auf Regierungsebene begnügte sich die Schweiz mit einem formlosen Protest bei der britischen Regierung und ließ damit die Angelegenheit auf sich beruhen. Man hatte bereits genug Probleme mit der amerikanischen Regierung, die verzweifelt versuchte, Hand auf die amerikanischen Vermögen in Schweizer Banken zu legen. Nach Schätzungen des Weltwährungs-Ausschusses belaufen sich diese Vermögen auf über 300 Millionen Dollar, wobei wahrscheinlich ein Großteil der Mafia-Guthaben unberücksichtigt blieb.

Robert Morgenthau, der von Nixon gefeuerte Generalstaatsanwalt von New York, kritisierte 1970 die Behörden, den Durchschlupf in das Schweizer Steuerparadies nicht verschlossen zu haben. Als alter Ermittler auf diesem Sektor war er der Ansicht, daß dies die sicherste Methode sei, der amerikanischen Steuerflucht zu begegnen.

Die alte Frage lautet: Berechtigen solche Probleme ein Land, Wirtschaftsspionage gegen ein anderes Land zu treiben und, wie in diesem Falle, die Gesetze eines anderen zu brechen? Hinzu gesellt sich eine ebenso drängende zweite Frage: Ist es nicht Pflicht einer Regierung, die Anstrengungen jedes einzelnen Unternehmens, die ja letztlich einen Beitrag zum Wohl des gesamten Staates darstellen, zu unterstützen, sei es unter Umständen durch Wirtschafts- oder Industriespionage?

Nachdem Frankreich ein Waffenembargo gegen die Israelis verhängt hatte, von dem auch die Ersatzteillieferung für die Mirage III betroffen wurde, stellte sich diese Frage für Israel nicht. Israelische Agenten ermittelten, daß Mirage-III-Motoren in Winterthur in der Schweiz in Lizenz nachgebaut wurden. Der leitende Ingenieur der Motorenfabrikation erklärte sich bereit, ihnen alle Konstruktionszeichnungen und -daten für den Motor zur Verfügung zu stellen. Dies konnte er nur deshalb versprechen, weil er wußte, daß ein gesamter Satz dieser Unterlagen, der mehr als 150 000 Dokumente, verpackt in einigen zwanzig Kisten, umfaßte, demnächst auf dem Firmengelände verbrannt werden sollte. Er bot sich an, diese Aufgabe selbst zu übernehmen, verbrannte aber lediglich Altpapier und händigte das gesamte Material einem Agenten aus, der es über die nahe gelegene deutsche Grenze schmuggelte.

Nachdem man den Ingenieur überführt hatte, beschuldigte man ihn der Wirtschaftsspionage und nicht des Landesverrats, da, so argumentierte man, er nicht ausschließlich Schweizer Militärgeheimnisse verraten habe. Er verteidigte sich damit, daß er Sympathien für Israels Überlebenskampf empfunden habe, daß Israel bereits die Mirage III besessen habe und sämtliche

Informationen durch Zerlegen eines Antriebsaggregates hätte erhalten können und durch sein Dazutun lediglich Zeit gewonnen hätte; die zweihunderttausend Dollar, die man ihm gezahlt habe, seien nur zur Abdeckung seines Risikos bestimmt gewesen und stünden in keinem Vergleich mit dem geleisteten Dienst: »Wenn ich zehn Millionen Dollar verlangt hätte, hätte man die auch gezahlt«, sagte er.

Der Staatsanwalt forderte in Anbetracht des Schadens, der für die militärische Geheimhaltung der Schweiz entstanden sei, sieben Jahre Gefängnis mit Zwangsarbeit. Aber das Bundesgericht verurteilte den Ingenieur nur zu einer Strafe von viereinhalb Jahren Gefängnis. Einige Kommentatoren interpretierten diese Differenz im Strafmaß als den sichtbaren Ausdruck für die Auffassung von der unterschiedlichen Schwere der Delikte der Wirtschafts- und der Militärspionage.

Höchstwahrscheinlich wird auch die Schweiz ihre gesetzlichen Bestimmungen zum Schutz von Firmengeheimnissen neu fassen müssen, wenn das Land in Zukunft ein engeres Verhältnis zur Europäischen Gemeinschaft anstrebt, denn dieser besondere Schutz der Schweizer Industrie ist im Grunde ja nichts anderes als eine Diskriminierung aller ausländischen Konkurrenten. Natürlich wäre es ein Schritt zurück, die Gesetze in der Schweiz wieder jenen aller anderen Länder des Gemeinsamen Marktes anzugleichen, wo Opfer der Wirtschaftsspionage nur den sehr bedingten Schutz des Zivilrechts genießen und der ganzen Geschicklichkeit ihrer Rechtsberater bedürfen, um vor Gericht zu bestehen und eine angemessene Entschädigung für entstandenen Schaden zu erwirken.

Seit Mitte der sechziger Jahre hat man sich beiderseits des Atlantiks um eine wirksamere Gesetzgebung bemüht. Die meisten dieser Versuche liefen leider immer wieder darauf hinaus, zwei Fliegen mit einer Klappe zu schlagen, d. h. gesetzliche Regelungen zu finden, die gleichzeitig das Problem der Spionage und das der gesicherten Privatsphäre abdeckten. Diese Einstellung führte zu zahlreichen unvereinbaren Konzepten, und die Folge war wiederum, daß überhaupt nichts geschaffen wurde.

Ein anderes schwerwiegendes Hindernis auf dem Wege zu einer wirkungsvolleren Gesetzgebung ist die Tatsache, daß es den meisten Leuten gar nicht klarwird, daß es sich bei der Industriespionage um ein echtes internationales Problem handelt. Alan Campbell, eine Autorität auf dem Gebiet der britischen Handelsgesetzgebung, forderte bereits im Jahre 1965, das Problem auf internationaler Ebene anzupacken, da sonst jede nationale Regelung zur Wirkungslosigkeit verdammt sein würde. Er empfahl die Bildung eines internationalen Gremiums, das die Möglichkeiten zum Schutz von Fabrikations- und Geschäftsgeheimnissen studieren sollte. In einer Entschließung des Europäischen Rechtsausschusses wurde die gleiche Ansicht vertreten und gefordert, daß die nationale Gesetzgebung auf einheitlichen Grundsätzen basieren müsse.

Dennoch hat es den Anschein, daß selbst auf der Ebene des Europäischen Rates keine Lösung zu finden ist, denn ohne amerikanische Beteiligung und ohne Vereinbarungen mit fortgeschrittenen außereuropäischen Industrienationen wie Japan oder einem Industriezentrum wie Hongkong wird jede Regelung Stückwerk bleiben. Wenn Rechtsexperten unter der Fahne der Vereinten Nationen ein Konzept entwerfen würden, das Industriespionage überall zu einer Straftat erheben würde, könnte man daran einen internationalen Vertrag knüpfen, an den alle Signatarstaaten gebunden wären. Das könnte auch den Weg frei machen für die Auslieferung von Agenten und ihnen die Möglichkeit nehmen, sich einem Zivilrechtsverfahren durch die Emigration zu entziehen.

Das Haupthindernis für eine konzertierte Aktion sind die Regierungen selbst, die aufgrund der zahlreichen Gesetzesvorlagen ständig in Zeitnot und einfach nicht mehr in der Lage sind, wichtigen Vorschlägen die entsprechende Priorität einzuräumen.

Sehr viel Anklang fand in Deutschland die Forderung eines leitenden Herrn der Mercedes-Werke, Industriespionage mit Gefängnis zu bestrafen. Schon 1966 warnte er den Deutschen Industrieverband vor ausländischen Spionen, »die nicht nur den Interessen einer einzelnen Firma und der Wirtschaft schaden, sondern auch dem Staat«. Vielleicht hat seine Schätzung, daß die Industriespionage der deutschen Wirtschaft »Millionen«-Verluste zufügt, die Gesetzgeber schockiert. Doch bis auf den heutigen Tag besteht der einzige Schutz der Wirtschaft in einem alten »Gesetz gegen den unlauteren Wettbewerb« aus dem Jahre 1909. Dieses Gesetz und seine zahlreichen kleineren Zusatzartikel behandeln hauptsächlich die Bestechung und rechtswidrige Praktiken, wie beispielsweise die falsche Beschriftung von Handelsgütern. Dennoch weist es mit seinem Paragraphen 17 eine Besonderheit auf, indem nämlich dort der »Verrat von Geschäftsgeheimnissen« als zivilrechtliches Vergehen definiert ist. Inzwischen wurde ein neues Gesetz gegen »Wirtschaftsvergehen« aus der Taufe gehoben, aber trotz seines Namens wird es nur in Zivilrechtsverfahren und nicht in Strafrechtsverfahren Anwendung finden. Der Entwurf des »Datenschutz-Gesetzes« zielt darauf ab, die Preisgabe von Computerdaten und Daten aus anderen Quellen zu beschränken und strenge Vorschriften zum Schutz der Privatsphäre zu erlassen. In dieser Hinsicht setzt der Gesetzentwurf strengere Maßstäbe als der amerikanische »Fair Credit Reporting Act« (Gesetz über die Auskunftserteilung hinsichtlich der Kreditwürdigkeit) und die »Personal Information Bill« (Erlaß über Personenauskünfte).

Schweden hat sich intensiv mit der deutschen Vorkriegs-Gesetzgebung beschäftigt, um auf dieser Grundlage ein schwedisches Gesetz zu erarbeiten, aber das Vorhaben ist noch nicht über das Diskussionsstadium hinaus gediehen.

Auch Großbritannien kann mit einer Reihe vielversprechender Vorschläge aufwarten, die zu nichts geführt haben. Nach einer internationalen Anwaltskonferenz in Stockholm begann »Justice«, die britische Sektion der Internationalen Juristenvereinigung, sich mit dem Problem zu befassen. Im gleichen Jahr, 1967, legte Alexander Lyon, Labour-Abgeordneter für York, einen Gesetzentwurf vor, nach dem Industriespionage in die Kategorie der Strafvergehen aufgenommen werden sollte, aber nur, wenn sie das Ergebnis des »Eindringens in die Privatsphäre« sei. Die Regierung verweigerte ihre Zustimmung, um dem Entwurf Zeit für eine zweite Lesung zu geben.

Im Jahre 1968 präsentierte Sir Edward Boyle einen anderen Entwurf über »Industrieinformationen«. Obwohl es sich hierbei um den bis dahin besten Gesetzesvorschlag handelte, wurde er sehr bald zu den Akten gelegt, nachdem er von allen Seiten kritisiert worden war. Dieses Gesetz hätte die »mißbräuchliche Verwendung industrieller Informationen« unter Strafe gestellt, und zwar, wenn jemand ohne Einwilligung des Eigentümers »solche Informationen mit Hilfe fotografischer und/oder elektronischer Mittel liest, kopiert, empfängt oder zurückbehält oder solche Informationen über einen Computer, eine Datenbank, über eine Speicheranlage, über Laserstrahlen, über Satelliten oder über irgendein Fernsprech- oder Fernsehsystem empfängt«.

Ebenso hätten sich diejenigen schuldig gemacht, die bei einer solchen Aktion Hilfe leisteten oder dazu anstifteten, solche Informationen entgegennähmen, benutzten oder verkauften.

Wie gewöhnlich lautete eines der Hauptgegenargumente, durch dieses Gesetz könnten echte Untersuchungen der Presseorgane zur Unterrichtung der Öffentlichkeit behindert werden. Würde diese Gefahr nicht ausgeräumt, würden die vorteilhaften Wirkungen des Gesetzes sofort überschattet durch die Einschränkung eines demokratischen Grundrechtes.

Im Jahre 1969 empfahl der Rechtsausschuß dringend eine nochmalige Prüfung der Probleme. Ein Jahr später legte Brian Walden, ein anderer Labour-Abgeordneter, einen Gesetzentwurf zum Schutz der Privatsphäre vor, der auf einen Vorschlag von »Justice« zurückging. In diesem Entwurf lag die Betonung auf Privatsphäre, doch gewisse Abschnitte zielten auch auf die Industriespionage. Aber wieder war es gerade dieser Aspekt der Privatsphäre, der das Gesetz zum Scheitern brachte, obwohl Großbritannien nach seiner Unterzeichnung der Europäischen Menschenrechtskonvention verpflichtet war, ein entsprechendes Gesetz zu erlassen. Andere Unterzeichnerstaaten wie Schweden, Frankreich und die Bundesrepublik, ebenso wie Kanada und die Vereinigten Staaten verfügten bereits über derartige Gesetze.

Immerhin führte die Debatte zur Bildung des Younger-Ausschusses, der die Regierung in Fragen des Schutzes der Privatsphäre beraten sollte. Der Ausschuß legte seinen Bericht 1972 vor. Die meisten seiner vierzig Empfehlungen zielten darauf ab, Verletzungen der Privatsphäre zu definieren und einzuschränken sowie den Schutz von Informationen in Daten-Banken, Kredit-Agenturen und ähnlicher Institute zu gewährleisten. Die Mehrheit der Ausschußmitglieder verwarf dagegen Vorschläge, ein allgemeines Recht auf Privatsphäre gesetzlich zu verankern.

Hinsichtlich einer die Industriespionage betreffenden Gesetzgebung machte der Ausschuß keine spezifischen Vorschläge, da man der Ansicht war, daß in die allgemeinen Empfehlungen genug Sicherungen aufgenommen worden waren, ohne daß dadurch dem notwendigen freien Fluß und dem Austausch wissenschaftlicher und technologischer Informationen Schranken gesetzt würden. Paragraph 632 würde zum Beispiel die unrechtmäßige Beschaffung von Informationen zu einer schuldhaften Handlung im Sinne des bürgerlichen Rechts machen.

Offenbar sah sich der Ausschuß größten Schwierigkeiten gegenüber, als es darum ging, zuverlässiges Beweismaterial über die Praktiken moderner Industriespione zu beschaffen. Ich habe den Verdacht, daß dies der Grund ist, weshalb sich seine Mitglieder nicht zu dem Entschluß durchringen konnten, Industriespionage zu einem Vergehen zu erklären. Dieses Versagen ist Teil eines Circulus vitiosus: Solange Wirtschaftsspionage kein strafrechtliches Vergehen darstellt, wird die Polizei nicht tätig; solange die Polizei aber keine Fälle untersucht, werden auch keine durch genügend Beweismaterial abgestützte Klagen vor Gericht kommen; solange nur wenige Fälle gerichtsbekannt werden, wird niemand die Notwendigkeit strengerer Bestrafung einsehen; solange nicht genügend Urteile mit abschreckender Wirkung gefällt werden, werden nur wenige Geschäftsleute sich der Mühe unterziehen, vor Gericht wegen aggressiver Wettbewerbsmethoden zu klagen. Also wird es weiterhin schwierig sein, überzeugende Beweise über das Ausmaß dessen, was sich draußen abspielt, zu erhalten.

Zwei der Empfehlungen bezogen sich dennoch direkt auf die Industriespionage.

In der einen wurde gefordert, den Beruf des Privatdetektivs genehmigungspflichtig zu machen, wie dies in den meisten amerikanischen Bundesstaaten der Fall ist – wenn auch hier, wie dem Rand-Report zu entnehmen ist, »echte Unehrlichkeit und erbärmliche Geschäftsmethoden« auf dem Sektor Sicherheits-Industrie anzutreffen sind. Der Younger-Ausschuß führte an, daß Lizenzierung und Überwachung das Ansehen des Berufsstandes heben würden, wenn völlig unqualifizierte und möglicherweise kriminelle Elemente davon ausgeschlossen seien. Strenge Kontrollen könnten die Bemühungen der berufsständischen Organisationen unterstützen, die ja nur die Möglichkeit hätten, Gaunern die Mitgliedschaft zu verwehren, aber nicht über Handhaben verfügten, sie zu hindern, Geschäfte aufzumachen und Leute zu betrügen. Es ist deshalb ein Fehler, daß die Regierung den Vorschlag nicht aufgegriffen hat. Anderseits beruhte die Empfehlung zumindest auch auf einer Fehleinschätzung der gegenwärtigen Situation. Ich glaube nämlich, daß nur sehr wenige Privatdetektive auf dem Sektor Industriespionage tätig werden und daß ihre Einkünfte aus solchen Aufträgen nur einen Bruchteil dessen darstellen, was die professionellen Industriespione dabei verdienen. Diese wenigen könnte man auch nicht von ihrem Tun dadurch abhalten, daß man ihre Berufsausübung von einer Lizenz abhängig macht. Sie würden lediglich dazu übergehen, unter dem Deckmantel einer »Unternehmensberatung« zu arbeiten.

Die andere der beiden Empfehlungen bezog sich auf Abhöranlagen. Es wurde darin gefordert, den Einsatz elektronischer und optischer Geräte zur Überwachung von Personen zur Straftat zu erklären und mit Geld- und Gefängnisstrafen zu belegen. Dieser Vorschlag verdient vollste Anerkennung, denn die gegenwärtige Situation ist einfach lächerlich. Teile vorhandener Gesetzgebung, die aufgrund mehr oder weniger spitzfindiger Interpretation gelegentlich Anwendung finden, stammen aus einer Zeit, da noch niemand die technischen Möglichkeiten vorauszusehen vermochte, die sich durch die moderne Elektronik und durch Miniaturschaltungen auftun sollten.

Das ausschließliche Recht der Regierung, im Interesse der nationalen Sicherheit Telefonleitungen anzuzapfen, gründet sich auf einen königlichen Erlaß aus dem Jahre 1663, der der Krone das Vorrecht einräumte, Kuriere abzufangen und Kurierpost zu lesen. Private Anzapfer und Benutzer von Abhörgeräten können nur wegen Verstoßes gegen das Funk- und Telegraphen-Gesetz von 1949 belangt werden, aber dieser Rechtsbehelf erweist sich in der Regel als so unwirksam, daß die Polizei bemüht ist, sich möglichst auf andere Anklagepunkte, wie Verabredung zu einem Vergehen oder ähnliches, abzustützen.

Ein Mann, der zu Spionagezwecken eine Telefonleitung angezapft hatte, gelangte auf diese Weise zu Informationen im Werte von etwa 50 000 Pfund. Durch seine Tätigkeit hatte er das Geschäft seines Opfers fast völlig ruiniert. Die Anklage stützte sich auf das Gesetz aus dem Jahre 1949 und beschuldigte den Anzapfer der Manipulation mit postalischen Einrichtungen und des Diebstahls von Posteigentum im Werte von zwei Pence. Das Urteil lautete auf dreißig Pfund Geldbuße.

Das Anzapfen von Leitungen und das Anbringen von »Wanzen« für strafwürdig zu erklären klingt einfach. In einigen Ländern ist dies auch geschehen, so auch in Holland, wo die Benutzer von Abhörgeräten mit Gefängnis bis zu sechs Monaten und mit Geldstrafen bis zu 2500 Pfund (oder mit dem Fünffachen dieser Summe, wenn die Information veröffentlicht wurde) bestraft werden können, und in Schweden, wo die maximale Strafandrohung bei zwei Jahren Gefängnis liegt. Aber so einfach ist das nicht mit der Gesetzgebung. Soll man denjenigen, der in berechtigter Selbstverteidigung ein Abhörgerät einsetzt, seiner wirkungsvollen Waffe berauben? Die Falschaussage einiger unehrlicher Polizisten kann einen Mann in ärgste Bedrängnis bringen – sollte er nicht die Möglichkeit haben, sich beispielsweise mit einer heimlich aufgenommenen Tonbandaufzeichnung zu verteidigen?

In Deutschland kann das Gericht Tonbandaufzeichnungen als Beweismittel anerkennen, wenn andere Mittel zur Überführung eines Täters ausscheiden, wie dies vor allem in Erpressungsfällen zutrifft, wo gerade das gesprochene Wort ein wesentliches Tatbestandmerkmal darstellt. Die Aufzeichnung von Reden ohne Erlaubnis des Redners ist unzulässig, doch kann heimliches Mithören oder Abhören auch für zulässig erklärt werden, wenn der Lauscher beweisen kann, daß er ein Recht darauf hatte zu wissen, was gesprochen wurde. Der Paragraph 298 des Strafgesetzbuches macht den Einsatz von Abhörgeräten zu einem Antragsdelikt.

In den Vereinigten Staaten war die von Land zu Land unterschiedliche Gesetzgebung schon seit jeher ein Anlaß zur Verwirrung und schuf im Hinblick auf die Strafverfolgung ganz besondere Probleme. Die stark voneinander abweichenden Gesetze in bezug auf Abhör- und Lauschpraktiken bildeten keine Ausnahme von dieser Regel. Kalifornien, Illinois und New York waren die ersten, die den Einsatz von Abhörgeräten für strafbar erklärten; inzwischen gibt es aber ein Bundesgesetz, das selbst den Besitz derartiger Apparate verbietet.

Verstöße gegen dieses Gesetz können mit Geldstrafen bis zu zehntausend Dollar und mit Gefängnis bis zu fünf Jahren bestraft werden; außerdem kann auf entsprechenden Schadenersatz erkannt werden. Aber selbst dieses Gesetz wird in einigen Staaten verschieden interpretiert. In Kalifornien beispielsweise warnte man einen Sicherheitsspezialisten davor, in einer Fernsehsendung die Bedrohung durch elektronische Abhörgeräte zu demonstrieren, da er wegen Besitzes solcher Geräte im Studio verhaftet werden könne. Derselbe Mann suchte einmal ein Büro nach »Wanzen« ab. Die Polizei, der man wohl einen Hinweis gegeben hatte, erschien genau zu dem Zeitpunkt, als er in einem Bilderrahmen versteckt einen winzigen Sender entdeckte. Während er das Gerät ausbaute und sich dabei bemühte, den Rahmen nicht zu beschädigen, machte er sich in der Tat des gleichen Vergehens schuldig wie der Spion, der den Sender angebracht hatte. Als ich in Los Angeles mit ihm zusammentraf, behauptete er, daß ihn nur seine Freundschaft mit einigen hohen Polizeioffizieren vor einer Anzeige bewahrt habe.

Anti-Abhörgesetze sind ein begrüßenswerter Schritt auf dem Wege zu einem verbesserten Schutz von Geschäftsgeheimnissen, aber es wäre ein großer Irrtum anzunehmen, daß man damit die Hauptwaffe gegen Industriespionage gefunden habe. Es ist nämlich keineswegs so, daß Spione darauf angewiesen sind, Abhörgeräte in Büroräumen zu verstecken und Telefonleitungen anzuzapfen. Sie bedienen sich gelegentlich solcher Hilfsmittel, aber sie hängen weniger davon ab als viele Regierungsbehörden. Das gilt besonders für die Vereinigten Staaten, dem Mutterland der »Wanze« und dem Paradies der Anzapfer.

Die meisten Amerikaner, mit denen ich mich unterhielt, sprachen sich für eine Anti-Abhör-Gesetzgebung aus. Der Gedanke, daß irgend jemand mit einem guten Kofferradio und fünf Dollar in bar in der Lage sein könnte, Gespräche eines anderen an irgendeinem Ort mitzuhören, gefiel ihnen überhaupt nicht. Ebenso mißfiel ihnen aber auch, daß im Gegensatz zur Öffentlichkeit der Polizei und anderen Behörden die Benutzung solcher Mittel gestattet sein sollte.

Wenige regen sich darüber auf, wenn die Polizei die Telefonleitungen illegaler Buchmacher anzapft oder in einem Wohnwagen, der Mafia-Bossen als Hauptquartier dient, verborgene Abhörvorrichtungen anbringt. Aber wenn Bundesbeamte gezwungen sind zuzugeben, daß sie »unbeabsichtigt« Leute wie Martin Luther King oder den ehemaligen Cassius Clay belauscht haben, wenn sich bei einem Hearing im Kongreß herausstellt, daß in jeder beliebigen Stadt der USA von der Polizei und anderen Behörden ständig mindestens hundert Lauschoperationen durchgeführt werden, wenn die Steuerfahndung eine eigene Schule unterhält, in der Agenten auf Lauscheinsätze vorbereitet und im Anzapfen von Leitungen und in der Handhabung von Einbruchswerkzeug unterwiesen werden, dann fühlt man sich denen verbunden, die mit Nachdruck auf einen Satz im vierten Zusatzartikel zur amerikanischen Verfassung verweisen, in dem es heißt:

»Das Recht des Bürgers auf Schutz seiner Person, seiner Wohnung, seiner Papiere und seines Eigentums gegen ungerechtfertigte Durchsuchungen und Beschlagnahmungen darf nicht verletzt werden.«

Ich für meinen Teil werde niemals die Richter beneiden, die von Zeit zu Zeit entscheiden müssen, ob eine Abhöroperation »gerechtfertigt« war oder nicht.

Das Reich der unbegrenzten Möglichkeiten

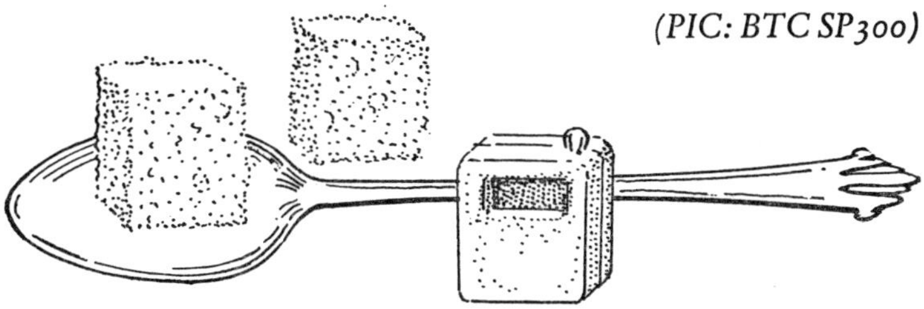

(PIC: BTC SP300)

Die Buchstaben- und Zahlengruppe oben rechts bezeichnet eine »Wanze«. Obwohl das Gerät nur fünf Gramm wiegt, handelt es sich nicht einmal um den kleinsten und raffiniertesten Typ. Es verfügt über ein Mikrophon, das sogar Flüstergeräusche in einem Raum wiedergeben kann, während der Sender eine Reichweite bis zu 350 Meter hat. Seine Länge beträgt weniger als zwei Zentimeter und seine Gesamtgröße ist ungefähr vergleichbar mit der eines Zuckerstückes. Die Plastikhülle dieses »Zuckerstückes« ist so »überraschend realistisch«, daß Süßstoff-Benutzer es nicht anrühren werden.

Ausgerüstet mit einer guten Mini-Batterie, arbeitet das Gerät etwa achtzig Stunden ununterbrochen. Zum Empfang der Sendungen benötigt man einen empfindlichen frequenzmodulierten Empfänger mit mindestens zehn Transistoren (lt. Anweisung von BTC, der späteren Firma Translibex, Rotterdam/Zürich), aber das Gerät erweist sich als »sehr wirkungsvoll bei Lauscheinsätzen in Büros« (behauptet die Firma Guarda Security Services in London, früher Christopher Robert & Co.). Obwohl die süßende Wirkung gleich Null ist, »kann es in eine Tasse Kaffee plaziert werden, ohne daß darunter die Sendeleistung leidet«, denn »es ist vollkommen wasserdicht« (wenn man der Versicherung der Firma Security Systems International of Cambridge and London, eingetragen im Handelsregister der Insel Man, Glauben schenken darf).

Kleinigkeiten spielen bei Spionageoperationen eine große Rolle. Dieses kleine süße Ding kann zwar in den Händen eines Profis zu einer tödlichen Waffe werden und mag ihm auch Kunden einbringen, aber solche »Wanzen« – im Fachjargon auch gelegentlich »Die kleinen Dinger« genannt – sind schwierig zu handhaben. Das ist wohl auch der Grund, weshalb Industriespione ihnen gegenüber so eine Art Haßliebe zu empfinden scheinen.

Zuerst einmal muß der Agent alles über den Ort herausfinden, an dem das »kleine Ding« zum Einsatz kommen soll. Dann muß er sich möglichst rechtmäßigen Zutritt zu diesem Hotel, Büro oder Konferenzraum verschaffen, die »Wanze« hineinschleusen, sie verstecken, sie ausprobieren und sicherstellen, daß Reichweite und Klarheit des Empfangs nicht durch örtlich bedingte Störungen, atmosphärische Bedingungen, Interferenzen vorbeilaufender Stromkabel oder andere Faktoren, wie Hintergrundgeräusche, beeinträchtigt werden. (Als 1970 die englische Polizei versuchte, die Unterhaltung mit einem Piloten, den man verdächtigte, bei der unerlaubten Einreise von Pakistanis nach England Hilfe zu leisten, auf Band aufzunehmen, übersah sie den Umstand, daß sich in der Nähe eine Kirche befand. Das Geläute von St. Mary in Reading setzte genau im ungünstigsten Moment ein und ruinierte die Aufnahme.)

Weiterhin muß der Agent sicherstellen, daß die wenigen Minuten, in denen die wirklich wichtigen, vertraulichen Dinge zur Sprache kommen, auch in die achtzigstündige Lebensdauer der »Wanze« fallen. Erst dann kann er sich den Maßnahmen zum Empfang und Aufnehmen der Sendungen widmen. Die letzte Aufgabe besteht schließlich darin, das verdammte »kleine Ding« wieder vom Ort des Einsatzes zu entfernen, nicht weil sein Verlust zu teuer käme – was sind schon hundert bis hundertzwanzig Dollar in diesem Geschäft –, sondern weil die nachträgliche Entdeckung des Abhörgerätes Gegenmaßnahmen des Opfers zur Folge haben würde und den Wert der Information beträchtlich mindern könnte.

Auf diese Weise gestaltet sich die ganze Operation bedeutend komplizierter, teurer und nervenaufreibender, als die betreffenden Schilderungen in Spionageromanen auch nur vermuten lassen. Das soll keineswegs heißen, daß solche spektakulären technischen Einsätze für einen echten Agenten außerhalb der Realität liegen. Mit einem Sicherheitsfachmann, der sowohl offensive als auch defensive Aufträge hinter sich hatte, besprach ich einmal eine Episode aus der amerikanischen Fernsehserie »Mission Impossible« (Unmögliche Aufträge). Wir kamen zu dem Ergebnis, daß bei entsprechenden Ausgaben für Mädchen, Getränke, Hilfsmittel und Reisen ein Auftrag eines TV-Agenten auch in Wirklichkeit durchführbar sei, wenn auch nicht für viel weniger als eine halbe Million Dollar.

»Was glauben Sie, in welchen Dimensionen sich der voraussichtliche Gewinn bewegen muß, um derartige Investitionen zu rechtfertigen?« fragte mich mein Gesprächspartner, ohne offenbar eine Antwort darauf zu erwarten. Im Gegensatz zu den »platten Burschen« auf der Leinwand ziehen es die dreidimensionalen Spione vor, ihre Aufträge schnell und anonym zu erledigen, ohne dabei nach Heldenruhm zu streben. »Keine Orden, bitte ... das Honorar wird mich für meine Bemühungen vollauf entschädigen. Danke schön.«

In gewissen Fällen können sich jedoch »Wanzen« und andere Geräte als sehr nützlich, ja gelegentlich als unabdingbar erweisen. Ein deutscher Agent, der vorgab, bereits in Japan erfolgreich gearbeitet zu haben, einem Land, in dem das Sicherheitsdenken dem in kommunistischen Staaten nicht nachsteht, betrachtete den Einsatz elektronischer Hilfsmittel »als die letzte Möglichkeit, ein Schritt vor dem Eingeständnis der Niederlage«.

Der bereits erwähnte Lauscheinsatz in einem Wohnwagen, dem Treffpunkt einiger Mafia-Bosse, gehört zu einer der zahlreichen Gelegenheiten, bei denen das FBI seine Zuflucht zu elektronischen Hilfsmitteln nahm. Als 1970 einige Mafiosi in Newark, New Jersey, vor Gericht standen, ergab sich, daß das FBI vier Jahre lang die Privatunterhaltungen zahlreicher Verdachtspersonen belauscht hatte. Die Niederschrift ausgewählter Bandausschnitte füllte 1200 Schreibmaschinenseiten. Obwohl diese »unbeschworenen Dokumente« nicht als Beweismaterial zugelassen wurden, vermittelten sie ein fesselndes Bild unterschiedlichster Praktiken.

Eines der Ziele dieser großangelegten Abhöroperation bestand darin herauszufinden, wer aus Kreisen der Regierung, der Finanz- und Geschäftswelt mit den Gangstern in regelmäßigem Kontakt stand. Über diese Kontakte erhoffte man einen Überblick über ein weitverzweigtes Netz von Verbindungen zu gewinnen. Generalstaatsanwalt war zu jener Zeit der ermordete Robert Kennedy, der aufgrund seiner Erfahrungen im Kampf gegen das organisierte Verbrechertum zu einem eifrigen Befürworter von Abhöraktionen geworden war und der dem FBI freie Hand gegeben hatte, vertrauliche Äußerungen von Unterweltgrößen mitzuschneiden.

So war einer Tonbandaufnahme aus dem Jahre 1964 zu entnehmen, daß die Mafia ihrerseits Interesse an den Kontakten des Generalstaatsanwalts gezeigt hatte. Während Kennedys Teilnahme am Parteitag der Demokraten in Atlantic City bemühte sich die Mafia um eine Liste seiner täglichen Telefonate. Der Spezialist in der Beschaffung von Geschäftsgeheimnissen, den man mit der Sache beauftragte, hielt sich nicht bei elektronischen Mätzchen auf. Er befreundete sich mit einem der Mädchen aus der Telefonvermittlung. Vermutlich durch Bestechung erhielt er alle Nummern, die Kennedy verlangt hatte.

Die Folgerungen, die man aus diesem und ähnlichen Fällen ziehen kann, sind nicht sehr erheiternd. Hier erweist sich, daß es eindeutig billiger, sicherer, einfacher und angenehmer ist, eine Sekretärin zu beschwatzen, als sich auf Abhörgeräte zu verlassen, es zeigt sich aber auch, daß die Verbindung von Loyalität und Furcht unter den Kriminellen stärker ausgeprägt ist als im Lager derjenigen, die eigentlich dem Gesetz Geltung verschaffen sollten. Gaunern scheint es überall und jederzeit zu gelingen, sich die Dienste schmieriger Beamter und Polizisten zu erkaufen, während von einem umgekehrten Fall nur selten berichtet wird.

In den sechziger Jahren, als das »Wanzen-Unwesen« in den USA seinen Höhepunkt erreicht hatte, hatten sich mindestens zweiundzwanzig größere und zahlreiche kleinere Unternehmen auf die Herstellung elektronischer Abhörgeräte für privaten und industriellen Gebrauch verlegt. Die Zeitschrift »Business Week« schätzte damals die jährlichen Aufwendungen der Industrie für Abhörgeräte auf vier Millionen Dollar, während eine Marktuntersuchung erbrachte, daß 1965 in Los Angeles in einem einzigen Monat 250 Mini-Telefonspione verkauft wurden. Die »Wanzen-Welle« überschwemmte Europa im letzten Drittel desselben Jahrzehnts; damals sollen sich angeblich allein in Deutschland zwanzigtausend Geräte dieser Art im Besitz von Privatpersonen befunden haben.

Rund ein Dutzend Fachleute haben die Ansicht geäußert, zu der ich aufgrund meiner eigenen Untersuchungen ebenfalls gekommen bin: die gegenwärtige Rolle dieser »kleinen Dinger« wird bei weitem überschätzt. Der Gebrauch von Abhörgeräten und die von ihnen ausgehende Bedrohung ist viel weniger verbreitet, als uns einige Fachleute, die am Aufspüren dieser Apparate und am Verkauf von Abwehrgeräten Geld verdienen, weismachen wollen. Dennoch besteht die Gefahr, von privater Seite einem »Lauschangriff« ausgesetzt zu werden, und der Eindruck, den ich aufgrund der Analyse einiger hundert Fälle, einschließlich der bereits erwähnten, gewonnen habe, geht dahin, daß deren Einsatz folgenschwerer sein kann als je zuvor, zumal wenn Profis am Handwerk sind.

Gelegentlich hört man schon noch von Fällen, in denen der Gebrauch von »Wanzen« ausschließlich privaten Zwecken diente, wie in jenem bayrischen Kloster, in dem die Schwester Oberin die »kleinen Dinger« in den Zellen ihrer Nonnen versteckte, doch im allgemeinen handelt es sich bei den typischen Fällen um gut geplante Operationen von Fachleuten, die darin den einzigen Weg sehen, das Sicherheitssystem einer Firma zu brechen oder die Äußerungen von Leuten aufzunehmen, die sich unbelauscht glauben.

Mr. J. E., Spezialist für Spionageabwehr im Wirtschaftsbereich mit einer gediegenen Ausbildung im militärischen Nachrichtendienst, hatte, während er noch für »Management Investigation Services« arbeitete, mit einem solchen Fall in Frankfurt zu tun. Ich traf J. E. in seinem Club – Army and Navy natürlich –, in dem seine kleine, schlanke Gestalt in dem riesigen Ledersessel fast zu verschwinden schien.

Er war sich nicht ganz klar darüber, warum der Kunde in Frankfurt, die

Hauptverwaltung einer international bekannten Gesellschaft, ausgerechnet seine Londoner Firma zu Rate gezogen hatte. Vielleicht hatte man von ihrem Ruf als eine Zentrale der wenigen wirklichen Abwehrspezialisten in diesem Geschäft gehört. Vielleicht war man auch von der Überlegung ausgegangen, daß ein gleichzeitiges Engagement einer britischen Firma für noch einige andere deutsche Konkurrenten weniger wahrscheinlich sei als das einer deutschen Agentur.

»In Zusammenarbeit mit Major Matthews führten wir einige Voruntersuchungen durch, bevor das erste Treffen stattfand, genau hier, möglicherweise sogar in diesen Sesseln«, erzählte mir J. E. Immer wieder brachte er sein Glas Scotch-and-Soda an die Lippen und trank in wenigen Schlückchen, als seien sie danach bemessen, unter ständigem Alkoholgenuß eine lange Diskussion durchstehen zu müssen, ohne Wirkung zeigen zu dürfen.

»In den drei Jahren, bevor sie sich an uns wandte, hatte die Firma einen bemerkenswerten Aufschwung. Dann plante sie eine tiefgreifende Änderung in der Unternehmenspolitik, mit der eine große Verkaufs- und Werbekampagne sowie die Realisierung neuer Entwicklungsvorhaben Hand in Hand gehen sollten. Aber unerklärlicherweise lief alles schief. Langsam kam man zu der Überzeugung, daß der Plan mindestens bis zu einem, möglicherweise bis zu zwei Konkurrenten durchgesickert war. Ein Grund, weshalb das neue Konzept der Firma fehlschlug. Die Verluste infolge verpaßter Gelegenheiten und ungenutzter Kapazität wurden auf ungefähr hundertzwanzig Millionen Mark geschätzt. In der Tat dauerte es drei Jahre, bis das Unternehmen sich von dem Schlag erholt hatte.

Man hatte den Verdacht, das Opfer irgendeiner Art von Industriespionage geworden zu sein, aber obwohl man die Sorgen noch nicht los war, hatte man das Gefühl, nichts dagegen unternehmen zu können. Da gab es eine Reihe kleinerer Informationslecks, gefolgt von einem ernsthafteren Geheimnisbruch. Hiervon erfuhr die Firmenleitung auf Umwegen. Sie nahm dies zum Anlaß, eine gründliche Überprüfung des gesamten Firmenstabes einschließlich der Direktoren vorzunehmen, aber sie fand nichts. Zu guter Letzt versuchte sie es mit einem Scheinprojekt. Die üblichen Vorbereitungen wurden getroffen und das Projekt auf die Tagesordnung der freitäglichen Vorstandsitzung gesetzt, aber diesmal schien nichts nach außen gedrungen zu sein.

Dieser Vorfall ereignete sich vor ungefähr achtzehn Monaten, als wir uns zum ersten Mal trafen. Seitdem hatte es keine Sicherheitsprobleme mehr gegeben. Als die Firma jedoch zum zweiten Mal einen größeren Durchbruch auf dem internationalen Markt plante, wollte sie keine Risiken mehr eingehen. Sie holte mich ein zweites Mal!

Zu meinen einleitenden Routineuntersuchungen gehörte es, herauszufinden, wie die Firma drei Jahre zuvor um ihr Geheimnis gebracht worden war, auf wen die kleineren Vertrauensbrüche danach zurückzuführen waren und warum, soweit sich das überhaupt feststellen ließ, seit geraumer Zeit keine Informationen mehr in falsche Kanäle gelangt waren. Wenn wirkliche Profis ihre Hände im Spiel hatten, dann war es naheliegend, daß sie ihre Informationsquellen erst einmal auf Eis gelegt hatten, um deren Sicherheit nicht zu gefährden und sie für den nächsten lohnenden Coup in Reserve zu halten.

Von Anfang an konzentrierte sich meine Aufmerksamkeit auf den Konferenzraum. Mit Hilfe der Buchhalter und anhand abgelegter Rechnungen stellte ich eine Liste aller unter Vertrag genommenen Firmen auf, die innerhalb des Firmengeländes irgendwelche Arbeiten ausgeführt hatten. Dabei entdeckte ich einen seltsamen Zufall: Zwei Arbeitertrupps verschiedener Bauunternehmer hatten im Konferenzzimmer bauliche Veränderungen vorgenommen, das erste Mal vor drei Jahren und das zweite Mal vor achtzehn Monaten – also zu Zeitpunkten, die mit dem Beginn und dem Ende des Geheimnisverrats zusammenfielen.

Dennoch erschien das Vorhandensein einer ›Wanze‹ unwahrscheinlich, denn aufgrund der gegebenen Umstände hätte jede ausgestrahlte Sendung innerhalb des firmeneigenen Gebäudekomplexes empfangen werden müssen; davon hatte ich mich überzeugt. Wer konnte das alles abgehört haben und vor allem von wo aus?

Noch einmal machte ich mich mit dem Prüfgerät über den Konferenzraum her. Zentimeter für Zentimeter untersuchte ich die Wände, das Gerät zeigte auch einige Ausschläge, aber nur an Stellen, wo dies aufgrund der elektrischen Verkabelung und der Gebäudekonzeption zu erwarten war. Da gab es lediglich eine einzige Stelle, die mir bereits bei meiner ersten Überprüfung etwas Kopfzerbrechen bereitet hatte.

Diesmal wollte ich sichergehen. Der Direktor, dem ich stets persönlich und niemals schriftlich Bericht erstattete, gab seine Zustimmung zur Öffnung der Wand. Nachdem die Stofftapete entfernt worden war, entdeckte ich in einer kleinen Vertiefung der Mauer ein veraltetes Hörgerät. Der davon ausgehende Draht führte zu einem alten Kaminschacht. Als ich die Anlage später ausprobierte, erwies sich, daß auch das veraltete Modell durchaus in der Lage war, jedes im Raum geflüsterte Wort aufzunehmen.«

An dieser Stelle unterbrach J. E. seinen Bericht und erhob sich, um draußen sicherzustellen, daß unsere Frauen, die wir zum Abendessen erwarteten, in die nicht zum Club gehörende Bar eingelassen würden. Nachdem er wieder Platz genommen hatte, nippte er an seinem Scotch, bestellte den dritten Doppelten für mich – und wir waren wieder in Frankfurt.

»Zurück zu diesem Draht. Er führte durch den Kaminschacht bis zum zweiten Stock, wo er offenbar durch irgendeinen scharfen Gegenstand durchgeschnitten worden war. Ich nehme an, daß er aus Versehen von dem zweiten Arbeitertrupp, der, wie ich feststellen konnte, auch im zweiten Stockwerk gearbeitet hatte, beschädigt worden war. Von dort aus verfolgten wir den Draht bis auf den Dachboden, wo er in einer sauberen Rolle endete. Überall lag eine dicke Schicht Staub und Vogeldreck, die nur an einer Stelle etwas dünner zu sein schien. Man konnte sich gut vorstellen, daß hier vor einiger Zeit ein Tonbandgerät gestanden hatte.

Schön und gut, nehmen wir einmal an, daß die Maurer tatsächlich aus Versehen das Kabel durchschnitten und dadurch unwillentlich die Operation lahmlegten. Wie sollte aber jemand regelmäßig auf den Dachboden gelangt sein, um die Bänder auszutauschen und die Batterien zu erneuern? Schließlich zogen sich die Freitags-Konferenzen oft bis spät in die Nacht hin, so daß eine entsprechende Vorbereitung und Wartung des Gerätes jedesmal unvermeidlich gewesen sein muß.

Das Dach, auf dem ich stand, gehörte zum ältesten Teil des Gebäudekomplexes. Als man später einen größeren Büroblock daneben setzte, reichte das Dach des alten Hauses gerade bis zum zweiten Stock des Neubaus, und von einem der dortigen Büroräume führte direkt eine Tür auf den Dachboden. Nach dieser Entdeckung war ich sicher, den Spion zu fassen. Doch zu meiner größten Enttäuschung mußte ich feststellen, daß die Frau, die während der in Frage kommenden Zeit in diesem Büro gearbeitet hatte, vor etwa sechzehn Monaten gekündigt hatte – kurz nachdem die zweite Arbeitskolonne der Abhöroperation ein Ende bereitet hatte.

Ich sprach mit einigen ihrer früheren Arbeitskollegen und gelangte dabei zu der Gewißheit, daß es sich bei der ganzen Sache um eine schlau eingefädelte Operation von Profis gehandelt hatte. Die Frau war rund fünfzehn Jahre in der Firma tätig. Sie hatte ihren Mann während des Krieges verloren und war daraufhin mit ihrer Schwester zusammengezogen, auf die sich ihre ganze Zuneigung konzentrierte. Ungefähr vier Jahre vor Beginn der Untersuchung war die Schwester an einem geheimnisvollen Leiden erkrankt, und die Verdachtsperson opferte ihre ganzen Ersparnisse für Spezialisten in der vergeblichen Hoffnung auf Heilung.

Wahrscheinlich gelangte sie in dieser schweren Zeit in das Zielfeld irgendeiner Spionageorganisation, die auf der Suche nach firmeninternen Verbindungen war. Sie benötigte dringend Geld, also wurde sie gekauft. Man schnitt das Abhörverfahren auf ihre Lebensgewohnheiten und Möglichkeiten zu. Es war bekannt, daß sie sich einsam fühlte, nachdem ihre Schwester von einem Sanatorium in das andere zog; so war denn auch keiner ihrer Kollegen überrascht, als sie mit einem Mal eine besondere Liebe zu den Vögeln entwickelte.

Ihre Mittagspause verbrachte sie meistens damit, die Vögel auf dem Dach zu beobachten, und eines Tages erschien sie im Büro mit einem großen, verschwenderisch ausgestatteten Gehäuse, das sie als Vogelkäfig aufstellte. Sie installierte den Kasten auf dem Dachboden und stieg von nun an treu und brav, ohne Rücksicht auf Schnee und Regen, auf den Speicher, um dort ihre Vögel zu füttern – und zwar jeden Freitag.«

E. J. hatte bei der Einteilung seines Whiskys Präzisionsarbeit geleistet, denn den letzten Schluck nahm er praktisch wie eine Belohnung für mehr als fünfzehn Minuten ununterbrochenes Sprechen. Als ich ihn nach dem Ausgang der Untersuchung fragte, verlegte er sich wieder auf seine abgerissene, typisch militärische Ausdrucksweise:

»Von da an kein Ärger mehr. Habe den ganzen Laden überprüft – hier und da einige Sicherheitsbestimmungen verschärft – vierteljährliches Absuchen der Räume nach ›Wanzen‹ angeregt – beschränkter Zugang des Firmenstabes zum Archiv und den Kopierräumen – das war alles. Ach ja, noch etwas, lehrte sie den Grundsatz, jeden nur das wissen zu lassen, was er zur Erfüllung seiner Aufgabe unbedingt wissen muß. Sehr nützlich. Empfahl außerdem die Entlassung zweier Sekretärinnen. Traurig, aber mußte sein.«

Die Vogelfreundin wurde nie gefunden. Nachforschungen ergaben, daß ihre Schwester noch vor ihrem Ausscheiden aus der Firma gestorben und sie selbst wahrscheinlich ins Ausland gegangen war. Ein Beweis für den Professionalismus, mit dem hier gearbeitet worden war, lag darin, daß ihre Auftraggeber sie nicht durch Erpressung gezwungen hatten, ihre Stellung zu behalten. Auch hatte man nicht versucht, eine neue Operation zu starten, da man wohl genau wußte, daß die Gefahr des Entdecktwerdens mit der Dauer der Operation ständig zunahm und daß der Spieß leicht umgedreht werden konnte, wenn man die ersten »Wanzen« entdecken würde. –

Eine Abhöroperation eigener Art war folgender Fall. Als der Vizepräsident einer namhaften amerikanischen Investment-Gesellschaft gesprächsweise von Geschäftsfreunden hörte, daß diese ihre Büroräume auf »Wanzen« hin hatten untersuchen lassen, wollte er natürlich nicht zurückstehen, und aus purer Angeberei beauftragte er einen Fachmann aus Washington, sein Büro einer ähnlichen Prozedur zu unterziehen. Zu seinem größten Erstaunen fand man in einer teuren elektrischen Uhr, Geschenk eines alten Schulfreundes, tatsächlich eine Abhöranlage. Über zwei Jahre hatte die Uhr auf seinem Schreibtisch gestanden. Mit dem Wissen um die Interna sowie die Verkaufs- und Ankaufsabsichten dieser Firma mußte der »Freund« inzwischen ein Vermögen gemacht haben, denn die Gesellschaft operierte mit Millionen-Einsätzen, und die meisten Entscheidungen blieben nicht ohne Auswirkung auf den Aktienmarkt.

Die verständliche Wut des Vizepräsidenten wurde nur durch den fachmännischen Rat des »Kammerjägers« gemildert, der vorschlug, den »Freund« mit seinen eigenen Waffen zu schlagen.

In den folgenden drei Monaten täuschte der Vizepräsident täglich verschiedene Telefongespräche vor, in denen er seine imaginären Makler anwies, bestimmte Maßnahmen zu treffen, die genau das Gegenteil von dem waren, was er über ein anderes Büro tatsächlich an Käufen und Verkäufen von Aktien in die Wege leitete. Diese Täuschungsmanöver waren ebenso gut durchdacht wie echte Spekulationsgeschäfte, damit auch ein Fachmann keinen Verdacht schöpfen konnte. Zum Beispiel warnte er seinen Makler ausdrücklich, beim Kauf von Tausenden bestimmter Aktien vorsichtig vorzugehen, um die Preise nicht zu früh in die Höhe schießen zu lassen, während er in Wirklichkeit die gleichen Aktien abstieß, weil er wußte, daß sie fallen würden. In der Hoffnung, daß seine Fehler von den Lauschern kopiert würden, pflegte er dann dem Makler gegenüber über seine Verluste zu klagen. Der »Freund« schluckte den Köder und wahrscheinlich noch Leine und Angel dazu. Innerhalb eines einzigen Monats hatte er sich ruiniert. Trotzdem wurde das Spiel noch weitere zwei Monate fortgesetzt, um sicherzustellen, daß andere, die vielleicht noch in die Sache verwickelt waren, das gleiche Schicksal erlitten.

Auf jede erfolgreiche Abhöroperation kommen sicherlich Dutzende von Mißerfolgen. Abgesehen von mangelnder Sachkenntnis ist dies auf die ständige Überbewertung bestimmter Geräte und deren Verwendungsmöglichkeiten zurückzuführen, gefördert wiederum durch übertriebene Versprechungen von Händlern einerseits und Benutzern anderseits, die ihre »elektronischen« Dienste verkaufen wollen.

Die meisten regelmäßigen Benutzer solcher Geräte sind der Ansicht, daß sie sich nur dann wirklich auf Abhöranlagen verlassen können, wenn sie von zuverlässigen Spezialisten für einen bestimmten Job besonders konzipiert oder modifiziert wurden. Der amerikanische Agent Harold Lipset, der einmal vor einem Senatsausschuß die verschiedenen Erfindungen auf diesem Sektor vorführte und den Samuel Dash in seinem Buch den »meistbeschäftigten elektronischen Lauscher in San Francisco« nennt, führte mich einmal zu einer kleinen unverdächtigen Werkstatt in sicherer Entfernung von seinem Hauptquartier. Hier entstanden all jene elektronischen Hilfsmittel, deren er sich bediente, einschließlich eines aufwendigen Peil- und Überwachungswagens, und angeblich soll hier die erste in einer Cocktail-Olive verborgene »Wanze« (das Spießchen diente als Antenne) erfolgreich erprobt worden sein.

Tom Ponzi, der bekannteste italienische Show-Mann auf dem elektronischen Sektor, der aus Werbegründen stets mit einer Sammlung von Abhörgeräten durch die Gegend läuft, bedient sich ebenfalls zur Herstellung komplizierterer Apparate eines eigenen Teams von Technikern. Solche Geräte helfen ihm dann beispielsweise bei der Auffindung einer illegalen Schnapsbrennerei in Neapel oder bei der Ermittlung gegen einen »Nachmacher«, der sich auf die Herstellung von Chanel-Parfum verlegt hatte.

Behauptungen von »Wanzen-Händlern«, ein Gerät verfüge über eine optimale Reichweite und ein »klarer Empfang« sei auch mit einem »billigen handelsüblichen Radiogerät« zu erzielen, sollte man stets mit Mißtrauen begegnen. Was anderseits den *Dauer-Sender* angeht, jenes vieldiskutierte und wahrscheinlich gefährlichste Gerät auf dem Abhörsektor, so bestreiten einige Fachleute, daß die Entwicklung derartiger »Lauschwerkzeuge« möglich ist, ja daß überhaupt etwas Ähnliches bereits existiert.

Diese heimtückische Apparatur besteht aus zwei Teilen: der eigentlichen »Wanze« und einer Harmonika oder Pfeife, zum Einschalten der »Wanze«. Letztere kann in die Sprechmuschel jedes gewöhnlichen Telefons eingebaut werden. Erfahrene Agenten behaupten, sie brauchten nicht mehr als zwanzig Sekunden, um das Originalmikrophon gegen die Abhörvorrichtung auszutauschen, die so konstruiert ist, daß sie den normalen Betrieb des Telefons nicht stört. Von jetzt an wählt der Spion, wann auch immer er hören möchte, was in dem betreffenden Raum gesprochen oder geflüstert wird, die eingetragene Telefonnummer und bläst auf seiner Pfeife, sobald die Verbindung zustande gekommen ist. Die hohe Frequenz dieses Instrumentes verhindert offenbar, daß das Telefon zu läuten beginnt, und verwandelt das Mikrophon, ohne daß es von der Telefongabel genommen wird, in einen Verstärker, der jeden Laut über die geschaltete Verbindung weitergibt.

Während das Telefon auf Lauscheinsatz geschaltet ist, ertönt für andere Anrufer das normale Besetzt-Zeichen. Wenn das Abhöropfer eine Nummer wählen will, bekommt es keine Verbindung. Die Übung läßt sich beliebig oft und für unbeschränkte Zeitdauer wiederholen, denn die Anlage benötigt keine Batterie.

Ich selbst hatte Gelegenheit, mich von den Leistungen der »Dauerwanze« zu überzeugen, wobei ich die Bedingungen für den Test selbst bestimmen durfte. Einer meiner Freunde in Chicago war damit einverstanden, daß sein Telefon in meiner Gegenwart »verarztet« wurde. Dann verließ ich mit zwei Technikern die Stadt, und zur verabredeten Zeit, am Montag dem 14. Oktober 1968, um 21.30 Uhr wählten wir seine Nummer. Genau um diese Zeit lauschte mein Freund dreißig Sekunden lang auf irgendwelche ungewöhnlichen Geräusche aus seinem Telefon (er hörte keine) und begann dann seinerseits Töne von sich zu geben, die wir zuvor verabredet hatten und von denen außer uns beiden niemand wußte. Ich konnte alles hören. Zuerst sang Frank Sinatra, dann sprach mein Freund über Bridge in der Nähe des Apparates, las im Flüsterton einige Sätze aus einem Magazin vor, ließ bei offener Tür in der Küche den Wasserhahn laufen und schaltete schließlich für einige Minuten den Fernsehapparat an.

Die »Dauerwanze« funktionierte, daran konnte es keinen Zweifel geben.

Wenn auch behauptet wird, diese Anlage könne von überall auf der Welt in Betrieb gesetzt werden, haben mir Fachleute jedoch erklärt, daß Abhörversuche aus dem Ausland auf verschiedene Schwierigkeiten stoßen, vor allem aufgrund von Spannungsunterschieden. Andere behaupteten wiederum, wegen der verschiedenen Schaltungen im Telefonsystem, wie beispielsweise der Relaissperre, könne man das »Prinzip, auf dem diese Abhöreinrichtung basiert«, nicht als einwandfreie Lösung betrachten. Ich bin zuwenig

Fachmann, um über die technischen Möglichkeiten oder gar über die Unmöglichkeit dieses Systems ein Urteil abgeben zu können. Doch ich muß gestehen, daß meine eigene Skepsis gegenüber diesem gefährlichen 500-Dollar-Spielzeug in Chicago einen argen Stoß erlitten hat.

»Wanzen-Händler« und Stereo-BHs

Die russischen Sicherheits- und Nachrichtendienste gehörten schon immer zu den fortschrittlichsten und eifrigsten Benutzern von Abhöreinrichtungen. Viele ihrer Unternehmungen auf diesem Gebiet sind sehr bekannt geworden. Die vielzitierte Entdeckung eines ferngesteuerten Mikrophon-Senders im Schnabel des amerikanischen Wappentieres an der Wand des US-Botschafter-Zimmers in Moskau war der Auftakt zu einer Serie alarmierender Entdeckungen bei verschiedenen Auslandsvertretungen in kommunistischen Hauptstädten. Durchsuchungen mit Hilfe elektronischer Detektoren förderten »Wanzen« an den unglaublichsten Stellen zutage, so etwa in Teppichnägeln, Heizkörpern, Tischbeinen, und selbst in den Absätzen von Schuhen, die ein amerikanischer Diplomat zur Reparatur einem Moskauer Schuster gebracht hatte.

Aus neuerer Zeit stammt jener Fall, bei dem Bonn seiner Botschaft in Moskau eine neue, modernere Schlüsselmaschine schickte und die Kiste mit der Diplomatensendung offenbar durch ein Versehen eines Angestellten auf dem Moskauer Flughafen fehlgeleitet wurde. Sie wurde nur für eineinhalb Stunden vermißt – gemessen an den üblichen Verspätungen im internationalen Frachtverkehr weiß Gott kein außergewöhnliches Ereignis. Dennoch schöpfte Botschafter Allardt Verdacht, weniger von Natur aus als aus Erfahrung. Eine sofortige Überprüfung bestätigte nur allzu deutlich den Verdacht. In den neunzig Minuten, in denen die Kiste unauffindbar gewesen war, hatte man den Inhalt durch eine »Wanze« mit stärkster Sendeleistung (Reichweite fast zweieinhalb Kilometer) ergänzt. Da das Gerät in eine Maschine eingebaut worden war, konnte es auch nicht mit Hilfe elektronischer und elektromagnetischer Detektoren aufgespürt werden, sondern man war gezwungen, die Schlüsselmaschine einer eingehenden visuellen Inspektion zu unterziehen. Wie meist in solchen Fällen wurde auch dieses Vorkommnis aus Gründen diplomatischer Opportunität von Bonn heruntergespielt, obwohl die »Wanze«, wenn sie nicht rechtzeitig entdeckt worden wäre, den gesamten Fernschreibverkehr der Botschaft aufgenommen und den Sowjets außerdem den derzeitigen deutschen Code-Schlüssel verraten hätte.

In letzter Zeit haben die Russen begonnen, die ausgereiftesten dieser »kleinen Dinger« in Massenproduktion herzustellen – für den Export. Statt Devisen gewinnen sie damit neue Freunde. Nasser gehörte zu den ersten Staatsoberhäuptern, das eine Schublade voll dieser glänzenden »Wanzen« zum Geschenk erhielt. Ägyptischen Generälen und hohen Beamten, die einer verstärkten sowjetischen Einflußnahme nicht abgeneigt schienen, schenkte man Mahagoni-Kistchen mit elektronischem Firlefanz. In Lateinamerika und Afrika profitieren sowjetische Diplomaten von der natürlichen Neugier an die Macht gekommener Diktatoren, die sich sicherer fühlen, wenn sie wissen, was ihre besten Freunde über sie denken und sagen, und wenn ihnen Geräte von unbezweifelbarer Loyalität ständig Informationen über neue, gegen sie ausgeheckte Komplotte ins Ohr flüstern. Ebenso in Afrika. Obwohl die Werbungen sowjetischer Diplomatie bei General Amin, dem Staatschef von Uganda, auf keine Gegenliebe stießen, zögerte der starke Mann nicht bei der Annahme einer Auswahl von »Mini-Märchenerzählern für jede Gelegenheit«.

Viel von all dem ist dem Zeitungsleser bekannt, um wieviel mehr dann noch dem einschlägigen Handel. Deshalb fand man es recht erheiternd, als vor einigen Jahren ein New Yorker Fabrikant seine illustrierte Werbebroschüre zusammen mit einem Lieferangebot seiner 500-Dollar-Luxus-Wanzen an die Komsomolskaya Prawda sandte, dem Massenblatt der Jungen Kommunistischen Liga. Im Anschreiben deutete man an, daß die Geräte helfen könnten, die Loyalität des Redaktionsstabes zu überprüfen. Die sowjetische Zeitung reagierte auf das Angebot mit hochmütiger Ablehnung. In einem Leitartikel schrieb sie dazu, daß in der Sowjetunion jedermann volles Vertrauen genieße und niemandem nachspioniert werde. Das Blatt versagte sich auch nicht einen wohlgezielten Seitenhieb, indem es auf eine der Briefmarken, die auf dem Kuvert gewesen waren, anspielte. Es handelte sich um jene Serie mit dem Bild der Freiheitsstatue und dem Aufdruck »In God We Trust« (Auf Gott vertrauen wir). Offenbar beschränke sich das Vertrauen der Amerikaner, so schrieb die Zeitung, nur auf Gott, und seine »Nächsten« seien davon ausgeschlossen.

Aber ist das Selbstvertrauen dieser Firma und ihr Glaube an das alte amerikanische Verkaufsmotto »auch in deinem Nationalsport kann ich dir ein oder zwei Tricks beibringen« tatsächlich so verwunderlich?

»Wanzen-Händler« sind eine Sorte für sich. Sie alle scheinen in einer kindlichen und, in gewisser Beziehung, unschuldigen Art und Weise von ihren Spielzeugen fasziniert zu sein. Trotz des zunehmenden strafrechtlichen Risikos macht es ihnen Freude, damit anzugeben, und nachdem ich mit einigen von ihnen gesprochen hatte, konnte ich mich nicht ganz des Eindrucks erwehren, als wenn sie selbst noch am meisten auf ihre eigenen Übertreibungen und blumigen Werbesprüche hereinfielen. Viele von denen, die Abhörgeräte erfinden, verbessern und herstellen, leben in Unkenntnis des Schadens, den sie möglicherweise damit anrichten können, in einer seltsam versponnenen Welt elektronischer Tüftelei. Ich glaube, daß der von ihnen zur Schau getragene Zynismus zum großen Teil auf Unwissenheit zurückzuführen ist. Wenige dieser Fabrikanten sind wirklich reich geworden, und die Ausnahmen haben ihr Vermögen dadurch gemacht, daß sie ihre Geschäfte auf den Waffenhandel ausdehnen oder sich den Reihen erfolgreicher Industriespione und anderer Abnehmer ihrer Erzeugnisse anschlossen.

Sie alle gieren nach Achtbarkeit wie ein Süchtiger nach Heroin. Sie sprechen gerne über die »pure Freude am Zuhören« und pflegen selbst solche Geräte, die ganz offensichtlich aggressiven Zwecken dienen, als »Waffen der Selbstverteidigung« zu bezeichnen. Mit den Privatdetektiven haben sie gemeinsam, daß in bezug auf ihre persönliche Ausrüstung stets nur von »Sammlerstücken« die Rede ist, die für »Studien, Defensiv-Operationen und Vorführungen« bestimmt sind; dabei kann es keinen Zweifel geben, daß die meisten Händler auch bereit sind, die Durchführung von Abhöroperationen zu übernehmen.

Vor einigen Jahren warben zahlreiche amerikanische Detektivagenturen ganz offen mit ihrer Bereitschaft, heimliche Abhör- und Lauschaufträge zu übernehmen, und sie boten für den Do-it-yourself »Ton-Fan« in Büchern und Zeitschriften detaillierte technische Ratschläge an. Nachdem inzwischen die Gesetzgebung das heimliche Abhören in mehr als einem Sinne unter den Teppich gekehrt hat, sind die Agenturen dazu übergegangen, in den Telefonbüchern und Branchenverzeichnissen von Manhattan nur noch mit der Anwendung wissenschaftlicher Methoden und Aufnahmetechniken sowie mit dem Einsatz technischer Hilfsmittel und elektronischer Ausrüstung Reklame zu machen. Auch haben Amerikaner inzwischen begonnen, eine in Großbritannien, Deutschland, Frankreich und anderen europäischen Ländern entwickelte und erfolgreich getestete Werbemethode zu kopieren. Sie besteht darin, daß Händler und Detektive, die dringend der Reklame bedürfen, dafür sorgen, daß sie bei einem kleineren, weniger folgenreichen Verstoß gegen die Abhörbestimmungen ertappt werden. Öffentliche Entrüstung und richterliche Scheltworte tun dann ihr übriges, den Übeltäter in interessierten Kreisen bekannt zu machen.

Um sich vor Strafverfolgung zu schützen, behaupten die Händler, nur an solche Kunden Prospekte zu schicken und zu verkaufen, von deren Vertrauenswürdigkeit sie sich überzeugt hätten. Allerdings verschweigen sie geflissentlich, welche Voraussetzungen erfüllt sein müssen, um solche Vergünstigungen zu erfahren.

Eine andere gern geübte Taktik besteht darin, einige Seiten des Werbeprospektes mit dem sinnreichen Aufdruck »restricted« (vertraulich) zu versehen. »W.J.S. Electronics of Las Vegas« in Nevada ergänzte die Beschreibungen einiger Abhörgeräte durch den Zusatz »Verkauf nur an Behörden«, während andere Apparate »nur für den Gebrauch im Rahmen der gesetzlichen Vorschriften« bestimmt waren. Zu den letzteren zählte auch ein stethoskopähnliches Instrument, ein sogenannter »Kontaktverstärker«, dazu gedacht, Ton-Schwingungen an »Türfüllungen, dünnen Mauern und Wänden« zu entdecken – von außerhalb natürlich.

Der bereits erwähnte B.T.C.-Katalog enthielt folgende Warnung: »Gebrauch oder Einfuhr (dieses Gerätes) unterliegen unter Umständen Gesetzen, Zollbestimmungen und/oder behördlichen Vorschriften, und es darf nicht zu ungesetzlichen Zwecken benutzt werden.« Die Firma Christopher Robert & Co., die in letzter Zeit unter den Namen »Guardia Security Services« und »National Investigation Bureau« firmiert, wies ihre Kundschaft darauf hin, daß ihr Gerät CR V.O.R. Mini T.X. Mark III »Funk-Mikrophon«, eine richtige Super-Wanze, »in Großbritannien von den Postbehörden als unerlaubter Sender eingestuft« würde, verzichtete aber auf eine ähnliche Warnung bei der Beschreibung ihres anderen Schlagers, Sub MINI T.X. Type A, eines Miniatur-Innenraumsenders mit eingebautem Mikrophon.

Die Firma B.R. Fox in Holmes, New York, zur Zeit in London vertreten durch »Leonard Wadsworth & Co.«, bezeichnete ihre Verkaufskataloge als »streng vertraulich«, um den »Wert von Hilfsmitteln auf dem Gebiet der Sicherheit und des Nachrichtenwesens« zu garantieren. In der Gebrauchsanweisung zu einem der angebotenen Geräte hieß es beispielsweise am Schluß: »Da diese Geräte rechtlich noch sehr umstritten sind, wird empfohlen, vor Inbetriebnahme eine örtliche Rechtsauskunft einzuholen, um Verstößen gegen bestehende Gesetze und/oder richterliche Entscheidungen vorzubeugen.«

Als ich den Verkaufsdirektor von »B.R. Fox« am 3. Februar 1970 in New York traf (seltsamerweise im 38. Stock des Faberge-Hochhauses, des Verwaltungsgebäudes eines Kosmetikunternehmens), gefiel man sich gerade in dem Understatement, die rechtliche Situation als »umstritten« zu bezeichnen. Er erzählte mir, daß seine Firma aufgrund des Gesetzes von 1968 Geräte im Gesamtwert von 65 000 Dollar hätte abschreiben müssen, da diese auch für polizeiliche Zwecke nicht mehr zum Verkauf angeboten werden durften. Aus diesem Grunde sei er auch nicht in der Lage, mir irgendwelche Apparate und Prospekte zu zeigen, zu überlassen oder durch die Post zuzuschicken. Schließlich rückte er dann mit einer Auswahl von Katalogen heraus, von denen einige auf den Dezember 1969 zurückgingen, mit einer Preisliste mit Stand vom 16. Juli 1969.

Bernard Spindel, der eigentliche Kopf hinter den Operationen von »B.R. Fox«, begründete seinen Ruf als einer der drei routiniertesten Leitungsanzapfer Amerikas in den sechziger Jahren – die anderen beiden waren Broady und Gris, über die damals viel geschrieben wurde. Spindel war als höchst einfallsreicher »Wanzen«-Spezialist bekannt. Er schrieb ein Buch über dieses Thema, und die Zeitschrift »Life« brachte einen Artikel über seine Arbeitsmethoden. Als ich seine Firma aufsuchte, befand er sich im Gefängnis, wo er meines Wissens 1972 starb.

Große Abhörkünstler und Zeitschriften mögen sterben, und das Aufkommen einer strengeren Gesetzgebung mag dem weitverbreiteten Irrtum Vorschub leisten, daß Lausch- und Abhöroperationen der Vergangenheit angehören und in Amerika praktisch nicht mehr vorkommen, ich aber kann mich nur der Ansicht derer anschließen, die überzeugt sind, daß sich noch genug elektronisches Spielzeug in den Schubladen, Wänden, Telefonen und Hosentaschen vieler amerikanischer Geschäftsleute befindet. In einem Vortrag vor der Vereinigung amerikanischer Strafrechtsverteidiger in Monterey, 1972, formulierte es der kalifornische Agent Harold Lipset folgendermaßen: »In der Industrie spielen Lauschoperationen in viel größerem Maße eine Rolle, als man dies im allgemeinen annimmt.«

Dies hängt auch mit der Tatsache zusammen, daß der »Wanzen-Handel« sich mittlerweile auf internationaler Ebene abspielt. Wenn man einen Händler anspricht, wird man meist die Antwort erhalten, seine Artikel seien ausschließlich für den Export bestimmt – eine recht seltsame Feststellung, wenn man bedenkt, daß kein Land die Einfuhr derartiger Geräte fördert, wenn es schon die Produktion untersagt. Gelegentlich hört man auch, daß die staatlichen Behörden die Hauptabnehmer seien, und einer zusätzlichen geheimnisvollen Handbewegung soll man dann noch entnehmen, daß selbst die staatlichen Geheimdienste ihren Bedarf auf diese Weise zu decken pflegen. Wenn dem so wäre, könnten die entsprechenden Regierungsbehörden die Produktion und Entwicklung eigener elektronischer Hilfsmittel einstellen und ihre Lagerbestände verschrotten, um nur im entferntesten ihren Bedarf der privaten Produktion anzupassen.

Während immer noch amerikanische Produkte auf dem europäischen Markt auftauchen und einige amerikanische Fachleute ihre Fabrikation nach Europa verlegt haben, stammen die meisten Artikel auf dem amerikanischen Markt aus Großbritannien. Die Hersteller, wie zum Beispiel Guarda, stellen jedoch keinerlei Fragen. Sie fragen höchstens nach der Farbe der Geldscheine und liefern bei Gefallen direkt vom Lager oder innerhalb von zwölf Stunden. Andere Firmen, wie »Security Systems International«, die ihre Erzeugnisse als absolut tropentauglich anpreist, legen Wert auf die Feststellung, daß sie im Inland nur an anerkannte Agenturen verkaufen, die Ausfuhr aber keinen Beschränkungen unterliegt. Ins Ausland liefert sie tatsächlich überallhin; da genügt eine Bestellkarte mit Angabe des Namens und des Bestimmungsflughafens. (Der Katalog ist in Englisch und Französisch abgefaßt.)

Die »Nur-für-den-Export«-Methode schützt die Händler vor Ärger mit den örtlichen Behörden, während »Lieferung aus dem Ausland« gewöhnlich jenen Händlern als Ausflucht dient, die an einheimische Interessenten verkaufen.

Soweit ich in Erfahrung bringen konnte, werden zwei Methoden der Einfuhr praktiziert. Die großen Unternehmen in San Francisco, New York,

Chicago, Mailand, Neapel, Hamburg, Krefeld und Mannheim, die unter einem legalen Namen firmieren oder sich einer Privatadresse bedienen, geben nur vor, Auslandsaufträge zu erfüllen. Sie besitzen Rechnungsformulare und andere Vordrucke ausländischer Partner, die sie den Sendungen beifügen, und bedienen sich der örtlichen Zustelldienste.

Dieses System wird durch die Tatsache erleichtert, daß sich viele Artikel in den Katalogen der »Wanzen-Händler« nur durch den Namen voneinander unterscheiden, da sie oft aus der Massenproduktion desselben Herstellers stammen, was auch erklärt, warum sich sogar die Abbildungen und Gerätebeschreibungen in den verschiedenen Katalogen bis aufs Haar gleichen. Die Händler wechseln ihre Anschriften häufiger als ihre Unterwäsche, und Firmen verschwinden von der Bildfläche wie Hasen im Hut des Zauberers, nur um andernorts unter neuem Namen wieder aufzutauchen. Eine neue Firma – mit dem alten Firmenstab, dem alten, erprobten Sortiment, den alten Katalogen und den alten Abbildungen. Gewöhnlich handelt es sich um Export-Import-Geschäfte, deren Briefkopf man so lange treu bleibt, bis der Grad des Bekanntseins eine bestimmte Grenze erreicht hat und am Firmennamen soviel Schmutz klebt, daß es ratsam erscheint, einen neuen zu wählen. Die zweite Methode ist mitunter mit etwas Schmuggel verbunden, denn nicht alle Postämter freuen sich über die Einfuhr von Mini-Sendern. In Europa ist der Transport über die Grenzen recht problemlos. Die Zollbeamten kontrollieren in der Regel nur die eigenen aus dem Ausland zurückkehrenden Landsleute. Kaum jemals wird auf dem Festland ein britisches Touristenfahrzeug unter die Lupe genommen; auf diese Weise gelangt zum großen Teil die »elektronische Ausrüstung für heimliche Überwachung« nach Frankreich.

Rotterdam scheint einer der bedeutenderen Umschlagplätze zu sein. Waren für Bestimmungsorte innerhalb Europas verlassen Holland vornehmlich in Touristenautos, besonders während der Urlaubszeit oder an Feiertagen wie Ostern, wenn ein anhaltender Touristenstrom an den Grenzübergängen höchstens eine oberflächliche Kontrolle zuläßt. Während der Tulpenzeit 1970 überquerte ein Wagen mit einem Düsseldorfer Kennzeichen an einem einzigen Wochenende insgesamt achtzehnmal die holländische Grenze bei Elten in beiden Richtungen. Bei jedem Grenzübergang in östlicher Richtung war das Fahrzeug praktisch mit bunten Blumengirlanden bedeckt, treu einer holländischen Redensart, die besagt, daß der einheimische Fahrer eine kleine, der Tourist eine große und der deutsche Tourist zwei besonders große Girlanden kauft. Jedesmal, wenn er Holland verließ, soll der Wagen mit elektronischen Lauschgeräten vollgestopft gewesen sein, ja in jeder Tulpenblüte soll eine »Wanze« gesteckt haben.

Bevor man dazu überging, Drittländer in den Lieferweg einzubauen, galten die Vereinigten Staaten und Großbritannien, vom Standpunkt der Schmuggler aus gesehen, als schwierige Länder. Angeblich verfrachtet man inzwischen »Wanzen« und ähnliche Apparate in Kisten mit der Aufschrift »Radio-Ersatzteile« über Kanada nach den USA und über Irland nach Großbritannien.

Irland galt schon immer als die Achillessehne des britischen Zollsystems. Es ist ein Kinderspiel, jeden beliebigen Artikel von Irland über die Grenze nach Nordirland zu schmuggeln. Der tägliche Schmuggel von Waffen und Munition über diese Grenze ist ein Beweis für die Leichtigkeit, mit der solche Unternehmungen ausgeführt werden können. Auch pornographische Filme und Zeitschriften aus Dänemark werden vorzugsweise auf diesem Wege nach Großbritannien geschafft. Wenn die Schmuggelware erst einmal in Nordirland ist, können sich die Schmuggler zur weiteren Verschickung des normalen Postweges bedienen, der zwischen Nordirland und dem Mutterland keiner Zollkontrolle unterliegt.

Die irische Apparate-Industrie, die vor allem auf das Zusammensetzen ausländischer Markengeräte spezialisiert ist, bildet einen idealen Deckmantel für die Einfuhr elektronischer Kleinstgeräte. Eine meiner Quellen berichtete, daß ein Lagerhaus in Dublin ausschließlich zur Lagerung von elektronischen Geräten im Transitverkehr bestimmt sei. Wenn ein eingetragener Absender, wie beispielsweise eine Radiofabrik oder ein Großhändler, die Sendungen nach Großbritannien aufgibt, ist es höchst unwahrscheinlich, daß jemand geschnappt wird. »Was sollen wir machen?« fragte ein verzweifelter britischer Zollbeamter. »Wenn auf den Päckchen steht ›Radio-Ersatzteile‹, dann kann ich vielleicht den mengenmäßigen Inhalt überprüfen, aber da eine Schaltung aussieht wie die andere, kann ich nicht feststellen, ob sich auch ›Wanzen‹ darunter befinden. Das kann nur ein Fachmann.«

Etwas Ähnliches auf dem Schmugglermarkt erfuhr ich bei meinen Recherchen in der Bundesrepublik. Am Abend des 17. April 1972 führte mich jemand zu einer ganz besonderen Montage-Werkstatt in Düsseldorf, an die sich zwei Lagerräume anschlossen. Das Unternehmen befand sich in einer eindrucksvollen Villa in einem noblen Stadtviertel, der nach meiner Schätzung in der Nähe des Zoo-Viertels liegen muß, da wir kurz vor Erreichen unseres Zieles den Brahmsplatz passierten.

Das Ganze wirkte wie ein geschmackloser Souvenirladen. In einer Ecke standen einige Kisten mit fürchterlichen Ölschinken, dort Aschenbecher und schauderhafte Blumenvasen, an anderer Stelle einige Dutzend Lederkästchen mit Goldprägung, groß genug, um auch die besten Zigarren eines erfolgreichen Box-Promoters aufnehmen zu können, da gab es Hunderte von Füllfederhaltern, Tischfeuerzeugen, Uhren, Elektro-Weckern, Wand- und Tischkalendern, Notizbüchern, Tischleuchten und erstaunlicherweise auch eine Auswahl von Gegenständen aus Alabaster und Onyx sowie einige Marmorfiguren, die auch in luxuriös eingerichteten Wohnungen und Büroräumen einen Platz hätten beanspruchen können.

Vier Mädchen und ein Mann waren hier die ganze Nacht damit beschäftigt, in jeden der aufgezählten Gegenstände Lauschgeräte einzubauen. Man erklärte mir, daß es zu den Vorsichtsmaßnahmen zählt, nur zwei oder drei Nächte intensiv durchzuarbeiten, die Ware zu verteilen und ohne Hinterlassung von Spuren das Feld zu räumen, bis die Vorräte aufgebraucht sind. In einem Raum standen einige Nähmaschinen für Arbeiten an »lauschenden Büstenhaltern«, die »jedes zwischen Trägerin und Freund geflüsterte Wort« aufnehmen und weitersenden können. (Eine Weiterentwicklung ist der »Stereo-BH«, Nachbau einer CIA-Entwicklung, deren Geheimhaltung man aufgeben mußte, nachdem ein Agent geplaudert hatte. Mit getrennten Mikrophonen in jeder Schale kann ein Mädchen an einer Bar gleichzeitig die Gespräche zu seiner Rechten und Linken auffangen und übermitteln.)

Die Firma, die diese Werkstatt unterhält, ist angeblich die größte ihrer Art in Europa. Sie besitzt Niederlassungen in verschiedenen Großstädten, unterhält eine Briefkastenfirma in der Schweiz, verfügt außerdem über ein reichhaltiges Angebot an Feuerwaffen und Munition, mit dem man eine kleine Armee ausrüsten könnte, und betreibt zu allem Überfluß in Paris ein eigenes Büro zur Überprüfung der Kreditwürdigkeit und Zuverlässigkeit von Möchte-gern-Kunden. Ist der Ruf eines Interessenten als Gauner noch nicht gefestigt genug, erhält dieser auf seine Anfrage nach Abhörgeräten nur die lakonische Antwort, daß er sich wohl in der Firma geirrt haben müsse. Ist es das, was die Händler meinen, wenn sie verkünden, daß nur »vertrauenswürdige« Kunden beliefert würden?

Unter dem zunehmenden gesetzgeberischen Druck in den meisten Ländern gehörte nach meiner Kenntnis dieses Unternehmen zu den ersten, die aus den Erfahrungen mit dem »Ersatzteil-Versand« lernten und darauf aufbauend den neuesten Schrei auf den Markt brachten – die *Do-it-yourself-Anlage.*

Zugegebenermaßen fügt man natürlich den Einzelteilen detaillierte Anweisungen bei, wie mit vier, fünf einfachen Handgriffen die »Wanze« zusammengesetzt wird, aber man verkauft eben keine Abhörgeräte und kann nicht beschuldigt werden, Schnüfflern und Industriespionen die schmutzige Arbeit zu erleichtern. Schließlich liegt es außerhalb der Kontrollmöglichkeiten des Werkes, was der Kunde mit dem Ramsch alles anstellt. Die Firma in Düsseldorf plant im Augenblick einen Luxus-Baukasten für den amerikanischen Markt. Mit Hilfe der darin enthaltenen Einzelteile wird man zwei leistungsstarke »Wanzen« verschiedener Größe und Funktion sowie eine Kompakteinheit zum Anzapfen von Telefonleitungen zusammenbasteln können. Kein Gerät wird aus mehr als drei Einzelteilen bestehen, und als Bastelwerkzeug wird man mit einem einfachen Schraubenzieher auskommen. Dieser Bausatz ist in Hamburg bereits für 500 DM zu haben.

In Großbritannien war die Firma Mulhall Electronics die erste, die den Zug der Zeit erkannte. Das Hauptquartier dieses Unternehmens, das in London einen Briefkasten unterhält, dort auch einen Vertreter beschäftigt und stets um Neuwerbung von Unter-Vertretern bemüht ist, befindet sich in Ardglass in Nordirland. Die »Spezialisten für Entwicklung und Herstellung kleinster elektronischer Geräte und Überwachungsapparaturen« werben in ihrem Katalog für 1972 mit dem Angebot, »elektronische Ausrüstungen nach eingereichten Vorschlägen und Sonderwünschen« zu konstruieren, für die auf Wunsch entsprechende Kostenvoranschläge erstellt werden können.

Im Mulhall-Katalog findet sich beispielsweise das »Ranger H.Q. Funk-Mikrophon«, angeblich das Neueste unter den »Qualitätserzeugnissen«, mit einer Reichweite von 100 Metern, eingebauter Antenne und Batterie. Wegen seiner Kerzenform von 20 zu 3,5 cm verbietet sich wahrscheinlich sein Einsatz als »Wanze«, aber als Taschenfunkgerät könnte es gute Dienste leisten. Das Fertigerzeugnis ist mit 15 Pfund so billig, daß der Käufer des Bausatzes für die Arbeit des Zusammensetzens nur einen Nachlaß von 10 % erhält. Der »TX MK I Mini-Sender« mit Mikrophon ist dagegen so winzig, daß er ganz offensichtlich zum heimlichen Einbau konzipiert wurde. Er kostet nur 12 Pfund, und der Bastler kann weitere 20 % einsparen, wenn er ihn als Bausatz erwirbt: »Die Gebrauchsanweisung hilft auch Bastlern mit geringen Vorkenntnissen Schritt für Schritt bei der erfolgreichen Zusammensetzung des Gerätes innerhalb kurzer Zeit, Lötkolben, Drahtschere, Schraubenzieher und Zange sind das einzige hierzu benötigte Werkzeug. Für Schwierigkeiten beim Zusammenbau steht ein Kundendienst zur Verfügung.«

Ein anderes Gerät auf der Angebotsliste ist der »TX MK 3«, ein »ultraempfindlicher« Telefon-Sender, der laut Prospekt aus einer Entfernung von 400 Metern gesteuert werden kann. Für 25 Pfund ist er »leicht in jedem Telefonapparat unterzubringen«. Ganz nebenbei entzieht man, während er in Betrieb ist, der Post einige Quentchen Strom, da der Sender seine Energie aus dem Telefon gewinnt, in das er eingebaut wurde. Die nur aus einem Satz bestehende Bedienungsanweisung und eine dazu gehörende Schaltskizze scheinen die Behauptung des Herstellers zu stützen: »Der Einbau ist eine Sache von einer Minute.« (Dieses Gerät ist nicht als Bausatz erhältlich.)

Für den aufmerksamen Leser ist ein Gerät mit Namen »Ranger Personnel«, ein »Ton-Übermittler« für Sicherheitssysteme, von besonderem Interesse. Die Daten der Gerätebeschreibung sind fast die gleichen wie die des »Ranger Super«, eines UKW-Senders. Offenbar kann der Apparat auch zusammen mit einem Mikrophon benutzt werden, »wenn diese Ausrüstung in einer Jacke getragen und die Antenne um den Körper gewickelt oder über die Schulter gehängt wird«. Was ist daran schon Besonderes, wird man fragen, dennoch kommt einem die Abbildung sehr vertraut vor. Das Firmenzeichen trägt den Namen eines alten amerikanischen Bekannten: *Stoelting*, eine Firma in Chicago, »die 1886 gegründet wurde und mit der Herstellung von Laboreinrichtungen für Schulen« befaßt war.

Vor einigen Jahren wählte ich die Telefonnummer, die »Stoelting« in ihrem Katalog für 1965 angegeben hatte, und erhielt die Auskunft, daß die »Überwachungsanlage« einschließlich des »Tele-Zapf« nicht mehr hergestellt würde. Von »Tele-Zapf« hieß es in dem betreffenden Prospekt, dies sei der »neue Monitor für Profis, unauffindbar, unverdächtig, leistungsstark – nur für Staatsschutzorgane und moralisch einwandfreie Sicherheits-Agenturen für Handel und Industrie«.

Diese Auskunft müssen die Kunden sehr bedauert haben, denn der Einbau des »Tele-Zapf« soll »an jeder Stelle der Leitung« besonders schnell und leicht möglich gewesen sein, wie auch den Diagrammen zu entnehmen ist. Außerdem war der Preis von 95 Dollar mehr als vernünftig. Dieses Abhörgerät konnte man mit Stoeltings FM-Sender, Katalognummer 17302, zusammenschalten und war danach in der Lage, die über die Telefonleitung abgezapfte Unterhaltung in sicherer Entfernung von einigen Meilen mitzuhören oder mit Hilfe eines sich selbsttätig einschaltenden Bandgerätes aufzunehmen, ohne selbst gegenwärtig sein zu müssen. Der Sender kostete 1965 schon 325 Dollar.

Doch glücklicherweise scheint noch nicht alles verloren zu sein. Treue Kunden dürfen noch hoffen. Im Mulhall-Katalog ist zwar nur der Name »Stoelting« lesbar, aber die Anordnung des Markenzeichens ist so unverkennbar, daß ein Irrtum ausgeschlossen ist. Der »Ton-Übermittler für Sicherheitszwecke« kostet nur 22 Pfund, also ungefähr 52 Dollar, was dazu beitragen wird, aus dem Gerät einen erfolgreichen Devisenbringer zu machen, auch wenn in diesem Falle die Freude des amerikanischen Schatzamtes etwas getrübt sein sollte. Und wer weiß, eines Tages zaubert vielleicht ein europäischer »Wanzen-Händler« den alten »Tele-Zapf« unter seinem Ladentisch hervor.

»Da läuft es einem heiß und kalt über den Rücken.«

Bei der Lektüre der Prospekte kommt man fast zu der Überzeugung, daß es sich bei Lausch- und Abhöraktionen lediglich um einen unschuldigen Zeitvertreib, um kleine Hilfeleistungen für Schwerhörige, um ein berufsmäßiges Hobby oder um Möglichkeiten handelt, Kindern eine länger andauernde Freude zu machen.

Von einer in einen Hut eingebauten »Wanze« heißt es etwa beispielsweise, sie sei »ideal für Notizen während einer Konferenz« – ein solcher

Einsatz setzt natürlich schon eine gute Portion schlechter Manieren voraus.

Ein Kugelschreiber empfiehlt sich als »besonders handlich bei Inventuren«. Durch Abschrauben und Aufsetzen der Kappe schaltet man das Gerät ein. Dieser Kugelschreiber wird vertrieben von der Firma SSI und gilt als »die richtige Sensation«: Es ist zwar ein Lauschgerät, aber schreiben kann man immer noch damit. Der Benutzer kann es irgendwo auf einem Tisch liegen lassen, auf dem es weiterarbeitet – nicht schreibt, natürlich. Die Leute, die sich eventuell in der Nähe des Tisches aufhalten, müssen außerdem auch einigermaßen vertrauenswürdig sein, denn das Spielzeug kostet runde 155 Dollar. Es »eröffnet unsagbare Möglichkeiten bei Konferenzen, Verhandlungen, Gesprächen usw.«, und mit einer Lebensdauer der Batterie von 70 Stunden könnte das Gerät selbst bei Marathonsitzungen der Vereinten Nationen Verwendung finden.

Der parabolische Ton-Übermittler ist angeblich in der Lage, leiseste Geräusche in einer Entfernung von 35 Metern (doppelte Reichweite über einer Wasseroberfläche) aufzufangen. Er wird als »praktisch, lehrreich und unterhaltsam für jung und alt« beschrieben. Seine Benutzung »erschließt Ihnen drinnen und draußen, beim Baby-Sitting und bei der Vogelbeobachtung, die faszinierende Welt der Geräusche um Sie herum«. Komplett mit Dreibein und Kopfhörer kostet die Anlage um die fünfzig Pfund, was nicht gerade billig ist, wenn man bedenkt, daß es für den Industriespion praktisch nicht zu gebrauchen ist: Sogar ein sich relativ sicher fühlender Geschäftsmann wird den großen, unhandlichen und überdies noch glänzenden Reflektor kaum übersehen können, wenn er im Garten oder auf der anderen Straßenseite auf das offene Fenster seines Konferenzzimmers gerichtet sein sollte. Ein gewehrähnliches, handlicheres und weniger auffälliges »Telemikrophon« – auch »ideal zur Vogelbeobachtung – oder für Freiluftaufnahmen« – kostet bereits das Fünffache.

Das Mikrophon in der Armbanduhr, durch Draht mit einem winzigen Sender in der Hosentasche verbunden, soll den Witzbold mit einer etwas verdrehten Auffassung von Humor ansprechen. Der Hersteller verspricht einen »Mordsspaß«: »Zu Hause und im Büro« soll sich das Gerät als »sehr nützlich« erweisen, vor allem soll es sich »großartig« bewähren bei »Parties und Kinderfesten« und den Träger in die Lage versetzen, »ständig mit dem Spielzimmer oder dem Krankenzimmer in Verbindung zu bleiben«.

Unterhaltung und Nervenkitzel erwarten auch jenen Käufer – besonders, wenn es sich um einen Bankräuber, Brandstifter oder Spion handeln sollte –, der ein »Mithörgerät« ersteht, mit dem er den Polizei- und Feuerwehrfunk abhören kann. Auch der Funkverkehr zwischen Taxis, Krankenwagen, Zivilschutzfahrzeugen und Kundendiensten wird ihn vor Langeweile bewahren.

Für den begeisterten Leistungsanzapfer hat der Markt ebenfalls eine

Menge zu bieten. Abgesehen von einer Vielzahl von Mithörgeräten, die garantiertermaßen nicht klicken und auch den normalen Telefonbetrieb nicht stören, kann er Tongeber, Prüfsonden, optische Klingel-Anzeiger und Blitzlichtgeräte erstehen; letztere sind des Zapfers beste Freunde, versorgen sie ihn doch mit Licht und Sprechstrom und machen damit beim Verfolgen von Telefonleitungen in Gebäuden ein tragbares Funksprechgerät überflüssig, ohne ihre ursprüngliche Funktion einzubüßen. Aber das ist noch nicht alles. Die »Scherzartikel-Kataloge« weisen ihm auch den Weg, wie er stolzer Besitzer von Geräten zur Auffindung von verlegten Leitungen und zur Leitungsidentifikation werden kann. Und sollte ihn sein Herzenswunsch auf Telefonmasten locken, dann hilft ihm der »Kletter-Satz, eine Ausrüstung, die ganz auf Sicherheit ausgelegt ist, sämtliche Gürtel und Schlaufen aus witterungsbeständigem Nylon, mit allen dazugehörigen Haken und Spikes ...«

Sollte sich gar die Polizei oder ein anderer Spaßverderber den Aktivitäten des Mithörenthusiasten mit Gewalt entgegenstellen, dann kann sich der entschlossene Zapfer gegen derartige Übergriffe mit Tränengaspistolen schützen, die beim nächsten, stets zuvorkommenden und hilfsbereiten »Wanzen-Händler« ebenfalls erhältlich sind. Für manche mag der »Schlag-Stock«, der in einigen Prospekten angeboten wird, eine echte Alternative bilden. Für fünfzig Dollar erhält man dieses handliche Spielzeug, das nur ein Pfund wiegt und nicht größer ist als ein Taschenschirm, praktisch geschenkt. Es teilt schmerzhafte elektrische Schläge aus, »die auch durch dickste Kleidung dringen«. Obwohl der B.T.C.-Katalog den Hinweis enthält, daß der »Schlag-Stock« nur für Notwehrzwecke gedacht sei, läßt er sich nicht darüber aus, ob hierzu auch die Abwehr eines aufdringlichen Polizisten zu rechnen sei.

Die Verharmlosungen solcher Kataloge können in gefährlicher Weise von dem eigentlichen Problem ablenken. Selbst wenn die Häufigkeit, mit der solche Mittel angewandt werden, oft übertrieben wird, wenn Reichweite und Empfangsqualität nur selten halten, was eifrige Händler versprechen, und selbst wenn nur Experten in der Lage sind, die Geräte schnell und unter Ausschaltung aller Störungsmöglichkeiten am richtigen Ort zu verstecken, stellt doch die Tatsache, daß elektronische Anlagen dieser Art frei verkäuflich sind, für Handel und Industrie eine ernsthafte Bedrohung dar. Die Preise wirken schließlich keineswegs abschreckend, und besonders teure »Wanzen« kann man sogar oft tageweise mieten, wobei lediglich wegen des hohen Verlustrisikos ein relativ hohes Pfand zu hinterlegen ist.

Mikrophone in Manschettenknöpfen, Ohrringen und Krawattennadeln kosten je nach Größe und Qualität bis zu fünfzehn Pfund. Das neueste Miniaturmikrophon, nicht größer als ein Streichholzkopf, liegt mit seinem Preis unter vierzig Pfund. Die Preise der üblichen Sendeanlagen variieren entsprechend ihrer Reichweite und Größe, aber für ungefähr siebzig Pfund kann man bereits ein verhältnismäßig gutes Gerät bekommen, das in eine Zigarettenschachtel paßt und das, um auch jedem Verdacht vorzubeugen, noch Platz für einige Zigaretten bietet. Ein anderes Gerät wird für 55 Dollar als echter Preisschlager angeboten, und sein Hersteller versichert, daß »alle Einzelteile in der Raumfahrt erprobt und getestet« wurden und daß das Mikrophon geflüsterte Worte in einer Entfernung von acht Metern aufnehmen könne, selbst wenn es in einer Schublade versteckt sei. Seine Sendeleistung »von wahrhaft erstaunlicher Klangtreue« wird mit annähernd tausend Metern angegeben.

Die Preise von in Haushalts- und Geschenkartikel eingebauten »Wanzen« richten sich zum Teil auch nach der Qualität ihres Versteckes. Ein repräsentables Tischfeuerzeug – »Stellen Sie es auf, und es sendet, legen Sie es um, und es schaltet sich ab...« – kommt auf 155 Dollar. Oder nehmen wir zum Beispiel jenen Aschenbecher, der »mit jedem UKW-Radio empfangen werden kann«: Ein Teil seines Preises von 120 Dollar steht für die gute Qualität des Porzellans und »das gefällige Aussehen«. Dieser Apparat ist aber nichts für Leute, die gerne mit dem Aschenbecher spielen, denn eine Drehung genügt, um ihn einzuschalten, und eine weitere, um ihn wieder abzuschalten.

Interessant ist anderseits, daß es für den wirklichen Profi »Wanzen« in der Größe von Zigarettenschachteln und kleinere gibt, die verschiedene technische Verfeinerungen aufweisen und erst ab 1000 Dollar aufwärts zu haben sind.

Ein Stethoskop, mit dem man dem Atmen eines Asthmakranken auch durch Mauern und geschlossene Fenster lauschen kann, kostet ungefähr 100 Dollar. Mikrophone, mit oder ohne Sender, eingebaut in einen Nagel, den man tatsächlich von außen in eine Wand einschlagen kann, sind kostspieliger. Besonders teuer sind die winzigen pfeilförmigen Modelle, die man gezielt aus einiger Entfernung durch ein geöffnetes Fenster schießen kann und einen der Mühe entheben, sich Zugang zu dem Raum zu verschaffen.

Abhörgeräte von besserer Qualität brauchen keine Batterien mehr. Sie können mit normalen Stromanschlußstellen verbunden werden, wodurch ihre Einsatzbereitschaft nicht mehr auf die Lebensdauer der Batterie beschränkt bleibt. Einige dieser »Wanzen« installiert man in handelsüblichen Wand- oder Tischsteckdosen, deren Funktion davon nicht berührt wird. Zwar nimmt der Austausch der Steckdosen einige Zeit in Anspruch, aber wenn die Anlage erst einmal an der richtigen Stelle sitzt, ist sie kaum aufzuspüren. »Die Leistungen werden Sie verblüffen« – für nur 145 Dollar.

Verzweifeln Sie auch nicht, wenn die Zugangsmöglichkeiten zum Zielraum nur sehr beschränkt sind, wenn die Zeit zum Auswechseln von Steckdosen nicht ausreicht, oder wenn sich keine Möglichkeit absehen läßt, noch einmal zurückzukommen – »Verzeihung, mein Herr, ich muß nur eben die Batterien erneuern«: für 450 Dollar können Sie eine stoßgesicherte

»Wanze« und eine ebenso stoßgesicherte Fernbedienung erstehen, die in Ihre Hemdentasche paßt. Das System garantiert maximale Einsatzdauer, da man bei unwichtigen Gesprächsthemen abschalten kann und damit die Batterien schont. Eine Entdeckung dieses Gerätes ist fast ausgeschlossen.

Über diese inzwischen bereits zum Standard zählenden Ausrüstungen hinaus sind heute Geräte in der Erprobung, die die 1984-Fiktion zur greifbaren Wirklichkeit werden lassen. Erfahrene Zapfer warten schon mit Herzklopfen auf die allgemeine Einführung des Video-Fernsprechbetriebes. Sie haben bereits jetzt eine Methode entwickelt, die es erlaubt, Ton und Bild gleichermaßen abzuzweigen, und wenn dann eines Tages ein Raum akustisch und optisch überwacht werden kann, dann haben unsere bisherigen Interpretationen der Worte »Privatsphäre« und »Geheimnis« keine Bedeutung mehr.

Die Mikro-Verkleinerung im Zusammenwirken mit langlebigen Atom-Batterien schuf eine neue Generation von winzigen sogenannten »Drop-Transmitters« (Wegwerf-Sendern). Läßt man einen von ihnen fallen und tritt ihn »zufällig« zwischen Wand und Rand des Fußbodenbelages, dann wird er wahrscheinlich auch der Aufmerksamkeit der gründlichsten Putzfrau entgehen. Man berichtete mir von einem Schneider in der Savile Row, der sich die ewige Dankbarkeit des britischen Sicherheitsdienstes (früher MI 5) dadurch erwarb, daß er einem ausländischen Diplomaten einen besonderen Satz glänzender Knöpfe, den ihm ein Agent des Abwehrdienstes gegeben hatte, auf den bestellten neuen Blazer nähte. Nur an einem geringen Gewichtsunterschied konnte der Schneider erkennen, daß einer der Knöpfe eine »Wanze« barg.

Die Möglichkeiten scheinen grenzenlos. So liegt es keinesfalls außerhalb der Fähigkeiten eines fortschrittlichen Bastelfreundes, seine Informationen direkt aus dem Munde berufener Personen zu beziehen. Ein hilfsbereiter Zahnarzt kann ohne Schwierigkeit eine »Wanze« in die Zähne eines nichtsahnenden Patienten einpflanzen, und ein amerikanischer Techniker gab mir ernsthaft den Rat, vor kompromittierendem Bettgeflüster das Gebiß in einem Glas mit schallschluckender Flüssigkeit zu versenken und auf den Nachttisch zu stellen.

Das gleiche Modell, konzipiert als akkustischer Signalgeber, kann in eine gewöhnliche Aspirin- oder Vitamintablette eingepreßt werden, damit es bei Gelegenheit von der Zielperson verschluckt wird. Damit verwandelt sich das Opfer in ein lebendes Funkfeuer und kann mit einem billigen Empfänger verfolgt werden, ohne daß der Verfolger sich selbst zeigen muß. Angeblich soll man auch versucht haben, über verschluckte Pillen-Sender die Sprache der Zielperson aufzunehmen, indem man die Geräte auf die Vibration des Knochengebäudes abstimmte, aber eine zuverlässige Bestätigung hierüber liegt mir nicht vor.

Die bedrohlichste und revolutionärste Lauschtechnik wird weder eines

Mikrophons noch eines Senders bedürfen. Man ging von dem Gedanken aus, einen Licht- oder Infrarotstrahl auf eine Fensterscheibe zu richten und den reflektierten Strahl mit Hilfe von Fotozellen aufzufangen. Dabei würde das Muster der »Spiegelung« mit den Vibrationen übereinstimmen, die durch Geräusche auf der anderen Seite der Scheibe entstünden. Die entstandenen Kurven würde man entziffern und in Töne zurückverwandeln.

Als Ergebnis von Experimenten mit einem Laserstrahl, den man auf oder durch ein Fenster auf ein Bild an der Wand eines Raumes richtete, konnte man die theoretischen Überlegungen in die Praxis umsetzen. Die Anlage nimmt durch Geräusche verursachte Schwingungen auf und übermittelt sie an den Lauscher. Der Preis ist nicht das Haupthindernis auf dem Wege zu weitverbreiteter Nutzung: noch 1970 sagte man mir, der Preis einer solchen Laser-Lauschanlage würde voraussichtlich »weit über 1000 Pfund« liegen – dagegen schätzten Fachleute 1972 die Anschaffungskosten schon auf unter 1000 Pfund. Einige Regierungen besitzen und verwenden bereits solche Laseranlagen. Auf dem privaten Sektor plant man den Kauf oder die Herstellung einiger Einheiten und deren Vermietung an Industriespione für besonders diffizile Aufträge.

Ein wesentlich größeres Hindernis ist die Größe der Abhöranlage. Es wird dem Industriespion wenig zusagen, in der Nähe der gefahrenträchtigen Löwengrube eine Lastwagenladung elektronischen Gerätes zu verstecken und zu bedienen. Doch geht man davon aus, daß in Kürze ein leichteres und kompakteres Modell sowohl für legitime als auch für illegitime Verwendung auf dem Markt erscheinen wird. Fortschrittliche Geldschrankknacker warten zufällig ebenfalls auf das Erscheinen eines tragbaren Lasergerätes, das schnell und lautlos Metalle zerschneiden kann und gegen das die Safe-Hersteller noch kein entsprechendes Mittel gefunden haben.

Die Zukunft des Abhörens liegt in den Händen von Forschern und Strategen im Rahmen der militärtechnischen Forschung. Nicht daß beispielsweise dem Pentagon mit einem jährlichen Forschungsetat von acht Milliarden Dollar daran gelegen wäre, Leuten wie Kubik und Landau zu helfen oder die Werbepläne eines Limonaden-Fabrikanten in Erfahrung zu bringen, aber im Endeffekt läßt es sich nicht vermeiden, daß zahlreiche Spezialisten, die im Grunde überhaupt nichts mit der technologischen Kriegführung und den Entwürfen zum »elektronischen Schlachtfeld« zu tun haben, Nutzen aus den Abfallprodukten militärischen Eifers ziehen.

Nicht umsonst lesen »Wanzen-Händler« eifrig alle Veröffentlichungen über *Sensoren,* deren verschiedenste Ausführungen von den Amerikanern auf dem vietnamesischen Kriegsschauplatz erprobt wurden. Sensoren, sorgfältig getarnt als Kieselsteine, Tierkot oder als andere einem bestimmten Gelände angepaßte Objekte, können Wärme, Gerüche, Geräusche oder optische Eindrücke aufnehmen und übermitteln. Ihre Steuerung kann von Bord tieffliegender Flugzeuge aus erfolgen.

Thermische Sensoren, die auch im Dunkeln die Anwesenheit von Personen verraten, und »Schnüffler«, die Körperausdünstungen chemisch analysieren und das Ergebnis weitermelden, könnten sich eines Tages bei der Sicherung von Industrieanlagen als nützlich erweisen.

Winzige Sensoren, die unter dem Namen *Peeping Tommies* bekannt geworden sind, könnten einmal die bereits käuflichen und immer billiger werdenden Infrarot-Nachtsichtgeräte und Restlichtverstärker ablösen.

Es ist vielleicht bezeichnend für die Situation in den beiden Lagern der Angreifer und der Verteidiger, daß ich zwei deutsche professionelle Industriespione kennenlernte, die schon seit Ende der sechziger Jahre zur Durchsuchung von dunklen Büroräumen statt gewöhnlicher Taschenlampen nur IR-Geräte benutzten, während die deutsche Polizei den Ankauf solcher Geräte nicht einmal in Erwägung zog. Fred Bath, technischer Berater der Firmen »HQN Ltd.« und »Infrarot-Technik« erzählte mir, daß die Polizei 1970 einige IR-Nachtsichtgeräte testete. Aufgrund des Ergebnisses wurden zwanzig Geräte bestellt, die Bestellung aber kurz darauf wieder rückgängig gemacht. Da man anderen Investitionen den Vorrang eingeräumt hatte, fehlte es nun an den nötigen Mitteln. Deshalb konnte man 1972 bei der Schießerei auf dem Flughafen Fürstenfeldbruck anläßlich der Olympischen Spiele in München auch nur normale Scheinwerfer einsetzen, die natürlich von den arabischen Entführern ausgeschossen wurden. Die Scharfschützen der deutschen Polizei verfügten über keine IR-Zielgeräte, mit deren Hilfe es vielleicht möglich gewesen wäre, die Ermordung der unschuldigen Athleten zu verhindern. Treu dem alten Brauch, erst dann an einer Kreuzung Ampeln zu errichten, wenn sich dort mehrere schwere Unfälle ereignet haben, fand die Polizei auf einmal das Geld für Infrarot-Ausrüstungen – nach den Vorfällen in München.

Für den berufsmäßigen Industriespion dürfte sich der *Audio-Sensor* als die bedeutendste Erfindung erweisen. In Vietnam bewiesen diese Geräte, daß sie Geräusche aufnehmen können, die das menschliche Ohr kaum mehr wahrnehmen kann. Sie erlauschten und übermittelten Gespräche, die dem Beobachter im Dschungel völlig entgangen waren. Von Hubschraubern aus können diese Sensoren an Fallschirmen abgeworfen werden, wobei letztere dank der Forschungsarbeit der berühmten Miederfabrik »Playtex« zwar einen sanften Fall garantieren, sich dann aber am Boden selbst zerstören, um den Sensor vor frühzeitiger Entdeckung zu bewahren.

Bei entsprechender Ausschöpfung solcher Möglichkeiten werden Spione eines Tages in der Lage sein, ganze Fabrikanlagen mit Sensoren zu überschwemmen. Ganze Scharen von Sensoren können sie bei Besuchen in jeder Werkstatt, in jeder Abteilung zurücklassen, und aus der Luft können sie sie in Fabrikhöfe oder auf die Teststrecken von Automobilfirmen werfen. Der Einsatz muß sich nur lohnen, und es gibt genug Fälle, in denen hoch gespielt wurde. R. B. Matthews, Sicherheitsberater der Firma »Management

Investigation Services«, erzählte mir kürzlich von einem derartigen Fall. Er verursachte einen Schaden von achteinviertel Millionen Pfund, und offenbar rechtfertigten die zu erwartenden Profite mehrere Jahre intensiver Planung und konzentriertester Arbeit einer internationalen Organisation, das Risiko mindestens zweier bekannt gewordener Morde, die Bestechung und Einschüchterung zahlreicher Angestellter in mehreren Ländern, das Anzapfen Dutzender von Telefonen und Lauscheinsätze in vielen Büros und Privatwohnungen. Wäre der Audio-Sensor auf dem freien Markt erhältlich gewesen, hätte die vergleichsweise geringe Sonderausgabe für die »Verwanzung« einer Fabrik oder eines Verwaltungsgebäudes eine entschlossene Bande von Profis niemals abgeschreckt.

»Entschlossenheit« und »Professionalismus« sind in der Tat die beiden Schlüsselfaktoren, die die Verteidiger von Wirtschaftsgeheimnissen mit ins Kalkül ziehen müssen, wenn sie die durch Spionage drohenden Gefahren abschätzen wollen. In Anbetracht der bisher betrachteten Fälle, Techniken und Ausrüstungen kann ich mich nur der düsteren Auffassung mehrerer Sicherheitsfachleute anschließen, daß es gegen völlig skrupellose Profis am Ende nur ein Gegenmittel gäbe: den Abbruch des »verwanzten« Gebäudes bis auf die Grundmauern. Wenn sich die Firmenleitung mit diesem Vorschlag nicht befreunden kann oder er ihr nicht praktikabel erscheint, kann sie vielleicht auch noch zu billigeren, weniger radikalen Lösungen greifen, dabei sollte sie sich aber stets darüber klar sein, daß sie sich nur mit extremen Maßnahmen gegen die oft genialen Pläne, Zeitberechnungen und Quellen sowie gegen den Einfallsreichtum nebst der zähen Entschlossenheit eines guten Spions wirkungsvoll zur Wehr setzen kann.

Im Rahmen der allgemeinen Sicherheitsmaßnahmen, wie etwa der Zugangskontrolle zu Gebäuden und Dokumenten oder der Anwendung des Schottensystems und Überwachung des Firmenstabes, auf die ich noch zurückkommen werde, besteht die erfolgversprechendste Schutzmaßnahme gegen elektronische Lauschangriffe darin, bei *allen* Angestellten ein Abhör-Bewußtsein zu schaffen und ständig wachzuhalten.

Aus den Erfahrungen von Diplomaten lernend, treffen viele japanische, amerikanische und europäische Geschäftsleute besondere Vorsichtsmaßnahmen, bevor sie im »Feindesland« vertrauliche Angelegenheiten besprechen. Verschiedene französische Unternehmen zeigen ihren leitenden Angestellten inzwischen schon, wie man in einem Hotelzimmer »Reißzwecken« – so bezeichnen die Franzosen versteckte Abhörgeräte* – ausfindig macht.

Einige Abwehrtechniken sind wohlbekannt, werden aber in gefährlicher Weise überschätzt. Als sich der deutsche Außenminister Scheel 1970 zu

* Im Französischen: pupaise = Wanze, aber auch Reißzwecke (Anmerkung des Übersetzers).

Verhandlungen in Polen aufhielt, entdeckten und neutralisierten seine Abwehrleute insgesamt neun »Wanzen« in Fensterrahmen und Möbeln des Büros und des Fernschreibraumes, die man ihm zur Verfügung gestellt hatte. Er verbot daraufhin seinen Mitarbeitern, Gespräche vertraulichen Inhalts untereinander zu führen, da man nicht sicher sein durfte, alle Lauschgeräte gefunden zu haben. Wichtige Gedanken mußten niedergeschrieben werden und wurden dem Gesprächspartner auf dem Notizblock präsentiert. Geschäftsleute, die sich dieser Methode auch gelegentlich bedienen, vergessen dabei oft, daß solche Notizen anschließend verbrannt und in den Abguß gespült werden müssen, oder besser noch, daß man zweckmäßigerweise einen tragbaren Zerreißwolf mit sich führt, in dem man hinterher den ganzen Notizblock vernichtet.

Sogenannte Sicherheitsexperten raten ihren Kunden manchmal, die Bemühungen möglicher Lauscher durch das Einschalten des Radios oder des Fernsehapparates zu durchkreuzen, oder wenn möglich, die Dusche voll aufzudrehen. Sie übersehen dabei, daß einige Mikrophone, wie jenes, das Bettgeflüster durch ein Kissen hindurch aufnehmen kann, um ein Vielfaches empfindlicher sind als das menschliche Ohr, und daß selbst Modelle von geringere Qualität zumindest genauso viel »verstehen« wie die im Gespräch Beteiligten; ist nämlich die Geräuschkulisse stärker, sind diese gezwungen, ihre Stimme zu heben. Natürlich wird diese Methode wenigstens jene Amateure ausschalten, die ihre »Wanzen« in Radio- oder Fernsehgeräte eingebaut haben.

Ebenfalls wird empfohlen, mit gesenkter Stimme zu sprechen, zu flüstern und sich während der Unterhaltung ständig zu drehen, man sollte aber nicht vergessen, daß ein Profi in einem einigermaßen normal dimensionierten Raum mindestens vier Lauschgeräte installieren wird, um der wechselnden Sprechrichtung gerecht zu werden.

Im Laufe von sich länger hinziehenden Verhandlungen ist es zweckmäßig, häufig und unerwartet das Hotel zu wechseln, denn die Gefahr, belauscht zu werden, nimmt mit der Länge des Aufenthaltes an ein und demselben Ort zu. Die ständigen Ortswechsel mindern die Aussichten des Spions, Zimmermädchen oder -kellner zu finden, die bereit sind, sich bestechen zu lassen. Als der australische Presse-Magnat Rupert Murdoch wegen der Übernahme der »News of the World« in Verhandlungen stand, jener Zeitung, mit der er sein britisches Verlagsreich begründete, soll er angeblich fast täglich das Hotel gewechselt haben.

Firmen, die für wichtige Verhandlungen hoteleigene Konferenzräume benutzen, sind inzwischen dem Rat rechtskundiger Leute gefolgt und bedienen sich besonderer Anti-Spionage-Vorkehrungen. Hierzu bedarf es nur eines entsprechenden Vertrages mit dem in Frage kommenden Hotel, in dem der Hotelbesitzer die Garantie für die Einhaltung bestimmter Sicherheitsmaßnahmen, einschließlich der Bereitstellung »wanzenfreier« Räumlichkeiten, übernimmt. Das Hotel kann dann unter Umständen für etwaige Sicherheitspannen verantwortlich gemacht werden.

Während der Fusionsverhandlungen zwischen zwei britischen Brauerei-Giganten führte die verständliche Sorge im Hinblick auf Spione und mögliche Lauschangriffe zu einer höchst ungewöhnlichen Lösung. Zwei »Rolls-Royce-Ladungen« von Direktoren wurden auf Umwegen und über verschiedene Routen zu einem vorher bestimmten Punkt im Yorkshire-Moor gefahren. Die Fahrer schickte man genügend weit fort, so daß nur der Wind Zeuge der abschließenden Gespräche wurde. Im Umkreis von mehreren hundert Metern gab es keinen einzigen passenden Ort, an dem man ein Richtmikrophone hätte verstecken können. Geschäftsleute, die sich nicht dazu durchringen können, ihre Büroräume zu demolieren oder ihre Geschäfte von einsamen Mooren aus zu führen und dabei Brieftauben statt des Telefons zu benutzen, müssen lernen, mit der Gefahr des Belauscht- und Abgehörtwerdens zu leben. Doch auch sie sind nicht vollkommen schutzlos.

An Doppelfenstern oder schweren zugezogenen Vorhängen scheitern auch Laseranlagen. Wie das amerikanische Außenministerium besitzen einige supranationale Konzerne völlig fensterlose Konferenzräume. Auch gibt es neuerdings für Besprechungen, die besonderer Geheimhaltung bedürfen, *tragbare Räume*. Ihre Wände, Fußböden und Decken bestehen aus einem Material, das für Tonschwingungen sowie für Elektro- und Funksignale undurchdringlich ist; die einzelnen Elemente kann man in wenigen Minuten zusammensetzen, wodurch man vorübergehend eine abhörsichere Verhandlungszelle innerhalb des Büros erhält.

Auch für gut ausgerüstete Spezialisten kann es eine schwierige Aufgabe sein, Zapfstellen an Telefonleitungen ausfindig zu machen, vor allem wenn sie mehrere Kilometer vom Zielobjekt entfernt liegen. Insofern ist es gut, daß »Scrambler«-Anlagen (Zerhacker) inzwischen von der Liste der »Nur-für-Behörden-Geräte« gestrichen wurden. Privatunternehmen können sie seitdem für etwa 80 Pfund kaufen oder für 30 Pfund im Jahr mieten. Die im freien Handel erhältlichen Geräte arbeiten auf einer niedrigeren Frequenz als die von Staatsoberhäuptern und Sicherheitsbehörden verwendeten Anlagen, aber das Prinzip ist das gleiche: Der »Scrambler« zerhackt die Sprachsignale und schickt sie als unverständlichen Code in die Leitung, aus der sie nur mit Hilfe eines entsprechend abgestimmten »Scramblers« am anderen Ende entnommen werden können. Das ist natürlich noch kein Schutz gegen »Wanzen«, die in dem Raum versteckt wurden, in dem das Telefon steht. (Einige Manager, die bereits Schreibtisch-Scrambler benutzen, bedienen sich einer kleinen Neonleuchte neben dem Telefon, um Abhörgeräte zu »verwirren«.) Den tragbaren Scrambler kann man überall benutzen, selbst in öffentlichen Telefonzellen. Vielleicht wird er einmal ebenso selbstverständlich zum Reisegepäck des Geschäftsmannes gehören wie die Zahnbürste.

Im Augenblick haben Privatfirmen noch keine Möglichkeit, an das neueste Telefonnetz angeschlossen zu werden, bei dem jedes Abhören ausgeschlossen ist. Das britische Institut für Forschung und Entwicklung auf dem Fernsprechsektor hat ein System entwickelt, das auf den Erfahrungen mit der sogenannten Faser-Optik aufbaut. Hierbei ersetzt man den Draht durch Glasfaserbündel, durch die man die Gespräche per Lichtstrahl schickt. Diese Glasfaserleitungen müssen nicht unbedingt geradlinig verlegt sein, aber bis jetzt können bestimmte Entfernungen noch nicht überschritten werden.

Pessimisten – oder sollte man sagen, die wirklich auf Sicherheit Bedachten? – können in ihren Büroräumen Anti-Lausch-Apparaturen installieren. Diese Geräte senden einen hörbaren Signalton aus, der alle Geräusche, leider auch die Stimme des Sprechers, in einer Weise zerhackt, daß sich jede Unterhaltung in dem so bestückten Raum in ein unverständliches Geplärre verwandelt. Das ist natürlich auch eine Möglichkeit, der Abhörgefahr zu begegnen.

Ein bereits etwas weiterentwickeltes Anti-Lauschgerät erzeugt im gesamten Frequenzbereich, der normalerweise von Abhörgeräten benutzt wird, ein Störgeräusch, das alle von eingebauten oder mitgeführten »Wanzen« ausgehenden Sendungen verstümmelt. Angeblich soll ein deutsches Schreibtischgerät vollkommenen Schutz gewähren: Es stört mögliche Funkübertragungen und warnt den Benutzer, wenn seine Telefonleitung angezapft wird.

Im allgemeinen wollen die »Wanzen-Händler« an beiden Seiten verdienen, am Angreifer und am Verteidiger. In den Katalogen werden zwei Arten von Suchgeräten geführt. Bei dem einen handelt es sich um einen gewöhnlichen Metall-Detektor, ähnlich wie er auch von Archäologen und militärischen Minensuch-Einheiten verwandt wird. Je nach Empfindlichkeit kann der Preis bis zu 300 Pfund betragen.

Der »Pfeifer« ist ein tragbares »Wanzen«-Peilgerät, das eher für Profis gedacht ist. Die Geräte geben einen Pfeifton von sich, wenn sie beim Abtasten der Frequenzbänder auf ein Funksignal stoßen. Wenn der Benutzer sich dem versteckten Mikrophonsender nähert, verstärkt sich der Pfeifton (bei Geräten ohne Pfeifton der Zeigerausschlag), so daß die »Wanze« geortet werden kann. Die Preise bewegen sich zwischen 50 und 300 Pfund, aber eine solche Peilaktion ist im allgemeinen nicht so einfach, wie uns die Händler gerne weismachen wollen. Amateur-Sicherheitsbeauftragte oder Direktoren, die sogar diesen Job lieber selbst übernehmen, stoßen auf zahlreiche Schwierigkeiten.

Nicht sendende »Wanzen« kann man nur mit Metall-Detektoren finden. Diese sprechen aber auch oft auf Dinge an, die nichts mit Abhörgeräten zu tun haben. Ich kenne einen deutschen Geschäftsmann, der sich eine Maurerrechnung von 11 000 DM einhandelte, nachdem er sämtliche Wände seines Essener Büros aufgerissen und nichts gefunden hatte bis auf einige Metallstücke, auf die der Detektor reagiert hatte.

Sendende »Wanzen« bleiben auch dem »Pfeifer« verborgen, wenn sie von einem Fachmann an einer Stelle installiert wurden, wo störende Hintergrundgeräusche das Gerät irreführen oder wenn die »Wanzen« so schwache Sendesignale ausstrahlen, daß sie nur von dem Hochleistungsempfänger des Spions aufgenommen werden können, nicht aber von einem Standard-Peilgerät, und ebenso, wenn die Spione auf ungewöhnliche Frequenzen ausweichen. Noch vor wenigen Jahren wurden Frequenzen unter 30 MHz und über 500 MHz kaum jemals für Lauschsender genutzt. Seit neuerem kennt man diese Grenzen nicht mehr. Jeder neue aggressive Vorstoß in eine der beiden Richtungen zwingt die Verteidiger zur Entwicklung neuer Abwehrgeräte, und damit nehmen die Kosten in einem nicht mehr vertretbaren Maße zu.

Aus all diesen Gründen ist der »Amateur-Kammerjäger« schlecht beraten, wenn er sich auf Do-it-yourself-Sicherheit und preisgünstige Ausrüstungen verläßt. Diese Arbeit überläßt er besser den Fachleuten – aber den richtigen zu finden, ist nicht so einfach. Viele »Wanzen-Händler« und auch Spione selbst bieten ihre Dienste auf diesem Sektor an, doch mit doppeltem Spiel hat man sich in diesem Metier schon seit jeher die Butter aufs Brot verdient. Obwohl man gelegentlich einen Dieb braucht, um einen Dieb zu fangen, gibt es in diesem Fall keine Garantie dafür, daß der angeheuerte Spion tatsächlich alle »Wanzen« finden *will* oder daß er nicht für seine eigenen Zwecke »Wanzen« versteckt. Ebenso unsicher ist es, ob er nicht Informationen und Zugang zu Büroräumen, die er bei Erledigung eines Auftrages unvermeidlich gewinnt, in irgendeiner Weise mißbraucht.

Das »Entwanzen« kann von Fall zu Fall geschehen, beispielsweise vor einer wichtigen Konferenz oder nach Bau- und Installationsarbeiten in Büro- und Konferenzräumen, aber gewöhnlich sind diese Arbeiten Teil eines Jahresvertrages im Rahmen eines allgemeinen Sicherheitsprogramms. Die Gebühren, die von den Sicherheitsagenturen erhoben werden, sind sehr unterschiedlich, denn um allen Umständen und besonderen Faktoren, wie örtliche Gegebenheiten und Wahrscheinlichkeit von Lauschangriffen, gerecht zu werden, muß für jedes Unternehmen ein Programm maßgeschneidert werden.

In London kostet die Überprüfung eines Büros mit vier Telefonen ungefähr 30 Pfund; die späteren Überprüfungen sind billiger. Ein Jahresvertrag, der elektronische Inspektionen, Sicherheitsberatung, außerturnusmäßige Einsätze und Sicherheitsüberprüfungen in unregelmäßigen Abständen umfaßt, kostet eine mittlere Fabrik rund 1200 Pfund. Ein Peileinsatz außer der Reihe anläßlich einer besonders wichtigen Tagung kostet 25 Pfund pro Tag. In Paris mögen die Preise wegen des allgemein höheren Preisniveaus um 20 Prozent darüber liegen. Um also ein Konferenzzimmer und drei oder vier wichtige Büroräume einigermaßen »wanzenfrei« zu halten, zahlt man pro Woche etwa sieben Pfund.

In Deutschland liegen die Preise ähnlich. Italienische Sicherheitsagenturen werden dank ihrer günstigen Preise auf dem ganzen Kontinent beschäftigt, aber der Kunde muß aufpassen, daß er auch an eine der wenigen Firmen gerät, die ihn mit Gewißheit nicht übers Ohr hauen.

In den Vereinigten Staaten kann ein einziger Besuch zur Überprüfung einiger weniger Büroräume tausend Dollar kosten. Bei Abschluß von Dauerverträgen liegen die Gebühren niedriger.

Für berufsmäßige Sicherheitsberater zahlt es sich besonders aus, das richtige Gerät auf Lager zu haben, um es bei bestimmten Gelegenheiten zu vermieten, denn für die meisten Unternehmen ist es zweifellos unwirtschaftlich, beispielsweise 500 Pfund in eine *Entmagnetisierungs-Anlage* zu investieren, die verhindert, daß im Anschluß an eine wichtige Konferenz irgendwelche heimlich bespielten Bänder den Besprechungsraum verlassen.

Ebenso wie Schiffe mit einem Strom führenden Leiter umgeben werden können, um den magnetischen Gürtel um den Schiffsrumpf zu neutralisieren und damit gegen Magnetminen zu schützen, erzeugt die erwähnte Anlage eine entmagnetisierende Schranke, die jedes versteckte Tonband ruiniert, das den Wirkungsbereich passiert. Auf diese Weise kann man bereits dem Verkauf von vertraulichen Informationen vorbeugen, denn der Käufer mißtraut – mit gutem Grund – sehr oft den vorgegebenen Absichten des Anbieters, ein Umstand, dem man natürlich mit einer Tonbandaufnahme am besten Rechnung tragen kann. Denn während über jeden Verdacht erhabene Chefsekretärinnen und sogar Vorstandsmitglieder schon Firmengeheimnisse verkauft haben, wurde auch sehr oft Spielmaterial mit Wissen des Vorstands angeboten, um Konkurrenten auf die falsche Spur zu locken. Die Tonbandaufzeichnung einer gesamten Vorstandssitzung überzeugend zu fälschen, würde sich jedoch als ebenso schwierig erweisen wie das Unterfangen, alle Beteiligten an einer solchen Besprechung zu einem derartigen Täuschungsmanöver zu überreden.

Trotz aller erreichbaren Hilfen und Hilfsmittelchen ist auch der sicherheitsbewußte Manager in seinem frisch »entwanzten«, fensterlosen Büro, der nur über Scrambler-geschützte Telefone spricht, während auf seinem Schreibtisch Störgeräte summen und Neonleuchten flackern, das Radio plärrt und die voll aufgedrehte heiße Dusche vom Bad nebenan Dampfschwaden durch das Zimmer sendet, seine Sorgen noch lange nicht los. Von allen Seiten wird immer wieder betont, daß ein Bruchteil des Geldes, das für Abwehranlagen ausgegeben werden muß, besser angelegt wäre, wenn man dafür einem gesprächsfreudigen Angestellten der Konkurrenz ein opulentes Abendessen spendierte, mit der Sekretärin des Vorstandsvorsitzenden ins Bett ginge, oder mit ihm selbst – je nachdem, wie die Dinge liegen. Außerdem können immer noch Angestellte Geheimnisse mit nach

Hause nehmen, nicht nur in Form von schriftlichen Notizen, Originaldokumenten oder Fotokopien, sondern auch auf Tonbändern, denn kleine Taschenbandgeräte marschieren ins Büro, wenn der Detektor gerade gegangen ist.

Miniatur-Tonbandgeräte mit einer Kassette von 2 x 150 Minuten Spieldauer sind ab 750 Dollar zu haben. Wahrscheinlich stammen diese Geräte, die beiderseits des Atlantiks auf dem Markt sind, aus ein und derselben Quelle.

Die Gegenwaffe ist eine amerikanische Entwicklung, die auch in Großbritannien auf dem Markt ist und bald in anderen europäischen Ländern erhältlich sein wird. Das Gerät ist speziell für die Ortung von versteckten Tondbandgeräten gedacht. Das Preisschildchen (600 Dollar) ist wahrscheinlich größer als der ganze Apparat. Er paßt leicht in eine Jackentasche und hat einen Sensor, der am Handgelenk unter dem Uhrenarmband getragen werden kann. Ein Bandgerät mag noch so leise arbeiten, das Geräusch des laufenden Motors entgeht dem Sensor nicht – vorausgesetzt man bringt ihn in ausreichende Nähe des Zielobjektes, d. h. in eine Entfernung von nicht über 60 Zentimetern, möglichst noch darunter.

Der stellvertretende Direktor eines amerikanischen Unternehmens, dem man kurz zuvor auch die Verantwortung für die Sicherheitsbelange der Firma übertragen hatte, berichtete mir mit Schaudern:

»Auf dem Lehrgang, den ich absolvieren mußte, hämmerte man uns ein, daß die künstlichen Zähne, die uns anlächeln, die Taille, um die man seinen Arm legt, der wohlgeformte Schenkel, den man zärtlich kneift, der Knopf, an dem man ungeduldig herumhantiert, der Büstenhalter, über den man liebevoll seine Hände gleiten läßt, ja daß alle sehr gut zur Aufnahme eines Miniatur-Mikrophons geeignet seien; es könne also durchaus sein, daß man mit einem perfekten Rundfunksender ins Bett steigt.

Was soll ich denn machen? Soll ich meinen Angestellten vielleicht Keuschheit predigen? Oder die Herren der Betriebsleitung anweisen, Mädchen nur noch mit einem Detektor zu berühren und sie nicht mehr mit der bloßen Hand, sondern mit einem Peilgerät zu streicheln – und das aber auch nur, nachdem man die betreffende Person vorher einer gründlichen Inspektion mit dem Tonband-Detektor unterworfen hat?

Da läuft es einem heiß und kalt über den Rücken, mein Lieber ...«

Sex

Nachdem ich einige peinliche Minuten lang dem eiskalt taxierenden Blick einer der wenigen weiblichen Privatdetektive ausgesetzt war, kam ich mir vor wie ein Aktgemälde anläßlich der Besichtigung kurz vor der Auktion. Die wasserfeste Wimperntusche an ihr war reine Verschwendung, denn diese unbeweglichen Augen würden wohl niemals so viele Tränen hergeben, daß davon das Make-up Schaden erleiden könne.

Wir saßen in einer gut besuchten Bar in der Nähe von Zürichs altehrwürdigem Großmünster, gleich hinter den verschlafenen gotischen Zunfthäusern. Hier oben im ersten Stock verlieh eine große Theke mit eingebautem Piano dem Lokal einen gewissen Hollywood-Anstrich, während es im Gegensatz dazu im Parterre etwas gemischt zuging. In dem fröhlichen Gelächter und Gläserklingen um uns herum wirkte das Schweigen zwischen uns beiden leicht entnervend, aber sie gab mir Gelegenheit, noch einmal über all das nachzudenken, was uns hier zusammengeführt hatte.

Zu dieser Zeit kannte ich Vera Fielding bereits seit sechs Jahren. Dick wie ein Sektkübel und ebenso kalt, im Alter zwischen 35 und 50 Jahren, dem guten Willen oder der Bosheit des Betrachters entsprechend, verfügte sie über Manieren, Gestik und Geschmack, die durch und durch französisch waren, so französisch, wie sie nur von einer Engländerin gepflegt werden, die zwanzig Jahre abwechselnd in Reims, Cannes und Paris gelebt hat. Sie bemühte sich, Englisch mit französischem Akzent zu sprechen, denn das sei »gut fürs Geschäft«.

Ich wußte, daß sie einmal eine kleine Kabarett-Agentur betrieben hatte, mit deren Hilfe sie weibliche Tanzgruppen in den Fernen und Mittleren Osten vermittelt hatte. Das war zu der Zeit, als wir uns zum ersten Mal trafen und sie sich freundlicherweise bereit erklärte, mich einigen Leuten vorzustellen, die sich später bei meinen Nachforschungen im Fernen Osten als sehr nützlich erwiesen. Einige Jahre danach hörte ich, sie habe sich als Privatdetektivin mit ziemlich exklusiver Kundschaft etabliert. Hierbei halfen ihr wahrscheinlich die weitverzweigten Verbindungen, die sie bei ihrer vorangegangenen zwielichtigen Tätigkeit angeknüpft hatte, einschließlich solcher zu Leuten am unteren Ende der sozialen Stufenleiter.

Es war seltsam, ihr in Zürich wieder zu begegnen, wo uns am Abend zuvor eine Party, organisiert von Finanzleuten und Industriellen, zufällig zusammengeführt hatte. An drei Gesprächsfetzen erinnerte ich mich noch.

Zunächst die Bemerkung eines Mannes, der keine Ahnung hatte, daß wir uns vorher schon einmal kennengelernt hatten, der mich »dieser höchst bemerkenswerten Dame« vorstellte und vorgab, ich hätte um diese Vorstellung gebeten. Das war natürlich leeres Party-Geschwätz. Ich wußte nicht einmal, daß sie eingeladen war. Aber sie selbst schien keineswegs überrascht, und bald stellte sich heraus, daß sie wußte, daß ich an Wirtschaftsspionage interessiert war. Wie hatte sie das in Erfahrung gebracht? »Man hört eben so manches.«

Im Laufe des Abends unterhielt ich mich dann mit einem Bankier über die IOS-Affäre und andere Bankskandale und schließlich auch über zwei Schweizer Privatdetektive, die man wegen einer Abhörgeschichte im Zusammenhang mit einer Offshore-Investment-Operation verhaftet hatte. Wie aus dem Nichts tauchte Vera Fielding plötzlich neben mir auf und fragte wie beiläufig: »Ist das der Grund, weshalb Sie mich sprechen wollten?«

»Nein. Das habe ich Ihnen doch schon gesagt. Ich freue mich, Sie wieder einmal zu sehen, aber ...«

Ohne mich ausreden zu lassen, lief sie wieder davon.

Als ich im Begriff stand, die Party zu verlassen, stellte sie mich noch einmal: »So?«

»Ehrlich ...«

»Wenn schon jemand mit dem Wort ›ehrlich‹ anfängt, werde ich immer mißtrauisch. Also gut, mon cher, wir treffen uns morgen.«

Während ich so mit dem Glas in der Hand gegen das Piano lehnte, erinnerte ich mich eines der ersten Ratschläge, die mir als junger Reporter von meinem ersten Redakteur mit auf den Weg gegeben worden waren: »Laufen Sie herum, und lassen Sie es dann und wann einmal auf einen Zusammenstoß mit Fortuna ankommen.« War das hier ein solcher Zusammenstoß? Ich hatte mir die Fortuna lediglich etwas appetitlicher vorgestellt.

Schließlich brach meine Begleiterin das Schweigen:

»Sie kennen also meinen Mann?«

»Ihren Mann? Ich hatte keine Ahnung, daß Sie verheiratet sind.«

»Gestern abend haben Sie mit ihm gesprochen.«

»Tatsächlich?«

»Hören Sie auf, Theater zu spielen. Sie haben sich ganz schön Mühe gegeben, um ihn zu sprechen, n'est-ce pas?«

Ich war ratlos. Woher sollte ich wissen, wer ihr Mann gewesen war? Aber wenn sie entschlossen war, mir nicht zu glauben, dann war es sinnlos zu diskutieren.

»Was wollen Sie von mir?«

Ich wußte eigentlich gar nicht, was ich sie hätte fragen können, deshalb galt es erst einmal, Zeit zu gewinnen. »Jetzt gleich?«

»Ja.«

»Noch einen Brandy vielleicht? Was halten Sie davon?«

»Gerne, einen Cognac nehme ich auch.«

Nach einer weiteren langen Pause gab sie mir schließlich den erhofften Fingerzeig:
»Passen Sie auf, wir machen ein Geschäft. Ich werde versuchen, Ihnen zu helfen, und Sie lassen dafür ihn aus dem Spiel.«

»Sie meinen Ihren Mann?«

»Genau.«

Sie erzählte mir, ihr Mann sei nur »ein ganz gewöhnlicher Buchhalter«. Sie pflegten allerdings einen Lebensstil, den sie sich von seinem Einkommen niemals hätten leisten können. Sie machten oft gemeinsame Reisen, aber mit ihrer Tätigkeit hatte er angeblich nicht das geringste zu tun, ja er habe nicht einmal einen Schimmer von ihrem eigentlichen Beruf.

Ja, das konnte sehr gut das Geheimnis sein, auf dessen Wahrung sie so sehr bedacht war.

Obwohl ich für sie doch in keiner Beziehung eine Bedrohung darstellte, muß sie mich aufgrund meiner Kenntnis von ihrer Vergangenheit und der Möglichkeit, daß ich auch ihrem gegenwärtigen Treiben auf die Spur kommen könnte, als eine solche angesehen haben. Meinem Empfinden nach war sie Opfer ihrer eigenen Denkweise geworden; denn sie wußte nur zu gut, daß die geringste Information Macht bedeutete – und Macht konnte auf vielerlei Art und Weise genutzt werden. Erpressung war für ihre Begriffe sicher das Naheliegendste. Mir war klar, daß ich an ihrer Weltanschauung sowieso nichts ändern würde, und so ging ich denn auf den Handel ein und versprach, »ihn aus dem Spiel zu lassen«. Das fiel mir insofern leicht, als ich kein Interesse daran hatte, einen Buchhalter ausfindig zu machen, der von seiner Frau ausgehalten wurde. Die Schwierigkeit bestand nur darin, soviel wie möglich aus ihr herauszuholen, ohne sie merken zu lassen, wie wenig ich eigentlich über sie wußte. Was trieb sie zum Beispiel genau?

»Wie sind Sie in *dieses* Gaunergeschäft geraten?«

Die Fragestellung erwies sich zumindest in einer Hinsicht als korrekt: Das »Gaunergeschäft« schluckte sie unwidersprochen, aber sie bestritt entschieden, eine bessere Callgirl-Mutter zu sein.

Die Geschichte begann für sie mit dem Auftrag eines von amerikanischen Aktionären kontrollierten Unternehmens für elektrische Haushaltsgeräte.

»Ich sollte für sie einige Mädchen zusammenholen und für das jährliche Verkäufertreffen eine kleine Show arrangieren«, begann sie ihren Bericht. »Sie wissen ja selbst, was bei solchen Gelegenheiten geboten wird. Man packt die Vertreter in ein Hotel, sorgt dafür, daß sie sich wohl fühlen, muntert sie auf mit einigen kernigen Reden, zieht eine Preisverteilung auf für die erfolgreichsten Verkäufer, verteilt goldene Uhren und Diplome, Füllfederhalter mit eingravierter Unterschrift des Vorstandsvorsitzenden, Wochenende in Le Touquet oder Jamaika, je nach Großzügigkeit des Betriebes; man tut eben alles, damit die Leute spüren, zu was für einer großen und erfolgreichen Familie sie gehören. Zuerst haben die europäischen Gesellschaften nur über die Yankees gelacht. Jetzt fangen sie schon an, sie nachzumachen. Die Wirkung ist unbeschreiblich. Einige dieser alten, abgebrühten Vertreter sitzen einfach da und haben Tränen in den Augen. Draußen in der Kälte, auf der Straße, wenn sie an Türen klingeln, um ihre Schuhcreme oder ihre Modeartikel an den Mann zu bringen, sind sie nichts. Hier sind sie VIPs. Direktoren sprechen mit ihnen, da werden ihnen zuliebe Bauchtänze und Striptease aufgeführt, nur für sie, denn die Öffentlichkeit hat keinen Zutritt. Welch ein Fest!«

Ihre erste derartige Show war ein großer Erfolg, und Firmen aus ganz Europa betrauten sie mit der Zusammenstellung von »Sondereinlagen« für ihre Tagungen. Manchmal wurden die Mädchen nach ihrem Auftritt zum Abendessen eingeladen und blieben dann meist, bis der offizielle Teil allmählich in ein allgemeines Zechgelage überging. Aber das war nicht im Sinne von Vera Fielding:

»Die Mädchen wurden ausgenutzt. Ihre Gesellschaft bekamen die Kerle praktisch umsonst. Es gehört nicht zu meinen Aufgaben, über die Jungfräulichkeit der Künstlerinnen zu wachen – und ich bekomme weiß Gott keine Provision für ihr Sex-Leben –, aber Gesellschaft besorgen, das ist eine andere Sache. So kamen wir also zu einer neuen Vereinbarung. Es wurde unterschieden zwischen dem Honorar für die eigentliche Show und den zusätzlichen Gebühren, die der Kunde zu entrichten hatten, wenn er anschließend für seine Leute noch ein paar Gesellschafterinnen haben wollte. Das Geschäft lief gut, und für einige amerikanische Tagungen habe ich sogar ›echte französische Can-Can-Stripperinnen‹ besorgt. Doch der große Durchbruch kam, als mir eines Tages ein Unbekannter einen völlig verrückten Vorschlag unterbreitete. Er war so unwahrscheinlich, daß ich mißtrauisch wurde. So verrückt konnte doch niemand sein. Aber es gab keinen Haken an der Sache, wenigstens nicht für mich.

Er wollte, daß ich weiterhin meine Tänzerinnen vermittelte, aber jedesmal, wenn auch Hostessen verlangt würden, sollte ich *seine* Mädchen schicken. Anstatt der üblichen Provision sollte mir das gesamte Honorar für jedes Mädchen zufließen, da er diese selbst bezahlen würde.

Ich nahm an, aber schließlich lasse ich mich von niemandem zum Narren halten. Ich hielt meine Ohren auf, und nach sechs Monaten war mir klar, was für Geschäfte der Bursche betrieb. Die Mädchen schnappten während der Feierei im Anschluß an den offiziellen Teil solcher Tagungen eine ganze Menge vertraulicher Informationen auf, die dann über ihn an einen gewissen Kubik weitergeleitet wurden.« Sie schaute mich prüfend von der Seite an. »Kennen Sie ihn?«

»Kommt mir bekannt vor. Möchte ihn gerne mal kennenlernen.«

»Das gleiche wünsche ich mir auch.«

Dabei beließen wir es.

Wie es ihr gelungen war, sich in das Hauptgeschäft einzuschalten, wollte sie mir nicht sagen. Aber drin war sie. Bald hängte sie ihre ursprüngliche Beschäftigung an den Nagel und wandte sich einem einträglicheren Tätigkeitsfeld zu. Jetzt leitet sie sozusagen eine »Agentur für Gesellschafterinnen in mittleren Jahren«, bestimmt für Kunden, die Kubik und andere Agenten besonders ausgewählt haben.

»Sehen Sie, mon cher, es gibt eine Menge Männer, die noch nie in ihrem Leben ein wirklich hübsches Mädchen ausgeführt haben«, erklärte sie mir. »Sie haben Angst vor solchen Püppchen. Wird sie zu viel für ihn sein? Was wird sie von ihm wollen? Was wird man von ihm denken, wenn er mit einem solchen Mädchen gesehen wird? Die Gesellschafterinnen, die ich vermittle, sind nett anzuschauen, aber keine Schönheiten. Selbst wenn man sie mit ihren Begleitern in einem Hotelzimmer antreffen sollte, würde man nicht gleich »Ehebruch« und »Unzucht« rufen. Anderseits kann man sich gut mit ihnen unterhalten, und im allgemeinen verstehen sie etwas von der Branche, in der ihr Begleiter tätig ist.«

»Fragen Sie vorher, welchen Beruf er ausübt?«

»Manchmal sagt man mir, was er macht. Manchmal muß ich auch selbst versuchen, einiges über ihn in Erfahrung zu bringen. Hierzu dient mir meine Abdeckung als Privatdetektiv. Ich verrate Ihnen etwas: Ich beschäftige ganztägig zwei berufsmäßige Privatdetektive.«

Über die Pflichten ihrer Damen wollte sie sich nicht so richtig aussprechen.

»Bettgeflüster?«

»So ungefähr.«

»Werden gezielte Fragen gestellt?«

»Manchmal.«

»Arbeiten Sie nach dem Motto ›Einmal ins Bett, aber dann richtig‹, oder legen es die Damen auf länger andauernde Verhältnisse an?«

»Das hängt davon ab. Zeigen Sie mir den Mann, der sich nicht gerne ein paar schöne Stunden macht, wenn er einmal von zu Hause weg ist, ganz besonders, wenn er seiner Partnerin trauen kann? Eine richtige Affäre ist dagegen schon schwieriger. Sehen Sie, keine der Frauen, die für mich arbeiten, ist alleinstehend. Für alleinstehende Agenten kann Sex sehr gefährlich werden. Alle haben Familie und hängen an ihrem Mann. Sie führen ihren Auftrag aus, ohne sich dabei jemals zu verlieben. Eben Profis, werden Sie vielleicht sagen, aber vergessen Sie nicht, daß in den meisten Fällen nicht mehr im Spiel ist als Tee und ein bißchen Sympathie. Es wird nicht einmal verlangt, daß sie mit dem Kunden ins Bett gehen. Außerdem sind viele der Ehemänner ebenfalls Agenten, die für die eine oder andere Agentur arbeiten – wenn man auch so etwas im Auge behalten muß, da es ja durchaus vorkommen kann, daß sie mit einem Mal für die Opposition arbeiten.«

Drei Worte nahm sie überhaupt nicht in den Mund: Spion, Spionage, Gegner. Daran erkannte ich einwandfrei den Profi.

Als wir auf weibliche »operative Kräfte« zu sprechen kamen, spulte sie einige Erfahrungen ab.

»Die Mata Haris der heutigen politischen Spionage sind wahrscheinlich männlichen Geschlechts, denn Homosexualität kann man noch für Erpressungszwecke auswerten. Was auch immer über die Aufgeklärtheit und Toleranz des modernen Menschen gefaselt wird, das alte Vorurteil der Gesellschaft zwingt den Homosexuellen, sein trauriges Geheimnis für sich zu behalten. Da haben Sie's. Ich habe es auch ›traurig‹ genannt. Als wenn es nicht genug zum Verzweifeln traurige Normalehen gäbe!

Auch von den Mata Haris in der Wirtschaftsaufklärung haben die Leute oft ein falsches Bild. Die richtigen sind im allgemeinen viel weniger attraktiv als die jungen Dämchen, die um die Herren Bond, Palmer und Napoleon solo herumscharwenzeln.

Sicher gibt es auch einige Agenten, die ein oder zwei Schmeichelkätzchen beschäftigen, die einen für Werbezwecke, die anderen vielleicht für eine Erpressungsaktion. Manchmal haben sie sogar Erfolg. Ich kenne ein Mädchen, das sich im Rahmen einer bestimmten Operation als Lesbierin auszugeben hatte. Das Ganze gehörte zu einem langfristig angelegten Plan, mit dem ein italienischer Forscher in eine Falle gelockt werden sollte. Ermittlungen und Nachforschungen in bezug auf sein Privatleben hatten nämlich zutage gefördert, daß er an einem sexuellen Minderwertigkeitskomplex litt. Das Mädchen beschaffte sich in seiner Firma einen Arbeitsplatz, und bei der ersten sich bietenden Gelegenheit stellte es sich angetrunken, schüttete ihm sein Herz aus und gestand ihm sein ›Geheimnis‹.

Dieser Vertrauensbeweis führte zu einer Freundschaft mit endlosen Gesprächen über ihre sexuellen Probleme, bis sie schließlich mit einer ungeheuren Herausforderung an ihn herantrat: Konnte er sie vielleicht von ihrer abnormen Veranlagung heilen? Die alte Geschichte. Welcher Italiener träumt nicht heimlich davon, über so fantastische Liebeskünste zu verfügen, daß sich eine Prostituierte in ihn verlieben würde, in ihn allein, den Besten, dem sie je begegnete?

Nun, jedenfalls sollten sich die Träume unseres Forschers erfüllen, und der Erfolg sollte ihm nicht versagt bleiben. Die Kleine wurde seine Geliebte, aber sie hatte da einige ›Probleme‹ mit ihrer ›lesbischen Vergangenheit‹. Finanzielle Probleme natürlich. Er war ihr bereits so verfallen, daß sie alles bekam, was sie sich von ihm wünschte. Geld hatte er nicht, nicht genug, um ›ihr zu helfen‹ – aber er hatte Zugang zu Informationen, die eine Menge wert waren.

Die Operation zog sich über ein Jahr hin und wurde ein voller Erfolg – bis auf eine Kleinigkeit. Das übliche wieder einmal. Sie verliebte sich in ihn. Die Informationen flossen bald immer spärlicher, und eines Tages überredete sie ihn, eine andere Stellung anzunehmen. Die Kleine haben wir uns natürlich gekauft, aber die Operation war geplatzt.«

»Sie haben sie sich gekauft? Was meinen Sie damit?«

Vera Fielding überhörte diese Frage und fuhr dann mit einem Seufzer fort: »Nein wirklich, alleinstehende Agenten taugen nichts. Sie sind zu verwundbar, besonders die Frauen. Eigentlich schade, denn sie können sehr tüchtig und zuverlässig sein. In dieser Branche ist es nur eine Frage des Geldes, ob es Ihnen gelingt, einen Agenten umzudrehen. Auf Mädchen kann man sich da oft besser verlassen. Der Unterschied liegt darin, daß der Mann sich im allgemeinen einer Firma oder einer Organisation verpflichtet fühlt, die Frau dagegen einem Mann, dem Ehemann oder Chef, wenn es ein anständiger Chef ist, und das ist eine viel stärkere Bindung. – Was wissen Sie über Kubik?«

Die Frage kam so plötzlich und ohne Warnung, daß ich ihr fast alles erzählt hätte, was ich wußte, über New York, über die Auktion in Bangkok, Morys Tod in San Francisco, und alles, was ich noch vermutete, alles in einem Atemzuge, ohne zu überlegen, was ich ihr vorenthalten sollte und was nicht. Ich zündete mir jedoch zunächst eine Zigarette an, und diese gottgesandte Pause genügte, um mich vor einer Unvorsichtigkeit zu bewahren. Ich murmelte etwas über ihre Position, die es ihr doch ermöglichen müßte, alles Wissenswerte über ihn herauszubekommen.

Doch das hinderte sie nicht daran, mich mit weiteren Fragen zu traktieren, und dabei verzichtete sie völlig auf Feinheiten. Ob ich beispielsweise schon gehört hätte, daß Kubik in seiner Branche als der größte Schweinehund bekannt sei? Ob es wahr sei, daß er auch bei dem Kampf um die Offshore-Investitionen seine Finger im Spiel habe? Ob er dabei die einzelnen Parteien gegeneinander ausgespielt habe, und ob er tatsächlich in mehreren Ländern als Informant der Polizeibehörden agiere?

Das war eine höchst seltsame und wenig professionelle Vorstellung, und das gab ich ihr auch zu verstehen. Im Grunde gab es zwischen Vera Fielding und Kubik nicht viel zu wählen, und ich kann nicht behaupten, daß ich für die Methoden des einen oder des anderen besondere Bewunderung empfunden hätte, aber wenn überhaupt, dann neigten meine Sympathien mehr zu Kubik. Er verließ sich wenigstens auf seinen windigen Einfallsreichtum, wogegen die Fielding sich ganz offensichtlich nur auf »Sex« verlegt hatte. Mir konnte es schließlich egal sein, ob sie Kubik oder anderen Größen im Bereich der Industriespionage gefährlich wurde oder nicht, aber ihr spezielles Metier und einige ihrer Bemerkungen hatten dermaßen abstoßend auf mich gewirkt, daß ich überlegte, ob ich Kubik nicht eine Warnung zukommen lassen sollte.

Sie ließ das Thema ebenso plötzlich fallen, wie sie es aufgegriffen hatte, und fuhr fort mit einem Loblied auf den »Spion in mittleren Jahren«.

»Die meisten Leute, die aufgrund ihres Wissens und ihrer exponierten

Stellung als Zielpersonen in Frage kommen, gehören in die mittlere Altersgruppe«, erklärte sie. »Die Arbeitgeber neigen dazu, ihnen um so mehr zu vertrauen, desto länger sie der Firma angehören, in Wirklichkeit ist es aber so, daß gerade die langjährigen Angestellten wegen der bei ihnen häufiger vorkommenden Unzufriedenheit einen Gefahrenmoment darstellen. Nicht weniger trifft das auf die ›alten Jungfern‹ zu. Aber der Agent, der auf diese Gruppe angesetzt wird, muß altersmäßig dazu passen. Andernfalls erregt er Verdacht, und das ›Liebespaar‹ wirkt unnatürlich.

Vor einigen Jahren gab es in Frankreich einen Fall, in dem dieses Prinzip in vorbildlicher Weise verwirklicht wurde. Während der langwierigen franco-algerischen Erdöl-Verhandlungen fiel die Wahl eines algerischen Agenten namens Rachid Tabti auf eine 38jährige Frau im französischen Außenministerium. Es handelte sich um die Sekretärin des Direktors für Wirtschaftliche Angelegenheiten – eine vorzügliche Wahl. Ich habe sie nie kennengelernt, aber ich bin sicher, daß sie ihrem Chef treu ergeben war – bis zu dem Moment, da Tabti versprach, sie zu heiraten. Nun kopierte sie für ihn und seinen Helfer, einen gewissen Boumaza, vertrauliche Memoranden, und ein Strom von Informationen über französische Pläne und Absichten floß nach Algerien.

Das Trio gehörte zu den wenigen Unglücklichen, die geschnappt wurden. Die Männer wanderten ins Gefängnis (Tabti für zehn, Boumaza für sieben Jahre), aber sie kam mit fünf Jahren auf Bewährung davon. Da ihr Vergehen mit Erdölfragen zusammenhing, wurden sie nur der Wirtschaftsspionage angeklagt, aber der Spruch wäre mit Gewißheit zehnmal milder ausgefallen, wenn man ihre Tätigkeit nicht doch im Grunde als gegen den Staat gerichtete politische Spionage gewertet hätte. Aber davon abgesehen, wer auch immer diese Operation ausgearbeitet hat, es muß ein Profi gewesen sein, wahrscheinlich einer aus der alten Schule des Dr. Nkrumah und seiner Verwaltung. Von den Politikern können wir noch eine Menge lernen. Kennen Sie meine Bibel?«

»Das kommt darauf an, was Sie als Ihre Bibel bezeichnen.«

»Die Dokumente, die in Ghana ans Tageslicht kamen, nachdem man Nkrumah nach Hause geschickt hatte.«

Sie zeigte sich voller Bewunderung besonders für eines dieser Papiere, das auch in Lehrgängen für Agenten und subversive Elemente Verwendung gefunden hatte und das detaillierte Hinweise zur Verführung und Erpressung von Beamten enthalten haben soll. Diese Lehrgänge unter dem Codenamen »Falsche Flagge« wurden unter der Schirmherrschaft des Büros für Afrikanische Angelegenheiten von sowjetischen und chinesischen Fachleuten abgehalten.

Schließlich bekam ich dieses Schriftstück auch zu sehen. Wenn es auch zum Teil recht amüsante Formulierungen enthielt, so war doch an der Ernsthaftigkeit seines Inhaltes nicht zu zweifeln. Ein Lehrbeispiel handelte von einer »25jährigen Sekretärin«, die in einer afrikanischen Botschaft arbeiten sollte.

»Da sie nicht sehr schön ist, hat sie nie die Liebe der Männer erfahren, und obwohl sie gerne einen Ehemann hätte, bekommt sie nicht einmal einen Freund, mit dem sie leben könnte ... In einer solchen Situation muß ein Agent ihren Weg kreuzen, um ihre Liebe zu gewinnen.«

Das Blättchen beschrieb dann, wie der für einen solchen Auftrag geeignete Agent auszusehen habe: »Dieser Informant darf nicht zu gut aussehen, er muß ungefähr das gleiche Alter wie die Frau haben und über einige gute Eigenschaften verfügen, die die Frau anziehen und ihr das Gefühl vermitteln, daß die angebotene Liebe wirklich und dauerhaft ist und zu einer langen Ehe führt. Wenn eine solche Frau durch den Offizier oder den Informanten-Werber gewonnen wurde, muß ihr Zug um Zug klargemacht werden, daß es für den Fortbestand dieses Glücks unabdingbar ist, daß sie für jemanden, der gut dafür bezahlt, einige der in ihrem Büro gehüteten Geheimnisse mitbringt.«

Der »gewonnenen« Frau sollte dann Zeit gegeben werden, über die Sache nachzudenken und zu entscheiden, ob sich der Verrat lohne, um »ihr Heim und ihre künftige Familie« nicht aufs Spiel zu setzen.

Weiter hieß es in dem Dokument: »Der entscheidende Punkt ist, daß der Offizier sich nicht selbst in die Frau verliebt, sondern daß einem anderen hierzu Gelegenheit gegeben wird.«

Sollte sie sich etwa gleichzeitig einen Ehemann und einen Liebhaber zulegen? Würde sie bei einem solchen Stimmungsumschwung nicht Verdacht schöpfen?

Ungeachtet der Zweideutigkeit dieses »entscheidenden Punktes« zitierte Vera Fielding lange Abschnitte aus dem Dokument und fügte hinzu, es müsse für jeden Schüler auf diesem Gebiet zum obligatorischen Lesestoff werden.

Mit einem leicht ironischen Unterton dankte ich ihr überschwenglich für diese höchst aufschlußreiche Vorlesung. Darauf antwortete sie mit einer ganz unerwarteten Frage:

»Oh, woher wissen Sie das denn?«

Schon wieder die alte Leier: Sie spricht in Rätseln – und ich weiß nicht, was ich antworten soll.

»Was?«

»Das mit den Vorlesungen.«

»Welche Vorlesungen?«

»Sie wissen es also nicht?«

»Ich weiß nicht einmal, was ich nicht weiß«, antwortete ich mit Verzweiflung in der Simme.

»Daß ich neuerdings Vorlesungen halte.«

Ich konnte mir gerade noch die Bemerkung verkneifen, daß ich von einer

Huren-Akademie bisher noch nichts gehört hatte. Wo sollte sie auch sonst unterrichten?

Nachdem ich sie herzlichst beglückwünscht hatte, fragte ich sie nach ihrem Lehrfach.

»Sicherheit natürlich.«

»Und wo?«

»In den USA. Vor kurzem habe ich mir in Kalifornien ein Haus zugelegt, mein viertes übrigens. Zweimal im Jahr muß ich für vier Wochen drüben sein, da ich aber sowieso geschäftlich dort zu tun habe, lohnt sich die Sache. Immerhin hat die Schule die Hälfte davon bezahlt. Das Haus kommt mich billiger als die üblichen Hotelrechnungen.«

»Was ist das denn für eine Schule?«

»Ein sehr angesehenes und bekanntes Institut. Der Schwerpunkt seiner Lehrtätigkeit besteht in der Weiterbildung leitender Angestellter der Industrie. Das Thema Sicherheit ist Teil des Lehrplanes, aber da gibt es noch – sagen wir einmal, eine etwas spezialisiertere Ausbildung, so eine Art Fortgeschrittenenkurs. Dabei wollen wir es einmal belassen.«

»Kann ich mich mit dieser Schule in Verbindung setzen?«

»Nein.«

»Können Sie mir mehr über diese Schule erzählen?«

»Nein.«

»Wie können sich denn die Lehrgangsteilnehmer einschreiben lassen, wenn der Standort der Schule nicht bekannt ist?«

Keine Antwort.

»Können Sie mich einmal mit einem ehemaligen Schüler zusammenbringen?«

Wieder Fehlanzeige.

Ich schlug vor, noch irgendwo anders ein Glas zu trinken. Sie war einverstanden. Auch meine Einladung zum Abendessen nahm sie lächelnd an. Wir plauderten über gemeinsame Bekannte, Hotels, Urlaubsorte, das Schicksal des Dalai-Lama und über ihre Erfahrungen bei dem Versuch, ein einwandfreies Französisch zu erlernen, während ich die ganze Zeit auf eine günstige Gelegenheit brannte, noch ein paar Fragen abzuschießen – und das wußte sie natürlich ganz genau. Ich fragte sie, wie ihr das Eheleben bekomme, und diesmal antwortete sie mir auf eine Frage, die ich gar nicht gestellt hatte:

»Oui, mon cher, vielleicht könnte ich Sie mit jemandem zusammenbringen – was halten Sie von einer Lehrerin?

»Das könnten Sie arrangieren?«

»Ich kann es versuchen.«

Es war eine von diesen Verabredungen nach dem Motto »Sie-brauchen-uns-nicht-anzurufen-wir-treten-mit-Ihnen-in-Verbindung«. Während der Monate des Wartens stellte ich einige Nachforschungen an, aber ich stieß auf eine Mauer des Schweigens. Entweder wußten die Leute nichts von der Existenz dieser Schule, oder sie wollten nicht darüber sprechen. Als wir uns wieder einmal in London trafen, versorgte mich Vera Fielding noch mit einigen eindrucksvollen Fakten über das Institut. Ein amerikanischer Sicherheitsberater hatte die Möglichkeit nicht ausgeschlossen, daß die Regierung ein gewisses Interesse an diesen Lehrgängen habe.

In Washington erreichte mich schließlich der Anruf der Lehrerin.

»Ich werde morgen in New York sein. Wollen Sie rüberkommen und mich dort treffen?« Sie hatte eine kultivierte Stimme und sprach in einem leicht affektierten, singenden Tonfall. Dennoch klang ihre Frage wie ein Befehl. Eine Antwort wartete sie auch gar nicht ab. »Sagen wir um elf Uhr in der Halle der Vereinten Nationen? Es ist einer der wenigen Plätze in New York, wo Sie einen anständigen italienischen Espresso trinken können.«

Das war natürlich ein Grund. Sie legte auf. Sie vergaß lediglich zu fragen, ob ich denn überhaupt dort Zutritt hätte.

Ich war rechtzeitig dort. Um 10.58 Uhr bestellte ich zwei Espresso. Das gefiel ihr, als sie sich wenige Sekunden nach 11 Uhr zu mir gesellte. Was man sich auch immer unter einer Lehrerin vorstellen mag, in dieser Frau hätte niemand eine vermutet.

Knapp unter dreißig, langbeinig, blond und mit dem ewigen College-Girl-Lächeln, verkörperte sie das Klischeebild der amerikanischen Traumfrau. Ihre Begrüßung war ganz in diesem Stil, und das »Hi« klang in ihrem Munde, als wenn eine andere Frau flüstert »Ich will Dein sein«. Wenn sie ihre Lippen öffnete und einem die perlweißen Zahnreihen entgegenstrahlten, erwartete man unwillkürlich einen Song von Doris Day.

»Wollen Sie mich Isabel nennen? Bitte – es sei denn, Sie mögen den Namen nicht.«

Ihr Ausbildungsweg war recht bemerkenswert. Von Beruf war sie Volkswirt, hatte in ihrer Freizeit Psychologie studiert, einen Programmier-Lehrgang absolviert, einen anderen über Grundlagen der Elektronik, und so, wie sie aussah, offenbar auch einen in Schönheitspflege. Zwei Jahre hatte sie in Mailand studiert, dort fließend italienisch gelernt, ihre Vorliebe für Espresso entdeckt und die ersten Kontakte zu »einigen Sicherheitsleuten aus dem industriellen Bereich« geknüpft.

In ihrer ersten Stellung bei einem amerikanischen Marktforschungsinstitut betraute man sie mit Aufgaben aus der Wirtschaftsaufklärung. »Es war nur Routinearbeit und ausgesprochen langweilig«, sagte sie. »Ich mußte eine Menge lesen, wobei mir meine Sprachkenntnisse sehr zustatten kamen. Ja, ich spreche auch noch französisch und spanisch. Sprechen ist vielleicht zuviel gesagt, aber zum Übersetzen genügt es.

Ich nehme an, daß ich meine Arbeitszeit auf die Dauer mit dem Lesen von Firmenprospekten und Handelsblättern hätte ausfüllen können, aber von Anfang an hatte ich den Eindruck, daß bei meinen Arbeitgebern etwas faul war. Das reizte mich. So zog ich denn ein paar Erkundigungen ein, die zu einigen interessanten Ergebnissen führten.

Ich mußte feststellen, daß wir in der Branche keinen besonders guten Ruf genossen, daß man aber in bestimmten Kreisen dennoch mit einem gewissen Respekt, ja gelegentlich mit einem merklichen Anflug von Furcht, von meiner Firma sprach. Ich fand auch heraus, daß auf unserer Lohnliste über hundert Leute standen, die niemals im Büro erschienen. Für sie hätte es auch gar keinen Platz gegeben, denn sie arbeiteten hauptberuflich für andere Firmen in fast allen Industrieländern der Welt und verrichteten für uns nur irgendwelche Nebenarbeiten. Über ihre tatsächlichen Aufgaben konnte ich nur Vermutungen anstellen.

Als ich begann, diesbezügliche Fragen zu stellen, wurde mir bedeutet, daß zuviel Schlauheit und Neugier gar nicht so gesund seien. Aber dann erhielten wir einen Auftrag, für den praktisch nur ich in Frage kam, und so bekam ich ihn auch.«

»Was war das für ein Auftrag?«

Sie wich der Antwort aus, indem sie mich um einen Drink bat. Als ich aus dem Nahkampfgetümmel an der Bar wieder an unseren Tisch zurückkehrte, hatte sie meine Frage mittlerweile geflissentlich vergessen: »Nun, wo waren wir stehengeblieben? Ach ja, man sagte mir, daß Neugier ungesund sei. Egal, Sie sind ja an der Schule interessiert und nicht an mir.«

Ich wäre durchaus bereit gewesen, den Kreis meiner Interessen etwas auszudehnen, aber da sie entschlossen schien, die Richtung des Interviews selbst zu bestimmen, fragte ich nur, wie ich es anstellen müsse, um ihr Schüler zu werden.

»Das wird nicht gehen. Die Lehrgänge an der normalen Wirtschaftsschule dauern von sechs Monaten bis zu drei Jahren und stehen jedermann offen. Aber mit denen habe ich nichts zu tun. Zwischen der offiziellen Schule und unserer besonderen Lehrgruppe bestehen lediglich verwaltungstechnische und finanzielle Verbindungen; für unsere Lehrgänge wurde auch noch niemals öffentlich geworben. Bewerbungen erreichen uns nur über Referenz-Personen, und jeder Bewerber muß sich damit einverstanden erklären, daß vor seiner Aufnahme gründliche Ermittlungen über ihn angestellt werden.«

»Wie sehen solche Ermittlungen aus?«

»Wie ich schon sagte, gründlich, sehr gründlich.« Sie lächelte, und soweit ich beobachten konnte, spielte dabei auch etwas Bosheit um ihre Mundwinkel. Zweifellos bereitete es ihr Vergnügen, Herr der Situation zu sein.

»Es macht Ihnen wohl Spaß, auf Geheimnissen zu hocken?«

»Geht das nicht jedem so? Das ist es doch, was das Leben lebenswert macht, oder nicht?«

Ich hatte mich nicht mit ihr getroffen, um ihre Lebensphilosophie zu zerpflücken. So fragte ich denn, wie lange sie schon an der Schule beschäftigt sei.

»Von Anfang an – ja, ich glaube, es werden jetzt vier Jahre. Mein Gott, der längste Job, den ich je gehabt habe.«

Sie erzählte mir, daß man den Sonderlehrgang für Fortgeschrittene eingerichtet habe, um eine Lücke zu schließen: »Die Russen schulen routinemäßig jeden angeworbenen Spion in Wirtschaftsaufklärung. Von Japan hört man, daß dort jährlich zehntausend potentielle Agenten ausgebildet werden. Im Westen vergessen die meisten Wirtschaftsinstitute, auch Sicherheit zu lehren, oder sie vermitteln nur, wie einige amerikanische Lehranstalten, oberflächliche und nichtssagende Hinweise. Zwar verleihen die Universitäten von Kalifornien, New York, Michigan und noch ein paar andere Diplome in industrieller Sicherheit, aber diese beziehen sich im wesentlichen auf Betriebssicherheit, Diebstahlschutz und Dinge wie Überprüfung auf Kreditwürdigkeit.

Die Ausbildung einer größeren Anzahl von Leuten hat keinen Zweck. Ihr Wissen über angewandte nachrichtendienstliche Techniken verliert seinen Wert, wenn es jedermann zugänglich wird. Unser Erfolg beruht auf der Exklusivität und der Vertraulichkeit, mit der die Lehrgänge gehandhabt werden. So haben wir auch in den zwei oder drei Standardlehrgängen von jeweils dreimonatiger Dauer nur sehr wenige Plätze zur Verfügung, und jährlich verlassen uns gewöhnlich nicht mehr als etwa sechzehn Absolventen, d. h. seit Einführung der Kurse vielleicht insgesamt fünfundfünfzig.«

Die meisten Lehrgangsteilnehmer waren Amerikaner, von denen viele bereits auf eine Tätigkeit im behördlichen Sicherheitsdienst zurückblicken konnten. Es gab auch einige Bewerber aus Europa, von denen aber nur zwei Deutsche und ein schwedischer Direktor angenommen wurden. Aus England hatte sich noch nie jemand beworben.

»Wir müssen vorsichtig sein«, meinte Isabel, »denn was wir den Leuten beibringen, kann man ebenso gut defensiv wie offensiv nutzen. Darüber haben wir keine Kontrolle.« Wieder lächelte sie. Im stillen bat ich alle amerikanischen College girls um Verzeihung, mit denen ich sie noch kurz zuvor verglichen hatte. »Auf der anderen Seite gehört auch der Angriff zur Verteidigung. Wenn Sie so wollen, praktizieren wir durch unsere Exklusivität das von uns gepredigte Prinzip, daß niemand mehr wissen sollte, als zur Erfüllung seiner Aufgaben notwendig ist, daß nichts in die Presse gehört, was die Öffentlichkeit nicht wissen muß, und daß es am besten ist, wenn Außenstehende möglichst wenig von der Funktion und dem Privatleben leitender Angestellter wissen.«

»Wenn ein Angestellter ehrlich ist und nichts zu verbergen hat, wozu dann diese Heimlichtuerei?«

Mit einem Male saß sie sehr aufrecht, in einer fast unnatürlichen Haltung. Ihre Pupillen waren ungewöhnlich geweitet, und ihr Blick ging geradewegs durch mich hindurch, hinweg über die wogende Menschenmenge, durch die Mauer und den dahinterliegenden East River und schien auf etwas gerichtet, das so in der Gegend des Midtown-Tunnels gelegen haben muß. Als sie mir schließlich antwortete, hatte sie ihre Stimme zu einem Flüstern gedämpft, was aber der Intensität, mit der sie nun auf mich einredete, keinen Abbruch tat. Die Worte sprudelten nur so aus ihr hervor und reihten sich zu einem fast unverständlichen Zischen. Ohne es zu wollen, mußte ich mit meiner Frage eine offene Wunde berührt haben.

»Mein Vater war Prediger. Er hatte vor niemandem Geheimnisse, und ständig wurde auf ihm herumgetrampelt. Und ich erzählte meinem ersten Freund, daß ich ihn liebte. Ganz ohne Ziererei, gerade so. Da hat er gelacht und seinen Freunden erzählt, ich sei leicht zu haben. Damit war ich eine bekannte Größe. Aber nicht mehr beim zweiten Mal. Mein zweiter Freund lachte nicht. Das habe ich ihm ausgetrieben.« Nachdem sie während des Gesprächs immer schneller geredet hatte, schaltete sie jetzt in den höchsten Gang: »Sie sagten, ich sei eine harte Nuß, aber so war es gar nicht. Ich wollte nur die Jungen verstehen lernen. Also stellte ich Fragen. Und küssen tat ich sie nur, wenn sie mir dafür ein wirklich intimes Geheimnis über sich selbst anvertrauten. Von da an hat nie wieder jemand über mich gelacht. Das konnte sich keiner mehr leisten. Weil ich *wußte* – weil ich alles wußte. Das machte mich stark – denn Informationen sind Macht. Das sind Muskeln. Je mehr du weißt, desto stärker bist du. Du brauchst dich nur zurückzulehnen und deine Muskeln spielen zu lassen – ein Wort, und die Leute springen – du kannst sie vernichten – Männer, Unternehmen, Gesellschaften, Länder – denn die winzigste Information kann der Abzug an der Pistole sein, die man jemandem gegen die Schläfe drückt – oder in den Magen ...«

Sie schloß ihre Augen und entspannte sich wie nach einem Krampf. Ich wurde Zeuge eines fast totalen Zusammenbruchs, und nur ein unbewußter Reflex half ihr, das Cocktailglas in der Luft zu halten. Wenn Machtbewußtsein oder die bloße Vorstellung, Macht zu besitzen, jemals einem Menschen höchste Wollust bereitet haben, dann hatte ich es hier erlebt.

Als sie wenige Sekunden nach diesem höchst sonderbaren Schauspiel die Augen wieder öffnete, zeigte sie ihr gewohntes College-girl-Lächeln mit jenem leichten Anflug von Arroganz, den man auch bei jungen Mädchen beobachten kann, die anläßlich einer Parade zum ersten Mal die weiblichen Trommler anführen dürfen. »Irgendwelche Fragen?«

Ich räusperte mich erst einmal.

»Bitte? Ja – eh – könnte man die Schule einmal besuchen?«

»Tut mir leid, das geht nicht.«

»Wo ist sie? Selbst wenn Sie mir die Stadt nennen, kann ich nicht von Tür zu Tür laufen und Erkundigungen einziehen. Oder sind Sie anderer Meinung?«

»Keineswegs. Wir verfügen über zwei Zentren. Eines ist hier in New York und das andere in Kalifornien.«

»Mir hat einmal jemand etwas von San Francisco erzählt.«

»Wer hat Ihnen das erzählt? – Wollen Sie mir das nicht verraten?«

»Tut mir leid, das geht nicht.«

Sie lachte: »Sie müssen mich doch nicht unbedingt nachmachen.«

»Stimmt meine Information?«

»Fast. Sagen wir, sie ist in der Nähe von Sausalito. Eigentlich nichts Besonderes, wenn man davon absieht, daß die Schule über die größte Sammlung elektronischer Geräte in der ganzen Welt verfügt. Sie dienen aber nur zu Lehrzwecken. Wir verkaufen sie nicht. Uns kommt es nur darauf an, auf dem laufenden zu sein.«

»Was unterrichten Sie?«

»Tja, man könnte sagen ›außerlehrplanmäßige Themen‹. Aber das wird Ihnen nicht viel weiterhelfen. Schauen Sie, zuerst lehren wir – wie soll ich sagen – eine Art materieller Sicherheit, wie die Absicherung von Büroräumen usw. einschließlich der Benutzung verschiedener elektronischer Geräte sowie deren Vor- und Nachteile. Wenn das sitzt, zeigen wir den Leuten, wie man das beste Sicherheitssystem knacken kann. Wir legen auch richtige Übungen an, natürlich nur, um ihnen die Gefahren aufzuzeigen. Das wollen Sie wieder nicht glauben, nicht wahr? Klar, sie lernen, wie man offensive Operationen plant und durchführt. Es liegt bei ihnen, was sie später damit anfangen.«

»Deshalb die Geheimniskrämerei. Sicher liegt keinem Ihrer Lehrgangsteilnehmer daran, daß bekannt wird, mit welchem Eifer er sich einer Beschäftigung widmet, die man im allgemeinen als Industriespionage bezeichnet. Das ist doch wohl der Grund?«

»Da liegen Sie falsch. Verschwiegenheit ist eine Frage des Prinzips. Macht, die auf Informationen beruht, kennt keine Ausnahmen. Würden zum Beispiel unsere Kurse und der Ort, an dem sie stattfinden, allgemein bekannt werden, wäre es ein leichtes, die Kursteilnehmer zu ermitteln. Allein diese Tatsache würde ein Risiko bedeuten. Zu unseren Schülern gehörten schon Top-Manager ebenso wie einflußreiche Politiker, die sich bei ihren Auseinandersetzungen auch gewisser Methoden der Nachrichtengewinnung bedienen müssen. Ich bezweifle sehr, daß es deren Ehefrauen Freude machen würde zu hören, daß im Lehrplan auch die Behandlung sexueller Aspekte bei der Nachrichtengewinnung sowie Belehrungen über die Gefahr von Bettgesprächen vorgesehen sind.«

»Lehren Sie, nur noch mit tauben Mädchen ins Bett zu gehen?«

»Keine schlechte Idee, wenn wir nicht überhaupt von Seitensprüngen abraten würden. Wir wollen eigentlich eher erreichen, daß die vermittelten Grundsätze bei der Auswahl des Personals berücksichtigt werden. Die äußerst attraktive Sekretärin stellt ein geringeres Sicherheitsrisiko dar als so ein unscheinbares Pflänzchen, das in der ständigen Furcht lebt, eine alte Jungfer zu werden. Es ist erstaunlich, wie wenig Leute an solche Dinge denken, wenn ihre Aufmerksamkeit nicht besonders auf diese Probleme gelenkt wird.«

Ich schlug vor, man solle jedem Kursteilnehmer Vera Fieldings Bibel in die Hand drücken.

Sie lachte. »Sie hat Ihnen also davon erzählt. Ich selbst habe ihr das Pamphlet zuerst gezeigt, und es war recht lustig zu beobachten, welchen Eindruck es bei ihr hinterließ. Aber Sie haben durchaus recht – wir verteilen Kopien davon; sie gehören in den Ordner mit Umdrucken, der jedem Schüler bei Lehrgangsbeginn ausgehändigt wird.«

»Ist das auch das Thema, über das Vera unterrichtet?«

»Allerdings. Und sie macht das sehr gut. Ich persönlich glaube, daß ihre Vorlesungen zu den wichtigsten des ganzen Lehrganges gehören. Ich wünschte nur, jemand hätte mir zu Beginn meiner Laufbahn einiges von diesen Grundsätzen verraten.«

»Warum sagen Sie das?«

»Erfahrung.«

»Sie sehen aber gar nicht so unscheinbar und altjüngferlich aus, als daß man Sie für eine Verführung herauspicken würde.«

Sie dachte einen Augenblick nach und nickte dann:

»Nun gut, passen Sie auf.«

Sie berichtete mir nun von jenem ersten wichtigen Auftrag, der ausschlaggebend für ihre Karriere auf dem industriellen Nachrichtensektor werden sollte. »Es ging um eine bestimmte Information, die britische Luftfahrtindustrie betreffend. Fragen Sie mich nicht nach Einzelheiten.«

Alles, was ich ihr entlocken konnte, war, daß ihre »Nachforschungen« einige »Realisierungsmöglichkeiten einer umwälzenden Erfindung« betrafen, die in Industriekreisen anderer Länder, vor allem in der amerikanischen Flugzeugindustrie, nicht unbekannt war, deren »wirtschaftliche Nutzbarmachung« aber für alle daran interessierten Unternehmen einen riesigen und kostspieligen Forschungsaufwand mit sich brachte. Isabels Arbeitgeber wollte etwas über entsprechende fehlgeschlagene Experimente in Großbritannien und über eine geplante Millioneninvestition in Erfahrung bringen.

»Nachdem ich mit meinem Auftrag vertraut gemacht worden war, hatte ich den Eindruck, wir seien in fürchterlicher Eile, aber das zeigte nur, was für ein Neuling ich noch war. Bereits seit über einem Jahr hatte ein Team von fünf Leuten an diesem Zielprojekt gearbeitet, und ich sollte jetzt zur

Verstärkung dazukommen. Diese Leute hatten schon in mehreren Ländern operiert, verfügten über Informanten in Japan und Frankreich und hatten nun eine Möglichkeit aufgetan, für deren Nutzung ich besonders geeignet erschien.«

Ihrer Darstellung entnahm ich, daß das Team offenbar versucht hatte, die gesuchte Information über eine »Forschungseinrichtung« zu erhalten, daß sich die dortigen Sicherheitsmaßnahmen aber als zu gut erwiesen hatten. Nur drei, allenfalls vier Leute kannten die gesamten Details. Es war viel zu schwierig und vor allem zu riskant, den genannten drei Personen bruchstückweise Informationen zu entlocken, um dann das Gesamtbild wie ein Puzzle zusammenzusetzen.

Das Ziel wurde deshalb von verschiedenen Seiten angegangen. Eine größere Summe wurde in eine »Sekretärin in einer Schlüsselposition« investiert, aber das zahlte sich nicht aus. Mit Hilfe einer Vertragsfirma gelang es einem Agenten mehrmals, als Schreibmaschinenmechaniker getarnt, in die Büroräume vorzudringen. Dabei schnappte er einige Gesprächsfetzen auf, entwendete verschiedene Notizen und versorgte sich mit mehreren Kilometern Farbband.

Diese Farbbänder sind für Firmen, die elektrische Schreibmaschinen mit Kugelschreibkopf benutzen, zu einem besonderen Risiko geworden. Die Buchstaben sind auf einer Kugel von der Größe eines Golfballes verteilt und drucken beim Anschlag die Farbe aus einem Plastikband auf das Schreibpapier. Auf diese Weise ergibt sich ein sehr klares Schriftbild, aber das Farbband kann nur einmal benutzt werden. Wird es fortgeworfen, kann man es genausogut lesen wie den mit seiner Hilfe geschriebenen Brief oder Schriftsatz. Ich weiß von einigen Firmen, die es versäumt haben, diesen »Abfall« zu vernichten, und die auf diese Weise um wertvolle Geheimnisse gebracht wurden. Tatsächlich waren es einige wenige Meter eines Farbbandes, das der »Mechaniker« aus einem Papierkorb gefischt hatte, die Isabels Team den ersehnten Fingerzeig gaben. Diesem Band war nämlich zu entnehmen, daß die entscheidenden vertraulichen Unterlagen auch einem 48jährigen Mann zugänglich waren, der in der Firma als »persönlicher Assistent« fungierte, in Wirklichkeit aber nichts anderes war als ein besonders zuverlässiger Sekretär.

»Ohne dieses Stück Farbband«, fuhr Isabel fort, »hätten wir ihm in hundert Jahren noch keine Aufmerksamkeit geschenkt. Jetzt wurden natürlich alle Hunde auf ihn angesetzt. Einer davon war ein britischer Privatdetektiv, der den richtigen Killer-Instinkt zu haben schien, den man für die Fuchsjagd braucht. Mir wird schlecht davon.«

»Von solchen Methoden?«

»Nein, nein, von der Fuchsjagd. Das arme Tier hat ja nicht die geringste Chance. Und nun fangen Sie mir ja nicht mit den armen Indern und dem Vietkong an, die können sich wenigstens wehren.«

Es scheint allerdings auch in diesem Fall kaum eine Chance für die Zielperson gegeben zu haben. Die Ermittlungen ergaben, daß er Junggeselle und ein ruhiger Mann war, daß er verhältnismäßig gut bezahlt wurde, mit seiner Arbeit zufrieden war und keinen besonderen Ehrgeiz hatte, in der Firma noch einige Stufen höher zu klettern. Er lebte allein und verließ das Haus am Abend nur sehr selten.

Jeden Samstagmorgen machte er seine Einkäufe, kehrte nach Hause zurück, um dort ein frühes Mittagessen zu sich zu nehmen, duschte sich, nahm einen Zug nach London und dann brachte ihn – wie Isabel es ausdrückte – »eine kurze Fahrt mit der U-Bahn zum einzigen Luxus und Vergnügen in seinem Leben«, nämlich zu einer regelmäßigen Verabredung mit einem Callgirl, das ihn pünktlich um 15.30 Uhr in seinem Appartement erwartete. Wenn er sich etwas verfrüht hatte, pflegte er einige Minuten die Mayfair-Street auf und ab zu spazieren.

»Zuerst dachten wir daran, es über das Mädchen zu versuchen«, berichtete Isabel weiter, »aber es erwies sich als unwahrscheinlich, daß er dieser Bekanntschaft jemals etwas anvertrauen würde, was für uns von Nutzen hätte sein können. Mein Kollege sprach mit ihr und bezwang auch mit zwei Fünfzig-Pfund-Noten ihre berufsmäßige Verschwiegenheit. Aber sie konnte uns nicht mehr sagen, als daß er sehr ruhig sei, keine Ansprüche stelle, keine Perversionen liebe und nie versucht habe, mit ihr über irgend etwas ein längeres Gespräch zu führen.

»Dennoch machten wir ihn zu unserer Hauptzielperson – und damit wurde ich ins Spiel gebracht. Über eine völlig legale Vermittlungsagentur, die sich aus irgendeinem Grunde noch in unserer Schuld fühlte, erfuhren wir, daß das Unternehmen, in dem er arbeitete, eine ›Frau zum Kaffeekochen‹ suchte und daß für diese Stelle ›keine Erfahrungen‹ vorausgesetzt würden. Ich wurde als Aushilfskraft für ein bis zwei Wochen eingestellt, blieb aber, da man mich gut leiden konnte, ganze sechs Wochen.

Innerhalb der ersten drei Tage bemühte sich fast jeder Junggeselle und Verheiratete um eine Verabredung mit mir. Die einzige Ausnahme bildete unser Mann. Er zeigte sich mir gegenüber freundlich und zuvorkommend, aber nicht interessiert. Also mußte ich die Initiative ergreifen.

Ich lud ihn zu einer Party in meine Wohnung ein, die meine Vorgesetzten zuvor mit den entsprechenden Lauscheinrichtungen versehen hatten. Er zeigte sich nicht besonders begeistert, aber er kam. Daß er niemanden von der Firma vorfand, hat ihn wohl einigermaßen überrascht, ja geschockt. Die anderen Gäste, drei Paare, gingen bald nach Mitternacht, und ich lud ihn ein, noch zu einem Drink dazubleiben.

Okay, ich gebe zu, daß ich versessen darauf war, mit Ergebnissen aufwarten zu können. Dieser Auftrag bedeutete praktisch mein Gesellenstück. So ging ich denn in dieser Nacht mit ihm ins Bett. Er war reizend, und ich gab vor, in ihn verliebt zu sein. Ich sagte ihm, daß ich mir aus den jungen

Burschen nichts machte. Der arme Junge. Er verlor meinetwegen völlig den Kopf.«

Sie verbrachten jeden Abend miteinander, und die nächste Verabredung mit dem Callgirl sagte er ab. Sie erzählte ihm von einem Abendkurs, an dem sie teilnähme, und von einem Aufsatz, den sie hierfür zu schreiben habe. Dabei ginge es um das Thema »Informationsaufbereitung«. Besonders interessiert sei sie an der Form, in der wissenschaftliche Forschungsberichte abgefaßt seien. »Es wäre phantastisch«, sagte ihm Isabel, »wenn jemand wie du, ein Mann mit Wissen und Erfahrung, mir bei der Aufgabe ein wenig helfen könnte...« Leider mußte er ihr gestehen, daß das Zusammenschreiben solcher Berichte nicht zu seinen Pflichten zähle, aber er erklärte sich unaufgefordert bereit, den einzigen längeren Bericht dieser Art, der sich in seinem Safe befinde, einmal nach diesen Gesichtspunkten durchzusehen und ihr anschließend ein paar nützliche Tips zu geben.

»Es schien nur noch eine Frage der Zeit, und er hätte mir, um mir zu zeigen, wie solche Dinge angefaßt werden, den gesamten Bericht gezeigt«, erinnerte sich Isabel. »Er war fest davon überzeugt, daß ich den Inhalt der Dokumentation sowieso nicht verstehen würde. Und damit hatte er natürlich recht. Die Einzelheiten hätten mir nichts gesagt. Doch hatte ich in der Zwischenzeit gelernt, sehr fix mit einer Kleinstkamera umzugehen.

Wir gingen davon aus, daß er über Nacht nichts in meiner Wohnung lassen würde. Deshalb hatten wir uns zwei Pläne zurechtgelegt. Einmal konnten meine Kollegen die Dokumente fotografieren, während ich mit ihm im Schlafzimmer war. Ich hätte aber auch versuchen können, ihn durch Verabreichung einiger mit Knock-Out-Tabletten verstärkter Drinks in die Welt der Träume zu schicken. Dann hätte er wahrscheinlich am nächsten Morgen den schlimmsten Kater seines Lebens gehabt.«

Das Team sah den Erfolg bereits greifbar nahe, und die Firma hatte bereits Verhandlungen mit möglichen Abnehmern aufgenommen. Von dem Callgirl war zu erfahren, daß sein Stammkunde die Verabredungen auch für die Zukunft abgesagt hatte und dem kurzen Schreiben als Abschiedsgeschenk einen Scheck über fünfzig Pfund beigefügt hatte. Rechnete man die hundert Pfund hinzu, die ihr unser Mann zugesteckt hatte, dann hatte sie keinen Grund, unzufrieden zu sein; dennoch hätte es sie wahrscheinlich einigermaßen erbost, wenn sie erfahren hätte, daß die neue Freundin ihres Stammgastes für den gelungenen Job eine Mindestprämie von zehntausend Dollar erwartete.

»In Anbetracht dessen, was bei einer solchen Operation herausspringen mußte, war das ein reines Almosen«, meinte Isabel. »In meinen Träumen hatte ich diese Summe bereits mehrmals ausgegeben, als sich dann der Fehler, der sich von Anfang an in unsere Planungen eingeschlichen hatte, in nicht wiedergutzumachender Weise rächte. Wir wußten alles über ihn – aber wir wußten kaum etwas über das Mädchen, das ich zu sein hatte.

Diesen Freitagabend werde ich niemals vergessen. Es war eine kalte, klare Nacht, und wir hatten in einem feinen und teuren indischen Lokal in der Nähe des Piccadilly Circus zu Abend gespeist. Meine Wohnung lag in der Nähe, deshalb hatten wir beschlossen, zu Fuß zu gehen. Ich brachte das Gespräch noch einmal auf meinen Aufsatz und erhielt praktisch sein Versprechen, mir den Dokumentensatz, aus dem der Schlußbericht zusammengestellt wird, mitzubringen. Damit hatte ich es geschafft. Ich war so glücklich, daß ich stehenblieb und ihm auf der Straße einen Kuß gab.

Als wir wieder in meiner Wohnung waren, erschien er mir mit einem Mal sehr schweigsam. Dann fragte er mich ganz schüchtern und unter vielen Entschuldigungen für seine ›gewagte und absurde Idee‹, ob ich ihn heiraten würde. Übereilt sagte ich ja.

Inzwischen bin ich klüger – ich hätte antworten sollen ›Ich weiß nicht‹ oder ›Laß uns noch warten‹ oder ›Ich muß darüber nachdenken‹, oder ich hätte ihn einfach auslachen können. Alles hätte er erwartet. Aber mein ›Ja‹ überraschte und schockierte ihn. Er betrachtete sich in meinem Ankleidespiegel und wußte, daß da etwas nicht stimmte. Er paßte nicht zu mir. Ich war zu jung und zu schön.

Zwei Stunden saß er da und schwieg. Ich sprach ihn an, aber er gab keine Antwort. Normalerweise trank er abends gern ein, zwei Bourbon, aber diesmal rührte er nichts an. Schließlich begann er zu sprechen oder vielmehr zu flüstern. Es war wirklich mitleiderregend. Er sagte, er habe Verständnis dafür, wenn ich von irgendwelchen Hintergedanken bewegt würde. Vielleicht sei es meine Absicht, für immer in England zu bleiben, oder ich hätte vor, in der Firma eine bessere Stellung zu bekommen und wolle mich dabei seiner Hilfe versichern. Möglicherweise sei ich noch zu jung und naiv und allzusehr beeindruckt von einem älteren Mann und seiner Position. Aber er wisse nur zu genau, daß er auf die Dauer nicht gut genug für mich sei. Er habe den Eindruck, daß ich mir hierüber auch nicht im unklaren sein könne.«

Dann bohrte er weiter und fragte, warum ich also ›ja‹ gesagt hätte, was ich denn von ihm erwarte und wieso ich eine schlecht bezahlte Stellung annähme, wenn ich mir eine solche Wohnung leisten könne. Es war zu spät für Gegenargumente. Die wirkliche Kunst besteht darin zu wissen, wenn man geschlagen ist.

Ich habe ihn nie wiedergesehen. Zwei Tage später wurde mir gekündigt. Gleichzeitig meldete das Mädchen in Maifair, er habe seine Samstag-Buchungen wiederaufgenommen. An die Papiere sind wir nie herangekommen.

Der letzte Schlag traf uns einen Monat später, als wir erfuhren, daß man unsere Zielperson zum Ausscheiden aus der Firma gezwungen hatte. Wahrscheinlich war es so gewesen, daß die Sicherheitsleute in seinem Büro uns beide längere Zeit beobachtet hatten. Unser grundsätzlicher Fehler war ihnen gleich in die Augen gestochen: Warum sollte ein Mädchen wie ich auf einen solchen Burschen hereinfallen? Wir wären in eine üble Klemme geraten, wenn er je versucht hätte, die Papiere aus dem Safe zu nehmen und in meine Wohnung zu bringen.«

Eine Analyse dieses Falles befindet sich jetzt ebenfalls in dem erwähnten Ordner für die Kursteilnehmer, für Sex wohl doch nicht ganz so »außerlehrplanmäßig« ist, wie sie es darzustellen versuchte. Isabel und ihre Kollegen sind davon überzeugt, daß das Wissen um Grundsätze und Techniken nicht ausreicht. Praxis und echte Erfahrung sind unabdingbar. Die Schüler müssen sich an Scheinoperationen beteiligen, und dabei sollen Übungen mit sexuellem Hintergrund möglichst keine Ausnahme bilden. Obwohl, wie Isabel mir versicherte, »echter Sex Wahlfach ist«, unterziehen sich doch die meisten Schüler gewissenhaft auch solchen Übungen.

Die Grundübung ist sehr einfach. Dem Schüler wird ein erfahrener und gutaussehender weiblicher Agent zugeteilt, worauf das Paar zwei volle Tage und Nächte zusammen verbringt. Zu Beginn und mindestens noch zweimal im Verlaufe der Übung wird von dem Lehrgangsteilnehmer erwartet, daß er seine Partnerin von oben bis unten abtastet und auf versteckte »Wanzen« hin untersucht, ohne daß sie Anlaß hat, ihn wegen unzüchtiger Handlungen zu belangen.

Die Mädchen dürfen drinnen bleiben, trinken, tanzen, im Garten der Schule spazierengehen und zu jeder Tages- oder Nachtzeit das Schwimmbad benutzen. Von dem Schüler wird erwartet, daß er sie zum Plaudern bringt und über die in den zwei Tagen erhaltenen Informationen einen Bericht verfaßt. Die Mädchen sind angewiesen, in den unerwartetsten Momenten kleine Hinweise fallen zu lassen, die er erkennen und behalten muß. Auf der anderen Seite darf er keine Informationen über sich selbst preisgeben, was insofern nicht leicht ist, als die Mädchen Alkohol recht gut vertragen und auch in der Gesprächsführung sehr geschickt sind.

Ist die Übung beendet, analysiert der Schüler selbst das Geschehen während der beiden Tage. Das gleiche tun die Lehrkräfte. Sie bedienen sich hierbei eines 48 Stunden laufenden Video-Bandgerätes, das vor der Übung sorgfältig versteckt wurde.

»Die roten Gesichter bei den anschließenden Besprechungen sollten Sie einmal sehen. Es ist oft nicht zu fassen, wie unschuldig viele dieser so schrecklich maskulinen und sexwütigen amerikanischen Supermänner sein können«, berichtete Isabel und konnte sich dabei eines höchst unschuldigen Kicherns nicht enthalten. »Es ist wirklich eine Schande, daß die Filme hinterher vernichtet werden müssen, weil ...« Sie unterbrach sich und schaute zur Tür. Ein halbes Dutzend asiatischer Delegierter war im Begriff, die Halle zu verlassen. »Ich muß eben mit einem dieser Burschen sprechen. Ich bin gleich zurück.«

Ich wartete eine Stunde vergeblich, bevor ich sie schließlich innerlich zu dem gekonnten Abgang beglückwünschte. Damit hatte sie mir jede Möglichkeit genommen, ihr unauffällig zu folgen.

Ein Vogel im Busch .....

> Ich werde in Kürze in Kalgoorlie meinem Wohnsitz nehmen. Firmen, denen an der Mitarbeit einer attraktiven intelligenten jungen Dame in diesem Bereich gelegen ist, erreichen mich unter der Rufnummer ......

Der »Sydney Morning Herald« brachte diese Kleinanzeige am 23. Mai 1970 unter der Rubrik »Partnerschaften, Agenturen«. Ich kenne einen Mann, der die Absicht hatte, dieses Angebot aufzugreifen. Wenn er es getan hat und es zu einer beiderseitig zufriedenstellenden Abmachung gekommen sein sollte, dann kann die junge Dame inzwischen Gewinnen entgegensehen, die alles übertreffen, was sie sich je in ihren wildesten Träumen ausgemalt haben mag. Wo? Wie heißt dieses Kaff? Kalgoorlie?

Jenen, die ihre Finger noch nie an Börsenspekulationen verbrannt haben, soll vergeben sein, wenn sie nicht wissen, daß Kalgoorlie in Australien liegt. Dieser Ort diente als Außenposten für die verrückteste Wirtschaftsspionage-Operation, von der ich jemals gehört habe.

Einige Leute behaupten, Perth in Westaustralien sei das Ende der Welt. Andere wieder versichern, es liege auf halbem Wege von hier zur Unendlichkeit. Wer hier auch immer recht haben mag, Kalgoorlie liegt jedenfalls noch 300 Meilen weiter.

In einer pergamentenen, ausgetrockneten Ebene mit einigen verrenkten, schattenlosen Bäumen, nur gelegentlich gestreift von einer Brise, die man in anderen Klimazonen als Heißluft durch Haartrockner pumpen würde, verfiel Kalgoorlie langsam in eine Geisterstadt aus der Zeit eines längst vergessenen Goldrausches. Dann aber, Ende der sechziger Jahre, geschah etwas in Windarra, weitere 150 Meilen in Richtung Unendlichkeit, nur zu erreichen, wenn man freundlicherweise von einem leicht schwankenden Piloten in seiner altersschwachen Maschine mitgenommen wird oder man sich einer sogenannten Straße anvertraut und dabei in Kauf nimmt, daß man nach der Ankunft statt einer Lunge einen Sandsack in der Brust hat.

Das Ereignis war berauschend: Man hatte Nickel gefunden, einen ganzen Berg davon.

Die ersten Untersuchungen deuteten auf das Vorhandensein von mindestens dreißig Millionen Tonnen hochwertigen Erzes. Der Fund kam noch dazu genau zur richtigen Zeit. Bei weltweitem Nickel-Hunger und ständig zunehmender Nachfrage der Industrie, bei schwindenden Reserven und angesichts einer durch Streitigkeiten verzögerten Produktion im nickelreichsten Land Kanada jagte ein Preisrekord den anderen. Der Hintergrund war also wie geschaffen für ein neues Klondike.

Harte Lebensbedingungen und Hitze, kritische Stellungnahmen hinsichtlich der wahren Qualität des Erzes und haarspalterische Fragen bezüglich der Kosten und der Durchführbarkeit der Erdabtragungsarbeiten konnten die Träumer, Geologen, Möchtegern-Geologen, Abenteurer und Schnellverdiener nicht abschrecken – niemanden, der sich ein paar bunte Pfosten und siebzig Pfund für Gebühren leisten konnte, die er benötigte, um seinen Claim abstecken zu können. Und jene, die es sich nicht leisten konnten, einen zweiten, dritten oder zehnten Claim abzustecken, aber bereit waren, mit unvermeidlichem Wassersack und möglichst noch mit einem Gewehr über der Schulter Sechs-Inch-Gräben von Pfosten zu Pfosten zu ziehen, stellten fest, daß es Tausende gab, die sich überstürzten, um ihnen zu Hilfe zu eilen – die ganze Welt schien auf den Beinen, um sich ein Stück von dem Kuchen zu sichern.

Poseidon war der erste Name, den man sich ehrfürchtig zuflüsterte. Die Grubenrechte dieser Gesellschaft zogen sich entlang des gesamten Windarra-Kammes. Hunderte und Aberhunderte rannten durch den roten Staub, um ein winziges Fleckchen Wüste zu ergattern, das noch in der Nähe dieses Hauptgebietes lag. Wenn sich ein Claim nur halbwegs an den Kamm anlehnen konnte, garantierte die Midas-Berührung der Poseidon-Grenze über Nacht ein Vermögen.

Als die ersten sensationellen Nachrichten über Poseidon – man hatte Nickelsulfid gefunden – an die Öffentlichkeit drangen, schnellten die Aktien dieser Gesellschaft sofort in schwindelnde Höhen. Ihr Preis verdoppelte sich innerhalb eines Tages. Aber das war nur der Anfang. Drei Monate später, zu Beginn des Jahres 1970, war jedes rechtzeitig investierte Pfund auf einmal ungefähr dreihundertmal soviel wert, und die Preise zogen immer noch an.

Jeder wollte kaufen, kaufen, kaufen. Aber wer wollte schon verkaufen? Da blieb nur ein Ausweg: Es galt, noch rechtzeitig in den Lift zu kommen, im Erdgeschoß, ja wenn es sein mußte, sogar im Keller. Aber welchen Lift sollte man nehmen? Wer würde am schnellsten oben sein? Die VIPs konnten sich nur in Vermutungen ergehen und mußten sich darin fügen, daß die Rollen mit einem Male völlig vertauscht waren. Jetzt hielten sie den Liftboys dümmlich lächelnd die Bettelschalen unter die Nase, Leuten, denen sie früher mit routinierter Nonchalance etwas Kupfergeld zuzustecken pflegten.

Solche Lifte gab es in dem ganzen Gebiet nördlich von Kalgoorlie. Neuigkeiten von »wissenden« Liftboys wurden in Karat gewogen. Ein schlichtes »Ja« konnte die Geburt von einigen neuen Aktienmillionären bedeuten. Mount Windarra und Poseidons vielversprechendes Loch darin schätzte man auf 300 Millionen Pfund.

Als ich im Februar 1970 dort ankam, überraschte es mich deshalb auch gar nicht, daß Fremde keineswegs willkommen waren und daß man mit neugierigen Fremden alles andere als höflich verfuhr. In »Downtown-Kaly« klang der gutgemeinte Rat »Kümmern Sie sich um Ihre eigenen Angelegenheiten« eher wie eine Drohung als wie eine ortsübliche Witzelei. Niemand kümmerte sich um einen, solange man nur die Claim-Anzeigen studierte, die an einem Brett vor dem Eingang eines völlig deplazierten Gebäudes in viktorianischem Stil angebracht waren, oder solange man an der langen auf Wildwest getrimmten Bar des Palace, an der die Ortsansässigen – aus einem Umkreis von hundert Meilen – ihr Geld verjubelten, lediglich in aller Ruhe sein Bier trank. Aber man brauchte nur ein paar Fragen zu stellen, und sofort erstarb in Hörweite jegliche Unterhaltung. Dann sprachen nur noch die Augen, verdammt scharf blickende Augen. Das war kein Platz für gewiegte Agenten und gerüchteschlürfende Playboys aus der Industrie. Wahrscheinlich hätte man Generationen gebraucht, um einen Agenten so gut zu tarnen, daß er unter den ansässigen Rowdies, den echten Glücksrittern und den ihnen von Rummel zu Rummel folgenden Händlern nicht aufgefallen wäre. In dem kaum besiedelten Hinterland, in dem sich gerade einige Schafhirten, Entwurzelte, ausgestoßene Ameisenfresser, ein paar Känguruhs, wilde Ziegen und Emus am Leben erhalten konnten, erwartete man, daß die Schilder mit der Aufschrift »Zutritt verboten« auch beachtet würden, und die Männer, die hier und dort mit ihren Diamantbohrern in den Boden eindrangen, waren durchaus gewillt, solchen Warnungen Nachdruck zu verleihen.

Obwohl zu jener Zeit ein großer Zustrom kurzfristig ansässiger Bewohner zu verzeichnen war und der prozentuale Anteil der Millionäre über dem von Florida lag, waren Arbeitskräfte ausgesprochene Mangelware. Die Arbeitgeber waren deshalb gezwungen, sich gegenseitig mit ihren Löhnen zu überbieten. Den harten Arbeitsbedingungen, einem mörderischen Klima, einer langen Arbeitszeit von sechs Tagen in der Woche, der monatelangen Einsamkeit und der bohrenden Langweile, gegen die es nur ein paar Glas Bier und ein bißchen Glücksspiel gab, mußte natürlich ebenfalls Rechnung getragen werden. Ein Drittel des fetten Lohntüteninhalts war dagegen nichts weiter als Schweigegeld, das den Leuten gegenüber neugierigen Fremden den Mund verschließen sollte.

Mit einem netten runden Sümmchen konnte man natürlich gelegentlich einmal jemandem die Zunge lockern, aber die Finanzierung eines regelmäßigen Informationsflusses, gespeist von mindestens einem Mann aus jeweils einer Arbeitskolonne oder von einer Parzelle, wäre bei weitem zu kostspielig geworden, besonders wenn man bedenkt, daß zwei Hände, die dann und wann eine Öltonne durch den Sand rollten, mit wöchentlich fünfzig Pfund aufgewogen wurden, plus Unterkunft und Verpflegung, und daß jemand, der geschickt genug war, eine Bohrmaschine zu handhaben oder einen Lastwagen zu lenken, über einen Wochenlohn von hundert Pfund aufwärts verfügen konnte.

Doch es gab einen Ort, wo all diese einsamen, durstigen und liebeshungrigen Burschen zusammenkamen, wo man vernünftigerweise erwarten durfte, daß diese ausgetrockneten und versiegelten Lippen sich einmal zu einem Lächeln verziehen und auch anderes von sich geben würden als nur Schimpfworte. Dieser Ort war die Hay-Street.

Diese breite Durchgangsstraße in Kalgoorlie erinnerte an einen alten Unterkiefer, der bereits die meisten Zähne verloren hatte: es gab mehr Lücken als Häuser und für die Betrunkenen am Wochenende nur wenige Bäume zum Anpinkeln oder Dagegenlehnen. Doch die Bordelle in der Hay-Street, zusammengefaßt zu einer Häuserfront, konnten es an Einmaligkeit und Originalität spielend mit den alten Pferdeställen von Hongkong, den Käfigen in Bombay und der Schaufenster-Prostitution in Amsterdam aufnehmen.

Einige der Mädchen sahen aus wie Relikte aus den alten Goldsucher-Tagen, doch die meisten waren gut gewachsene Neuankömmlinge, die im Fahrwasser des großen Rummels ihr Heu machten, solange der Nickel noch glänzte. Sie benahmen sich auch wie feine Damen; das wurde von ihnen erwartet, nicht nur aus Gründen ortsüblicher Prüderie, sondern auch, weil die Nüchternen unter den Männern, die aus den Bergen für einen kurzen Aufenthalt in die Stadt kamen, auf ungezwungene Kameradschaft ebenso Wert legten wie auf den Kissendienst. Fluchen war deshalb verpönt, ebenso wie Mikro-Röcke und nabeltief geschlitzte Fähnchen.

Die Damen saßen schweigend unter den lustig-bunten Glühbirnen auf den Holzveranden, die die Front der Bungalows einnahmen. Jedes Mädchen hatte seinen eigenen Eingang wie die Dayak-Familien auf Borneo in den langgestreckten Gemeindehäusern. Die Türen führten direkt zu den einzelnen kärglich möblierten Zellen, einen Schritt weit von den Wartepositionen ihrer Inhaberinnen entfernt. Die Anlage erschien insgesamt so zweckmäßig, als sei sie von einem Refa-Ingenieur konzipiert worden.

Einige Leute bezeichneten diese »Häuser« als die einzigen »Über-Tage-Goldminen« der gesamten Gegend, und das mit gutem Recht: Alle Mädchen konnten hier in wenigen Monaten mehr verdienen als anderswo in einem ganzen Jahr, und einige waren darunter, die echtem Reichtum entgegensehen durften und einmal in der Lage sein würden, sich mit dem stolzen Hinweis auf »privates Vermögen« von jeglicher Beschäftigung fernzuhalten. Diese wenigen hatten begriffen, daß sich mit Neuigkeiten noch mehr Geld verdienen ließ als mit Liebe, daß der Nickel-Boom ein Geschäft mit der Hoffnung war und daß Gerüchte Träume verwirklichen und Multimillionäre ruinieren konnten.

Die anderen Voraussetzungen waren leicht zu erbringen: gespitzte Ohren und ein gutes Gedächtnis, die Gabe des Zuhörenkönnens und andere zum

Sprechen zu bringen, sowie ein gewisser Mangel an Intelligenz, der bei dem Gesprächspartner nie das Gefühl des Unterlegenseins aufkommen ließ. Dies alles und eine Verbindung in Sydney genügten vollkommen – damit konnten die Mädchen ihr Glück machen.

Ein großer, fleischiger, rotgesichtiger Mann, bekannt unter dem Namen »The Brigadier« und nicht weniger bekannt wegen seines sagenhaften Konsums von Pink-Gin, stellte mir in der Kellerbar des luxuriösen Wentworth-Hotels in Sydney eine dieser privilegierten Damen vor.

Sie war Italienerin von Geburt, nannte sich »Jean –, weil's leichter ist für die Jungens« und pflegte vor dem Nickel-Boom in einer Wäscherei Hosen zu bügeln. In jenen Tagen glaubte sie sich reich, als sie sich aus zweiter Hand einen zerbeulten Lieferwagen kaufen konnte. Ein Freund fotografierte sie am Steuer; sie bestellte ein Dutzend Abzüge, behielt einen und verschickte den Rest an ihre Verwandten in Italien. Jetzt leistete sie sich »einen kleinen Feiertag« in Sydney und hatte in den vier Tagen ihres Aufenthaltes bereits einige tausend Dollar »für dies und das« ausgegeben.

Inzwischen besaß sie ein teures Appartement im mondänen Double Bay und hatte ihre Mutter in einer nahe gelegenen Wohnung untergebracht. Den Großteil ihrer Einkünfte hatten weitblickende Bankiers im »Nickel-Geschäft« investiert.

In ihren Wäscherei-Tagen pflegte sie sich durch Gelegenheitsprostitution hier und da ein oder zwei Dollar nebenher zu verdienen, bis sie eines Tages von der Frau des Arbeitgebers mit demselben im Hinterhaus ertappt wurde, worauf die Chefin ihr den Rat gab, ihr Glück doch besser bei den Goldsuchern in Westaustralien zu versuchen als bei ihrem Mann in Sydney.

Jean hatte sich bereits auf einer Hay-Street-Veranda fest etabliert, als »dieser freundliche Herr«, unser Gin gurgelnder Begleiter, bei ihr auftauchte und ihr erklärte, wie sie leicht in das »Nickel-Geschäft« einsteigen könne.

Sie brauchte sich nicht der Sonne auszusetzen oder die Feinheiten des Erzbergbaus zu studieren. Als ich sie fragte, was sie denn über Nickel wisse, konnte sie es gerade noch mit den glitzernden Zierleisten an ihrem Wagen in Verbindung bringen.

Alles, was sie zu tun hatte, war, ihren »Gästen« Zeit und Gelegenheit zu geben, sich auszusprechen, zu prahlen, zu schimpfen oder in gemütlichen Klatschereien zu schwelgen. Deshalb schätzte man sie. Sie hörte sich Geschichten an, entdeckte lange Gesichter und beobachtete genau, wer mehr Geld ausgab als gewöhnlich. Zwischen zwei Gläsern gab der Brigadier einige Erläuterungen:

»Ihre Frontberichte sind unbezahlbar. Wir bekommen zwar nur Anhaltspunkte, aber wer will denn mehr? Sie meldet beispielsweise, daß Joe So-

und so eine Menge mehr Geld zur Verfügung hat als sonst – wieso? Hat er auf einmal einen Geldgeber? Warum? Oder Bill Smith prahlt mit einer »dicken Sache«. Prima, dann werden wir die Firma, für die er arbeitet, noch etwas sorgfältiger im Auge behalten.«

»Wie leitet sie denn ihre Berichte weiter?«

»Ein Freund, den wir den Nachrichtensammler nennen, parkt seinen Wagen fünfzig Meter weiter die Straße hinauf, und dann sprechen sie über ein Taschenfunkgerät. Es würde nicht gut aussehen, wenn er alle unsere Mädchen jeden Tag besuchen würde. Schließlich ist er verheiratet, und man will ja niemanden der Erpressung aussetzen.

»Mehr ist nicht dabei. Aber ich will Ihnen noch etwas verraten, Sie bekommen's gratis: Ein Vogel im Busch ist soviel wert wie zwei in der Hand. Na ja, Sie wissen schon, wie es gemeint ist.«

Aber es war natürlich schon »etwas mehr dabei« sogar eine ganze Menge mehr. Es kostete mich ein Jahr geschickten Taktierens und die Einschaltung von sieben Personen in vier verschiedenen Ländern, bis ich auch nur in Tuchfühlung mit dieser weltweiten Millionen-Operation gelangte und mit dem Mann, der zwar nicht hinter dem Gesamtunternehmen steht, bei dem aber in Australien die Fäden zusammenlaufen.

Unsere erste Begegnung führte zu einem Von-Gin-zu-Gin-Bummel durch Sydney. Dann nahm uns sein Chauffeur mit dem Wagen auf, und man setzte mich, wie es vorher vereinbart worden war, auf einem einsamen Stück Landstraße ab. Während ich auf das Taxi wartete, das man mir zu schicken versprochen hatte, stellte ich fest, daß ich mich in der Nähe des Castlecove-Golfplatzes befand, wo dann auch in der Tat unser zweites und bei weitem angenehmeres Treffen stattfand.

Der Brigadier war davon überzeugt, daß ich im Begriff stand, eine Art Konkurrenzunternehmen aufzuziehen, was ihn aber keineswegs zu stören schien: »Hier ist genug Platz für Sie und für mich und für noch viele andere. Ihre Referenzen sind o. k.; Sie dürfen sich hier draußen ruhig einmal umsehen. Schließlich tun wir ja nichts Ungesetzliches, wie mir meine Rechtsberater immer wieder versichern. Angesehene Leute bringen Sie ja wohl nicht dazu, ihr Geld in schmutzige Geschäfte zu investieren, oder sind Sie da anderer Ansicht?«

Er erklärte mir, daß er mit der Durchführung einer »durch und durch professionellen Börsen-Operation« befaßt sei, die im wesentlichen auf »Inside-Informationen« basiere. »Sehen Sie, mein Lieber, das hier ist das ergiebigste Jagdgebiet der Welt. Im Nordwesten lagern eine Milliarde Tonnen Eisenerz. In der Nähe von Darwin gibt es Bauxit, Gold, Platin, Uran – was Sie wollen. Ein Teil davon ist tatsächlich vorhanden; mit dem Rest werden Geschäfte gemacht. Das ist's, was die Leute einfach nicht verstehen wollen.

Als ich neulich in London war, befragten mich die Makler nach Erzgehalt, Kostengrenzen, Analysen, Proben-Technik und ich weiß nicht was – nur, weil sie versuchten, ihre Weisheit aus den Büchern zu ziehen. Aber in Wirklichkeit bedeutet ein ›großer Fund‹ oft nichts weiter als ein paar optimistische Geologen im Busch, einen schmutzigen Diamantbohrer und ein sechs oder neun Inch breites Loch im Boden. Eine ›Katastrophe‹ ist in vielen Fällen nicht mehr als der Zipfel eines Gerüchtes aus einem Labor, in dem die Proben analysiert werden. Wahr oder unwahr – wen kümmert das? Informationen sind soviel wert wie Geld auf der Bank, solange man sie rechtzeitig bekommt. Es kommt nicht darauf an, *was* man weiß, sondern, *wann* man es weiß.

Die Mädchen in der Hay-Street und ihr Bettgeflüster waren eine wichtige, aber nicht die einzige Informationsquelle. Die Organisation verfügte praktisch in allen größeren und kleineren Bergwerksgesellschaften über Informanten. Einige Mädchen, deren Intelligenzgrad beträchtlich über dem der Italienerin gelegen haben muß, arbeiteten in Sydney und Melbourne. Sie besuchten alle bedeutenden Cocktailparties, verkehrten mit Börsenmaklern, wußten, wie man hier und da einmal einen Mann ›besticht‹, und verstanden vom Geschäft ebenso viel wie die Männer. Eine dieser jungen Damen besaß sogar den Vorzug, zwei Jahre Geologie-Studium hinter sich zu haben; bei allen durfte man sich aber darauf verlassen, daß sie ein fabelhaftes Gedächtnis für Fakten und Zahlen hatten. Einer von Jeans Versuchen auf diesem Gebiet war deshalb so recht dazu angetan, die Heiterkeit der ganzen Clique zu erregen. Bei einem Besuch in der Bar des ›Palace‹ schnappte die Italienerin einmal die Worte ›Molybdän in Tamworth gefunden‹ auf. Obwohl sie nie einen Versuch unternahm, den Sinn dieser geheimnisvollen Bemerkung zu ergründen, noch herauszufinden, wo Tamworth lag, war sie verzweifelt bemüht, sich diese Worte einzuprägen. ›Molly wie? Was haben Sie gesagt?‹ wiederholte sie so oft, bis schließlich zwanzig Leute im Takt auf sie einbrüllten:

›Molybdän in Tamworth gefunden – Molybdän in Tamworth gefunden!‹

Den Hintergrund dieser verschiedenen Quellen bildete ein völlig legitimer Informationsapparat.«

»Was wir brauchen«, erläuterte mir mein Verbindungsmann mit stolzgeschwellter Brust, »sind Tips von der Front. Obwohl wir wissen, daß die wirklich wertvollen Hinweise, wie beispielsweise alles über Nickelfunde, aus dem Busch kommen, können wir es uns natürlich nicht leisten, gleich mit schweren Geschützen aufzufahren und Riesensummen zu investieren, bevor wir nicht auch andere Kontrollmöglichkeiten ausgeschöpft haben. Deshalb studieren wir wie jeder andere Geschäftsmann alle verfügbaren Hinweise und sind stets genau über die jeweiligen Markttendenzen unterrichtet.«

Um mir das deutlich zu machen, lenkte er meine Aufmerksamkeit auf einen solchen »Hinweis« in Form einer Annonce, die am 2. März 1970 in der Zeitung »The Australian« erschienen war. Die Firma »Newmetal Mines Ltd.« behauptete, eine »Periode glänzenden Wachstums« zu durchlaufen, und suchte nach einem »fähigen jungen Geologen«, der bei »erfolgversprechenden Schürfungen in der Cloncurry-Region« das dortige Team verstärken sollte. Für Industriespione war das eine unverblümte Aufforderung, sich sehr eingehend mit der Firma, der genannten Gegend und dem möglichen Bewerber zu befassen, der vielleicht gar nicht abgeneigt war, zwei Gehälter zu kassieren – eines davon in bar und ohne Steuerabzüge.

Die gleiche Ausgabe enthielt einen interessanten Artikel über die Firma »Eastmet Minerals«. Darin hieß es, für einen Neuling beschäftige die Firma eine »unverhältnismäßig große Anzahl von Geologen«, da die Firma aber bis jetzt noch nicht mit den Bohrungen begonnen habe, seien ihre Aussichten auf dem Aktienmarkt in großem Maße von den Schürfergebnissen ihres nächsten Nachbarn, der »Tasminex«, abhängig. Gerüchte aus dem Westen hätten aber zu der Vermutung Anlaß gegeben, daß deren erste Ergebnisse eher enttäuschend als ermutigend ausfallen würden.

»Und was ist nun mit dieser ›Tasminex‹?« fragte ich so beiläufig wie möglich und bestellte meinem schwergewichtigen Gesprächspartner einen weiteren doppelten Pink-Gin. Aber er lehnte es rundweg ab, auf das Thema näher einzugehen.

Es handelte sich dabei um jene Firma, die man noch 35 Tage zuvor als die »neue Poseidon« gefeiert hatte, als nach vorangegangenen Gerüchten über einen neuen Nickel-Fund der Vorstandsvorsitzende der »Tasminex« und ehemalige Ochsentreiber Battling Bill Singline erklärt hatte, die entdeckten Nickel-Lager könnten sich unter Umständen als reichhaltiger und wertvoller als die Lagerstätten der »Poseidon« erweisen. Darauf schossen die Aktienpreise von unter drei Pfund auf über vierzig Pfund, und innerhalb von dreißig Minuten gab es mindestens drei Multimillionäre mehr auf der Welt. Ende Januar rieten die Aufsichtsräte den Anlegern, bis zum endgültigen Ergebnis der Labor-Untersuchungen vorsichtig zu sein, und die Presse sprach von »Tasminex« als einem der »hoffnungsvollen Spekulationsobjekte«.

Zwei Tage nach jener unbeantwortet gebliebenen Frage kam der große Knall, der nicht minder großes Aufsehen erregte wie das anfängliche »Wunder bei Tasminex«. Die Tasminex-Aktien fielen in den Keller, und Bemerkungen meines Kontaktmannes, wie »düstere Prognosen aus dem Labor.« Dann verkaufen wir, bevor es alle tun«, bekamen nun auf einmal Sinn. Hatte er nicht auch von der Möglichkeit eines »großen Umschwunges« gesprochen?

In einem kurz darauf geführten Telefongespräch befragte ich ihn zum zweiten Mal über die Tasminex-Geschichte. »Wenn ich das rechtzeitig geahnt hätte, wären ich und einige Leute, deren Interessen ich wahrnehme, vor gewissen Verlusten bewahrt geblieben«, erhielt ich zur Antwort. Ich hätte schwören können, daß der Telefonhörer in meiner Hand nach Gin roch. »Wir machen diese Arbeit ja nicht nur für uns selbst, sondern wir haben schließlich auch die Pflicht, Kunden vor Verlusten durch unerwartete Marktveränderungen zu schützen. Eigentlich hätten wir also diese Entwicklung im voraus erkennen müssen.«

Ob er es nun wirklich nicht gewußt hatte, oder ob er nur so tat, habe ich nie klären können. Jedenfalls wollte er es nicht zugeben. Anderseits warnte er mich vor falschen Schlußfolgerungen: »Trotz allem kann es natürlich geschehen, daß man in den kommenden Jahren tatsächlich hochwertiges Nickelerz da unten findet.«

War das eventuell ein Hinweis auf künftige Gewinnmöglichkeiten?

»Ich sage nur, daß es nicht ausgeschlossen ist, daß auf dem Tasminex-Grund eines Tages Nickel gefördert wird. Im Augenblick ist das natürlich ohne Bedeutung. Haben Sie schon den neuesten australischen Witz gehört? Von der Dose Ölsardinen im Nachkriegs-England?

Diese alte Dose wurde für zwei Shillinge verkauft, wiederverkauft für ein Pfund, dann für zwei Pfund und so fort. Der Bursche, der sie am Ende für 50 Pfund erstand, wollte sich eine Mahlzeit daraus zubereiten, mußte aber feststellen, daß der Inhalt bereits ungenießbar war. Er beklagte sich bei dem Mann, der ihm die Dose verkauft hatte, und wissen Sie, was der ihm antwortete? Die Sardinen waren nicht zum Essen, sondern nur zum Handeln.

Genauso ist es hier bei uns. In diesem Stadium sollte man besser nicht zu erfahren versuchen, was nun tatsächlich in den Löchern ist. Solange jedermann große Hoffnungen auf ihren Inhalt setzt, will jeder kaufen, und die Preise schnellen in die Höhe. Ist das Vertrauen erst einmal futsch, dann sind die Anteile das Papier nicht mehr wert, auf dem sie gedruckt sind.

Das Tasminex-Debakel paßte genau in seine Argumentation. Als sich Anfang März 1970 die Gerüchte verdichteten, daß die erwarteten Berichte der Firma »sehr enttäuschend« ausfallen könnten, gaben die Aktienkurse erschreckend nach. Unter unbeschreiblichem Lärmen, Johlen, Pfeifen und Stöhnen schickten sich hemdsärmelige Profis, Spekulanten, Spieler und Gelegenheitsbieter an, wieder einmal die Schallmauer des Aktienumsatzes zu durchbrechen. Eingekeilt in die grölende und gestikulierende Menge mußte einem klarwerden, warum man in diesen Räumen mit einem Netzhemd am zweckmäßigsten gekleidet war. Doch war es keineswegs so, daß man hier keine Rekorde gewohnt war: 1969 hatten hier zwei Milliarden Aktien den Besitzer gewechselt.

Am 3. März um 9.20 Uhr, am Morgen des Schwarzen Dienstag, hieß es, die Tasminex-Berichte würden im Laufe des Nachmittags veröffentlicht werden. Der Kurs war bereits von 75 auf 12 Dollar gefallen. Die es trotzdem noch nicht glauben wollten, begannen zu kaufen. Daraufhin stieg der Kurs wieder auf 16 Dollar.

Um 13.35 Uhr wurde der umfangreiche Bericht in Sydney herausgegeben. Innerhalb von wenigen Sekunden stürzte der Kurs auf sieben Dollar. Nur in Melbourne brachte die Aktie immer noch das Doppelte!

Offenbar hatte sich irgendwo eine Panne eingeschlichen. Anstatt das Ergebnis an beiden Orten gleichzeitig bekanntzugeben, wurde das Telex nach Melbourne erst aufgegeben, nachdem die Bekanntgabe in Sydney bereits erfolgt war. Das ergab alles in allem eine Zeitdifferenz von siebzehn Minuten. In diesen Minuten kauften noch Leute die Aktie über dem Preis an der Börse in Sydney. Diejenigen, die gewußt oder geahnt hatten, was bevorstand, und ihre Pakete rechtzeitig abgestoßen hatten, lachten sich ins Fäustchen. Ein sofortiger Anruf von Sydney nach Melbourne genügte in diesem Fall, um einige Leute vor noch höheren Verlusten zu bewahren.

In der Rückschau wird nur allzu klar, daß dieses Spiel mit Glück allein nicht zu gewinnen ist. Die Leute mit der feinen Nase oder der rechtzeitigen Information hatten im richtigen Moment den richtigen Lift genommen und waren auch mit verblüffender Regelmäßigkeit immer wieder im richtigen Stockwerk ausgestiegen. Doch oft genug gehörten die Vorstandsmitglieder und die Hauptaktionäre der betroffenen Gesellschaft selbst gar nicht zu diesen »Gutinformierten«.

Aus heiterem Himmel tauchte mein australischer Gewährsmann im Mai 1970 in London auf. Er zeigte mir die erwähnte Zeitungsannonce der unternehmungslustigen jungen Dame und erkundigte sich, wie weit meine »Pläne« gediehen seien. Im Jahre 1971 kam er zweimal, und 1972 trafen wir uns in der Bar des Mayfair Hotels. Diese Begegnung verlief recht ungewöhnlich.

Mit Verachtung sprach er von Aktieninhabern, die versuchten, künstlich den Markt zu beeinflussen, vergaß aber nicht darauf hinzuweisen, welche Gewinne hier zu machen seien, wenn man über die richtigen »Inside-Informationen« verfügte. Mit unverhohlener Schadenfreude rekapitulierte er noch einmal den großen Krach bei »Tasminex«, verbreitete sich über die Affären bei »Minsec« und »Leopold Minerals«, über die Überlebenschancen von »Poseidon« – »alles anders als früher, arbeiten nach neuen Methoden« – und schilderte dann ausführlich das Auf und Ab im Zusammenhang mit der Entdeckung von Platin-Vorkommen.

Ich fragte mich, worauf er hinaus wollte. Aber er war noch nicht soweit:

Erinnern Sie sich an die Uranfunde bei Nabarlek *(Eingeborenen-Wort für »kleines Känguruh«)?* Japan zeigte damals im Hinblick auf sein Atomenergie-Programm größtes Interesse. Einer meiner japanischen Kunden schien fest entschlossen, eine Menge in diese Sache zu investieren. Ich traute der Geschichte nicht so ganz und teilte ihm meine Zweifel mit. Irgendwie muß das bis zur japanischen Atomenergie-Behörde durchgesickert sein, die sich daraufhin zu einigen skeptischen Kommentaren veranlaßt sah.

Aber was passiert? Fünf Tage später besinnen sich alle eines Besseren, mein verärgerter Kunde kündigt seinen Beratungsvertrag mit uns, und ich erhalte einen Rüffel von meinen Vorgesetzten. Alle Welt möchte kaufen, die australische Regierung beschließt aufgrund des Ansturms Beschränkungen für ausländische Anleger, und kein Mensch kümmert sich um meine Warnungen.

In jenen Tagen begriff ich, wie es Richard Sorge und anderen russischen Agenten zumute gewesen sein muß, als Stalin ihren Berichten über einen bevorstehenden deutschen Angriff keinen Glauben schenkte.

Inzwischen haben sich natürlich einige Leute bei mir entschuldigt. Im August 1971 stellte sich nämlich heraus, daß die Nabarlek-Lager keineswegs hielten, was sie versprochen hatten. Es macht eben doch einen kleinen Unterschied, ob sich die Reserven auf fünfzigtausend oder nur etwa achttausend Tonnen belaufen.

Das würde natürlich alles nicht passieren, wenn es sozusagen eine Versicherung dagegen gäbe, meinte er mit einem forschenden Seitenblick auf mich.

»Was für eine Versicherung? Gegen schlechte Nachrichten, falsche Informationen oder gegen die Ungläubigkeit von Klienten?«

»So ungefähr.«

Dann entwickelte er mir Schritt für Schritt seine Vorstellungen. Bis er geendet war, war der Barmann ständig damit beschäftigt, seine Vorräte an Gin und Angostura bitter zu ergänzen.

Der Plan war einfach: Wir beide sollten uns auf der Basis einer inoffiziellen Partnerschaft zusammentun. Er war immer noch fest davon überzeugt, daß ich einer Konkurrenzorganisation angehörte, deren Einmischung er offenbar nur geduldet hatte, um sich später meiner Komplizenschaft zu versichern und sowohl seine eigene als auch meine Firma übers Ohr hauen zu können, einschließlich deren Kundschaft, versteht sich. Mit meiner Unterstützung hätte er so manches Doppelspiel aufziehen können, und wer weiß, ob nicht bei irgendeinem dieser Doppel-Spiele nicht auch ich unter den Geschädigten gewesen wäre.

Die feinen Möglichkeiten, die sich auf diese Weise für ihn auftun würden, standen mir nur allzu klar vor Augen. Es tat mir fast leid, ihn enttäuschen zu müssen. Meine Erklärung, daß ich zu dieser vielversprechenden Operation nichts beizutragen hätte und er sich bei künftigen Doppelspielen ganz allein auf seinen eigenen Einfallsreichtum verlassen müsse, traf ihn hart. Diese Antwort festigte nur seine Überzeugung, daß ich ihn in irgendeiner Form bereits hereingelegt haben mußte.

Seit dieser Begegnung hat er sich mir nicht mehr genähert. Aber soviel mir bekannt ist, operiert seine Organisation noch in verschiedenen Teilen der Welt, so auf den Fidschi-Inseln, im Mittleren Osten und in Gebieten der Off-shore-Exploration von Erdöl und Erdgas.

Die grundlegenden Elemente dieser Art der Informationsgewinnung werden sich niemals ändern. Sollten Informanten und einsame kleine Prostituierte draußen im Busch einmal zu alt oder zu reich geworden sein, um noch weiterzumachen, dann steht bereits eine neue Generation ebenso williger Helfershelfer vor der Tür. Es kommt lediglich hinzu, daß die Mannschaften in diesem Spionagekrieg in wachsendem Maße Unterstützung durch Waffen erhalten, die ursprünglich als Hilfen für den modernen Goldschürfer entwickelt wurden.

Die Luftaufnahme ist eine der Techniken, deren sich beide Seiten bedienen. Für Aktionäre oder rivalisierende Gesellschaften tätige Nachrichtenagenten pflegen häufig bestimmte Bohrgelände und Grubenabschnitte zu überfliegen und jede Einzelheit zu fotografieren. Aufnahmen von ungewöhnlicher Aktivität in einem abgelegenen Gebiet können manchmal wertvolle Rückschlüsse zulassen.

In Amerika zeigte man mir einmal die grobkörnige Aufnahme eines Autonummernschildes. Es handelt sich um einen vergrößerten Ausschnitt eines Schnappschusses, den man von einer eleganten schwarzen Limousine gemacht hatte. Was hatte ein solcher Wagen in der Nähe einer Bohrstelle zu suchen? Mit Hilfe des Nummernschildes hatte man sehr schnell ermittelt, daß es sich bei der Limousine um die des Präsidenten der Ölgesellschaft handelte. Nun, wenn er sich die Zeit genommen hatte, eine derartige Reise zu unternehmen, dann konnte es nicht schaden, ein paar Aktien dieser Gesellschaft zu kaufen. Der Agent, der vom Flugzeug aus diese Aufnahme geschossen und den Inhaber des Nummernschildes ermittelt hatte, verdiente am Verkauf des Schnappschusses und dadurch, daß er selbst einige Anteile der Firma erwarb, rund zwanzigtausend Dollar.

Eine kanadische Gesellschaft bedient sich einer großartigen Erfindung, um Bodenschätze auf den Fidschi-Inseln zu entdecken. Dabei werden Funksignale niedriger Frequenz, die eine US-Navy-Nachrichtenstation für U-Boote aussendet, aufgefangen und analysiert. Die Radiowellen durchlaufen unter der Erdoberfläche breite Gesteinsschichten und werden dabei von bestimmten Mineralien besonders beeinflußt. Die Analyse der sichtbar gemachten Wellenstruktur läßt dann Rückschlüsse auf die Art und Menge der in mehreren hundert Metern Tiefe verborgenen Bodenschätze zu. Ich glaube, daß die Forschungsgesellschaft in Toronto, die dieses Verfahren entwickelt hat, inzwischen in den Mittelpunkt eines Interesses geraten ist, das ihr gar nicht so lieb sein dürfte.

Die Kamera, die bei dem Flug von Apollo 9 erstmalig eingesetzt wurde, fotografierte den Mond aus einer Entfernung von vierzig Meilen. Über ein kompliziertes System von vier Linsen und zahlreichen Filtern projizierte sie Farbaufnahmen auf einen Schwarz-Weiß-Film, der anschließend von einem an einen Computer angeschlossenen Lesegerät ausgewertet wurde. Das Ergebnis widersprach der bisherigen Auffassung von der Zusammensetzung bestimmten Mondgesteins, und später zeigte sich, daß die Kamera recht gehabt hatte. Eine in Südafrika weiterentwickelte Kamera dieses Typs dient neuerdings der Exploration von Bodenschätzen. Dieses Modell ist praktisch in der Lage, aus jeder beliebigen Höhe zutage liegende Mineralvorkommen, Luftverschmutzungen und Fischgründe unter der Meeresoberfläche auszumachen. Die neu gegründete Firma »Spectral Africa«, die das Gerät verkauft, war sich darüber klar, daß damit eine Menge Mißbrauch getrieben werden könnte. Das Zubehör zur Kamera umfaßt deshalb auch eine Auflistung aller Vorschriften, die den Einsatz des Apparates zur Ausspähung von Konkurrenten verhindern sollen.

Ein weiter Weg bis zum »Nickel-Geschäft« unserer kleinen Italienerin? Nicht ganz. Denn es erscheint doch, als ob der Vogel im Busch, mit Unterstützung moderner Technologie und unter gelegentlicher Zuhilfenahme eines Computers, immer noch mehr wert sei als viele Vögel – Sicherheitsapparate und Bestechungsgelder – in der Hand.

Eine Spionageoperation verdient nur dann berechtigtermaßen das Prädikat »gelungen«, wenn der Geheimnisdiebstahl tatsächlich unentdeckt bleibt, bis es zu spät ist, den Schaden noch zu reparieren, oder wenn in die Operation ein Pannen-Element eingebaut wurde, mit dem sichergestellt wird, daß im Falle einer rein zufälligen Entdeckung des Informationslecks niemand Schlimmeres argwöhnt als menschliches Versehen.

Ein typisches Beispiel bietet ein Fall, der eine der größten amerikanischen Ölgesellschaften »so etwas um eine Million Dollar« kostete. Niemand weiß bis jetzt so richtig, wie es dazu kommen konnte, und die Gesellschaft ist alles andere als stolz auf diese Geschichte. Der Sicherheitsbeauftragte, dem ich sie verdanke, hielt sich deshalb auch strikt an die Fakten und verzichtete darauf, irgend jemandem unterschwellig Vorwürfe zu machen.

»Nach mehreren Jahren intensiver Forschungsarbeit besaßen wir genug seismische Daten, um eine geophysikalische Karte anlegen zu können, in der die künftigen Bohrgebiete ausgewiesen waren«, sagte er. »Auf einer Vorstandssitzung fiel die endgültige Entscheidung, und alle Außenleute wurden angewiesen, Pachtverträge für die betreffenden Gebiete abzuschließen. Die X-Zeit hatten wir auf 7 Uhr am folgenden Montag festgelegt; zu diesem Zeitpunkt sollten schlagartig die Anmietungen erfolgen. Dabei kam es auf Wahrung der Anonymität und auf Schnelligkeit an, denn wenn es erst einmal bekannt war, daß eine bedeutende Firma an dem Gelände interessiert war, würden die Preise raketengleich in die Höhe schießen. Denn anders als in Europa und in Afrika sind die auf einem Grundstück entdeckten oder geförderten Bodenschätze ausschließliches Eigentum des Grundbesitzers und nicht des Staates. Nur aufgrund solcher Pachtverträge gewannen wir also das Recht zu irgendwelchen Bohrungen. Wird Öl gefunden, werden entsprechende Royalties gezahlt.

Nun gut. Unsere Außenleute marschierten los und stellten fest, daß ein Großteil des ins Auge gefaßten Gebietes bereits verpachtet war, und zwar erst seit dem vorangegangenen Freitag und an jemanden, der viel zu klein war, um aus eigener Kraft eine solche Aufgabe bewältigen zu können. Da sich voraussichtlich auch kein anständiges größeres Unternehmen mit ihm gegen uns verbündet hätte, zeigte er sich bereit, uns an die Krippe zu lassen – natürlich zu einem angemessenen Preis. Uns blieb keine andere Wahl, als in den bitteren Apfel zu beißen.

Das heißt nicht, daß wir nicht alles versucht hätten, die Ursache dieser Panne zu finden. Denn über eines konnte es keinen Zweifel geben: Um uns bei den Pachtverträgen zuvorzukommen, hatte er über ›Inside-Informationen‹ verfügen müssen. Aber wie hatte er sich die beschafft?

Im Endstadium unserer Vorbereitungen brauchten wir drei der erwähnten Karten. Wie gewöhnlich wurden die Blaupausen bei einer vertrauenswürdigen Vertragsfirma angefertigt, die die Auflage hatte, nicht mehr als drei Kopien zu liefern. Bestand nicht die Möglichkeit, daß der Bursche dort einen Verbindungsmann sitzen hatte, der ihm eine vierte Kopie zugespielt hatte? Möglich, aber sehr unwahrscheinlich. Dazu hätte er im voraus wissen müssen, bei welcher Firma die Pausen in Auftrag gegeben würden, und hätte dort in aller Eile jemanden bestechen müssen. Anderseits konnte man auch ein echtes menschliches Versehen in Betracht ziehen. Vielleicht war eine Kopie nicht gut genug geraten und ein unerfahrener Angestellter hatte sie fortgeworfen, anstatt sie zu vernichten oder sie uns zu diesem Zweck auszuhändigen. Aber auch das ist sehr weit hergeholt. In diesem Falle hätte der Interessent wissen müssen, in welcher Mülltonne es zu suchen galt, oder er hätte es tatsächlich gewußt, womit wir wieder so weit wären wie in Annahme Nr. 1.

Da war aber noch eine andere Möglichkeit. Was halten Sie denn hiervon?

Aus unseren Unterlagen konnten wir ersehen, daß am Tage der entscheidenden Vorstandssitzung der betreffende Bursche unser Hauptbüro aufgesucht hatte, um dort mit einem unserer Herren irgendwelche belanglosen Dinge zu besprechen. Da der gewünschte Gesprächspartner aber an der Vorstandssitzung teilnahm, bat man den Besucher, solange im Vorzimmer bei der Sekretärin zu warten. Diese Sekretärin habe ich selbst vernommen. ›Hat der Besucher versucht, in irgendwelche Papiere Einsicht zu nehmen? – Nein. – Hat er den Raum einmal verlassen? – Nein. – Nicht einmal, um auf die Toilette zu gehen? – Nein.‹ Sie blieb dabei, daß er sich nicht verdächtig benommen habe, schweigsam, freundlich und geduldig gewesen sei und unbedingt die Tasse Kaffee habe bezahlen wollen, die sie ihm gemacht hatte. Sieh an, *sie* hatte also den Raum verlassen. Er war allein geblieben. Welche Möglichkeiten boten sich damit für ihn? Was hätte er nachschauen können?

Eine sofortige Überprüfung gab die Antwort auf alle Fragen. Alles war so einfach wie die Entzifferung der Hieroglyphen nach Auffindung des Dreisprachensteins. Für die Konferenz hatte man nur zwei Blaupausen benötigt, die dritte sollte von der Sekretärin abgeheftet und in den Safe geschlossen werden. Sie konnte sich nicht entsinnen, ob sie das Dokument bereits weggeschlossen hatte, als der Besucher kam, oder nicht. Meiner Ansicht nach hatte sie es nicht getan. Es muß während der ganzen Zeit auf ihrem Schreibtisch gelegen haben, und er hatte nichts weiter zu tun, als es zu fotografieren oder sich einige Einzelheiten einzuprägen, während sie Kaffee für ihn besorgte.

Menschliches Versagen? War der Mann ein echter Opportunist, der der

Versuchung nicht widerstehen konnte, oder war die Sache geplant? Hatte sie von Anfang an gemeinsame Sache mit ihm gemacht? Oder hatte jemand an einflußreicherer Stelle beiden den Weg geebnet?

Wie dem auch sei. Jedenfalls mußten wir es dabei lassen.«

»Und wie denken Sie persönlich über den Fall?«

»Tja, wenn Sie mich fragen, wir sind ja unter uns – ich möchte einmal folgendes sagen. Ich glaube nicht an ein Versehen oder an einen Zufall. Der Junge hätte gar keine Zeit gehabt, die Situation zu nutzen. War es nicht möglich, daß alles im voraus geplant worden war, daß er das Gelände, für das sich unsere Geologen interessierten, bereits kannte und daß er vor allem die Daten, mit denen wir unsere Computer gefüttert hatten, auf irgendeinem Wege erhalten hatte? Sehen Sie, dahin gehen meine Überlegungen, aber das ist natürlich nichts als reine Spekulation. Liegt auch nicht auf meiner Linie. Besonders nicht, wenn das Anzapfen von Computern mit hineinspielt – auf diesem Gebiet finden Sie die fast perfekten Verbrechen.«

Bei der Erdölexploration hat die Spionage seit jeher eine große Rolle gespielt. Wegen des engen Zusammenhangs mit nationalen Interessen hat beispielsweise der CIA auf diesem Sektor regelmäßig mitgemischt. Nigeria und der Mittlere Osten bieten hierfür zahlreiche Belege. Anderseits beruht es wohl keineswegs auf Zufall, daß erfolgreiche CIA-Agenten ihren Beruf an den Nagel hingen, in die Industrie gingen und inzwischen in der Erdölhierarchie höchste Posten bekleiden.

Rivalisierende Unternehmen verließen sich bei ihren rein kommerziellen Auseinandersetzungen auf ihre eigenen Agenten, die mit dem üblichen Handwerkszeug, Erpressung und Bestechung, ihrer Arbeit nachgingen. Zu ihren Spezialitäten gehörte die Anwerbung von Leuten, die an einer lukrativen Nebenbeschäftigung interessiert waren. In diesem Zusammenhang brachte die »Harvard Business Review« einmal den aufschlußreichen Dialog zwischen einem Bankdirektor und dem Vertreter einer Ölgesellschaft, der um einen Kredit nachgesucht hatte. Als die Verhandlungen an einem bestimmten Punkt angekommen waren, stellte der Bankdirektor die Frage, warum die Ölgesellschaften denn keinen Geologen beschäftige. »Warum sollten wir?« Das klang ungefähr so, als wollte er sagen, »wie kann man nur so naiv fragen«. »Wir haben fünf Geologen von fünf verschiedenen Gesellschaften an der Hand, die uns zusammen 500 Dollar im Monat kosten. Jeder von ihnen würde uns das Zehnfache kosten, wenn er fest bei uns angestellt wäre.« Solche windigen Geologen, die bereit waren, ihr Können, aber auch ihr Wissen über Vorgänge bei ihrem Arbeitgeber in einen kleinen Nebenverdienst umzumünzen, gab es genug, und sollten sie einmal anderen Sinnes werden, konnte man ihrem guten Willen mit etwas Erpressung wieder neuen Auftrieb verleihen.

Doch langsam beginnen Agenten solcher altmodischen Dolch-und-Umhang-Methoden zu entsagen, und damit wird auch dieses Metier eines Teils seiner Romantik beraubt; denn wohl nichts erweist sich als weniger romantisch als die neueste Schöpfung des Computer-Zeitalters – der *Digital-Agent.*

Er zeichnet sich besonders dadurch aus, daß er die Digital-Sprache der Computer spricht. Was seine Eigenschaft als Geheimagent angeht, so kann man nur sagen, daß seine Spionagetätigkeit ungefähr ebenso aufregend ist wie Wagenwaschen am Wochenende, und für den Laien sind seine »Offenbarungen« so sensationell wie eine beliebige Seite aus dem Telefonbuch.

Dennoch gehört er zu einer neuen Elite von Kriminellen, die eine ernsthaftere Bedrohung darstellen als entschlossene Posträuber, organisierte Gangster, geschickte Fälscher oder erfahrene Geldschrankknacker, denn sie können mit einem Schlag eine ganze Firma ruinieren und einem Industriezweig oder einer gesamten Nation nicht wiedergutzumachenden Schaden zufügen.

Computerforschung und -entwicklung ist der Bereich, auf den sich die Bemühungen des Digital-Agenten besonders konzentrieren. Die wirtschaftliche Bedeutung dieses Industriezweiges wird in folgenden Zahlen ersichtlich: Die amerikanische Firma IBM, die gegenwärtig noch den Weltmarkt beherrscht, erzielte 1971 einen Umsatz von 8,425 Milliarden Dollar, der damit höher lag als das Brutto-Sozialprodukt von Finnland oder Portugal.

Auch »Papierwaren«, Ausarbeitungen, die sich auf das know-how des EDV-Betriebes beziehen, können zu Preisen gehandelt werden, die hinter denen der Rechenmaschinen nicht zurückstehen. Die Entwicklung eines Programms, also eines Funktionssystems, das den Computer erst in die Lage versetzt, Wochenlöhne, Gewichtsverteilung in Flugzeugen, Flugrouten und andere Daten zu berechnen, kann unter Umständen die Findigkeit und Arbeitskraft mehrerer Mathematiker über Jahre hinweg beanspruchen. Entsprechend hoch wird natürlich der Wert des Ergebnisses veranschlagt.

Nicht ohne einen leisen Schauder erinnern sich Sicherheitsleute heute noch eines Falles, der 1968 die BOAC erschütterte. Nach jahrelanger Forschungsarbeit, deren Kosten sich auf ungefähr drei Millionen Pfund belief, investierte das Unternehmen 43 Millionen Pfund in ein supermodernes Computersystem, das man auf den Namen Boadicea getauft hatte. Die hervorragendste Leistung des Systems bestand darin, daß es jedem BOAC-Angestellten überall in der Welt die Möglichkeit gab, innerhalb von Minuten exakte Auskünfte über Buchungen für jedes BOAC-Flugzeug zu erhalten. Die Anlage war in der Lage, Fragen zu verstehen, sie über einen Fernsehschirm in Englisch zu beantworten, in Zeiten starken Andranges gleichzeitig zu mehreren hundert Büros zu »sprechen«, Streichungen zu registrieren, kurzfristige Buchungen einzubauen, überholte Daten zu löschen, neue Informationen zu speichern, um wenige Minuten später an das Büro in Neu Delhi durchzugeben, daß die Maschine in Rom bereits ausgebucht sei, Reservierungen für Flug Nr. Z aber noch möglich seien. Diese komplizierteste Computeranlage der Welt außerhalb der Vereinigten Staaten verschaffte der BOAC ungefähr drei Jahre Vorsprung vor allen anderen Fluggesellschaften.

Unmittelbar nachdem das Programm stand, wurde es unterderhand einem Konkurrenzunternehmen angeboten. Die Verantwortlichen weigern sich heute noch, über dieses Thema zu sprechen, aber man geht allgemein davon aus, daß die Konkurrenz der BOAC von diesem Angebot Mitteilung machte und mithalf, zumindest einige der Schuldigen zu ermitteln. Es stellte sich heraus, daß verschiedene Dokumente gestohlen und kopiert worden waren. Nachdem man die Piraten gezwungen hatte, die Dokumente zurückzugeben, und »gewisse Versicherungen erhalten hatte«, wurde ein leitender Angestellter entlassen und die Kündigung von drei anderen »angenommen«. Die Gesellschaft verzichtete darauf, irgendwelche rechtlichen Schritte zu unternehmen.

Hätte sich dieser Diebstahl gelohnt? Der Preis, den man von der Konkurrenzgesellschaft gefordert hatte, wurde nie bekannt. Aber man darf annehmen, daß es mindestens um eine sechsstellige Summe ging. Der Verkauf des Boadicea-Programms an Quantas, Air Lingus, KLM, South Africa und American Express haben der BOAC inzwischen mehr als zwei Millionen Pfund eingebracht.

Diese riesigen Investitionen in Computeranlagen und EDV-Programme sind heutzutage unvermeidlich. Sie erbringen nicht nur gewaltige Einsparungen auf dem Verwaltungssektor, sondern ohne Computer würden bereits in unserem Jahrhundert viele Bereiche nicht mehr überschaubar und steuerbar sein. Die Rechner können zwar nicht mehr als wir Menschen, aber sie können es schneller und zuverlässiger.

Ihre Gedächtnisleistung ist praktisch unbegrenzt. Ein einziger Rechner kann Informationen speichern, die in gedruckter Form vierzig- bis fünfzigtausend Lexika füllen würden, und ist dabei in der Lage, in Bruchteilen von Sekunden aus dieser Vielzahl eine gewünschte Information herauszupicken.

Das gespeicherte und ständig zunehmende Wissen der Computer ist natürlich noch wertvoller als die Programme und stellt dadurch für den professionellen Computer-Knacker eine ähnliche Versuchung dar wie große Mengen an Bargeld oder Wertpapieren in einem billigen Safe für einen Geldschrankknacker.

»Die Katastrophe kam mit den Lochkarten, wenn ich einmal so sagen darf«, meinte Philip L. Schiedermayer bei unserem Gespräch im Presseklub von San Francisco. Seine Firma, die Security Engineering Co. of California, befaßt sich sehr häufig mit der Absicherung von Computeranlagen gegen unbefugtes »Melken« und Spionage. »Am Anfang war es schwer genug, die verdammten Maschinen überhaupt einmal zum Laufen zu bringen, ohne daß man sich dabei auch noch um die Sicherheit zu scheren brauchte. Den Luxus, solche Gesichtspunkte außer acht zu lassen, können wir uns jetzt nicht mehr leisten.«

Der drohenden Gefahren begann man sich erst richtig bewußt zu werden, nachdem man durch Zufall einigen schlauen und einfallsreichen »Knopfdruck-Betrügern« auf die Spur gekommen war. Einige von ihnen hatten Beträge von 50 000 Dollar an aufwärts kassiert; sie hatten einfach das Computer-Programm verändert, der daraufhin Zahlungsanweisungen für fiktive Händler erteilte, von denen statt irgendwelcher Waren lediglich Lieferangebote eingegangen waren.

Andere wiederum programmierten den Computer so, daß umfangreiche Lieferungen der verschiedensten Produkte an Tarnadressen veranlaßt wurden. Die Betrüger hatten dann nichts weiter zu tun, als die Beute aufzuladen und sie zu einem attraktiven Preis wieder loszuschlagen. Hierbei geschah es nicht selten, daß sie dem eigentlichen Hersteller Konkurrenz machten.

»Insider« fanden zahlreiche Wege, zu Geld zu kommen, indem sie an einer Maschine auf den richtigen Knopf drückten. Einer vergrößerte seinen eigenen Kreditspielraum von 200 auf 200 000 Dollar, indem er im Programm des Rechners drei Stellen hinzufügte. Ein Angestellter der National Bank in New Jersey »überwies« von 33 Konten 128 000 Dollar auf das Sparkonto eines Komplizen. Bei Gelegenheit wollte er die Abbuchungsdaten auf den Bankauszügen der Opfer löschen, so daß sich niemand beklagt hätte und die Bank für den Verlust des Geldes keine Erklärung gefunden hätte. Er wurde nur deshalb geschnappt, weil die Bank unerwartet ein neues Computersystem einführte.

Ein Programmierer, dessen Namen mit dem Buchstaben Z begann, stellte fest, daß sein eigenes Konto auf einer langen, alphabetisch geordneten Liste sämtlicher Kontoinhaber als letztes rangierte. Er beschloß daraufhin, an dem Rechenprogramm eine geringfügige Änderung vorzunehmen. Ohne jeden Argwohn stellte das Mädchen an der Stanzmaschine nach seinen Angaben eine neue Lochkarte aus. Da sie nicht lesen konnte, was sie in ihre Maschine hämmerte, und solche Kenntnisse bei ihr auch nicht vorausgesetzt wurden, hatte sie natürlich auch keine Ahnung, daß der Computer von nun an jeden Tag automatisch die Kontostände sämtlicher Kunden auf die nächsten zehn Cent abrunden und die Summe sämtlicher »Überschüsse« dem »letzten Eintrag auf der Kontoliste« gutschreiben würde. Niemand vermißte diese Pfennigbeträge, die sich im Laufe eines Monats auf höchstens 2,70 Dollar je Konto summierten, und Mr. Z gab seinen Posten bei der Bank auf. Nur sein Konto kündigte er nicht.

Er war auf dem besten Wege zu seiner ersten Million, als ohne sein Wissen ein Pole bei dieser Bank ein Konto eröffnete. Der Name des neuen Kunden begann mit »Zy...« – und wanderte demgemäß an das Ende der Kontenliste. Als der Mann merkte, daß er etwas zu schnell reich wurde, machte er es wie alle anderen und schimpfte auf den Computer. Wahrscheinlich fürchtete er, daß die Bank eines Tages die ganzen Tausender von ihm zurückfordern könnte. Der Betrug platzte.

Der stilvollste Betrug in dieser Richtung beruhte auf einer einfachen Beobachtung. Ein scharfäugiger Washingtoner bemerkte, daß die Einzahlungsformulare, die auf den Schreibpulten für die Kunden der Riggs National Bank bereitlagen, noch keine Code-Nummern aufwiesen. Leute, die ohne ihre persönlichen Einzahlungsformulare Schecks oder Bargeld auf ihr Konto einzahlen wollten, bedienten sich der herumliegenden neutralen Formblätter, setzten lediglich ihren Namen und die Kontonummer ein und überließen es den Bankangestellten, die Code-Nummer für den Computer nachzutragen. »Mr. Falkenauge« steckte alle erreichbaren Formulare in die Tasche und ersetzte sie durch saubere Stöße gefälschter Vordrucke, die bereits alle die Code-Nummer seines eigenen Kontos aufwiesen. Jetzt konnte er sich zurücklehnen und abwarten: Jeder Kunde, der eines dieser »neutralen« Formblätter benutzte, machte eine Einzahlung auf sein Konto, das er unter falschem Namen eröffnet hatte. Er war vernünftig genug, die Operation nach drei Tagen einzustellen. Zu diesem Zeitpunkt konnte er hunderttausend Dollar abheben. Bank und Polizei wissen heute noch nicht, wo sie anfangen sollen, nach ihm zu suchen.

Die Wahl fällt einem schwer, doch mich hat immer noch jene Französin am meisten beeindruckt, die seit vier Jahren in drei Ländern von der Polizei vergeblich gesucht wird.

Sie arbeitete bei Banken und Finanzierungsgesellschaften in diesen drei Ländern als Programmiererin und eröffnete bei jedem dieser Institute ein Konto unter falschem Namen. Bevor sie ihre jeweilige Stellung aufgab, fütterte sie den Computer sozusagen mit einer Zeitbombe: Im »Terminkalender« des Computers hinterließ sie die Anweisung, daß zu einem bestimmten Zeitpunkt in sechs, zwölf oder achtzehn Monaten ein bestimmter Betrag auf ihr Tarnkonto zu überweisen sei. Sie durfte sicher sein, daß bis dahin niemand den in den Rechner eingegebenen »Dauerauftrag« bemerken würde. Nach Erledigung dieser Transaktion sollte die Maschine die peinliche Angelegenheit jedoch freundlicherweise wieder vergessen und zu diesem Zweck ihr gesamtes Programm unter Auslassung dieser einen Anweisung wieder neu schreiben. (Hierzu müssen die Rechner in der Lage sein, damit sie nicht eines Tages wegen Überladung »durchdrehen«.) Da die Überweisungen erst zu einem in der Zukunft liegenden Zeitpunkt ungefähr gleichzeitig fällig werden sollten, blieb der gewitzten Gaunerin genügend Zeit, um in aller Ruhe ihre Stelle zu wechseln, einen zweiten und dritten Computer zu »impfen«, wieder zu kündigen, sich auf den Zahltag vorzubereiten und mit einer halben Million Dollar auf Nimmerwiedersehen zu verschwinden.

Andere zahlreiche Warnungen in bezug auf eine bessere Kontrolle der Computer und wirksamere Absicherung gegen Informationsdiebstahl ertönten im Zusammenhang mit der berechtigten Forderung, mehr für den Schutz der Privatsphäre zu tun. Es gibt heute kaum noch jemanden, dessen persönlichste Daten sich nicht in irgendeinem Computer der Regierung, einer

Bank, eines Unternehmens, einer Steuerbehörde, eines Krankenhauses oder unter Umständen auch der Polizei gespeichert finden. Viele dieser Fakten, wie Name, Anschrift, besondere Interessen und Einkommensverhältnisse, sind aus Adressenlisten zu ersehen, die im Geschäftsleben eine große Rolle spielen und für teures Geld offen gehandelt werden.

Ernsthafte Gefährdung der Privatsphäre und unbeschränkte Zugangsmöglichkeiten zu den Informationen von Datenbanken sind überall Gegenstand endloser und leidenschaftlicher Debatten, und zweifellos muß man in absehbarer Zeit Wege finden, die den gesetzlichen Schutz elektronisch gespeicherter Daten garantieren. In der Diskussion über die einer Regelung entgegenstehenden praktischen Schwierigkeiten wird leider aber immer noch ein wesentliches Problem außer Betracht gelassen, obwohl es unübersehbar unter dem Teppich hervorlugt, unter den man es gekehrt hatte: Gesetze schrecken schließlich nur den gesetzestreuen Bürger, und wenn es hochkommt, ermöglichen sie die strenge Bestrafung des Gesetzesbrechers. Aber welche Bestrafung droht denn schon für den Diebstahl immateriellen Eigentums? Und nun gar in Fällen, in denen praktisch gar nichts gestohlen wird? Nicht einmal das sprichwörtliche Blatt Papier mit der Entwurfszeichnung der »großen Erfindung«? Damit wären wir wieder bei einer alten Frage. Wird es wieder dahin kommen, daß der Übeltäter nur für den Diebstahl der winzigen Strommenge bestraft wird, die der Computer zum Ausdrucken seiner Information in seinem Büro verbraucht hat?

»Dieb? Wer? Ich vielleicht, Herr Richter? Ich bin kein Dieb, ich habe nie eine Information gestohlen, auf mein Wort . . .«

Und er hat recht. Die Information ist immer noch da, wo sie hingehört, nämlich im Computer, und der rechtmäßige Eigentümer ist nicht der Möglichkeit beraubt, über sein Eigentum nach Belieben zu verfügen.

Obwohl die Gefahren, die mit der Benutzung von Computern verbunden sind, wie Betrug und Verletzung der Privatsphäre, klar auf der Hand liegen, hat man diese Art der Spionage noch nicht in einen strafrechtlichen Tatbestand zu kleiden vermocht. Den Verantwortlichen erscheint dieses Problem offenbar wie ein Kapitel aus einem Zukunftsroman und die Tatsache, daß auch noch Bestechung und labile Wissenschaftler eine Rolle darin spielen, bringt es seiner Lösung keineswegs näher.

Es sind noch keine drei Jahre her, daß ich die Computer-Spionage als das »Verbrechen der Zukunft« bezeichnete. Ich muß aber zugeben, daß ich bei dieser Voraussage keinen so nahen Zeitpunkt wie das Heute im Auge hatte. Computer-Spionage ist aber bereits jetzt ein verbreitetes Delikt, und auch diejenigen, die der Ansicht sind, daß die von mir zitierte Verteidigung eines Musterdiebes nicht ins Bild paßt, da es sich bei den Computer-Knackern doch sicherlich um »gebildete Leute« handele, befinden sich in einem Irrtum. Der Angriff auf einen Computer erfordert nämlich nicht selten eine großangelegte Operation, in der ein kleines Dummerchen den ersten Hinweis geliefert haben kann, der wiederum nur die übliche Stellenanzahl einer bestimmten Code-Bezeichnung betroffen haben mag, und wenn ein Systemanalytiker keine Möglichkeit hat, eine Notiz aus dem Rechenzentrum zu schmuggeln, dann findet er vielleicht eine Putzfrau, die es für ihn tut.

Philip Schiedermayer meinte: »Nur sehr wenige Leute in einem Land beschäftigen sich mit Spionage gegen andere Länder, und wahrscheinlich gibt es für diese wenigen nicht einmal genug Staatsgeheimnisse, um sie wirklich in Atem zu halten. Dagegen hat die Industrie bedeutend mehr Feinde, und der Prozentsatz möglicher Spione liegt sehr viel höher. Einige Leute behaupten zwar noch immer, daß die Einführung elektronischer Rechenmaschinen und komplizierter Sicherheitsanlagen dem kleinen Gauner und dem Gelegenheitsdieb das Geschäft verdorben habe, und in gewisser Beziehung mögen sie auch recht haben. Auf der anderen Seite bieten die Computer-Geheimnisse ein mehr als lohnendes Ziel, und damit droht um so mehr Gefahr von seiten großer Organisationen, die über die Mittel verfügen, mit hohem Einsatz zu spielen.«

Wie jeder andere Nachrichtenmann braucht auch der Digitalagent so viel wie möglich Basisinformationen über sein Zielobjekt. Das hört sich schwieriger an, als es in der Praxis ist. Ein 21jähriger Ingenieurstudent, der die Absicht hatte, einen Computer zu manipulieren, besuchte zweimal die Büros der Firma »Pacific Telephone and Telegraph Co.«, wobei er sich beim ersten Mal als Journalist, beim zweiten Mal als potentieller Käufer ausgab. Was er entdeckte, war nicht viel, aber es genügte, um ihn in die Lage zu setzen, mit Hilfe eines gewöhnlichen Knopfdruck-Telefons einen bestimmten, dem Computer verständlichen Piep-Code nachzumachen. Einmal im Besitz des Code-Schlüssels, bestellte er riesige Mengen von Telefon- und Fernschreibgeräten. Er verkaufte alles, und als man ihn schnappte, waren bei seiner Tarnfirma unbezahlte Rechnungen in Höhe von annähernd einer Million Dollar angelaufen. Er kam mit vierzig Tagen Gefängnis davon – um sich danach als Sicherheitsberater zu etablieren.

Ähnliche Methoden stehen natürlich auch dem Spion offen, aber gewöhnlich tut er sich leichter, wenn er innerhalb der Zielorganisation jemanden besticht oder eine Partnerschaft vereinbart.

Zu diesem Thema äußerte sich auch Jack Bollinger, Sicherheitsberater bei der »Gulf Oil« und ehemals Chef des FBI: »Es besteht eine starke Nachfrage nach erfahrenem Computer-Personal. Die Bezahlung ist nicht sehr gut, und deshalb bleiben sie nie lange genug, um einer Firma gegenüber eine gewisse Loyalität zu entwickeln. Ein paar Monate halten sie aus, dann kommt ein besseres Angebot, und fort sind sie. Normalerweise sollte ein Programmierer keinen Zugang zu anderen Unterlagen haben, aber wer weiß. In der Tat ist es so, daß man gar nichts über sie weiß, und dennoch laufen durch ihre Hände vertrauliche Informationen, die früher nur Angestellten zugänglich waren, die höchstes Vertrauen genossen.«

Guy Parker, Spezialist für Computer-Sicherheit, hat einmal gesagt: »Als wirkliche Gefahr erweist sich die Bestechung von Operatoren mit Beträgen von 25 Pfund oder so, nur um sie zur Hergabe einiger Informationen zu bewegen, die ihnen selbst wertlos vorkommen, die aber einem Konkurrenzunternehmen vielleicht eine Million wert sind – Industriespionage wird durch Computer nur allzusehr erleichtert, und ganz ohne Zweifel breitet sich das Übel ständig aus.«

A. S. Cormack, Vorsitzender des Technischen Beirates der Gesellschaft für Elektronische Datenverarbeitung und Direktor der größten britischen Firma für die Entwicklung von Computer-Programmen, war der gleichen Auffassung: »Wenn es um den Schutz von Computer-Geheimnissen geht, neigen die Verantwortlichen in der Industrie dazu, zuerst in Begriffen physischer Sicherheit zu denken, also an Vorhängeschlösser, Passierscheine und Tresore. Sie sind sich nämlich meist nicht darüber klar, daß es keiner außergewöhnlichen Fähigkeiten bedarf, um einem Rechengehirn Informationen zu entlocken. Im Gegenteil, diese Aufgabe ist verhältnismäßig einfach zu lösen, solange das Sicherheitssystem nicht in das Programm selbst eingebaut ist.« (IBM-Experten schätzen die unentdeckten jährlichen Verluste der US-Industrie, die zum Teil auf diesen Umstand zurückgeführt werden, auf annähernd zwanzig Milliarden Dollar.)

Viele große Computer-Anlagen sind in Glaskäfigen untergebracht, so daß der Operator ständiger Beobachtung ausgesetzt ist; zusätzlich patrouillieren noch Wachleute zwischen den Maschinen. Doch haben die »Zuschauer« meist keine Ahnung, was der Operator ist und was er während der Dienstzeit nicht tun darf.

Ist also Computer-Knacken das perfekte Verbrechen? Die Antwort ist ein unbestimmtes »Vielleicht«. Denn im Kampf zwischen Angreifern und Verteidigern spielt sich ungefähr das gleiche ab wie in der Raketentechnik: Auf die Erfindung der ballistischen Rakete folgte die Entwicklung der antiballistischen Rakete, auf die wiederum folgte die antiantiballistische, und es ist zu erwarten, daß dies noch lange nicht die letzte Antwort ist.

Häufige Kontrollen können dazu beitragen, daß unerlaubte Manipulationen und Informationslecks frühzeitiger entdeckt werden. Bei einer regelrechten Computer-Überprüfung kann man feststellen, für welche Zwecke die Maschine benutzt und wie sie bedient wurde. Man kann einen Computer so programmieren, daß er das Sicherheitspersonal warnt, wenn er insgesamt in ungewöhnlichem Maße beansprucht wird oder wenn bestimmte Bereiche seines Gedächtnisses immer wieder gefordert werden. In der gleichen Weise wie Telefonrechnungen, die bedeutend über oder unter dem Durchschnitt eines Teilnehmers liegen, auf unbefugte Benutzung durch Angestellte schließen lassen, kann man den Computer so einstellen, daß er allzu häufige Fehlversuche, an seine Geheimnisse zu gelangen, aufzeichnet.

Bleiben Computer-Delikte unaufgeklärt, weil die strafwürdige Handlung an sich nicht beobachtet werden kann und die Maschine angewiesen werden kann, die im Programm enthaltenen Beweise anschließend zu löschen? Mag sein. Aber auch dagegen gibt es Möglichkeiten, sich zu schützen. Man kann das Elektronengehirn darauf abrichten, jeden erhaltenen Befehl auf einem besonderen Lochstreifen festzuhalten, und ihn an einem Ort, der dem Operator nicht zugänglich ist, auswerten lassen. Wird diese Arbeit zu zeitraubend, kann man sie wiederum einem Computer anvertrauen. Auf diese Weise merkt das Opfer wenigstens, daß es bestohlen wurde und nicht mehr im alleinigen Besitz eines Geheimnisses ist. Es geht – wenn man bereit ist, dafür zu zahlen.

Gegen solch kleinliche Methoden könnte der Angreifer immer noch seine Computer-Wanze ins Feld schicken, ein Gerät, über das man wenig hört und das auf Schwankungen elektrischer Felder anspricht. Es kann elektronische Signale innerhalb der Rechenanlage aufnehmen und weiterleiten und damit praktisch das Band lesen, ohne des ausgedruckten Textes zu bedürfen. Doch ist das für den Verteidiger noch kein Anlaß, das elektronische Handtuch zu werfen. Einige Computer verfügen nämlich bereits über Scheinprogramme, um den Lauscher zu verwirren. Paßt dieser nicht auf, kann es ihm zum Beispiel passieren, daß er sich eine Fabrik hinstellt, um dann feststellen zu müssen, daß die mühsam abgelauschte Fabrikationsmethode überhaupt nicht praktikabel ist.

Nach Gesprächen mit einigen Sicherheitsfachleuten und zwei Männern, von denen ich glaube, daß sie aktive Digital-Agenten sind, erinnerte ich mich einer Bemerkung, die Terry-Ann, meine blutdürstige Führerin durch Bangkok, bei irgendeiner Gelegenheit einmal gemacht hatte: »Ich nenne es den Kubik-Grundsatz Nr. 1. Nachrichtenbeschaffung ist eine Frage richtiger Kostenrechnung. Was ist wem wieviel wert? Welche Investitionen rechtfertigt die Beschaffung oder der Schutz einer bestimmten Information? Der Vorteil muß immer auf der Seite des Agenten sein. Diejenigen, die das natürliche oder elektronische Gehirn eines anderen für ihre Zwecke nutzbar machen wollen, sind meist gezwungen, in eine solche Operation mehr hineinzustecken als der Verteidiger, aber sie ersparen sich all jene Kosten, die notwendig waren, um nach Jahren des Lernens, Forschens und Experimentierens das Gehirn erst einmal mit Wissen aufzuladen.«

Mit Bargeld macht man Vermögen

Die gemeinsame Nutzung einer Computer-Anlage, eine notwendige Einrichtung in unserer hochtechnisierten Welt, erweist sich immer mehr als das wüsteste Schlachtfeld der Computer-Spionage, die beste Gelegenheit für den Computer-Knacker und als das Problem, das den Sicherheitsleuten am meisten Kopfzerbrechen bereitet.

Die stundenweise Vermietung von Rechenanlagen an verschiedene Firmen führte man ein, nachdem es sich für viele Unternehmen als unwirtschaftlich erwiesen hatte, eigene Computer aufzustellen. Zahlreiche Rechenzentren bieten inzwischen ihre Dienste an und entheben vor allem die mittleren Unternehmen der Notwendigkeit, Computer zu betreiben, die praktisch nie ausgelastet sind und deren Nutzen somit in keinem Verhältnis zu den immensen Anschaffungskosten stehen würde.

Dieses System birgt zwei Sicherheitsrisiken. Das eine ergibt sich aus der Tatsache, daß die zentrale Anlage oft aus einer Entfernung von mehreren hundert Kilometern programmiert und abgefragt wird. Jeder Mieter verfügt nämlich über seine eigene Endstelle, die mit dem Zentrum über normale Telefonleitungen verbunden ist. Diese Leitungen anzuzapfen ist nicht schwieriger, als sich in ein Telefongespräch hineinzuhängen, und wird auch keineswegs strenger geahndet.

Manchmal bedient man sich auch einer Funkverbindung zwischen Endstelle und Rechenzentrum. Es ist aber nicht verboten, seinen Empfänger auf irgendeine beliebige Wellenlänge einzustellen und mitzuhören, was da an Informationen durch den Äther rauscht. Viele britische Kunden eines bestimmten EDV-Dienstes haben beispielsweise keine Ahnung davon, daß die Signale, die sie beim Programmieren oder Abfragen auslösen, von ihrer Endstelle via Satellit nach Phoenix im amerikanischen Bundesstaat Arizona gefunkt werden, weil dort gerade Nacht ist und das amerikanische Rechenzentrum der Firma entsprechend gering ausgelastet ist. (Der Zeitverlust beim Ausweichen auf einen so weit entfernten Computer beträgt nicht einmal eine Sekunde.)

Obgleich sowohl Eingangs- als auch Ausgangsinformationen in Form von EDV-Signalen gedrahtet werden, bedeutet dies keinen Schutz gegen das Abhören, denn die Signale können auf Band genommen und später in aller Ruhe mit Hilfe eines überall käuflichen Endstellen-Gerätes übersetzt werden.

Im geschilderten Fall der Ölgesellschaft, der man die vertraulichen seismischen Daten gestohlen hatte, bestand der Verdacht, daß sie Opfer einer derartigen Abhör-Operation geworden war. Wahrscheinlich schalteten sich Agenten, die das derzeitige Explorationsgebiet der Firma kannten, in die Datenübermittlung zwischen Computer und Geologen.

Die schwindenden Reserven an Bodenschätzen und die zunehmenden Schwierigkeiten, die man aus Gründen des Landschaftsschutzes bei der Erschließung neuer Vorkommen macht, haben in bezug auf die Exploration des Meeresbodens zu einem äußerst scharf geführten Konkurrenzkampf und infolgedessen zu einer oft lächerlich anmutenden Geheimniskrämerei bei den beteiligten Unternehmen geführt. Dies trifft auch für die unterseeische Suche nach Baumaterialien zu. Umweltschützer wehren sich energisch gegen jede neue Kiesgrube und jeden neuen Steinbruch, und kürzlich mußte ein Rechtsstreit im Zusammenhang mit der Erforschung eines bestimmten Geländes unter Ausschluß der Öffentlichkeit abgehandelt werden, um die Geheimhaltung der Pläne zu gewährleisten und vorzeitigen Protesten der örtlichen Bevölkerung keine Nahrung zu geben.

Eine an dem Wettlauf um den Meeresgrund beteiligte deutsche Gesellschaft brachte man um ihr entscheidendes Geheimnis – um die geographische Lage des von ihr erforschten Seegebietes. Ein eklatanter Vertrauensbruch hatte zur Folge, daß der Funkverkehr zwischen der schwimmenden Endstelle und dem Rechenzentrum an Land mitgehört und ausgewertet werden konnte. Die Ergebnisse verkaufte man an ein Konkurrenzunternehmen, das auf diese Weise erhebliche Anlaufkosten bei der Suche nach Bodenschätzen in beträchtlicher Meerestiefe einsparte.

Das Abhören im Zusammenhang mit finanziellen Transaktionen gehört zu den ältesten Formen der Industriespionage, wobei das Anzapfen von Leitungen ebenso alt ist wie der Fernschreiber und das Telefon.

Bereits 1862 mußte Kalifornien ein Gesetz gegen das Abfangen von Telegraphenmeldungen erlassen. Zwei Jahre später konnte man aufgrund dieses Gesetzes eine regelrechte Industriespionage-Organisation unter Anklage stellen. Unter Anleitung eines ehemaligen Börsenmaklers hatten die Beschuldigten von der Ostküste einlaufende Anweisungen zum Kauf und Verkauf von Aktien abgezapft und die Informationen an einen festen Stamm von Klienten verkauft.

Nach Inbetriebnahme der ersten Fernschreibverbindungen war es nur noch eine Frage entsprechender Barmittel, um bei Pferdewetten risikolos zu Vermögen zu kommen. »Past-poster« (etwa »Spätsetzer«) hießen jene Gangster, die Streckenrichter und korrupte Angestellte der Telegraphenämter bestechen, damit sie die telegraphische Übermittlung der Rennergebnisse in bestimmte Städte zeitlich manipulierten. Das gab ihnen die Möglichkeit, auf Pferde zu setzen, die längst über die Ziellinie waren, und Wetten abzuschließen, während im örtlichen Telegraphenbüro noch das Ergebnis aufgenommen wurde und der Laufbursche noch auf dem Wege zum Buchmacher war.

Heutzutage konzentrieren sich die Enkel der »Past-poster« auf den Aktienmarkt, und hierbei bieten ihnen gerade Computer Informationen in handlicher Zusammenfassung. Es gibt Schätzungen, nach denen es genügen würde, einen Überblick über die täglichen Kauf- und Verkaufsorders von einem Dutzend Maklerkunden zu haben, um den gesamten Aktienmarkt beeinflussen und abschöpfen zu können. Das ständige Anzapfen all dieser Telefonleitungen hätte jedoch zur Folge, daß die Operation schnell entdeckt würde; das Vorhandensein von EDV-Endstellen löst nun dieses Problem, und es macht keinen großen Unterschied, ob die Maschinen von einem Rechenzentrum angemietet wurden oder ob sie einem Anlegeberater dienen, dessen Gesellschaft den Computer gekauft hat.

Hat der Inhaber einer Endstelle einmal berechtigten Zugang zu einer bestimmten und genau definierten Zelle des Elektronengehirns erhalten, taucht ein Sicherheitsproblem auf: Wie kann er daran gehindert werden, das Gehirn über die ihm zugewiesenen Grenzen hinaus auszubeuten? Damit wären wir beim zweiten systembedingten Sicherheitsrisiko, das man auch von Anfang an richtig erkannt hat.

EDV-Gesellschaften, die möglicherweise über die Geschäftsgeheimnisse Dutzender von Börsenmaklern, Immobilienbüros, Finanzierungs- und Versicherungsgesellschaften gebieten, müssen sicherstellen, daß der Computer nur auf autorisierte Fragen antwortet. Endstellen und Rechenzentrum sind aus diesem Grunde über Direktleitungen verbunden, von denen man annimmt, daß sie schwer anzuzapfen sind. Jeden Morgen leuchtet am Endstellengerät ein Signal auf, worauf der Computer mit dem Operator eine kurze »Unterhaltung« führt. Die Maschine fragt nach dem Tages- oder Wochen-Code und nimmt erst Aufträge entgegen, wenn sie sich vergewissert hat, daß dieser Endstelle der genannte Code auch tatsächlich zugeteilt wurde. Danach ist der Computer bereit, Auskunft zu geben, wobei er aber nur solche Informationen passieren läßt, denen auf dem Speicherband ein auf diese Endstelle zugeschnittenes Codesignal vorausgeht.

Mit Recht wird deshalb behauptet, es sei billiger und einfacher, die ausgedruckten Anweisungen eines ganzen Tages von einem Insider zu kaufen, als den Computer zu knacken. Dennoch ist es nach Meinung von Fachleuten wie A. S. Cormack falsch anzunehmen, daß jede Endstelle hundertprozentig abgesichert werden kann, und selbst das fortschrittliche System der amerikanischen Regierung bildet in dieser Hinsicht keine Ausnahme.

IBM führte Versuche durch, die sich mit dem Schutz von Endstellen beschäftigten. Die Ergebnisse, abgestimmt auf die Geheimhaltungserfordernisse höchster Regierungsstellen, sahen sehr vielversprechend aus. Man stellte dem Pentagon eine Test-Endstelle zur Verfügung, die mit dem Rechenzentrum von IBM in Verbindung stand. Durch ein ausgetüfteltes System von Codewörtern und elektronischen Sperren hatte man diese Endstelle gegen Lausch- und Abhörangriffe geschützt. Vierundzwanzig Stunden später präsentierte das Pentagon die vollständige Niederschrift des streng vertraulichen Sieben-Jahres-Planes von IBM, nur um zu beweisen, daß es möglich war, auch dieses Sicherungssystem zu knacken.

IBM konnte mit gleicher Münze zurückzahlen und erinnerte daran, daß es einigen Studenten des Instituts für Technologie in Massachusetts aus purem Forscherdrang einmal gelungen war, erfolgreich jenen Computer anzuzapfen, durch den die höchst geheimen Daten für das Strategische Luftkommando (SAC) liefen – und zwar *ohne* daß sie über rechtmäßigen Zugang zu einer der Endstellen verfügten!

Die Schwächen des Systems werden auch von den Herstellern erkannt und zugegeben. Das Problem liegt einfach darin, daß alles, was ein Mensch schafft, von einem anderen wieder zerstört werden kann – wie eben auch die Leistungen eines Computers von denen eines anderen übertroffen werden können.

Codes und Schlüsselworte sind immer nur Variationen eines einzigen Themas, und die Zahl der möglichen Kombinationen ist – wenn auch gelegentlich sehr hoch – immer begrenzt. Zwei Buchstaben des Alphabets ergeben jeweils nur vier Möglichkeiten der Kombination. Zum Beispiel:

AA
AB
BA
BB

Drei Buchstaben, nehmen wir A, B, C, ermöglichen insgesamt 27 Variationen:

AAA	ABA	ACA	ABC	BBC
BBB	AAB	AAC	ACB	BCB
CCC	BAA	CAA	BAC	CBB
	ABB	ACC	BCA	CCB
	BAB	CAC	CAB	CBC
	BBA	CCA	CBA	BCC

Wenn jemand in diesen Kombinationen nach einem Schlüsselwort suchen würde, nicht nach einem Code, dann müßte ihm »cab« (Taxi) als das einzig wahrscheinliche Wort in die Augen springen.

Sobald der Code aber bereits auf drei beliebige Buchstaben oder mehr, vielleicht in Verbindung mit Zahlen, zurückgreifen kann, geraten wir sehr schnell in astronomische Werte; dennoch hält sich die Anzahl der Variationen in einem kalkulierbaren Bereich, wenn wir von einem Codeformat ausgehen, das beispielsweise vier Buchstaben, fünf Ziffern und vielleicht noch drei weitere Buchstaben umfaßt; denn auch wenn wir auf Milliarden von Kombinationen kommen, zu deren Auflistung ganze Regimenter von Mathematikern viele, viele Jahre benötigen würden – eine elektronische Rechenmaschine, die vielleicht in jeder Tausendstel Sekunde ein oder zwei Kombinationen auswirft und die rund um die Uhr arbeitet, schafft das in wenigen Tagen.

Sicher, es bedarf eines Computers, um einen anderen zu schlagen, aber es ist zu schaffen, nicht nur von Universitäten und Kriegsministerien, sondern auch von Gaunern und Spionen. Einem Computer in Louisville entlockte man geheime Daten, und in Cincinnati beschaffte sich ein Agent Informationen zur Straßenbauplanung mit Hilfe eines zweiten Computers.

Einer ähnlichen Technik bediente man sich in dem inzwischen schon sprichwörtlich gewordenen Fall in Kalifornien, in dem ein Computer in Palo Alto einen größeren Bruder in Oakland ausforschte und beraubte. Der »Dieb« wurde von seinem Besitzer, einem Elektro-Ingenieur, »angestiftet«, der zu diesem Zweck einen besonderen Code entwickelt hatte, mit dem er Informationen checken wollte, die seiner Firma 25 000 Dollar wert waren. Das »Opfer« gehörte einem Rechenzentrum, dessen stundenweise Mieter direkt über Telefon mit dem Computer in Verbindung treten konnten, nachdem sie ihre Codenummer genannt hatten. Die fortgesetzten Diebstähle blieben unbemerkt, bis das Sicherheitsprogramm des betroffenen Computers das Informationsleck eines Tages aufdeckte und Zeter und Mordio schrie. Die Eigentümer wandten sich an das Betrugsdezernat der Polizei in Oakland, die daraufhin den ersten Durchsuchungsbefehl »nach elektronischen Impulsen« im »Gedächtnis« des »Verdächtigen« erwirkte.

Obwohl viele Endstellen nur »Lesebefugnis« haben, um die unbeabsichtigte Löschung wichtiger Daten auszuschließen, kann es geschehen, daß diese Eingabe-Sperren durchbrochen werden und auch solche Endstellen plötzlich in der Lage sind, Speicherdaten zu übermitteln. Neue Daten kann der Computer nicht von neuen Programmen unterscheiden; damit wächst die Sabotagegefahr: wichtige Informationen können von Konkurrenten, politischen Organisationen oder verärgerten Angestellten gelöscht oder verfälscht werden. Ein Zivilangestellter der amerikanischen Armee, dem man gekündigt hatte, nahm im Programm des Computers eine winzige private Änderung vor. Das Resultat war, daß der Rechner in dem Augenblick sämtliche gespeicherten Daten ausradierte, als der Name des Entlassenen von der elektronischen Lohnliste gestrichen wurde.

Gegen mögliche, nicht wiedergutzumachende Schäden durch Sabotage sichern sich viele Unternehmen durch Zweitbänder. Leider werden diese Kopien häufig in der Nähe des Originals aufbewahrt. Andere Bänder und Mikrofilme werden in richtiggehenden industriellen Festungen aufbewahrt, in denen Klimaanlagen und elektromagnetische Vorrichtungen für die richtige Temperatur, die nötige Feuchtigkeit und ein möglichst niedriges Magnetfeld sorgen.

Ich hatte einmal Gelegenheit, eine solche Bändergruft zu besichtigen. Das war in Neston, in der Nähe von Bath, dreißig Meter unter den Hügeln von Wiltshire, wo die Wände eines ehemaligen Steinbruchs, Stahltüren, Kombinationsschlösser, Wächter, Alarmanlagen, geheime Absprachen mit der örtlichen Polizei und schließlich die verschlafene Einsamkeit des benachbarten Dorfes – einen Fremden hatte man innerhalb von Minuten ausgemacht – Sicherheit vor Diebstahl, Feuer und Sabotage boten. Einzelne Stahlschränke im Inneren dieses britischen Fort Knox enthielten Bänder mit der gesamten Dokumentation »führender Unternehmen in zahlreichen Ländern« und Mikrofilme, auf denen durschnittlich 43 200 Konstruktionszeichnungen untergebracht waren.

Es erübrigt sich eigentlich zu erwähnen, daß die unterirdische Anlage selbstverständlich atombombensicher ist. Ein Umstand, der uns doch immerhin die freudige Gewißheit gibt, daß, was uns auch immer zustoßen sollte, die EDV-Bänder erhalten bleiben werden, um möglicherweise intelligenteren Wesen von einem anderen Planeten Kunde von unseren eigenen Leistungen zu geben. Es sei denn, daß das menschliche Element für einige Lücken sorgt und ein oder zwei Bänder auf dem Transport zum oder vom Bunker abhanden kommen. Denn was auch immer Sicherheitsexperten und Computer knackenden Wissenschaftlern einfallen sollte, die größte Gefahr droht von seiten jener Organisationen, die nach dem schwächsten Glied in der Kette suchen – nach dem am schlechtesten bezahlten Mann in einer Operation.

Um Geheimnisse gegen solche Gefahren zu schützen, hat die Britische Computer-Gesellschaft jetzt einen »Code der guten Praxis« herausgegeben. Angesichts der Tatsache, daß man bis 1980 allein in Großbritannien mit dem Betrieb von etwa 300 000 Endstellen rechnet und mit der fünffachen Anzahl bis zum Jahre 2000, hat die Gesellschaft eine Reihe von Empfehlungen zur Sicherheit zusammengestellt. Unter anderem rät die Broschüre, bei allen Angestellten in Vertrauensstellungen eine gründliche Sicherheitsüberprüfung durchzuführen.

Überprüfung der Vergangenheit? In Europa? Bei Zivilisten? In die Privatsphäre eines Menschen eindringen, nur um die in elektronischen Daten erfaßte Privatsphäre eines anderen zu schützen? Wie verträgt sich das mit dem spöttischen Lächeln des Europäers, wenn von amerikanischen Sicherheitsvorkehrungen die Rede ist?

Suchet und wir werden finden

An einem verregneten Freitagmorgen im September 1972 kam ein leitender Angestellter einer französischen Firma zum ersten Mal zu spät ins Büro. Gleich nach seiner Ankunft sammelte er in seinem Schreibtisch einige persönliche Gegenstände zusammen, verabschiedete sich von niemandem, reichte seine Kündigung »aus persönlichen Gründen« ein und weigerte sich, irgendwelche Erklärungen für seinen plötzlichen Entschluß abzugeben. Er war 53 Jahre alt, verheiratet, hatte dem Unternehmen vierzehn Jahre lang angehört, besaß gute Aussichten, zum Direktor aufzusteigen, und verdiente zu jenem Zeitpunkt ungefähr 5200 Pfund p. a. Mit Bedauern ließ man ihn gehen. Seine verblüfften Kollegen diskutierten seinen unerklärlichen Fortgang während des ganzen Wochenendes.

Am Montagmorgen erschien in der deutschen Presse eine Wirtschaftsnotiz, die in keinem der Blätter mehr als neun Zeilen umfaßte. Um 7.50 Uhr erhielt der Generaldirektor der französischen Firma einen Anruf seines Chefrepräsentanten in Deutschland, dessen Stimme sich vor Aufregung ständig überschlug, während er seinem Vorgesetzten die Zeitungsmeldung vorlas und um Erklärungen bat. Seine Fassungslosigkeit erklärt sich aus der Tatsache, daß die deutsche Konkurrenzfirma gerade ein neues Produkt auf den Markt gebracht hatte – praktisch identisch mit ihrem eigenen Trumpf, den man in dreijähriger Arbeit unter strengsten Geheimhaltungsvorkehrungen entwickelt hatte und dessen Fertigung in vier Wochen aufgenommen werden sollte. Weitere vier Wochen später wollte man mit der Auslieferung beginnen.

Die Franzosen hatten außerdem einen sehr originellen Marketing-Plan entworfen. Nun stellte sich heraus, daß die Deutschen seltsamerweise eine ganz ähnliche Werbekampagne aufzogen.

Alles in allem bedeutete die Nachricht über den Schachzug des Konkurrenten für die französische Firma einen geschätzten Exportverlust von fast einer Viertelmillion Dollar. Sie bedeutete ebenfalls die Entlassung von 300 Arbeitern und Angestellten im Laufe der folgenden sechs Monate.

Um 10 Uhr am gleichen Montagmorgen erhielt Tony Shepherd, Europa-Direktor der amerikanischen Firma »Burns Security Services«, einen Telefonanruf aus Paris. Man beauftragte ihn mit der Untersuchung des Falles – und er war es, der mich bat, keine Hinweise auf die Identität der beteiligten Unternehmen oder Einzelheiten anderer Art zu veröffentlichen.

»Als ich ankam, war das erste, was ich tat, eine Liste aller Angestellten anzufertigen, die Zugang zu den Plänen gehabt hatten. Auf dieser Liste erschien auch der Name des Angestellten, der am Freitag so plötzlich gekündigt hatte. Es bedurfte keines Sherlock Holmes, um hier einen Zusammenhang zu sehen. Bereits drei Tage später hatten wir das notwendige Beweismaterial in der Hand.

Der Betreffende hatte jeweils am Wochenende mehrere Reisen nach Deutschland unternommen. Jedesmal hatte er eine Aktentasche mitgenommen – und nie hatte er eine zurückgebracht. Der für die Dokumentation zuständige Mann konnte sich erinnern, daß der Verdächtige einmal einige Papiere verloren hatte. Davon hatte man kein Aufhebens gemacht, denn so etwas konnte ja schließlich einmal passieren. Wir identifizierten einen Mann, der den Franzosen während seiner Deutschlandbesuche jedesmal im Hotel aufgesucht hatte, als einen Angehörigen des Konkurrenzunternehmens, aber es gab keine Anzeichen dafür, daß seine Kollegen oder Vorgesetzten über seine Machenschaften unterrichtet waren. Wenn auch unser Kunde sich wenig geneigt zeigte, dieses Thema zu berühren, so hatten wir doch Grund zu der Annahme, daß die französische Firma von der deutschen nicht ganz zu Unrecht verdächtigt wurde, ihrerseits den Deutschen Geheimnisse entwendet zu haben. Abgesehen von den Profitaussichten, durfte man daher auch noch ein Rachemotiv unterstellen.

»Dann machten wir noch eine Entdeckung. Eine Woche vor seiner Kündigung hatte unsere Verdachtsperson in zwei Spielkasinos beträchtliche Schulden in einer Höhe von über 4000 Pfund bar zurückbezahlt.

Weiter sind wir nie gekommen, aber ich wußte, daß ich über hieb- und stichfeste Indizien verfügte. Dennoch entschloß sich unser Klient, von einer Anklage abzusehen und auch auf andere rechtliche Schritte zu verzichten. Sie meinten, ›im Interesse der Sicherheit‹ sei es besser so, denn schließlich sei ja kein Patent gestohlen worden. Ich nehme an, sie hatten noch andere Gründe. Aber das war nicht meine Angelegenheit.«

Keine hübsche Geschichte, könnte man sagen, und das schlimmste ist, daß dieser Fall hätte vermieden werden können, wenn sich jemand rechtzeitig mit dem Privatleben dieses Mannes beschäftigt hätte.

Er hatte eine bettlägrige Frau, die seit sieben Jahren zu sechzig Prozent gelähmt war. Er unterstützte einen ungeratenen erwachsenen Sohn. Er hatte eine Freundin, die er einmal heiraten wollte und mit der er eine zweite Wohnung eingerichtet hatte. Selbst sein Gehalt reichte nicht aus, um zwei Haushalte, zwei Wagen und zwei Frauen zu unterhalten. Offensichtlich war das der Grund, weshalb er zu spielen begann. Die Schulden mehrten sich, er verkaufte einen der Wagen, ein paar Aktien, die er besaß, und schließlich alles, was ihm in die Hände geriet – auch die Pläne seiner Firma.

»Es ist ziemlich unwichtig, ob er gekauft wurde oder ob er aus eigenem Antrieb dem Konkurrenten seine Dienste anbot«, meinte Tony Shepherd.

»Entscheidend ist, daß sein Arbeitgeber von seinen Schwierigkeiten nichts wußte. Es wäre ein leichtes gewesen, ihm zu helfen. Er war ein guter Mann und wäre es wert gewesen. Man hätte ihm auch eine andere Aufgabe zuweisen können, um das Sicherheitsrisiko zu mindern. Man hätte ihn ebensogut entlassen können. Aber als es dann passierte, war man nicht einmal über die Krankheit seiner Frau unterrichtet.«

Überall in der Welt sind die Menschen in wachsendem Maße darauf bedacht, ihr Privatleben nach außen hin abzuschirmen, und nirgendwo ist dieser Trend stärker ausgeprägt als in Großbritannien. Äußerste Toleranz seitens des einzelnen und der Gesellschaft, gepaart mit fanatischer Intoleranz in bezug auf das Privatleben sind in der Tat die liebenswertesten und international am meisten geschätzten Aspekte unseres Insellebens. Ich will nicht so weit gehen, von einer Mehrheit zu sprechen, aber es gibt sicher Millionen und Abermillionen Engländer, die lieber Sicherheitspannen und teure Schlampereien in Kauf nehmen, als zur Bekämpfung solcher Mißstände auch nur das geringste von ihrem Recht auf Privatleben zu opfern. Diejenigen von uns, die nicht direkt für die Wirtschaftsgeheimnisse unseres Landes verantwortlich sind, mögen sich glücklich schätzen: Ihnen bleibt es erspart, gründliche – oder gar erbarmungslose? – Umweltklärungen und Durchleuchtungen des leitenden Personals vornehmen zu müssen. Diese Maßnahmen aber müssen eigentlich bei allen Überlegungen bezüglich industrieller Sicherheit im Vordergrund stehen.

Für den Schutz der Privatsphäre ist oft genug mit Emotionen und stichhaltigen Argumenten gefochten worden. Leider erinnern einige Fälle von Industriespionage nur zu schmerzlich daran, daß es auch sehr triftige Gründe für gewisse Einschränkungen unseres vielgepriesenen Rechtes auf Privatsphäre gibt.

Die Frage lautet im allgemeinen: Rechtfertigt die Sicherung der Arbeitsplätze und zu erwartender Gewinne die rückhaltlose Offenlegung des Privatlebens aller Angestellten in Schlüsselstellungen? Wenn ja, dann stellt sich die Frage, wo die Trennungslinie zwischen den Arbeitnehmern mit Zugang zu vertraulichen Informationen und solchen mit ungeschmälertem Recht auf Privatleben gezogen werden soll. Soll eine Sekretärin Sicherheitsüberprüfungen unterworfen werden, oder soll ihrem Vorgesetzten gekündigt werden, wenn er es nicht fertigbringt, ihr den Einblick in vertrauliche Schriftstücke zu verwehren?

In der Gegend um Manchester wird nicht nach Erdöl gebohrt und dennoch kann es dort wegen einiger Quadratmeter Baugrund zu ebenso blutigen Schlachten kommen wie in irgendeinem Scheichtum wegen einiger Parzellen Wüste. In einem Streit, der sich erst kürzlich in diesem Raum abspielte, wäre beinahe eine ziemlich unscheinbare Sekretärin an der Niederlage einer ganzen Armee schuldig geworden.

Sie arbeitete für ein mittleres Unternehmen, das einen in den Midlands und im Norden allgemein benutzten Gebrauchsartikel auf den Markt brachte. Der Firma drohte die Übernahme durch eine amerikanische Gesellschaft, doch der Vorstand war entschlossen, diesen Angriff abzuwehren. Man war sicher, Banken und Aktionäre davon überzeugen zu können, daß die begonnene Expansionsstrategie zum Erfolg führen würde. Die Firma war auf der Suche nach einigen Industriegrundstücken, und die Kundschafter, die sie ausgeschickt hatte, arbeiteten unter Beachtung strengster Geheimhaltungsvorschriften. Schließlich hatte man zwanzig in Betracht kommende Objekte ausfindig gemacht, aus denen der Vorstand sieben auswählte.

Die Sekretärin, die ich hier einmal Mabel nennen will, war bei ihren Kollegen als »komischer Vogel« bekannt. Ihre Wunschträume waren keineswegs maßlos, aber immerhin hatte sie Träume. Sie nährte den Gedanken an eine Urlaubswoche auf Mallorca, statt eines Urlaubs in Bournemouth und sehnte den Tag herbei, da sie in der Lage sein würde, sich drei Paar eng anliegende Hosen zu kaufen, auch wenn sie nur ein Paar benötigte. Sie hatte gerade einen jungen Angestellten geheiratet, von dessen großer Zukunft sie überzeugt war, obwohl er damals nur sein Elend mit ihr teilen konnte. Sie mieteten eine kleine möblierte Wohnung – zwei winzige Zimmer mit Gemeinschaftsbad und -küche – und sparten so verzweifelt für die Anzahlung auf ein Eigenheim, daß sie sogar gelegentlich ihre Essenmarken zum halben Preis an Kollegen verkauften.

Soweit gab es also nichts, was zu einer Sicherheitsüberprüfung und den damit verbundenen Schnüffeleien und Nachforschungen Anlaß hätte geben können. Doch gab es etwas, was möglicherweise die Aufmerksamkeit eines Sicherheitsmannes geweckt hätte. Während ihr Spareifer unvermindert anhielt, erschien sie eines Tages in einem dreiteiligen italienischen Hosenanzug aus teurem Jersey, der nach Meinung ihrer Kolleginnen »eine ganze Stange Geld« gekostet haben mußte. Eine Woche später zeigte sie sich mit einer Handtasche, die mindestens ihre 60 Pfund wert war. Jedesmal, wenn sie sich mit einem dieser »schönen Dinge im Leben« präsentierte, erzählte sie allen Leuten, es handele sich um ein Geschenk ihres Mannes. (Der Ehemann dagegen glaubte, die Geschenke stammten von ihrer Tante in Kanada.)

War hier ein Grund zur Beunruhigung gegeben? Eine Ermittlung hätte unter Umständen ergeben, daß sie einen großzügigen Liebhaber besaß – wem, außer dem Ehemann, hätte das geschadet? Die Firma hätte es nicht berührt. Vielleicht hätte sich auch herausgestellt, daß sie tatsächlich eine reiche Tante in Kanada hatte oder daß ihr Mann von Zeit zu Zeit Anfälle von Verschwendungssucht bekam. Es hätte sich aber auch herausstellen können, daß wirklich Grund zur Besorgnis bestand.

Der wohlhabende Direktor eines kleineren, aber aufstrebenden Konkurrenzunternehmens – ohne jede Verbindung zu der erwähnten amerikanischen Gesellschaft – hatte sich mit Mabel angefreundet und sie verschiedene Male bei einem Glas Sekt zum Plaudern animiert. Er zeigte Verständnis für ihre Probleme und machte ihr »aus lauter Gutherzigkeit«, wie er später vorgab, ein paar Geschenke.

Vielleicht waren sie wirklich so gemeint – bis zu einem gewissen Punkt. Mag sein, daß er lediglich die Gesellschaft eines jungen Mädchens genoß. (»Ich mit dem? Machen Sie sich nicht lächerlich. Er hätte mein Großvater sein können. Nein, nein, er ist sehr anständig. Ein richtiger Gentleman.«)

Jedenfalls gewann er durch sie einige nützliche Informationen über ihre Firma. Obwohl sie es bis auf den heutigen Tag bestreitet, erfuhr er wohl auch durch sie von den Expansionsplänen. Er war scharf auf die Liste mit den sieben Grundstücken und verfolgte dabei sicher einen der beiden üblichen Pläne. Einmal hätte er die Möglichkeit gehabt, die von der Konkurrenz anvisierten Grundstücke über einen Strohmann zu erwerben, um sie dann der betroffenen Firma mit Profit weiterzuverkaufen. Zum anderen hätte er das Vorhaben der Konkurrenz einfach dadurch verzögern können, indem er die Besitzer der Grundstücke – meist kleine Händler und Pensionäre, darunter auch ein 90jähriger Witwer – darauf aufmerksam gemacht hätte, welchen Wert das Terrain für eine gewisse Firma besaß.

Wenn er nur die Liste hätte. –

Bei Gelegenheit brachte er das Gespräch auf die rapide steigenden Grundstückspreise und jagte seiner Begleiterin damit einen nachhaltigen Schrecken ein. Ihre Ersparnisse konnten mit dieser Entwicklung nicht Schritt halten.

Ob sie denn nicht an einem kleinen Nebenverdienst interessiert sei?

Natürlich, aber wie sollte man das anstellen?

Etwas Kopierarbeit.

Kein Problem: in ihrem Büro gab es ein Kopiergerät. Die Idee gefiel ihr. Was sollte denn kopiert werden?

Tja, die Unterlagen, die kopiert werden müßten – eh – befänden sich – eh – im Safe ihres Arbeitgebers.

Sie zögerte – und dann machte er einen Fehler.

Ein Mann von C.S.S., der Agentur, der man die Klärung des Falles anvertraut hatte, schilderte mir den Sachverhalt folgendermaßen:

»Der Bursche war ein bedauernswerter Anfänger. Fünfzig oder hundert Pfund hätten bei dem Mädchen die Bedenken ausgeräumt. Für solche Beträge hätte sie sich zu einem kleineren Vertrauensbruch bereit gefunden, sei es auch nur, um ihm ihrerseits wieder einen Gefallen zu tun. Aber der Idiot bot ihr fünf Tausender!

Die Vorstellung von soviel Geld flößte ihr Schrecken ein. In ihrer Welt war das ein unvorstellbar hoher Preis. Sie fragte deshalb ihren Ehemann um Rat, und der bestand auf der unverzüglichen Unterrichtung ihres Arbeitgebers.

Mit ihrer Hilfe konnten wir den Mann zweifelsfrei überführen, aber unser Kunde verzichtete darauf, ihn vor Gericht zu bringen. Der Spion kam mit dem Schrecken davon. Schließlich konnte die Firma mit dem geplanten Aufkauf von Grundstücken bei Leuten, die man bewußt im unklaren über den Wert ihres Besitzes gelassen hatte, vor Gericht ebenfalls nicht mit besonderen Ehren rechnen. Wie gewöhnlich war es auch in diesem Fall für alle Beteiligten am besten, wenn man die Angelegenheit nicht an die große Glocke hing.«

Und Mabel? Der Direktor schüttelte ihr persönlich die Hand, und man bedankte sich bei ihr für die bewiesene Loyalität. Anläßlich der Weihnachtsfeier für das Büropersonal wurde ihr noch einmal besonderes Lob gespendet, und jeder wußte, daß sie auf irgendeine mysteriöse Art und Weise die Firma vor der Übernahme durch ein anderes Unternehmen und damit vor der möglichen teilweisen Schließung ihrer Anlagen bewahrt hatte.

Sie wohnt mit ihrem Mann immer noch in der möblierten Unterkunft. So schnell hat man die Anzahlung für ein eigenes Häuschen nicht zusammengespart, wenn die Grundstückspreise ständig in die Höhe klettern.

Daß die Gesellschaft es unterließ, ihre Dankbarkeit wenigstens durch ein bescheidenes Bargeldgeschenk zum Ausdruck zu bringen, verrät lediglich Schäbigkeit. Das Mädchen aber in der alten Vertrauensstellung zu lassen, ohne sich seine Treue zu erkaufen, ist ein Zeichen unverzeihlicher Dummheit.

Die meisten Sicherheitsfachleute sind fest der Meinung, daß es eine böse, wenn nicht gar kriminelle Unterlassungssünde ist, wenn eine Firma vor einer Einstellung keine Nachforschungen anstellt und bei Schlüsselpersonal in unregelmäßigen Abständen wiederholte Überprüfungen des Privatlebens durchführt. Denn bei der Einstellung des genannten französischen Managers war ja schließlich noch alles in Ordnung.

Sie sind der Ansicht, daß ein Arbeitsverhältnis, vor allem auf der Ebene der Führungskräfte, wie eine Partnerschaft verstanden werden sollte, in der die Partner sich gegenseitig nichts vorenthalten. »Wenn Sie mit einem anderen gemeinsam in ein Geschäft einsteigen, dann können Sie ihr Privatleben nicht mehr abschirmen«, erklärte ein amerikanischer Agent und fügte hinzu, daß die meisten Bewerber solche Einstellungsbedingungen auch akzeptierten: »Sie beklagen sich erst dann über die Verletzung der Privatsphäre und all diese Dinge, wenn sie nach Abschluß der ganzen Ermittlungen nicht eingestellt werden.«

Diejenigen, die sich unbedingt »Sicherheitsagenten« nennen, wehren sich verzweifelt dagegen, mit »verabscheuungswürdigen Schlafzimmerspionen« in einen Topf geworfen zu werden. Sie geben vor, nichts anderes zu tun als amerikanische Zollbeamte, Schnüffler der britischen Sozialversicherung oder die staatlichen Spionageabwehrdienste, die dicke Ordner mit illegal beschafften Daten über unverdächtige Bürger anlegen und dabei auch alles verwerten, was in irgendeiner Weise einmal veröffentlicht wurde.*

Ein katholischer Priester, der um seine Entlassung nachsucht, weil er mit der Ehelosigkeit nicht fertig wird, geht durch eine »Hölle von Fragebögen«. Darin sind intime Fragen zu beantworten über seine »abnormen Wünsche«, über Skandale, in die er möglicherweise verwickelt war, und über die täglichen Probleme, mit denen ihn das Keuschheitsgebot konfrontiert hat, so daß später ein Prüfungsausschuß das moralische Klima in dem Seminar untersuchen kann, das diesen »schwachen« Priester hervorgebracht hat.

Staatliche Agenten verbringen viel mehr Zeit mit der Überprüfung von Regierungsangestellten als mit der Suche nach feindlichen Spionen, denn die Unzufriedenheit in wichtigen Behörden, wie zum Beispiel im Pentagon, hat dazu geführt, daß die mangelnde Loyalität der Insider und deren Kontakte zur Presse bereits als die »größte Gefahr für die Regierung« bezeichnet werden.

Sicherheitsagenten werden deshalb dafür eintreten, daß die privaten Unternehmen auf die gleichen Sicherheitsmaßnahmen zurückgreifen dürfen wie Kirche und Staat. Dabei können sie vor allem das Beispiel von ITT (International Telephone and Telegraph) ins Feld führen, eine der größten supranationalen Gesellschaften in der Welt und die achtgrößte in den USA. Die böswillige Veröffentlichung geheimer Dokumente durch Angestellte dieser Gesellschaft hatte zur Folge, daß eine bis dahin geheimgehaltene Einflußnahme auf die amerikanische Regierung offenkundig wurde, ein internationaler Skandal ausgelöst wurde und auf diese Weise nicht nur das Image der ITT, sondern die gesamte nationale Wirtschaft Schaden erlitt.

Die Agenten übersehen natürlich das Problem, wie man eine saubere Trennungslinie zwischen dem berechtigten Bedürfnis nach Geheimnisschutz und dem kaschierten Versuch, Versagen und unsaubere Machenschaften zu vertuschen, ziehen soll.

Aber da gibt es noch eine andere Frage, der man gewöhnlich aus dem Weg geht: Wer steckt denn eigentlich hinter dieser Lobby, die den Slogan »Sicherheit über Privatsphäre« auf ihre Fahnen geschrieben hat? Die Ant-

* Ganz zu Unrecht sieht man dies gelegentlich als eine amerikanische Spezialität an, in der sich die Regierung, der CIA und das FBI hervortun. Der wirkliche Unterschied zu den meisten anderen Ländern besteht aber nur darin, daß die Behörden der USA solche Praktiken erfolgreicher zu verheimlichen wissen. Ein römisches Gericht verurteilte beispielsweise 1960 den italienischen Abwehrdienst wegen unerlaubter Datenspeicherung, von der 157 000 Personen betroffen waren, einschließlich Papst und Staatspräsident. »Die angestellten Ermittlungen zielten auf die Intimsphäre, auf wirtschaftliche und familiäre Verhältnisse, auf das gesellschaftliche Leben, finanzielle Aktivitäten, auf außereheliche Verbindungen und gelegentliche Bekanntschaften, die Geburt unehelicher Kinder und auf sexuelle Gewohnheiten, wobei manche Informationen durch Fotografien ergänzt wurden.«

wort darauf kann nur dazu beitragen, das zweifellos starke Argument dieser Partei zu erschüttern, ja man kann vielleicht sogar sagen, daß sie all jenen, die der Schnüffelei vor und nach der Einstellung leitender Angestellter das Wort reden, den Boden unter den Füßen wegzieht. Denn der Ruf nach Sicherheit ertönt am lautesten aus dem Munde derer, die daran verdienen: Da sind zuerst einmal die weitverbreiteten *Sicherheits-Agenturen* (in London gibt es mehr Sicherheitsleute als Polizisten; das amerikanische Sicherheitsgeschäft, einschließlich der Wach- und Schließgesellschaften, beschäftigt ungefähr 300 000 Menschen und die jährlichen Gewinne liegen über 2,5 Mrd. Dollar), dann die verschiedenen *Hersteller von Sicherheitsausrüstungen* (deren Absatzförderung von Tresoren, Alarmanlagen, Fernsehüberwachungsanlagen und ähnlichen Einrichtungen ganz unvermeidlich auch den Verkauf von »Sicherheitsbroschüren« bedingt, die den Interessenten mit philosophischen Betrachtungen über das Recht auf Sicherheit und Geheimnisschutz sowie mit düsteren Voraussagen und praktischen Ratschlägen vertraut machen) und nicht zuletzt eine Armee von *Privatdetektiven* (von denen die meisten gar nicht in der Lage sind, Industriegegenspionage zu betreiben, obwohl sie damit Reklame machen).

Private Ermittler verdienen in der Hauptsache daran, daß sie in das Privatleben anderer Leute eindringen. Sicherheitsüberprüfungen von Führungspersonal im Zusammenhang mit offensiven oder defensiven Operationen bilden im allgemeinen ihre häufigsten Berührungspunkte mit Industriespionage und industrieller Sicherheit, doch außer solchen Arbeiten pflegen sie sehr oft ganz anderen Aufträgen nachzugehen, die von Nachforschungen über eheliche Treue und finanziellem Hintergrund über Ermittlungen bei Kreditbetrug und Schnüffeleien für Versicherungen bis zu Hilfsdiensten für Rechtsanwälte reichen.

Ob man sie nun mag oder nicht, Tatsache ist, daß die Mehrzahl dieser Agenten ehrlicher Arbeit nachgeht und sich dabei ganz schön plagen muß – Hal Lipsets Söhne in San Francisco wollen nicht in das blühende Geschäft des Vaters einsteigen, »weil es zuviel Arbeit macht« –, und ihre Bemühungen helfen Arbeitgebern, Geldverleihern, Prozessierenden und dem Recht. Ohne Zweifel bietet diese Branche aber auch eine Fülle von Fallgruben und ein dankbares Betätigungsfeld für Betrüger.

Eine dieser Fallgruben beruht darauf, daß in dieser Branche Erfolg als ein »Muß« betrachtet wird. Ich sprach mit ungefähr fünf Dutzend Privatdetektiven in über zehn Ländern. Wenigstens die Anständigen schienen darin übereinzustimmen, daß auch ein negatives Ermittlungsergebnis, wie die Bescheinigung moralischer Unangreifbarkeit einer Zielperson, ebenso als Erfolg gewertet wird wie der Nachweis der Trunksucht oder die Aufdeckung eines langen Vorstrafenregisters. Aber auch sie mußten zugeben, »daß man es sich kaum leisten kann, eine Niete zu ziehen – nur ganz selten einmal kann man zurückkommen und dem Klienten sagen ›bedaure, ich konnte nichts finden‹, denn es gibt genug andere, die den Auftrag erledigen würden«.

Diese Einstellung spiegelt sich in dem zweideutigen Slogan *»Suchet und wir werden finden«* in Abwandlung des Wortes aus dem Matthäus-Evangelium »Suchet und *ihr* werdet finden« wider; ein recht unglücklich gewählter Werbespruch einer durchaus respektablen Detektiv-Agentur in New York. Es gibt aber sogar Agenturen, die nicht nur versprechen »zu suchen und zu finden«, sondern die auch Garantien anbieten nach dem Motto »Ergebnisse oder Geld zurück«. Derartige Praktiken können sich bei dieser Arbeit als die gefährlichste Falle herausstellen, denn »übereifrige Berichte« – gar nicht zu reden von blanken Fälschungen – können einen Mann für sein ganzes Leben ruinieren, ohne daß er je erfahren würde, was man mit ihm gemacht hatte und ohne daß er auch nur die geringste Chance haben würde, sich zu verteidigen.

Die meisten Hintergrund-Informationen werden ohne Wissen oder Zustimmung der Zielperson zusammengetragen. Diese Geheimhaltung gilt vor allem bei Einstellungsüberprüfungen und in Fällen geplanter Fusionen und Investitionen als unabdingbare Voraussetzung. Die Ermittlungsergebnisse können oft schwerwiegende Folgen nach sich ziehen. Aus diesem Grunde versehen vorsichtige amerikanische Agenturen, die auf reichhaltigere Erfahrungen zurückblicken können als ihre europäischen Kollegen, ihre Berichte mit einem Zusatz, der ihre spätere Haftbarmachung ausschließen soll.

Der folgenden Haftausschließungsklausel bedient sich die Firma Burns International:

»Dies ist ein vertraulicher Bericht:

Der Kunde erklärt sich damit einverstanden, daß keine der in diesem Bericht enthaltenen Informationen dem Gegenstand dieses Berichtes direkt oder indirekt zur Kenntnis gelangen, noch irgendeiner anderen Person, die nicht in einem Arbeitsverhältnis zu dem Kunden steht und sich in einer Position befindet, die den Zugang zu den Informationen zum Schutz und zum Nutzen des Kunden notwendig macht. Der Kunde haftet für die Folgen, die sich aus einer von ihm veranlaßten oder verschuldeten Preisgabe besagter Informationen ergeben, und trägt die Verantwortung für alle Maßnahmen, die aufgrund irgendeiner in diesem Bericht enthaltenen Information von ihm getroffen werden.«

Die Detektive stehen auf dem Standpunkt, daß es nicht ihre Aufgabe sein kann, den Wert einer Information abzuschätzen, das Wichtige vom Unwichtigen zu trennen, Urteile abzugeben und unaufgefordert Bemerkungen und Empfehlungen mitzuliefern. Einige sprechen sich jedoch dafür aus, dem Klienten nicht grundsätzlich alles mitzuteilen.

R. B. Matthews von der Firma Management Investigation Services sagte hierzu: »Mag sein, daß ich im Rahmen einer mündlichen Berichterstattung gegenüber dem Klienten kaum etwas zurückhalte, aber in einen schriftlichen Bericht nehme ich noch lange nicht alles auf. Personalabteilungen sind nicht immer so sicher, wie es eigentlich sein sollte. Geriete der Bericht in falsche Hände, könnte dies einige Leute der Erpressung aussetzen.«

Einer seiner Kunden, ein großes staatliches Unternehmen, hatte mit einigen Vorstandsmitgliedern schlechte Erfahrungen gemacht; persönliche Probleme traten erst zutage, als es bereits zu spät war. »Deshalb beauftragt uns die Gesellschaft neuerdings mit einer Vorüberprüfung der in Frage kommenden Person, ohne daß diese von der Maßnahme erfährt«, erklärte Matthews. »Wenn wir nichts Nachteiliges über den Kandidaten finden, teilt ihm sein Arbeitgeber mit, daß man ihn auf eine ›Auswahlliste für die Berufung in den Vorstand‹ gesetzt habe. Es ist sehr wichtig, von einer solchen ›Auswahlliste‹ zu sprechen, auch wenn er in Wirklichkeit der einzige Kandidat sein sollte; denn aus einer Reihe von Anwärtern nicht ausgewählt zu werden ist eben Pech, aber regelrecht abgelehnt zu werden tut weh.

Gleichzeitig teilt man ihm mit, daß man im Hinblick auf die vorgesehene Verwendung auf einen gewissen Durchleuchtungsprozeß nicht verzichten könne und daß man dabei um seine Mithilfe bäte. Die meisten Leute erklären sich hierzu ohne Zögern bereit, und während des Interviews weisen wir dann darauf hin, daß Personen im Blickpunkt der Öffentlichkeit darauf vorbereitet sein müßten, gewisse Rechte in bezug auf ihr Privatleben aufzugeben und sich so zu benehmen, daß dem Ansehen der Organisation nicht geschadet wird. Wenn sie scharf darauf sind, den Posten zu bekommen, eröffnen wir ihnen von vornherein, daß sie außerdem als Vorstandsmitglieder auch künftig unregelmäßigen Überprüfungen unterworfen sein würden. Leider versäumen es große Gesellschaften häufig, ›ein Auge auf ihre leitenden Angestellten zu haben‹ oder, was genauso schlimm ist, sie von Anfang an über das Sicherheitssystem aufzuklären.

Eine gründliche Durchleuchtung sollte auch für den Bewerber von Nutzen sein. Derjenige, der vor seinen Vorgesetzten nichts zu verbergen hat, ist praktisch vor Erpressungsversuchen gefeit.

Erst kürzlich haben wir für diese Gesellschaft eine solche Aufgabe erledigt. Während unsere Zielperson noch keine Ahnung hatte, daß sie für eine Beförderung vorgesehen war, fanden wir heraus, daß sie 1938 als Student in Cambridge in gewisser Weise mit dem Nazi-Regime sympathisiert hatte. Offensichtlich handelte es sich hierbei lediglich um eine jugendliche Dummheit. Er war nie einer Partei beigetreten, und die Geschichte war schon vergessen, als der Krieg begann. Anhaltspunkte für eine länger währende politische Neigung nach links oder nach rechts fanden sich nicht. Dennoch mußten wir unserem Klienten von unserer Entdeckung berichten. Der Vorstand kam nach kurzer Beratung zu dem Schluß, daß kein Grund vorliege, wegen dieser Geschichte die Karriere des Mannes zu verbauen.

So wurde er denn von seiner geplanten Verwendung informiert, und ich selbst führte das obligatorische Interview. Er sprach freimütig über alles Mögliche – nur nicht über Cambridge. Es schien wohl doch eine dunklere Periode in seinem Leben gewesen zu sein, als wir ursprünglich angenommen hatten. Er blieb bei der Behauptung, daß er niemals irgendwelche politischen Bewegungen unterstützt habe. Mir blieb keine Wahl – diese Reaktion mußte ich dem Vorstand zur Kenntnis bringen. Ich schlug vor, daß der Direktor sich einmal mit ihm über politische Fragen im allgemeinen unterhalten und, falls nötig, ihn bezüglich dieses Punktes aus der Reserve locken sollte.

Man arrangierte ein Gespräch, und schon nach wenigen Minuten offenbarte er sich. Jetzt konnte der Direktor ihm erzählen, daß uns sein Geheimnis kein Geheimnis gewesen war und daß man ihm seinen Fehler nicht nachtrage, da er, ohne direkt zu dem Punkt befragt worden zu sein, aus freien Stücken mit der Wahrheit herausgerückt sei. Kurz darauf rief mich der Betreffende an und bedankte sich bei mir: Zum ersten Mal in seinem Leben fühle er sich unbelastet, nicht mehr ständig verfolgt von dem Gedanken, was passieren würde, ›wenn jemand dahinterkäme‹.

Dieser Kandidat hatte Glück. Viele andere haben es nicht. Ich habe Stöße von Akten studiert, in denen leicht hingeworfene Bemerkungen hervorstachen wie Grabsteine über gescheiterten Karrieren:

... jener deutsche Anlageberater, der das Pech hatte, daß sein Schwager für ein Konkurrenzunternehmen tätig war. Er hat nie begreifen können, warum man ihm plötzlich die kalte Schulter zeigte, statt ihn zu befördern ...

... der schwedische ›Design- und Entwicklungsmanager‹, der niemals erfahren sollte, daß er die Spitzenstellung in Amerika, die er schon in der Tasche zu haben glaubte, nicht bekam, weil ein klatschsüchtiger Nachbar sich vergeblich in der englischen Sprache versucht hatte. Ein junger, eifriger Detektiv machte sich auf seinem ersten Auslandseinsatz in einem eleganten Vorort von Malmö an ihn heran, verwickelte ihn in ein Gespräch, schenkte ihm einen Schluck aus seinem Flachmann, gab sich scherzhaft nach dem Motto ›Ihr Schweden könnt bei einem guten Tropfen auch nicht ›nein sagen‹, und als sein ›Kontaktmann‹ nicht bestritt, daß sein Nachbar, der Manager, in dieser Hinsicht auch keine Ausnahme bilde, schlug sich diese ›Entdeckung‹ in seinem Bericht in folgender Formulierung nieder: ›... Grund zur Annahme, daß die Zielperson bis zu einem gewissen Grad vom Alkohol abhängig ist, den sie meist in schlecht gewählter Gesellschaft genießt, z. B. beim Partnertausch ...‹

... der leitende Planungsingenieur, der ganz unerwartet seine Stellung verlor, in Großbritannien alle Türen verschlossen fand und gezwungen war, nach Neuseeland auszuwandern, nur weil sein Arbeitgeber einen Bericht erhalten hatte, mit dem Inhalt, ›... einige seiner finanziellen Schwierigkeiten könnten auf die seiner Frau nicht bekannte Tatsache zurückzuführen sein, daß er für ein uneheliches Kind aufzukommen hat...‹ (In diesem Falle fand der Ermittler schließlich heraus, daß es sich überhaupt nicht um sein eigenes Kind handelte, sondern daß er lediglich Poststelle für einen Freund abgab, der ihm die Alimente aus Kanada überwies. Dieser Agent besaß zumindest den Mut und den Anstand, seinen Klienten, den früheren Arbeitgeber des Betroffenen, von seinem Irrtum in Kenntnis zu setzen – doch im Hinblick auf mögliche Entschädigungsansprüche ›einigte man sich dahingehend, die Dinge nicht noch einmal aufzurühren...‹

... der Gelegenheitsarbeiter in Detroit, der zum ›Sicherheitsrisiko‹ wurde, nachdem ein Detektiv in seiner Mülltonne Fetzen firmeneigenen Konzeptpapiers gefunden hatte, obwohl es durchaus möglich war, daß er es seinen Kindern als Kritzelpapier mit nach Hause gebracht hatte...

... oder der holländische Verkaufsingenieur, der das Vertrauen eines alten Familienunternehmens, für das er sein ganzes Leben lang gearbeitet hatte, deshalb verlor, weil sich bei einer Routineüberprüfung herausstellte, daß er eine Freundin unterhielt. (Der Detektiv, der die Ermittlungen durchgeführt hatte, erzählte mir später: ›Der beschränkte alte Kerl platzte fast vor Wut – war sehr verärgert. Hatte keinen Sinn, ihm klarzumachen, daß so eine Freundin auch ihr Gutes haben kann, hält den Mann in der Spur, nicht wahr? Immerhin besser als eine schlechte Ehe, Prostituierte, Sekretärinnen, Scheidungen, Neuheiraten ... So eine Freundin kann gut sein für die Ehe und den Beruf, denn ein zufriedener Mann leistet mehr.‹)

Doch wenn man bedenkt, mit welch lächerlich niedrigen Honoraren sich manche Detektive begnügen (auch unter Berücksichtigung der Tatsache, daß die Beschaffung der einigermaßen zuverlässigen Basisinformationen aus der Vergangenheit einer Zielperson verhältnismäßig einfach und billig ist), dann ist man nicht mehr überrascht über Berichte, die vor Irrtümern strotzen, über regelrechte Fälschungen zugunsten oder zuungunsten der Zielperson, oder über offensichtliche Schlamperei. Die Preise sind schwer vergleichbar, denn die Bedeutung von ›Basis- oder Standardinformationen‹ wechselt von Land zu Land und von Agentur zu Agentur.

Amerikanische Detektive halten es nicht für ratsam, einen leitenden Posten mit einem Mann zu besetzen, für dessen Durchleuchtung man nicht bereit ist, mindestens 300 bis 500 Dollar zu bezahlen, je nachdem, wie der Fall gelagert ist. Für diese Summe wird die Agentur frühere Arbeitgeber befragen, die Gewohnheiten und Schwächen sowie die finanzielle und eheliche Situation des Kandidaten erforschen und Ermittlungen anstellen über eventuelle Vorstrafen, Eintragungen in die Verkehrssünderkartei und seine Krankheitsgeschichte – aber nur im Heimatland. Für die gleichen Dienste im Ausland oder gar in überseeischen Ländern werden entsprechend höhere Sätze berechnet.

Einige amerikanische Agenturen verteilen detaillierte Preislisten, die es dem Kunden ermöglichen, eine auf seinen Fall zugeschnittene Überprüfung zusammenzustellen. Eine Personenüberprüfung vor einer geplanten Einstellung wird laut Katalog bei der Firma ›Inter-State Bureau of Investigation‹ in Baltimore ›normalerweise Auskunft geben können über unwahre Angaben in bezug auf den Ausbildungsweg und frühere Beschäftigungen, über die Verwicklung in laufende oder zurückliegende Strafrechtsverfahren, über emotionelle Instabilität, Unmoral, Alkoholismus, Rauschgiftsucht, Unehrlichkeit, Faulheit, häufige Arbeitsversäumnis und über ähnliche unerwünschte und kostensteigernde Charakterzüge‹.«

Ein Standardangebot zur Überprüfung der Vergangenheit von Personen – Acht-Punkte-Programm zum Festpreis – kostet in Baltimore City 45 Dollar und erhöht sich bis zu fünfzig Prozent bei entsprechender Entfernung des Zielraumes vom Sitz der Agentur (aber nur innerhalb der Staatsgrenzen). Das Angebot umfaßt neben anderen folgende Aspekte: »... Befragung der jetzigen und früheren Nachbarschaft nach bestimmten Aktivitäten (Zielerkenntnis nach Ihrer Maßgabe); Nachforschungen über das gegenwärtige und frühere Arbeitsverhältnis ...; Überblick über gegenwärtige Tätigkeiten und Beschäftigungen entsprechend den Auskünften durch Nachbarn und Arbeitgeber; ... Auszüge aus dem Vorstrafenregister und Eintragungen in die Verkehrssünderkartei (in einem Staat oder in einem Raum nach Ihrer Wahl); Überprüfung der Kreditwürdigkeit anhand verschiedener Dokumentationen ...«

Wenn es um einen leitenden Angestellten geht, werden sich die Gebühren wahrscheinlich noch wegen einiger zusätzlich in Anspruch genommener Dienstleistungen erhöhen, beispielsweise um 50 Dollar für eine Vermögensschätzung, um jeweils zehn Dollar für Strafregisterauszüge bei den lokalen Behörden, um acht Dollar für Verkehrsstrafenauszüge für jeden früheren Wohnort, um neun Dollar pro Stunde plus Kilometergeld und Spesen für Sonderermittlungen; besonders in Rechnung gestellt wird auch der Einsatz eines »Spezialfahrzeuges« (vier Dollar pro Stunde plus Kilometergeld) und die Verwendung einer Filmkamera (ein Dollar pro laufenden Meter Film bei einer Mindestgebühr von fünfzehn Dollar).*

Manche Firmen inserieren auch mit festen Sätzen für Leistungen wie die folgenden: Nachweis der fachlichen Kompetenz/Inkompetenz, Zusammenstellung der Verstöße gegen die Unternehmenspolitik früherer Arbeitgeber, unmoralische Lebensführung und widerwärtige Gewohnheiten.

Auch in Europa gibt es erhebliche Preisunterschiede, doch kann man davon ausgehen, daß eine einigermaßen sinnvolle Durchleuchtung bei etwa 75 Pfund (oder deren Gegenwert) beginnt und auf über 200 Pfund zu stehen kommt, wenn eine wirklich gründliche Überprüfung durchgeführt wird, in deren Verlauf sogar der Milchmann interviewt wird und die Barfrauen im Wohn- und Arbeitsbezirk der Zielperson von netten, freundli-

* Diese Preisangaben variieren entsprechend Angebot und Nachfrage.

chen Herren zu einem Glas eingeladen werden. Ein wirklich vollständiger Überblick über den privaten und beruflichen Lebensbereich eines Mannes, der eventuell noch Nachforschungen in anderen Ländern bedingt, kann bis zu 2000 Pfund kosten – doch seltsamerweise gibt es auch noch einige Detektive, die für bare zwanzig Pfund »die letzten fünf Jahre, einschließlich Wohnung, sozialem Standard, Vermögenssituation, beruflichem Werdegang und Vorstrafenregister« anbieten können.

Die Öffentlichkeit und die Behörden reagieren im allgemeinen sehr empfindlich, wenn die Behauptung aufgestellt oder gar der Beweis dafür erbracht wird, daß irgendwelche privaten Ermittler an Strafregisterauszüge gelangt sind und weiterverkauft haben, obwohl diese in dem betreffenden Land der Allgemeinheit nicht zugänglich sein sollten. Agenten, die solche Dienste offen oder verschlüsselt anbieten, geben im allgemeinen vor, nur Informationen zu beschaffen, die auf rechtmäßige Art und Weise jedermann zugänglich seien. In den meisten amerikanischen Staaten mag dies zutreffen. Andernorts werden sie sich, wenn man sie nachdrücklich befragt, damit herausreden, daß es leicht sei, die Vorstrafen einer Person zu ermitteln, »da die Urteile ja vor Gericht verlesen werden«.

»Woher wissen Sie denn, wo Sie nachschauen müssen?«

»Nun, das ist doch klar. Zeitungs-Archive sind eine ausgezeichnete Quelle.«

»Aber es werden doch nicht sämtliche Fälle in der überregionalen Presse erwähnt.«

»Das nicht, aber ich kann ja in den Archiven der örtlichen Presse nachsehen.«

Auf diese Weise gerät man in eine sinnlose Diskussion, denn wenige Detektive werden zugeben, daß man Jahre bräuchte, um mit dieser Methode den Vorstrafenkatalog eines Mannes zusammenzustellen – Tausende von Arbeitsstunden, die mit den üblichen Honoraren von fünf, zehn oder auch zwanzig Pfund nie gedeckt werden könnten.

In Wahrheit verfügt jeder private Ermittler, der auch nur das geringste taugt, Geld genug hat, um seine Telefonrechnung zu bezahlen und schlau genug ist, solche Aufträge zu übernehmen, über interne Kontakte. Ganz richtig, Bestechung nennt man das Spiel, und in den meisten Fällen ist ein Polizist der Endempfänger. Für die nicht besonders großzügig bemessenen Schmiergelder reichen die bescheidenen Gewinne des Privatdetektivs. Vor einigen Jahren warb ein britischer Agent mit seiner Bereitschaft, für sechs Pfund jedermanns »Kontostand mit allen Einzelheiten« und Strafregisterauszüge für vier Pfund zu beschaffen. Der »Guardian«, die erste Zeitung, die derartige Machenschaften anprangerte, konnte den Nachweis bringen, daß solche vertraulichen Informationen regelmäßig zu Preisen zwischen 50 Pence und 25 Pfund angeboten wurden.

Nachdem einige Fälle ruchbar geworden sind und die allgemeine Aufmerksamkeit auf diese Praktiken gelenkt wurde, haben die Preise etwas angezogen, aber durchaus nicht übermäßig. Jeden bestechlichen Polizisten und Beamten ausfindig zu machen würde umfangreiche und langwierige polizeiliche Ermittlungen voraussetzen. Ich hege nicht den geringsten Zweifel, daß die meisten Agenten immer noch in der Lage sind, jede Information zu bekommen, die sie brauchen – und sie beschaffen sie auch, solange sie genügend Vertrauen in die Verschwiegenheit ihres Klienten haben.

In der Tat ist es heutzutage einfacher als früher, Bankauskünfte über eine Person zu beschaffen – dank der modernen Computer und der damit zusammenhängenden Datenkonzentration. Für den gültigen Bankauszug einer Einzelperson müßte man heute ungefähr 40 Pfund anlegen, während eine detaillierte Bankauskunft über ein Unternehmen natürlich sehr viel teurer wäre.

Privatdetektive auf dem Kontinent legen sich hinsichtlich der Preise nicht gerne fest, aber die meisten lassen doch durchblicken, »daß es bei dem heutigen moralischen Klima kein unüberwindliches Problem mehr darstellt, im öffentlichen Dienst jemanden zu finden, der sich bestechen läßt«.

Strafregisterauszüge sind in den meisten amerikanischen Staaten für eine feste Gebühr frei erhältlich, nur nicht in New York City, wo die ständige Nachfrage nach solchen Informationen sich als eine Goldgrube für korrupte Polizisten und Beamte erwies. Einige nahmen nur zwei Dollar für eine Auskunft. Andere wiederum brachten es auf einen Nebenverdienst von 10 000 Dollar im Jahr, und selbst Honorare von 30 000 Dollar bildeten keine Ausnahme. Nachdem man diesen Geschäften schließlich auf die Spur gekommen war, deckte man nicht nur die Namen derer auf, die sich hatten kaufen lassen, sondern auch die Namen der Gesellschaften, die die Schmiergelder bezahlt hatten. Auf der Liste derjenigen, die sich unerlaubt Strafregisterauszüge für Einstellungsüberprüfungen beschafft hatten, fanden sich die »American Airlines«, die »Trans-Caribean Airways«, Maklerbüros und außer anderen Gesellschaften auch acht bedeutende Detektiv-Agenturen, einschließlich so bekannter Namen wie »Pinkerton's« und »Wackenhut Corporation«. Pinkerton's Präsident antwortete auf die Vorwürfe mit einer Kritik an den örtlichen Bestimmungen. Er behauptete, Strafregister seien für die Öffentlichkeit bestimmte Informationen; solange die städtischen Behörden bei der Einstellung ihrer Arbeiter und Angestellten von diesen Informationen reichlich Gebrauch machten, sei nicht einzusehen, warum es privaten Unternehmen verwehrt sein sollte, ähnliche Vorsichtsmaßnahmen zu treffen.

Das gleiche Argument trifft auch auf die Situation in Großbritannien zu, wo die Polizei bestimmten Organisationen und Regierungsbehörden Auskünfte über die Vorstrafen von Angestellten erteilt. Die Begründung lautet, dies geschehe zum »Schutz dieser Körperschaften« und im »öffentlichen Interesse«. Im Grunde hilft diese Einstellung nur den Privatdetektiven, die sich, anstatt regelrechte Beamtenbestechung zu riskieren, die benötigten Informationen bei Banken, verschiedenen Gesellschaften und Regierungsstellen besorgen.

Als 1973 die Gebrüder Withers, eine britische Detektiv-Agentur (mit »Wanzen-Handel«), verurteilt wurden, weil sie sich über Regierungsstellen, Banken, Baugesellschaften, Scotland Yard und andere Stellen illegal Informationen beschafft und damit der Allgemeinheit Schaden zugefügt hatten, fragte sich jedermann entrüstet, wie es möglich war, daß ein paar erfahrene Gauner mit gut geölter Stimme und der Fähigkeit, Leute nachzuahmen, die zur Entgegennahme solcher Auskünfte autorisiert waren, die gesamte Operation ausschließlich über das Telefon abwickeln konnten.

Soll man aber Banken und verschiedenen Behörden den unbeschränkten Austausch von Personaldaten untereinander gestatten, ohne daß der Betroffene seine Einwilligung gegeben oder eine Möglichkeit hat, die Gültigkeit der über ihn zirkulierenden Informationen zu überprüfen?* Bejaht man im Namen des staatlichen Rechts auf Selbstverteidigung diese Frage, dann stellt man sich eindeutig auf die Seite jener Sicherheitsleute, die auch für Privatunternehmen das »Recht auf Wissen« fordern, mit der Begründung, die Durchleuchtung der Vergangenheit leitender Angestellter sei auch nur eine Maßnahme berechtigter Selbstverteidigung.

Angeblich prüfen die meisten Ermittler genau, ob die erteilten Aufträge auch dem angegebenen Zweck dienen, und vergewissern sich, daß der Klient keine unlauteren Absichten verfolgt. Wenn es um die Beobachtung von Vertretern geht, die Kundenbesuche machen, dann mag es sein, daß es dem Auftraggeber nur darum geht, die Angebotsliste der Konkurrenzfirma in die Hände zu bekommen. Handelt es sich aber um eine Einstellungsüberprüfung, dann kann es ja auch sein, daß der Kunde hierzu gar kein Recht hat, da er möglicherweise überhaupt nicht beabsichtigt, jemanden einzustellen.

Bei allem Respekt vor jenen wohlmeinenden Agenten muß man doch feststellen, daß ihre ehrlichen Bemühungen, sich der sauberen Absichten des Klienten zu vergewissern, sehr oft zum Scheitern verurteilt sind, vor allem dann, wenn der Auftrag von einer getarnten Industriespionage-Organisation erteilt wurde – oder von einem nicht weniger skrupellosen Abwehragenten, der davon überzeugt ist, daß *offensive Verteidigung* in jedem Falle gerechtfertigt ist.

* Sollte das *Datenschutzgesetz* in Kraft treten, würde sogar der Austausch von Personaldaten zwischen einzelnen deutschen Polizeibehörden untersagt sein. In den USA untersteht das NCHS (National Criminal History System) dem FBI; bis 1975 wird diese Datenbank mit den Verbrecher-Karteien sämtlicher Bundesstaaten in direkter Verbindung stehen. Auf städtischer Ebene sind beispielsweise in Long Beach und in Wichita Falls die Verbrecherkarteien mit anderen wichtigen Informationssystemen zusammengekoppelt worden; sämtliche örtlichen Regierungsstellen haben hierzu Zugang.

Die Verteidiger von industriellen Geheimnissen werden immer in der Lage sein, es mit den Angreifern aufzunehmen, solange sie das Kubik-Prinzip im Auge behalten, dem der Spion unterworfen ist und das ihn in die schwächere Position drängt, nämlich die Frage »Was ist wem wieviel wert«. Außer materiellen Schutzmöglichkeiten wie Wächter, Tresore, die Alarm geben oder ihren Inhalt zerstören, wenn sich jemand unbefugt am Schloß zu schaffen macht, Zerreißwölfe, strenge Überwachung des Dokumenten-Umlaufs, elektronische Aktensicherung, Personalüberprüfungen und elektronische Sicherheitseinrichtungen, bleibt der Verteidigung eine große Auswahl an prophylaktischen Maßnahmen verschiedenster Abstufung:

Kleinlichkeit: Die Firma »John Lewis Partnership« in London kündigte in Übereinstimmung mit den Unternehmensvorschriften einer leitenden Angestellten in der Verkaufsabteilung, nachdem diese einen Abteilungsleiter des Konkurrenzgeschäftes geheiratet hatte; man befürchtete, daß er eventuell durch Zufall oder aufgrund unbedachter Äußerungen seiner Frau an Informationen über Planungen, Lieferfirmen, Preispolitik und andere Geheimnisse gelangen könnte.

Vorsicht: Der amerikanische Chemie-Gigant »Du Pont«, der eine Zeitlang eine Welt-Monopolstellung in der Nylon-Produktion innehatte und einen Jahresumsatz von 3,5 Mrd. Dollar erzielte, erlitt erhebliche Verluste durch Industriespionage; in einem Fall wurden dem Unternehmen fast sieben Millionen Dollar Schadenersatz zugesprochen; bei einer anderen Gelegenheit stahl ein Vorarbeiter Produktionspläne, deren Wert man auf drei Millionen Dollar schätzte, und versuchte sie an ein Konkurrenzunternehmen zu verkaufen. Als sich deshalb aufgrund von Voraussagen einer bevorstehenden Lederverknappung die Aufmerksamkeit auf die Entwicklung eines Lederersatzes konzentrierte und es der Forschungsabteilung des Unternehmens gelang, den lange ersehnten Durchbruch zu erzielen – mit Corfam, dem ersten synthetischen Leder mit Atmungseffekt –, war man entschlossen, sich diesmal die phantastischen Gewinnaussichten nicht von Industriespionen schmälern zu lassen. So erhielten denn die Schuhfabriken, die man mit der Fertigung der ersten Musterschuhe beauftragt hatte, den Besuch von Du Pont-Inspektoren, die auch den letzten Fetzen Abfallmaterial zusammenkehrten, damit nur ja nichts davon der Konkurrenz in die Hände fiele. Obwohl einige Abwehrspezialisten der Ansicht sind, daß derartige Vorsichtsmaßnahmen nur dazu angetan sind, mögliche Spione anzulocken, ging kein Stückchen Corfam verloren und das Geheimnis wurde gewahrt – bis zum bitteren Ende, als man nämlich das Projekt, in das man achtzehn Jahre Forschungsarbeit und 100 Millionen Dollar investiert hatte, aufgab.

Übertriebene Vorsicht: Viele Betriebe neigen dazu, besonders, wenn sie bereits einmal Opfer eines Industriespions waren, fast alles als »geheim« und »vertraulich« einzustufen; das hat aber nicht nur zur Folge, daß die Angestellten in bezug auf die wirklichen Geheimnisse die nötige Vorsicht vermissen lassen, sondern macht auch neugierigen Gelegenheitsdieben und professionellen Agenten den Mund wäßrig.

Gründlichkeit: Im Zusammenhang mit einigen Fusionsverhandlungen verbreiteten Sicherheitsleute absichtlich derart viele Gerüchte, daß Verhandlungsergebnisse, die schon durchgesickert waren, völlig darin untergingen und nicht geglaubt wurden.

Einfallsreichtum: Für bedeutende Industrie- und Geschäftsvorhaben wurden auch schon kostspielige Tarnoperationen durchgeführt, ja gelegentlich sogar »Schein-Laboratorien« eingerichtet, um von dem eigentlichen Ziel der Forschungsarbeit abzulenken. Als »Players« beschloß, eine billige neue Zigarette, nämlich die No. 6, auf den Markt zu bringen, benutzte man innerhalb der verschiedenen Unternehmensbereiche, die mit der Kampagne befaßt waren, unterschiedliche Codebezeichnungen für das neue Produkt und bestellte das Werbematerial in vier verschiedenen Ländern. Um auch diejenigen zu täuschen, denen die ungewöhnliche Aktivität – stets ein Anzeichen für die bevorstehende Geburt einer neuen Marke – aufgefallen sein mochte, brachte »Players« sogar eine Pseudo-Neuerscheinung heraus, eine Zigarette in der obersten Preisklasse, deren Päckchen auch keine Gutscheine enthielt wie die No. 6; nur um die Produktion dieser Luxus-Zigarette wieder einzustellen, als der eigentliche Feldzug für die No. 6 ins Rollen kam.

Unmißverständlichkeit: Für angehende Manager in Japan ist ein viermonatiger Lehrgang für industrielle Spionageabwehr beinahe obligatorisch.

Verbohrtheit: In der Industrie ist eine zunehmende Abneigung gegen die Einstellung ehemaliger Angehöriger der militärischen Abwehr festzustellen, da diese dazu neigen, die Dinge zu verkomplizieren, die Schlauheit des Gegners zu überschätzen, hinter jedem Glücksfall eine Falle zu vermuten und außer der Wahrheit alles zu glauben. Solche Denkungsweisen brachten eine führende Werft um einen bedeutenden Auftrag.

Die Spanne möglicher Reaktionen und Verhaltensweisen reicht schließlich bis zu jenen Maßnahmen, die man gelegentlich als *offensive Verteidigung* bezeichnet und in deren Namen eine ganze Reihe eindeutiger Spionageoperationen durchgeführt wurde. (Ein Spezialist auf diesem Gebiet argumentierte folgendermaßen: »Wenn ein Klient mit unlauteren Mitteln um seinen wohlverdienten Gewinn gebracht wird, dann bedarf es unter Umständen ungewöhnlicher Methoden, um ihn zu schützen. Gegen Guerillas kann man nur aufkommen, wenn man sie mit ihrer eigenen Taktik bekämpft.«)

Das blühende Stockholm hat mir viele Gesichter gezeigt. Ich fand es anspruchslos und praktisch, ausgelassen und überschwenglich, förmlich und geschichtsträchtig, beruhigend und romantisch. Geheimnisvoll schien es mir eigentlich nie, auch nicht beängstigend – bis auf ein einziges Mal. Damals begleiteten mich die Ahnung eines Geheimnisses und ein unbestimmtes Gefühl der Furcht auf meinem ganzen Flug bis zum Flughafen Bromma und wichen auch während der Taxifahrt nicht von mir, die mich zu meinem Hotel in Humlegardsgatan in der Stadtmitte brachte.

Ich atmete jedesmal auf, wenn ein Fahrzeug hinter uns abbog und die »Verfolgung« aufgab, und an jeder Kreuzung war ich auf einen »Unfall« gefaßt. Gedämpftes Licht empfing mich in der Hotelhalle. Ein halbes Dutzend ausladender, schoßähnlicher Drehsessel kehrte mir den Rücken zu und verbarg seinen Inhalt bis auf einige Beinpaare, die unter den Sitzflächen hervorlugten. Zu wem mochten sie gehören? Ob sich bereits jemand meine Zimmernummer notiert hatte?

Meine Befürchtungen waren natürlich völlig unbegründet. Dennoch ist eine gewisse Spannung, die einen hinter jeder Tür Unheil wittern läßt, entschuldbar, wenn man weiß, daß man durch Zufall Ursache für den Sturz eines Spions und das Mißlingen einer gutorganisierten Spionageoperation gewesen ist.

Meine Rolle in diesem Fall war eigentlich enttäuschend kurz und prosaisch. Vor meiner Ankunft in Stockholm hatte mich das »Abenteuer« lediglich in die Glaskuppel-Bar des Londoner Hilton geführt, und mein ganzes »Wirken« hatte sich auf die Einnahme einiger Drinks und eine Unterhaltung mit François Levine beschränkt, dem bereits erwähnten französischen Unternehmensberater, der mir am Anfang die ersten wirklich nützlichen Kontakte im Land des Doppelten Spiels vermittelt hatte.

Er ist einer der letzten Dandies dieses Jahrhunderts.

Die Wahl seiner Kleidung richtet sich strikt nach Tageszeit und Gelegenheit und niemals wird man in dieser Hinsicht etwas an ihm auszusetzen finden. Sollte er jemals auf einem Flug in einem Privatjet zwischen Mombasa und Johannesburg abgeschossen werden, dann wird die Welt erfahren, was man anläßlich seines eigenen Todesfalles am späten Nachmittag in Afrika trägt. Er ist ein großer Mann in den späten Fünfzigern mit fast noch unmerklichen Polstern um die Hüften herum und einem vollen Gesicht, dessen leicht bläulich schimmernder Teint stets den Eindruck erweckt, als habe er sich gerade rasiert. Wenn ich nicht gewußt hätte, daß er immer ein altmodisches, machetenähnliches Raisiermesser benutzte und Elektrorasierer in seinen Augen nur dazu bestimmt waren, den Gesang von Badezimmer-Tenören zu übertönen, dann hätte ich angenommen, daß er sich noch eben im Lift mit einem batteriegetriebenen Apparat über das Kinn gegangen wäre.

Im Laufe unseres kurzen Gesprächs erwähnte er einen Fall, mit dem er gerade zu tun hatte.

Durch einen Verbindungsmann – wahrscheinlich einen jener zahlreichen Zuträger in den verschiedensten Unternehmen und Organisationen, deren ständige Mitarbeit er sich erkauft hatte – erfuhr er, daß einer schwedischen Firma regelmäßig vertrauliche Informationen über die Forschungsarbeit eines Konkurrenzunternehmens zugespielt wurden. Innerhalb von vierundzwanzig Stunden hatte er diese Neuigkeit an das Opfer verkauft und außerdem erreicht, daß man ihn mit den notwendig werdenden defensiven Nachforschungen beauftragte.

Es gab nicht mehr als ein Dutzend Personen, die die Möglichkeit gehabt hätten, an die besagten Informationen zu gelangen, und über jede stellten Levines Mitarbeiter »tiefgehende« Ermittlungen an.

»Wir stießen auf einen Wissenschaftler, der offenbar aus irgendeiner dunklen Quelle zusätzliche Einkünfte bezog«, erzählte Levine. »Doch er schied sehr bald aus dem Kreis der Verdächtigen aus. Unser Verdacht konzentrierte sich am Ende auf einen Laboranten, in dessen Vergangenheit es Dinge gab, mit denen man ihn hätte erpressen können.«

»Und worum handelte es sich dabei?«

»Na ja – Dinge eben – sehen Sie, mein Lieber, ich könnte jetzt nicht schnell etwas erfinden und Ihnen ein Märchen auftischen; oder wäre Ihnen das lieber?«

Das war nicht der Fall, und deshalb beließen wir es bei den »Dingen«.

»Das Dumme war, daß die Firma, also mein Klient, sich nie die Mühe gemacht hatte, einmal die Vergangenheit des Mannes zu beleuchten. Keine Einstellungsüberprüfung, nichts. Italiener haben dafür nichts übrig.«

»Es war also eine italienische Firma?«

Er lachte. »O. K., aber fragen Sie nicht weiter!«

Das fiel mir nicht schwer, denn es hatte sowieso keinen Zweck; er wollte mir noch nicht einmal die Branche nennen, um die es hier ging, und ohne richtige Einzelheiten hörte sich die Geschichte eigentlich nicht besonders aufregend an.

Levine hielt den Laboranten unter Beobachtung, und sehr bald stellte sich heraus, daß der Verdächtige mit einem Team in Verbindung stand, das wiederum für die schwedische Firma, den Endempfänger der Informationen, tätig war. Nur eine Frage war noch nicht geklärt: Wie schmuggelte der Bursche die Unterlagen nach draußen? Allem Anschein nach waren die das Forschungslabor betreffenden Kontrollen sehr streng. Zu den Sicherheitsmaßnahmen gehörte auch ein vollständiger Wechsel der Kleidung beim Betreten und Verlassen des Laborgebäudes, und deshalb wäre es unmöglich gewesen, ganze Stöße von Papieren, die noch offenbar in die Hände des Konkurrenten gelangt waren, hinauszuschmuggeln.

Levine, ein glühender Verfechter der offensiven Verteidigung, brachte in der Firma einen seiner Leute unter und entdeckte auf diese Weise, daß es sich bei den Unterlagen um Abzüge von Mikrofilmen handelte.

»Und das ist das Problem, an dem ich im Augenblick noch zu kauen habe«, meinte er. »Wir haben das ganze Labor auf den Kopf gestellt, aber wir konnten nichts finden. Ich könnte schwören, daß dort keine Kamera versteckt ist. Ich bin auch sicher, daß der Mann sie nicht regelmäßig hinein- und hinausschmuggeln kann. Aber wie stellt er es dann an? Denn aktiv ist er immer noch, weil wir sorgfältig darauf geachtet haben, nichts an der täglichen Routine im Labor zu verändern. Der Kerl hat noch die Möglichkeit, Sachen zu fotografieren – wenn er eine Kamera hat. Aber er hat keine ...«

Er hatte sich richtiggehend in Wut geredet und wurde recht lebhaft, aber da ich nicht besonders darauf erpicht war, noch mehr über diesen Routinefall und sein vergebliches Kopfzerbrechen zu hören, war ich nicht böse, als er das Thema wechselte.

Während wir hinunterschauten auf die langsam dunkler werdenden Dächer von London, kam unser Gespräch auf das Thema Stadtplanung oder besser gesagt, auf die fehlende Stadtplanung, auf den Mangel an guten Gerüchen und deren Ersatz durch weniger angenehme Duftkombinationen, und Levine machte einige Bemerkungen über die neuen Hotel- und Bürohäuser, von denen er meinte, daß sie ebensowenig in ein altes Stadtbild paßten wie Bermuda-Shorts auf einer Beerdigung.

Uns ging ganz offensichtlich der Stoff aus.

Um den toten Punkt unserer Unterhaltung zu überbrücken, warf ich ein, es gebe nur eines, was noch unerfreulicher sei als ihr Anblick, nämlich in diesen Bürosilos zu arbeiten. Im Rahmen einer Untersuchung war ich einmal gezwungen gewesen, in New York eine Woche lang in einem solchen Glaskasten zuzubringen. Nach einigen Tagen perfektionierten Bürolebens und wissenschaftlich berechneten Komforts hatte ich das Gefühl, vom Leben abgeschnitten zu sein und mich auf einer endlosen Reise in den Weltraum zu befinden. Luftdichte Fenster, die nicht zu öffnen waren. Künstliche Sonnenlicht-Beleuchtung. Getönte Fensterscheiben, um die richtige Sonne auszusperren. Ständig gleichbleibende Temperaturen wie in einem Brutapparat. Kaffee, Kakao und eisgekühltes Wasser aus der Leitung. Papptassen. Papierhandtücher. Musik aus der einen Ecke, frische Luft aus der anderen, besonders gefiltert. Ich wiederholte gegenüber Levine, was ich von einem amerikanischen Designer, der in diesem Gebäude arbeitete, gehört hatte:

»Manchmal überkommt uns ein richtiges Verlangen nach einem Atemzug dieser lieblichen, stinkenden, vergifteten New Yorker Luft. Wir stehen vor der Toilette Schlange wie die Japaner vor einem Automaten, und nur, um wieder einmal eine Lunge voll Sauerstoff zu inhalieren.«

Durch Levine ging es wie ein Ruck. »Toilette? Mein Freund, sagten Sie nicht Toilette?«

Ich nickte. Er bat mich, alles noch einmal zu wiederholen. Ich tat ihm den Gefallen. Er war schon fast an der Tür, als er noch einmal zurückrief: »Sie könnten tatsächlich recht haben!«

Eine Woche später rief er mich an. Es war ein Ferngespräch, aber er sagte mir nicht, wo er sich gerade aufhielt.

»Sie hatten recht. Vielen Dank«, brüllte er durch die Leitung, als wenn er tief im Herzen gewisse Zweifel an der Zuverlässigkeit moderner Fernsprechtechnik bewahrt hätte.

Er berichtete mir, daß seine Leute tatsächlich alle Zugänge, ja sogar die Luftschächte, genauestens untersucht, die versiegelten Fenster des Labors aber nur oberflächlich inspiziert hatten. Meine zufällige Bemerkung über die frische Luft auf der Toilette hatte ihn auf einen Gedanken gebracht, und tatsächlich fand man auch in diesem Raum direkt unter der Decke ein winziges Fenster, auf dem man die Fingerabdrücke des verdächtigen Laboranten feststellte.

Von jetzt an war es nur noch eine Frage des Wartens und der Geduld. Der Mann hatte Nachtdienst, und in der dritten Nacht ortete ihn ein Agent, der das betreffende Fenster mit einem IR-Gerät beobachtete, in der Toilette. Das Licht ging zweimal an und aus – dann wurde eine an ihrem freien Ende beschwerte Schnur langsam herabgelassen. Aus dem Schatten trat ein Mann auf die Straße, befestigte etwas an der Schnur, und das Päckchen wurde wieder hochgezogen.

Zwanzig Minuten später wiederholte sich das Lichtsignal, und das baumelnde Päckchen wurde wieder hinuntergelassen. Der Komplize löste es von der Schnur, und diese wurde wieder eingezogen.

»Ein Vertrauensmann innerhalb des Labors versicherte uns, daß der Verdächtige sich zu den bewußten Zeiten auf der Toilette aufgehalten hatte, die ja noch im Sicherheitsbereich lag und in der es jederzeit möglich war, irgendwelche Dokumente zu fotografieren.« Levine triumphierte. Dann machte er noch einige abfällige Bemerkungen über den festbesoldeten Sicherheitsberater seines Klienten, der nie viel von Levine gehalten und sich energisch dagegen gewehrt hatte, daß ein Außenseiter mit der Aufklärung des Falles betraut wurde: »Nein, nein, mein Lieber, ich werde nicht den großmütigen Sieger spielen, das kann ich Ihnen versichern. Wenn ich ihm und seinem Chef erst einmal die ganze Sache ...«

»Wissen die denn noch von nichts?« unterbrach ich ihn.

»Nein. Gestern nacht hat es erst geklappt. Ich wollte warten, bis die Fotos entwickelt sind und wir die Beweise zusammen haben.«

»Die Gesichter würde ich gerne sehen, wenn Sie ihnen die Lösung auf den Tisch legen«, sagte ich und hatte dabei nichts anderes im Sinn, als ihm etwas zu schmeicheln.

Kurze Pause. »Das läßt sich einrichten«, rief er schließlich. »Sicher, ich könnte Sie als einen meiner Berater ausgeben. Sie hören von mir.«

Nun war ich also in Stockholm, wartete im neuen Hotel Anglais auf die Dinge, die da kommen würden, und überdachte noch einmal die wenig beneidenswerte, aber dennoch unwiderstehliche Einladung zum »Schlachtfest«.

Levine holte mich ab. Zu diesem Zeitpunkt glaubte ich noch, er habe es aus lauter Dankbarkeit getan, ein Beweis dafür, daß ich ihn immer noch falsch einschätzte.

Wir machten eine gemütliche Autofahrt, passierten die Universität, wendeten, fuhren zurück zum Hotel und parkten in der unterirdischen Garage. Kaum standen wir, als sich ein dunkler Lieferwagen mit verhängten Seitenfenstern in die Parklücke neben uns schob. »Los, kommen Sie«, hörte ich Levine, und mit einem Schwung überwand er den Zwischenraum zwischen beiden Fahrzeugen. Er war schon in dem Lieferwagen verschwunden, während ich noch aus der Limousine kletterte, um ihm zu folgen. Kaum hatte auch ich Platz genommen, da machte der schwere amerikanische Wagen einen Satz nach vorn, als wollte er durchs Dach brechen.

Unsere Gefährten waren zwei aschblonde Männer von kräftiger Statur und kaum unter ein Meter neunzig – eben richtige Italiener. Dennoch verließ ich mich auf die Selbständigkeit meines Urteils und ordnete sie bei den Norwegern ein. (Damit sollte ich recht haben. Levine bestätigte später meine Vermutung, hielt es aber für unnötig, sich wegen seiner geschickten Lüge zu entschuldigen, die ich für einen Versprecher gehalten hatte.) Die beiden hatten offenbar auch vor, uns die Gegend zu zeigen. Sie gaben sich alle Mühe, ihre Spannung zu verbergen.

Einer der beiden war der Direktor der bestohlenen Firma, und unser Chauffeur war ihr Sicherheitsberater. Levine stellte mich als einen Spezialisten vor, den er im Laufe der Untersuchung hinzugezogen hätte. Er erzählte ihnen eine Reihe höchst beeindruckender Lügen über mich und entwickelte dann seine »Theorie« so zögernd und wenig überzeugend, daß der bereits in seinem Stolz gekränkte Sicherheitsberater sich einiger höhnischer Bemerkungen nicht enthalten konnte. Levine ließ ihn reden und zog dann ganz beiläufig die Fotografien aus seiner Tasche. Darauf die Fingerabdrücke. Dann die Zeugenaussagen und schließlich das übrige Beweismaterial. Der Direktor war sprachlos. Unser Chauffeur bekam einen puterroten Kopf und fuhr über den Bordstein, was ihm seitens der Fußgänger einige deftige Flüche einbrachte.

Während sich Levine und der Direktor weiter unterhielten, bereitete ich mich innerlich darauf vor, das Steuer zu übernehmen, falls unseren Fahrer der Schlag treffen sollte.

Unsere Gastgeber wechselten einige Sätze in einer Sprache, die wohl Norwegisch gewesen sein muß, und anschließend bedankte sich der Direktor bei Levine für die geleistete Arbeit. Das Honorar würde man ihm in voller Höhe auf dem vereinbarten Wege zukommen lassen.

»Was wollen Sie als nächstes unternehmen?« fragte Levine mit verdächtig sanfter Stimme.

Den Laboranten beabsichtigte der Herr Direktor erst einmal persönlich an die Luft zu befördern. Der Sicherheitsberater würde dafür Sorge tragen, daß der Mann in seinem ganzen Leben keinen anständigen Job mehr bekäme.

Levine lächelte vor sich hin und sagte nichts.

Die beiden Norweger vertieften sich in Diskussionen über zu ergreifende rechtliche Schritte gegen den Verräter, gegen die Konkurrenz und gegen die schwedische Regierung – und Levine lächelte immer noch. Dieses selbstzufriedene, spöttische Lächeln konnte man unmöglich übersehen. Der Sicherheitsmann, der sich auf die Straße konzentrieren mußte, konnte es nicht sehen, aber der Direktor; er verstummte und schaute immer unbehaglicher drein, während sich unser Fahrer in immer wildere Rachepläne hineinsteigerte.

Wir hatten die Stadt schon hinter uns gelassen und befanden uns auf der Straße nach Uppsala, als plötzlich angehalten wurde und wir in einen wartenden Personenwagen umstiegen, der uns zurückbringen sollte zum Hotel. Levine lächelte immer noch, worauf ihn der Direktor fragte, ob er noch etwas zu sagen habe.

»Nun ja, eigentlich nicht, ich meine, es geht mich nichts an –.« Der Direktor mußte ihn geradezu überreden, das von sich zu geben, was er doch offensichtlich die ganze Zeit über hatte sagen wollen.

»Ich möchte nur darauf hinweisen, daß ich den Fall noch nicht als abgeschlossen betrachte«, begann Levine, und zwei Minuten später hatte ihn der Direktor auf unbestimmte Zeit und »zu den alten Bedingungen« erneut engagiert. Jetzt stieß Levine dem Sicherheitsberater das Messer in die Brust: »Ich habe Ihren Plänen mit großem Interesse gelauscht, mein Herr, aber ich bin anderer Meinung. Das Schlimmste, was Sie machen können, ist, den Mann zu entlassen.«

Der Direktor wurde blaß. In lebhaftem Kontrast dazu stand das Gesicht seines Untergebenen, das inzwischen die Färbung einer roten Bete angenommen hatte.

»Mein Vorschlag lautet, diesen besonders loyalen Angestellten *zu befördern.*«

Was Levine im Sinn hatte, war ein meisterhaftes Doppelspiel. Wenn der Informationsfluß plötzlich abriß, dem Gegner ein paar Andeutungen zugespielt wurden und diesen beiden Geschehnissen eine unerwartete, spektakuläre Beförderung mit entsprechender Gehaltserhöhung folgte, so konnte dies nur eines bedeuten: Der Mann, den man erpreßt hatte, war von Anfang an seinem Arbeitgeber treu geblieben, hatte möglicherweise dem Direktor über alles persönlich Bericht erstattet, und dieser hatte dafür gesorgt, daß der Abnehmer nur falsche und irreführende Informationen erhielt. Die nachträgliche Überprüfung sämtlicher Daten und Formeln würde die Konkurrenz ebenso teuer zu stehen kommen wie eine eigenständige Forschung.

Lange Zeit sprach niemand ein Wort. Dann murmelte der Direktor etwas auf norwegisch. Levine lächelte mich an, und mit einem Mal wußte ich, daß er mich nur hierher gelockt hatte, damit ich Zeuge seines persönlichen Triumphes würde.

»Ich glaube, Sie haben recht«, ließ sich der Direktor schließlich vernehmen. »Aber ich werde es mir niemals vergeben, daß ich diese – diese Katze nicht bestraft, sondern noch belohnt habe.« (Die gesamte Unterhaltung wurde in Englisch geführt, und wahrscheinlich fiel ihm aus dem Stegreif keine vernichtendere Beschimpfung ein.)

Levine lächelte auf einmal nicht mehr: »Das würde ich nicht sagen. Sie werden ihn in der Tat ziemlich hart bestrafen. Meiner Ansicht nach wird nämlich der Gegner zu der Überzeugung kommen, daß der Kerl ihn hintergangen hat, und der wird dafür sorgen, daß sich unser Mann nicht allzulange der Früchte seines »Doppelspiels« erfreut. Diese Beförderung könnte sich als eine zweischneidige Waffe erweisen – ja, vielleicht ist Waffe genau das richtige Wort.«

Bevor wir ausstiegen verabschiedete sich Levine und streckte dem Direktor die Hand hin, aber dieser tat so, als habe er sie nicht gesehen. Ich fragte mich, wen er wohl mehr verachtete – Levine oder den Verräter.

Im Licht einer Straßenlaterne erkannte ich, daß Levine wieder sein vertrautes Lächeln aufgesetzt hatte. Von seinem Standpunkt aus hatte er sich seines Auftrages in vorbildlicher Weise entledigt.

Die Kubik-Akte No. 2

Es war ein seltsames Gefühl zu reisen, ohne ein Ziel zu haben, oder vielmehr ohne das Ziel zu kennen. Noch schlimmer war, daß ich es aus freien Stücken tat. Sollten die Befürchtungen hinsichtlich der Vereinbarungen allzu drängend werden und in mir den Wunsch wecken, das Unternehmen aufzugeben, stand es mir jederzeit frei, wieder umzukehren. Das hätte mich natürlich zu einem größeren Feigling gestempelt, als ich eigentlich war – besonders auf dem Weg zu Kubik.

In der Nacht zuvor hatte ich einen Anruf erhalten: »Mr. Kubik will Sie sehen.« Der Mann hatte einen stark amerikanischen Akzent.

»So, will er?« Wenn man mit dem Unerwarteten konfrontiert wird, stellt man manchmal die dümmsten Fragen. »Ich meine, wann?«

»Morgen.«

»Wo?«

»Die Bindungen müssen Sie ihm überlassen.«

»O. K., und wie sehen diese aus?«

Er fragte mich, ob ich einen gültigen Reisepaß hätte und ob ich darauf vorbereitet sei, einige Tage fortzubleiben, was ich beides bejahen konnte.

»Sie werden morgen früh Punkt 8 Uhr 45 abgeholt.« Dann legte er auf.

Der Fahrer, der am folgenden Morgen auf mich wartete, war keineswegs von der gesprächigen Sorte. Er behauptete, von einem Mini-Taxi-Dienst zu kommen, aber das vertrug sich kaum mit seinem amerikanischen Akzent und dem Jaguar, mit dem er vorgefahren war.

»Warum denn nicht?«

»Sie haben doch gar keinen Funk?«

»Ist eben kein Funktaxi.«

Damit war das Gespräch beendet.

Er benutzte die M 4 in Richtung Flughafen Heathrow. Schade, daß ich die Abflüge am Vormittag nicht studiert hatte. Doch an der letzten Abzweigung vor der Zufahrt zum Flughafen bog mein Fahrer plötzlich von der Straße ab. Sollte ich möglicherweise doch nicht fliegen? Oder waren wir auf dem Weg zu einem privaten Rollfeld? Offenbar nicht, denn nach einem kurzen Umweg befanden wir uns wieder auf der Hauptstraße in Richtung Heathrow. Wir fuhren in den Kreisverkehr, passierten den Tunnel, und als wir wieder ans Tageslicht kamen, scherten wir aus dem Verkehrsstrom aus, hielten am Straßenrand und ließen den Verkehr eine Weile an uns vorbeirollen. Dann überquerten wir die Straße und hielten fünf Minuten vor einer Tankstelle auf der anderen Seite – ohne auch nur einen Tropfen zu tanken. Anschließend fädelten wir uns wieder in den aus Richtung Flughafen kommenden Verkehr ein und hielten ein zweites Mal vor dem Kreisel. Der Fahrer beobachtete den vorbeikommenden Fahrzeugstrom. Hätte uns ein Wagen verfolgt, wäre er ihm mit Sicherheit nicht entgangen. Dann bogen wir wieder in den Kreisverkehr ein, durchquerten den Tunnel zum dritten Mal und hielten vor dem Eingang zu den Abflugschaltern. Diese Vorsichtsmaßnahmen trugen ganz und gar Kubiks Firmenstempel und erinnerten mich an New York und Terry Ann.

»Gute Reise.« Mit diesen Worten drückte mir der Fahrer einen Umschlag in die Hand und war verschwunden.

Auf dem Flugschein stand Genf. Zum Glück hatte ich nur Handgepäck bei mir und kam schnell durch die Sperren; mehr als zwei Minuten waren mir auch nicht geblieben.

Während des ganzen Fluges war ich darauf gefaßt, von jedem, der an meinem Platz vorbeikam, weitere Instruktionen zu erhalten, und entsprechend genau beobachtete ich meine Mitreisenden. Die Stewardess schien davon keine Notiz zu nehmen; Passagiere voller Erwartungen waren für sie nichts Besonderes.

Flughafen Genf. Ich fragte am Informationsschalter, ob eine Nachricht für mich hinterlassen worden sei. Fehlanzeige. Ich setzte mich in die Halle, stand wieder auf und marschierte auf und ab. Da tauchte an der Sperre mein Fahrer aus London auf; er mußte im gleichen Flugzeug gekommen sein, obwohl ich ihn nicht gesehen hatte.

»Ihr Wagen wartet.«

Ich folgte ihm zu einem Citroën. Er fuhr in die Stadt, hinunter zum See und setzte mich am Quai Wilson vor dem Restaurant »Le Président« ab.

»Sie werden Hunger haben. Wir holen Sie um 3 Uhr ab.«

Er schien sich besondere Mühe zu geben, nicht mehr als das Allernotwendigste zu sprechen.

Es war der ideale Ort, um mich unter Beobachtung zu halten und zu kontrollieren, ob ich mit irgendwem telefonierte oder sonst mit jemandem Kontakt aufnahm. Ich achtete darauf, diesen Eindruck auf jeden Fall zu vermeiden. Um 2 Uhr 45 bat ich um die Rechnung. »Die wurde bereits beglichen, mein Herr.«

Mein Führer, Bewacher und Fahrer hielt mir den Schlag auf. Sollte etwa diese Geste der Höflichkeit ein Hinweis darauf sein, daß wir uns bereits in Kubiks Nähe befanden? Wir nahmen die Straße nach Lausanne, aber wenige Kilometer hinter der Stadt bogen wir ab in Richtung auf die französische Grenze. Wir hielten ein gutes Tempo und passierten ohne Verzögerung die Grenzkontrollen. Drei Minuten später waren wir in Divonne-les-Bains, einem kleinen Ferienort, der noch in nachmittäglichem Schlummer lag. Als der Wagen mit knirschenden Reifen auf einem Kiesweg zum Stehen kam, befanden wir uns vor einem jener Kasinos, die man mit strategischem Geschick den glücksspielfeindlichen Schweizern vor die Haustür gesetzt hatte.

Eine Spielbank sollte man sich niemals bei Tageslicht anschauen. Ohne die traumhafte Beleuchtung durch Flutlicht, Bodenlampen und Scheinwerfer in den Baumkronen bleibt nichts als architektonischer Pomp, der dem europäischen Bedürfnis entspringt, die Stunden, in denen man sein Geld verspielt, zu einem feierlichen, großartigen Ereignis zu gestalten.

Drinnen jedoch steht die Zeit still. Es ist weder Tag noch Nacht; es ist Kasinozeit, egal, wo der Uhrzeiger steht. Das Gemurmel der Gäste, der Zigarettenqualm, die monotonen Ansagen der Croupiers vermitteln stets die gleiche Atmosphäre, nur die Zusammensetzung der Spieler scheint am Nachmittag eine andere zu sein. Dem Beobachter fällt auf, daß Süchtige und glücksschwangere Pärchen in den Flitterwochen offenbar in der Mehrzahl sind. Kubik konnte ich mir in dieser Umgebung schlecht vorstellen.

Mein Fahrer bot sich an, nach meiner Aktentasche »zu sehen«, und meinte, ich solle mich etwas amüsieren. So einfach war das aber gar nicht, denn es herrschte durchaus keine James-Bond-Atmosphäre, sondern ein erschreckender Mangel an schönen Frauen und zahlungskräftigen Spielern.

Jemand berührte mich an der Schulter. »Und wie geht es Ihnen, mon cher?«

Vera Fielding. Ungefähr die letzte Person, die ich hier und in diesem Moment hatte treffen wollen.

»Die Welt ist klein, n'est pas?«

Das konnte kein Zufall sein. Aber was steckte dahinter? Der Fahrer drückte sich im Hintergrund herum, nicht nah genug, um von der einseitigen Unterhaltung etwas aufzufangen, aber doch wieder nicht weit genug entfernt, als daß ihm auch nur eine einzige meiner Bewegungen entgehen konnte. Ich fühlte mich sehr unwohl in meiner Haut.

»Na, haben Sie die Sprache verloren, mon cher? Sagen Sie wenigstens ›Guten Tag‹ und hören Sie auf, so schuldbewußt in die Gegend zu schauen. Manche Leute würden es schon als Indiskretion bezeichnen, daß Sie Kubik vor mir warnten, aber ich bin nicht so empfindlich. Schließlich war ich ja auch sehr, sehr ungezogen, als ich Ihnen all diese Fragen stellte, stimmt's?«

Das Bewußtsein, am nächsten Tag eine großartige, geistreiche, witzige und messerscharfe Entgegnung zur Hand zu haben, konnte einen verrückt machen, aber im Augenblick war mein Gehirn wie ausgepumpt, und meine letzten Reste von Überlegung konzentrierten sich auf die Frage, wie ich meinen Rückzug bewerkstelligen oder den einzigen möglichen Helfer in dieser Lage finden könnte – Kubik.

»Ja, die Welt ist klein«, murmelte ich in einem schwachen Versuch, mangelnde Originalität durch Überzeugungskraft zu ersetzen. Zum Glück zeigte sie sich durchaus in der Lage, die Unterhaltung alleine zu bestreiten.

»Sie können sich gar nicht vorstellen, wie klein sie ist. Aber sie ist Ihnen schon vergeben. Ich meine Ihre Indiskretion. Was mich überrascht hat, war, daß Sie unsere Abmachung gebrochen haben. Das hätte ich nicht von Ihnen erwartet . . .« Sie hörte überhaupt nicht mehr auf.

Dafür, daß ich in diesen Hinterhalt geraten war, konnte ich nur mir selbst die Schuld geben. Nachdem ich jahrelang erfolgreich auf dem dünnen Eis über den tiefen, haifischverseuchten Wassern des doppelten Spiels balanciert war, hatte ich mich von meinem Eifer, Kubik zu treffen, so weit fortreißen lassen, daß ein anonymer Anruf im Buchmacher-Jargon genügte, mich in die Falle zu locken. Nun schien es zu spät für einen Rückzieher. Und wozu auch? Wenn sie sich in irgendeiner Weise an mir rächen wollte, hätte sie sicher einen günstigeren Ort gewählt als ein mäßig besuchtes Kasino.

»Welche Abmachung?«

»Sie hatten mir versprochen, meinen Mann aus dem Spiel zu lassen.«

»Vera, ich bitte Sie, fangen Sie nicht wieder von vorne an.«

»Warum, glauben Sie etwa nicht, daß ich einen Mann habe?«

»Das meine ich nicht . . .«

»Und behaupten Sie ja nicht, Sie hätten ihn nie getroffen. Auf jener Party in Zürich haben Sie mit ihm gesprochen. Hier . . .« Sie streckte den Arm aus und faßte um mich herum. »Erkennen Sie ihn nicht wieder?«

Ich wandte mich um. Unmittelbar hinter mir stand ein Mann von eher kleiner Statur, dessen Gesicht mit den blassen, fleischigen Wangen und den außerordentlich tiefliegenden, wäßrigen Augen eine schwache Erinnerung in mir weckte. Er hatte einen eckigen Schädel mit spärlichem, rötlichem Haarwuchs. Sein Körper wirkte, als sei er aus den Steinen eines Spielbaukastens zusammengesetzt, und von seinen eckigen Schultern baumelten zwei kurze Arme: die lebendig gewordene Vision eines Kubisten. Ich glaube, daß es mir gelang, meine Überraschung einigermaßen zu verbergen:

»Ich freue mich, Sie kennenzulernen, Mr. Kubik. Oder ist es Ihnen lieber, wenn ich Sie Blockley nenne?«

»Bleiben wir bei Asquare. Paßt besser«, dröhnte er, und beide lachten herzlich.

»Es tut mir leid, daß meine Frau Sie in Zürich an der Nase herumgeführt hat, aber ich mußte unbedingt wissen, wieviel Sie über mich in Erfahrung gebracht hatten und was Sie davon preisgeben würden.«

»Kein Anlaß zur Beunruhigung.«

»Nein, Veras Bericht war in jeder Beziehung zufriedenstellend.«

Er dankte mir für meinen gutgemeinten Hinweis und meinte, es sei jetzt an ihm, »die Sollseite in seinen Büchern« in Ordnung zu bringen: »Ein Ja für ein Ja und ein Nein für ein Nein, nicht wahr?« Noch mehr dröhnendes Gelächter. »Das ist mein Wahlspruch. Sie werden ihn sicher noch schätzenlernen.« Inzwischen habe ich mich ehrlich darum bemüht.

Er schüttelte immer noch meine Hand. Seine sommersprossigen weißen

Knöchel wirkten weich und kraftlos, aber seine Finger umklammerten meine Hand wie ein Schraubstock. Das Schütteln nahm kein Ende – und, wie sich herausstellen sollte, gehörte das auch zum Standard-Repertoire seines Humors.

Er hatte mich sicher nicht eingeladen, um sich an meiner Verblüffung zu weiden. Dankbarkeit mir gegenüber durfte als Beweggrund ebenfalls ausscheiden. Schließlich hatte ich ihn nur vor seiner eigenen Frau gewarnt, der er offensichtlich restlos vertraute.

»Ja, mon cher, ich lasse Sie einmal mit ihm allein. Ich habe noch schrecklich viel zu verlieren.« Und damit entfernte sie sich in Richtung auf die Roulettetische.

Kubik und ich musterten uns gegenseitig ungeniert. Er sah aus wie ein munterer, guterhaltener Sechziger. Später erfuhr ich, daß er erst siebenundvierzig war. Er trug einen pflaumenblauen Anzug mit weißem Hemd, silberner Krawatte und einem tadellos weißen Dreieck in seiner Brusttasche – ein Mann von Eleganz aus den späten vierziger Jahren, in denen auch, wie er mir anvertraute, sein »Lebensstil, Ideale und Grundsätze geformt worden waren«. Offenbar bestellte er, seitdem er es sich leisten konnte, diese pflaumenblauen Uniformen immer gleich zum halben Dutzend, trug sie regelmäßig vom Frühstück bis zum Schlafengehen und wechselte vielleicht zweimal am Tage in ein frisch gebügeltes völlig identisches Exemplar. Mit einem leichten Glanz an den Ellenbogen hätte man ihn leicht für einen altmodischen Buchhalter halten können, wäre nicht die vorzügliche Machart des Anzuges Beweis dafür gewesen, daß seine glanzlosen Ärmel nie auf Hauptbüchern und Karteikästen geruht hatten.

Er führte mich zu einem kleinen Tisch neben der Bar am anderen Ende des Raumes.

»Ich spiele nie, und wie ist es mit Ihnen?« fragte er und, ohne die Antwort abzuwarten, fügte er hinzu: »Ich ziehe präparierte Würfel vor.« Er lachte, und ich gewann den Eindruck, daß er sich offenbar stundenlang an seinen eigenen Witzen berauschen konnte. »Hatten Sie eine gute Reise?«

»Ja, dank der Tüchtigkeit des Führers, den Sie mir geschickt haben.«

»Ein sehr tüchtiger Mann, da haben Sie recht. Auch ein ganz passabler Schütze, aber leisere Sachen zieht er vor, sie müssen nur scharf oder spitz sein.«

»Ich werde ihm zum Geburtstag ein paar Stricknadeln schicken.« Eine Bemerkung, die unverdientermaßen bei Kubik dröhnendes Gelächter auslöste. Allgemeine Aufmerksamkeit und hochgezogene Augenbrauen störten ihn nicht im geringsten.

Ich bestellte einen Kaffee, während er nach einer Karaffe eisgekühlten Wassers verlangte, mit dem er geräuschvoll ein Sortiment verschiedener Vitamintabletten, die seine Hydrotherapie in Divonne ergänzten, hinunterspülte.

»Wie geht es Ihrer Familie?« Eine an sich harmlose Frage, mit der er lediglich andeuten wollte, daß ich kein Unbekannter für ihn war.

Statt einer Antwort fragte ich nur: »Und aus welchem Teil Mitteleuropas kommen Sie? Aus Rumänien?«

»Treffer. Um genau zu sein, aus Craiova. Sie sehen, ich habe keine Geheimnisse vor Ihnen.« Dennoch ließ er sich nicht überrollen, war ständig auf seiner Hut und machte alles andere als einen aufrichtigen Eindruck.

Das Gespräch gestaltete sich nicht einfach, plätscherte meist an der Oberfläche hin und war ständig irgendwelchen Zufälligkeiten unterworfen. Er ließ sich nicht auf ein Thema festnageln, kam aber manchmal aus eigenem Antrieb darauf zurück. Er erzählte von einigen seiner Erfolge und Mißerfolge (von denen ich an anderer Stelle bereits einige erwähnt habe), aber jedes seiner Worte konnte eine Falle für mich bedeuten. Er stellte eine Menge unerwarteter Fragen, wechselte plötzlich das Thema, indem er mir irgendeine Mitteilung machte, und studierte meine Reaktion. Ob mir seine Unwahrheiten aufgefallen seien; ob mir die geschilderten Fälle und die darin vorkommenden Personen bekannt seien; ob ich etwas über Kam Luangs Kontakte zur Regierung sagen könne und ähnliche Fragen. Er schilderte mir, welchen Schrecken ich diesem Mr. Fixit in Hongkong eingejagt hatte. Was ich denn von verschiedenen Leuten (von denen er annahm, daß ich ihnen begegnet sei) hielt?

Dann sprachen wir über Geld. Was in seiner Branche zu verdienen sei usw. Seinen Verdienst belegte er mit Fotografien seiner Jacht, seiner Villa auf Capri und seines Hauses in Tanger.

»Ich wußte gar nicht, daß Barbara Hutton ihre Villa verkauft hat.«

Mein Einwurf brachte ihn durchaus nicht aus dem Gleichgewicht: »Oh? Da habe ich vielleicht das falsche Foto eingesteckt.« Ich hatte ihn erwischt, aber was machte das schon? Möglicherweise hatte er mich nur testen wollen. »Tanger hat sich verändert, ja ja, alles verändert sich. Das Beschaffen von Wirtschaftsinformationen hat mir einmal Spaß gemacht. Doch von dem alten Seeräubergeist ist heutzutage nichts mehr zu spüren, auch unsere Branche hat sich eine gewisse Achtbarkeit erworben. Nicht mehr als ein gewöhnlicher Informationsdienst. Komme mir vor wie Reuters, spezialisiert auf Wirtschaftsnachrichten. Der Unterschied ist, daß die verkaufen, was sie finden, während ich herausfinde, was sich verkaufen läßt. Sie und ich, wir könnten sicher eine Menge Spaß miteinander haben.«

Ich hatte nicht die Absicht, mich als sein Richter aufzuspielen. Schließlich war ich nicht hier, um Nachhilfeunterricht in Moral und sozialem Gewissen zu erteilen. Ich wußte auch, daß es wahrscheinlich dumm wäre, seine letzte Bemerkung, die reiche Belohnung verhieß, einfach zu übergehen. Aber ich konnte der Versuchung nicht widerstehen, die Dinge wieder etwas ins richtige Lot zu rücken. »Wenn Sie ein gewöhnlicher Informant sind, warum haben Sie dann Mory zur Strecke gebracht?«

»So, habe ich das?«

»Haben Sie das etwa nicht getan?«

»Waren Sie mit ihm befreundet?« Er verstand sich glänzend darauf, der Beantwortung einer Frage auszuweichen, indem er eine Gegenfrage stellte.

»Ist das Ihre Antwort?«

»Waren Sie mit ihm befreundet?«

»Nein.«

»Haben Sie ihn geschätzt?«

»Nein.« Es war zum Verzweifeln. Er brachte mich dazu, seine Fragen zu beantworten, dabei sollte es genau umgekehrt sein.

»Ich auch nicht.«

»War das Grund genug für Sie, ihn zu ruinieren – vielleicht seinen Tod herbeizuführen?«

»Ich habe ihn nicht umgebracht.«

»Ich weiß. Es war Selbstmord. Haben Sie das so arrangiert?«

»Das glaubt seine Frau, nicht wahr?« Das war eine geschickte Frage. Sollte ich zugeben, daß ich sie getroffen hatte? Ich zögerte mit der Antwort, aber er machte es mir einfach: »Ich weiß, daß sie so denkt. Ich weiß auch, daß Sie mit ihr gesprochen haben. Sie brauchen es mir nicht zu sagen. Wo ist sie jetzt?«

»Keine Ahnung.«

»Das nehme ich Ihnen ab. Warum, weiß ich nicht.« Dann gab es eine Pause. Seine Augen wurden grau. Fühlte sich dieses Prachtexemplar von einem Chamäleon vielleicht in bezug auf seine schauspielerischen Leistungen überfordert? Würde es ihm gelingen, seiner Stimme den überzeugenden Klang warmer Aufrichtigkeit zu verleihen? »Ich muß sie finden.«

»Wozu?«

»Um ihr zu helfen.«

»Warum?«

»Sie ist das unschuldige Opfer eines Krieges geworden, mit dem sie nichts zu tun hatte.«

»Er machte sie zur Witwe.«

»Deshalb will ich ihr helfen. Ich möchte nicht, daß sie mich für ihren rücksichtslosen Feind hält, ich brauche sie nicht einmal zu finden. Es genügt, wenn Sie ihr ausrichten, daß ich bereit bin zu helfen.«

»Warum?«

»Ich mag es nicht, wenn man mich haßt. Schon Unbeliebtheit ist mir unangenehm. Vielleicht habe ich mich in dieser Hinsicht zu einem echten Amerikaner entwickelt. Ich kämpfe, um zu gewinnen, und dann bin ich bereit, alles wieder zu verlieren, indem ich dem Unterlegenen helfe.«

»Ich bezweifle, daß sie Ihre Hilfe annehmen würde. Wenn Sie vielleicht ...«

»Sie meinen den Hintergrund?«

»Genau.«

»Das ist eine lange Geschichte.«

»Ich hab's nicht eilig.«

Mit seiner Beschäftigung mit der unmaßgeblichen Meinung dieser Frau war es ihm wieder einmal gelungen, mich zu erstaunen und zu beeindrucken. Oder sollte da ein weniger edles Motiv dahinterstecken? Vielleicht übertrieb ich mein Mißtrauen, aber konnte man anderseits bei Industriespionen zu vorsichtig sein?

Mein Tonbandgerät befand sich in der Obhut meines Führers, der einer Schußwaffe scharfe oder spitze Gegenstände vorzog und der ein paar Tische weiter in einer Zeitung las. Ich war überzeugt, daß er einige kleine Gucklöcher durch die Seiten gebohrt hatte, um mich beobachten zu können. Kubik bat mich, keine Notizen zu machen: »Warum Aufmerksamkeit auf uns lenken, wenn es nicht nötig ist?« Ich fragte mich später, ob es ihm aufgefallen war, daß ich einem natürlichen Drang etwas häufiger nachgab, als man angesichts des mäßigen Getränkekonsums hätte zugestehen können, und daß ich diese Abwesenheiten dazu nutzte, einige Gedächtnisstützen in mein Notizbuch zu kritzeln.

Mit einem Mal stand die Vergangenheit wieder greifbar vor seinen Augen, und es machte ihm ganz offensichtlich Freude, sich in Erinnerungen zu ergehen.

»Während des Krieges hatte ich einen kleinen Ärger mit den Deutschen, weshalb ich nach Österreich kam, und dann hatte ich eine leichte Auseinandersetzung mit den Russen, was mir einen Platz in einem Güterwaggon und, zusammen mit einigen Hundert anderen, eine Reise in Richtung Osten einbrachte.« Seiner Stimme entnahm ich eher eine leise Belustigung als rührselige Selbstbemitleidung. »Ich war geschwächt und ausgehungert, aber skrupellos genug, um auch von hinten anzugreifen, und so konnte ich denn einen der Bewacher überreden, mich laufen zu lassen. Als Abschiedsgeschenk überließ er mir sogar seine Maschinenpistole, die in Triest einen guten Preis erzielte.«

Mit dem Erlös aus diesem Verkauf startete er seine Laufbahn im Nachkriegs-Triest, und bereits nach wenigen Stunden hatte er Fuß gefaßt und bewegte sich dort unten, als habe man ihn in sein ureigenstes Element versetzt. Er lernte es, ungehindert von Zone A (kontrolliert von den angloamerikanischen Streitkräften) nach Zone B (unter jugoslawischer Verwaltung) zu pendeln, und nach bescheidenen Anfängen als Laufbursche für Schmuggler und Geschäftemacher arbeitete er sich bald so weit hoch, daß er in bescheidenem Rahmen eigene Operationen mit Gold, Devisen und vor allem mit Zigaretten finanzieren konnte.

»Ich sah immer noch aus wie ein Kind, vielleicht wegen der hinter mir liegenden Hungerzeiten, doch das wirkte sich nur zu meinem Vorteil aus. Im Hafen, wo keiner dem anderen über den Weg traute, war ich weniger einem Verdacht ausgesetzt als andere. Ich kam heil durch einige Razzien, obwohl meine Taschen mit Schmuggelgut vollgestopft waren. Manchmal verwahrte ich auch die Waren von anderen, bis die Razzia vorüber war. Die Rechnung war einfach: Gefängnis, wenn's schiefging, zehn Prozent im Erfolgsfall.

Goldmünzen und Schmuck bargen das größte Risiko. Fand die Polizei bei irgend jemandem Waren dieser Kategorie, wurde der Betreffende automatisch als Schmuggler angesehen und festgenommen. Aber ich hatte Glück.

»Mein besonderes Talent bestand darin, daß ich alles Mögliche schnell und ohne Zuhilfenahme von Flüssigkeit hinunterschlucken konnte. Bei Beginn einer Razzia stürzten gewöhnlich meine Bekannten auf mich zu und gaben mir ihre Münzen zur Aufbewahrung. Ich nehme an, daß in jenen Tagen mehr Napoleons durch meine Eingeweide gegangen sind als über jeden Bankschalter im Umkreis von tausend Meilen.

An den auf die Razzien folgenden Vormittagen hatte ich dann das Vergnügen, meine Notdurft in Gesellschaft zu verrichten. Die Leute versammelten sich bald nach Tagesanbruch in meinem Zimmer und warteten darauf, daß ich aufstehen würde. Zuerst brachten wir die Bücher in Ordnung – wer hatte wieviel in mich hineingesteckt –, dann saßen wir gewöhnlich herum, tranken Kaffee und warteten.

Portnoys Vater soll Schwierigkeiten mit seinem Stuhlgang gehabt haben? Was hätte ich da sagen sollen? Sie hätten die Burschen einmal sehen sollen, als ich einmal drei Tage lang an Verstopfung litt, während der Goldpreis fiel und meine Klienten nicht verkaufen konnten!«

Ein Lachanfall schüttelte ihn so heftig, daß er seinen Bericht für einige Minuten unterbrechen mußte. Dann schilderte er in allen Einzelheiten, wie die Anleger gleich Vätern vor der Geburt ihres Erstlings unruhig auf und ab wanderten, wie sie ihm schließlich eifrig beim Ausziehen der Hose behilflich waren, wie man in der Mitte des Raumes ein großes Stück Ölpapier ausbreitete, wie alle um ihn herumhockten und ermutigend auf ihn einredeten und wie sie jubelten, wenn seine Bemühungen die ersten Ergebnisse zeigten und damit die Suche nach Gold und Edelsteinen beginnen konnte.

Für seine Dienste wurde er mit fünfzehn Prozent entschädigt, und Kubik zeigte sich sehr stolz darüber, daß es beim Verteilen des Tresorinhaltes nicht ein einziges Mal Streit gegeben hatte.

»Außer Gold passierte auch gutes Essen meine Speiseröhre, und ich begann, einen vollen Magen schätzenzulernen«, erinnerte sich Kubik zwischen zwei weiteren Gläsern Wasser und einem farbenprächtigen Mahl aus Vitaminpillen, »Hunger ist etwas, das man nie vergißt, Hunger und eine halbe Tafel Schokolade, die mir ein amerikanischer Soldat von einem vorbeifahrenden Lastwagen zuwarf, während ich auf einer verlassenen deutschen Landstraße durch den Staub kroch, ohne Hoffnung, es bis zum nächsten Dorf zu schaffen, geschweige denn bis Triest. Ich hielt meine Pistole umklammert und wußte, daß ich sterben würde. Dieses Stück Schokolade rettete mir das Leben. Von diesem Tag an konnte ich keinen amerikanischen Soldaten anschauen, ohne mich zu fragen – war der es?«

Dieses ständige Gefühl des In-der-Schuld-Stehens sollte in der Tat sein künftiges Leben prägen.

»Gegen Ende des Jahres 1946 war ich bemüht, in aller Eile noch soviel wie möglich zusammenzuraffen, denn der italienische Friedensvertrag stand kurz vor dem Abschluß, und wir wußten nicht, wie sich der Plan in bezug auf Triest und unseren Handel auswirken würde«, fuhr Kubik fort. »Eines Abends, kurz vor Weihnachten, ich war gerade aus Cittanuova in der B-Zone zurückgekehrt, schlenderte ich die Uferstraße entlang und trat schließlich in eine Café, um mir noch einen Schlaftrunk zu genehmigen. Sämtliche Gäste bildeten in der Mitte des Lokals einen dichten Ring, so daß ich gleich wußte, daß da ein Zweikampf im Gange war. Mit etwas Ellbogenarbeit verschaffte ich mir einen Logenplatz.

Der Kampf stand kurz vor seinem Ende. Ein riesiges, blutendes Monstrum von einem Seemann kniete auf der Kehle eines anderen, und der Unterliegende war gerade dabei, seinen Geist aufzugeben. Seine Hände versuchten das mächtige Gewicht von seiner Brust zu wälzen, aber er hatte keine Chance. Auf dem Fußboden, fast neben meinem Fuß, lag außerhalb der Reichweite der beiden ein Messer.

Ich war keineswegs besonders beeindruckt. Ich hatte zu viele Leute sterben sehen, um darüber noch in Tränen auszubrechen. Streit und Tod waren Privatangelegenheiten; das lernte man in Triest sehr schnell. Sich einzumischen war immer gefährlich – selbst der Unterlegene konnte einen dafür ins Jenseits befördern. Aber dann entdeckte ich etwas: der Bursche, der drauf und dran war, den Löffel wegzuwerfen, hatte Uniform an. Eine amerikanische Uniform. Es blieb keine Zeit mehr, noch eine Streife herbeizuholen. Ich wollte einfach weglaufen. Wissen Sie, was mich festhielt? Der verrückte Gedanke, die andere Hälfte jener Tafel Schokolade könnte sich immer noch in der Tasche dieses armen GI befinden.

Ich brüllte nach einem Drink. Alles schaute sich um. Das war unüblich. Sich hartgesotten geben gehörte zum guten Ton, aber ans Trinken denken, wenn einem anderen das Lebenslicht ausgeblasen wurde, das war etwas anderes. Doch diese Sekunde allgemeiner Verblüffung genügte mir, dem Messer einen Tritt zu versetzen. Der Seemann, der mir den Rücken zukehrte, konnte es nicht sehen. Der GI aber hatte es bemerkt. Mit allerletzer Kraft stieß er dem anderen die Klinge in den Rücken. Ein kaum hörbares Stöhnen, und als alle wieder nach unten schauten, lagen beide Seite an Seite und röchelten schwach.

Dieser GI war Truman, ich meine sein Spitzname lautete so, weil er dem Präsidenten ähnlich sah. Er wurde mein zweiter Vater.«

»Und der Seemann?«

»Ich nehme an, daß er davonkam. Zumindest lebte er noch, als man ihn forttrug.«

Mit Trumans Freundschaft begann ein neues Kapitel in Kubiks Leben. Er fuhr fort, Geschäfte zu machen, zu schmuggeln und Gold zu verschlucken – sein Freund besaß Zugang zu PX-Vorräten –, aber nun lernte er auch den Handelswert einer ganz anderen Ware kennen: Informationen.

Vor dem Krieg hatte sich Truman seinen Lebensunterhalt damit verdient, daß er in der Wall-Street mit Gerüchten handelte. Er kannte eine Menge Leute und sammelte seine Informationsfetzen in den Bars rund um die Börse. Gewöhnlich zahlte man ihn für kleine Tips, doch am besten verdiente er an Falschinformationen, die jemand mit bestimmter Absicht durch ihn in Umlauf setzte.

In Triest arbeitete er als Schreiber im Büro des Zonenkommandanten und wußte deshalb stets im voraus, wenn Arbeiten und Bauaufträge an zivile Firmen vergeben werden sollten. Für ein angemessenes Honorar – von dem auch einiges für seinen immer nützlicher und unentbehrlicher werdenden Assistenten, Vermittler und Verhandlungsführer Kubik abfiel – verhalf er einem Klienten nicht nur zu einem Vertrag, sondern er sagte ihm auch, wie hoch er sein Angebot schrauben konnte, ohne sich seine Chancen zu verderben.

Kubik war es, der sich eine lukrative Neuerung ausdachte: Von nun an verkauften die beiden ihre Informationen gleichzeitig an verschiedene Firmen, wobei sie die erste Rate kassierten. Wenn sie dann einen Überblick über die verschiedenen Angebote gewonnen hatten, verkauften sie die Kalkulation des einen Bieters an den nächsten; dabei steckten sie die zweite Rate ein. Daß Truman außerdem von seinen Vorgesetzten mit Lob und Anerkennung überschüttet wurde, weil er die Vertragskosten derart niedrig zu halten wußte und Onkel Sam damit eine Menge Geld ersparte, nahm dieser mit gespieltem Widerwillen in Kauf.

Kubik wollte mir nicht sagen, in welchem Jahr Truman ihm zur Emigration in die Vereinigten Staaten verhalf, aber in den frühen fünfziger Jahren hatten sich beide in New York etabliert.

»Jetzt kommt sicher Mory ins Spiel?«

»Nein. Der erschien erst zehn Jahre später auf der Bildfläche. Ich wollte Ihnen nur das besondere Verhältnis zwischen Truman und mir verdeutlichen. Ich hatte ihm das Leben gerettet – er lehrte mich alles, was er wußte.«

Ende der fünfziger Jahre hatte das Pärchen in verschiedenen Teilen der Welt fest Fuß gefaßt. Kubik befaßte sich vor allem mit den europäischen Geschäften, zu denen Aufträge zählten wie das Zunichtemachen von Werbekampagnen und auch – immer häufiger – Unternehmensausspähung. Letzteres führte schließlich zur Versteigerung von Informationen. Bevor aber der eigentliche Boom einsetzte, kam der große Rückschlag.

»Zu spekulieren, eigenes Geld zu investieren, war etwas Neues für uns. Wir machten schwerwiegende Fehler, und Truman geriet in den Staaten in eine ärgerliche Klemme. Wir wechselten also unseren Standort, aber die finanziellen Probleme waren damit nicht gelöst. Dann wurde er krank. Er lebte in Paris bei seiner Tochter, einer Ballettänzerin, die selbstverständlich die teuersten Ärzte hinzuzog. Ich schickte ihnen, was ich auftreiben konnte, aber er machte trotzdem noch eine Menge Schulden, vor allem bei einem deutschen Freund, der in Istanbul lebte. Ich war nur einmal mit ihm zusammengetroffen, und er hatte mir nicht gefallen. Er war ein gewöhnlicher Krimineller. Keine Klasse, aber ein goldenes Herz.«

Truman starb, und seine Tochter verschwand just zu der Zeit, als Kubiks Spionageoperationen begannen, sich bezahlt zu machen. Der eckige Bursche aus Rumänien, der inzwischen seine Vorliebe für pflaumenblaue Anzüge entdeckt hatte, übernahm das Geschäft – und gleichzeitig zwei weitere Verpflichtungen: die Suche nach Trumans verschollener Tochter und die Rückzahlung aller Schulden, die sein Partner gemacht hatte.

»Als ich das Geld zusammen hatte, fuhr ich nach Istanbul«, erzählte er mir. »Es schien mir sicherer, den Land- und Seeweg zu benutzen. Tanker natürlich und keine Luxusdampfer. Ich war nicht scharf darauf, mit 20 000 Dollar in Schweizer Franken, die ich in einer abgenutzten Plastiktasche verstaut hatte und die zu jener Zeit noch ein nettes Vermögen für mich darstellten, durch mehrere Flughafenkontrollen zu spazieren.

»Die Tür zur Wohnung des Gauners war leicht angelehnt. Da auf mein Klingeln niemand antwortete, stieß ich die Tür auf und trat ein. Der Anblick, der mich erwartete, war alles andere als appetitanregend, das können Sie mir glauben. Überall Blut. Dann fand ich zwei Leichen. Auf einem Sofa lag ein nacktes Mädchen, und auf ihm Trumans Freund, in dem selben Aufzug. Beide waren von Kugeln durchsiebt. Hier hatte man mit einer MP gearbeitet. Unterhalb des Schulterblattes hatte es den Kerl fast in zwei Teile zerrissen. Einige Kugeln haben ihn wahrscheinlich glatt durchschlagen und das unter ihm liegende Mädchen getroffen. Wahrscheinlich hatte sich die Kleine etwas Besseres von ihm erhofft.« Kubik schüttelte sich wieder einmal vor Lachen.

»Nun gut, Scherz beiseite, ich verspürte jedenfalls kein Bedauern. Er war nicht mein Freund gewesen, und gegen Kriminelle hatte ich sowieso etwas. Das war auch der Grund, weshalb ich dreißig Sekunden lang mit mir zu kämpfen hatte. Dann stellte ich die Tasche mit dem Geld zu Boden und stieß sie mit dem Fuß unter das Bett. Das war es, was Truman von mir erwartet hätte. So hatte er mich erzogen. Schulden muß man zahlen, also zahlte ich sie.«

Die Spur von Trumans Tochter zu verfolgen erwies sich als eine schwierigere Aufgabe. Offenbar vagabundierte sie rund um den Globus, ohne irgendwo Freunde zu haben. Kubik hatte sie niemals kennengelernt, und Sie hatte von den Geschäften ihres Vaters nie eine Ahnung gehabt. Eine Zeitlang muß sie viel getrunken haben, weshalb denn auch ihre Tage beim Ballett gezählt waren. Sie arbeitete in Nachtclubs in Paris, auf Zypern, im Mittleren Osten und dann in Singapur ... Ich richtete mich auf. Kubik beobachtete mich. Seine Augen schimmerten jetzt grasgrün. Die Pause nach »Singapur« hatte er mit Absicht eingelegt. Sein durchbohrender Blick schien mich auf dem Stuhl festnageln zu wollen, doch seine Stimme blieb sanft. Zu sanft, für meine Begriffe.

»Ja, in Singapur begegnete ich Mory zum ersten Mal.«

»War das 1965?« Meine Frage sollte ganz beiläufig klingen.

»Lassen Sie mich überlegen – ja – spielt das Datum eine Rolle?«

Zu behaupten, daß dies nicht der Fall sei, wäre lächerlich gewesen. Er muß zumindest geahnt haben, daß ich zweimal im gleichen Jahr mit Mory zusammengetroffen war – wahrscheinlich kurz vor und bald nach der ersten Begegnung Kubik–Mory.

»Ja«, entgegnete ich leichthin, »ich glaube, es war ein bedeutsames Datum in seinem Leben.«

»Warum?«

»Vielleicht, weil Sie ihm bei der ersten Begegnung an den Kragen wollten.«

»Ja, das war recht lustig.« Diesmal lachte er nicht. »Wie haben Sie denn seine Bekanntschaft gemacht?« Nun bemühte er sich, sein Interesse nicht allzu deutlich werden zu lassen, aber die immer dunkler werdenden grünen Augen verrieten mir, daß er mir diese Frage nicht rein zufällig gestellt hatte. Er hatte also angeblich ›Schulden‹ bei mir? Deshalb der vage Vorschlag, bei ihm einzusteigen? Das mochten durchaus zusätzliche Beweggründe gewesen sein, aber instinktiv spürte ich, daß hinter dieser Frage das eigentliche Motiv für meine Einladung nach Divonne zu suchen war. Ich hatte ihm die Sache nur dadurch erleichtert, daß ich das Thema von mir aus angeschnitten hatte. Dennoch hatte er die Unterhaltung geplant. Er hatte gehofft, daß mich seine Geschichten und Lebenserfahrungen nach einer Weile für ihn einnehmen und mich veranlassen würden, bereitwilliger auf seine Fragen zu antworten. Die Bekanntschaft mit Mory verdankte ich nämlich Vera Fieldings Vermittlung.

Er wiederholte seine Frage. Hatte ich ihm durch mein Zögern bereits die Antwort gegeben?

»Da muß ich erst einmal nachdenken ...«

»Ich meine, wir sollten ruhig einmal unsere Notizen vergleichen, finden Sie nicht auch?« Er war um eine Nuance zu ungeduldig, als daß mich die gespielte Beiläufigkeit überzeugt hätte. »Vielleicht stoßen wir auf einige gemeinsame Freunde. Das könnte uns einander näherbringen ...«

»Eh ... Ich erinnere mich, daß wir uns in der Beach Road begegneten. In einem Saté-Grill. Jetzt, wo wir darüber sprechen, habe ich den Geruch der Holzkohle wieder in der Nase ...«

»Ja? Fahren Sie fort.«

»Ich glaube, wir kamen durch Zufall ins Gespräch. Ja, wenn ich mich recht entsinne, wurden wir einander nicht vorgestellt ...«

Ich mußte mir einen Ausweg offenhalten. Vielleicht hatte ihm Vera bereits darüber berichtet. Aber warum war er dann so scharf auf meine Antwort?

Seine Stimme kam von weit her, als sei sie durch ein Daunenkissen gedrungen. Er sprach von Trumans Tochter.

»Ich fand sie in Singapur. Sie arbeitete in einer Bar, gelegentlich als Tänzerin, doch zumeist als Hosteß. Das überraschte mich nicht. Außerdem arbeitete sie in Morys Goldschmugglerbande. Das überraschte mich, aber es traf mich nicht. Was mich dagegen traf, war Morys Weigerung, sie gehen zu lassen. Auch nicht gegen eine Auslösesumme, die ich ihm bot. Sie selbst wollte ebenfalls nicht ohne seine Billigung oder Erlaubnis aus der Sache aussteigen. Sie hatte zuviel Angst. Ich versprach ihr meinen Schutz. Das genügte ihr nicht. Mory sollte das entscheidende Wort sprechen, und der war zu nichts zu bewegen.«

»So kamen Sie also auf die Idee, ihn aus der Stadt zu vertreiben und ihm das Geschäft zu verderben?«

»Er ließ mir keine andere Wahl. Ich mußte etwas tun für das Mädchen. Ich hatte sogar ein ernsthaftes Gespräch mit ihm, in dem ich versuchte, freundlich zu sein. Schließlich behauptete er, daß die Entscheidung nicht bei ihm liege. Da sei noch jemand anders – also über ihm ...«

»Wer?«

»Frage ich mich auch.«

»Wirklich?«

»Er log nicht. Auch Drohungen konnten ihn nicht umstimmen. Er hatte ebenfalls Angst. Er besann sich auch dann nicht anders, als er schon wußte, daß er geschlagen war. Und obwohl er sich endlich aus dem Staub machte und ohne ein Wort des Abschieds aus Singapur verschwand, weigerte sich das Mädchen immer noch, mit mir zu kommen. Daraufhin plante ich so etwas wie eine Entführung. Zu ihrem eigenen Besten. Ich wußte auch, daß sie psychiatrischer Behandlung bedurfte, um über ihre Ängste hinwegzukommen und Singapur und Mory zu vergessen, der – wie gesagt, mein erster Auftrag kam von einer Gewerkschaft.« Nach einer fast unmerklichen Pause hatte sich seine Stimme über den uns umgebenden Geräuschpegel gehoben. Der letzte Halbsatz kam so unerwartet und hatte so wenig Beziehung zu dem Vorhergesagten, daß etwas dahinterstecken mußte.

Ich schaute auf und folgte der Richtung seines Blickes. Vera kam auf uns zu. Sie schritt wie auf Wolken, und ihre Haltung glich einer Mischung aus leichtem Sichgehenlassen und steifer Beherrschung, ganz als sei sie durch die Haute école der Spanischen Reitschule in Wien gegangen. Entweder hatte sie getrunken oder gewonnen. Sie hatte gewonnen!

»Heute abend seid ihr alle meine Gäste! Ich vergehe vor Hunger – wie steht es mit euch beiden?« Langsam umtanzte sie wie auf einem unsichtbaren Pferd unseren Tisch und nickte rhythmisch mit dem Kopf, während Kubik sie nach ihren Spielerfolgen fragte. »Heute abend seid ihr alle meine Gäste.« Dann zog sie die Zügel an und hielt vor meinem Sessel: »Worüber habt ihr gesprochen?«

»Ihr Mann wollte mir gerade von seinem ersten größeren Auftrag erzählen. Eine Gewerkschaft hatte ihn angeheuert.«

Sprach da nicht etwas wie Erleichterung aus seinen Augen? Wenn ja, um wen ging es denn nun eigentlich in dem Gespräch, das er so abrupt abgebrochen hatte? Um Vera oder um mich?

Nicht nur die Industrie . . .

Das Abendessen im Kasino bereicherte mich nicht nur um eine lukullische Erfahrung, sondern bescherte mir auch Einblicke in, wie Kubik es ausdrückte, »die modernen Anwendungsbereiche der Nachrichtenbeschaffung, die lange nicht mehr von der Industrie alleine lebt«.

Beide, Vera Fielding und Kubik, schienen äußerst interessiert an nichtkommerziellen Aufträgen, und zufälligerweise war es auch ein »politischer Job«, der die beiden zu einer »förmlichen lebenslangen Partnerschaft« – zur Ehe – zusammengeführt hatte.

»Liebe, Sex und Freundschaft sind in einer Partnerschaft, die auf absolutem gegenseitigem Vertrauen basiert – und damit meine ich tatsächlich absolut –, zweitrangig«, sagte Kubik mehr zu Vera gewandt als zu mir. Sie zuckte mit keiner Wimper.

Ich war keineswegs begeistert von der Aussicht, mich im Kreuzfeuer einer ehelichen Auseinandersetzung wiederzufinden, vor allem, da ich den beiden im Endkampf auch den Einsatz bisher noch zurückgehaltener Nuklearwaffen durchaus zutraute. So pries ich denn das Essen und erkundigte mich nach Kubiks erstem Großauftrag.

»Truman hatte einen Freund, der als Gewerkschaftsfunktionär mitverantwortlich war für einen bereits länger andauernden Streik und der auch bei den parallel laufenden Lohnverhandlungen eine Rolle spielte«, erzählte Kubik, jeden Moment der Erinnerung auskostend. »Man bat uns um unsere Unterstützung, die wir auch zusagten, obwohl zu jener Zeit sowohl unsere Mittel als auch unsere Erfahrung noch recht beschränkt waren. Die Gewerkschaft versuchte die Tatsache zu verheimlichen, daß ihre Kassen praktisch leer waren und daß sie den Streik keine Woche länger würde durchhalten können. Trumans Freund verdächtigte das Unternehmen, mit dem man in Fehde lag, sich berufsmäßiger Agenten zu bedienen, denen es gelungen sein mußte, Einzelheiten über die kritische Situation der Gewerkschaft in Erfahrung zu bringen. Er hatte aber auch Grund zu der Annahme, daß sich die Arbeitgeber ebenfalls in einer immer verzweifelter werdenden Lage befanden. Wie verzweifelt? Das war die Frage.

»Man beschloß, in der nächsten Konferenz mit der Unternehmensführung noch einmal letzten Widerstand zu leisten. Unser Freund sollte die Forderungen als Zeichen des guten Willens und der Stärke geringfügig herunterschrauben. Man hoffte, daß dies zu Verhandlungen auf der Basis eines beträchtlich verbesserten Arbeitgeber-Angebots führen würde. Wenn ich mich recht entsinne, betrug die Differenz zwischen Angebot und Forderung etwa drei Dollar, und nur um zehn Cent hatten die Gewerkschaftler ihre letzte Forderung reduziert. Im Falle des Scheiterns der Verhandlungen hätten die Streikenden ganz kleinlaut wieder an ihre Arbeitsstellen zurückkehren müssen und wären ganz und gar der ›Großzügigkeit‹ der Firma ausgeliefert gewesen. Das waren trübe Aussichten, darüber waren wir uns völlig im klaren.«

Die Sitzung der beiden Drei-Mann-Delegationen war kurz und verlief in einer sachlichen Atmosphäre. Die verringerte Forderung wurde glattweg zurückgewiesen und ihr ein ebenso lächerliches Angebot entgegengehalten.

»Ich gehörte als angeblicher Beobachter zur Gewerkschaftsabordnung«, fuhr Kubik fort und lachte leise in Erinnerung an seine damalige Rolle. »Und darauf war ich sehr stolz. Es war wie die Verwirklichung eines Wunschtraumes. Der Ausgang der Schlacht war mir im Grunde völlig gleichgültig. Das war ja nicht mein Krieg. Das Dabeisein zählte. Wenn mich nur die Leute zu Hause in Craiova oder die Händler in Triest hätten dort sitzen sehen können, als stillen, aber letzten Endes entscheidenden Teilnehmer an einer Konferenz, in der es um Millionen und Abermillionen Dollar ging.

Dennoch, fünfzehn Minuten waren noch nicht um, da befanden wir uns schon wieder auf der Straße. Während wir bis zum Ende des Häuserblocks spazierten, sprach Trumans Freund kein Wort, nur der andere wiederholte ständig, ›wenn wir doch bloß wüßten, was die Burschen jetzt hinter unserem Rücken bereden‹. Erst jetzt ›bemerkte‹ ich, daß ich meine kleine, billige Aktentasche aus Segeltuch vergessen hatte. Ich lief zurück, entschuldigte mich höflichst bei der Sekretärin für die Belästigung und bat, mich noch einmal in dem Konferenzzimmer umschauen zu dürfen, da ich dort vermutlich meine Aktentasche vergessen hätte. Freundlicherweise ging sie zum Konferenzraum, in dem die Firmenmannschaft immer noch tagte, und kehrte kurz darauf mit meiner Tasche zurück, wobei sie sie in offenbarem Abscheu mit zwei Fingern von sich weg hielt.

Diese Tasche enthielt natürlich ein Tonbandgerät, das die Unterhaltung im Anschluß an unseren Fortgang aufgenommen hatte. Während der Sitzung hatte ich die Tasche samt Inhalt ganz ›unabsichtlich‹ unter eine Anrichte gestoßen.

Ich weiß, daß es heute bedeutend bessere Geräte gibt, mit Fernsteuerung und selbsttätigem Ein- und Ausschaltmechanismus, alles was das Herz begehrt von 300 Dollar an aufwärts, je nach Qualität der Aktentasche; als Dreingabe erstehe ich heutzutage aber auch eine Extraportion Mißtrauen, das man zur damaligen Zeit nicht unbedingt voraussetzen mußte. Ich glaube, daß ich der erste war, der ein solches Gerät im Rahmen einer größeren Operation eingesetzt hat. Es war ein primitives, in Heimarbeit zusammengebasteltes Ding mit einem billigen Bandgerät, das sich nur sehr schwer einschalten ließ, aber es vermittelte uns wertvollste Informationen.

Wir entnahmen dem Tonband, daß der Arbeitgeber genauso verzweifelt war wie die Gewerkschaft. Innerhalb von wenigen Tagen wäre er gezwungen gewesen, allen Forderungen nachzugeben oder den Laden für immer dichtzumachen. Mit Hilfe der Beweiskraft dieses Tonbandes gelang es unserem Klienten, bei anderen Gewerkschaften ein paar Anleihen aufzunehmen und sich noch eine Weile zu halten.«

Kubik hatte daraufhin ein langes Gespräch mit Truman. Er war unglücklich über das magere Honorar von 120 Dollar, das ihnen die Sache eingebracht hatte. Er vertrat auch die Ansicht, daß der Streik und das Scheitern der Verhandlungen im wesentlichen auf übertriebenen Stolz und den Mangel an Verständnisbereitschaft beider Seiten zurückzuführen seien. Vielleicht könne es sich als einträglich erweisen, diese Mißverständnisse etwas zu lichten.

»Am gleichen Abend noch fand ich mich mit einem Glas Brandy in der Hand im Wohnraum eines prachtvollen Landsitzes am Rande von Detroit wieder. Obwohl ich nicht rauchte, versuchte man ständig, mir Zigarren aufzudrängen, von denen ich nur eine für Truman einsteckte. Der Vizepräsident der Gesellschaft schätzte sowohl meine Motive als auch die Qualität der Tonbandaufnahme. Ich unterhielt mich glänzend mit ihm und verließ das Haus mit einem 5000-Dollar-Scheck in der Tasche. Es war ein angenehmes Gefühl, für einen Akt der Nächstenliebe so reichlich bezahlt zu werden. Denn etwas anderes war es ja im Grunde gar nicht. Jetzt, da beide Seiten wußten, daß der andere es auch wußte, konnte man sich an den Verhandlungstisch setzen und zum Kern der Sache kommen. Und ich sage Ihnen noch etwas. Von keiner Seite gab es irgendwelchen Ärger. Noch heute arbeite ich, d. h. meine Spezialisten vorzugsweise für Gewerkschaften, und zwar im Rahmen von Dauerverträgen.«

Die Aktentasche mit dem Bandgerät war eine Weile sehr beliebt und fand bei zahlreichen Geschäftsverhandlungen verschiedenster Art Verwendung, die immer wieder darin bestand, daß man die Gespräche innerhalb der ersten zehn Minuten nach Auflösung einer Verhandlungsrunde aufnahm und auf diese Weise hinter die echten Preisvorstellungen des Verhandlungspartners kam – nur um ein Beispiel zu nennen. Heute würden wahrscheinlich weniger Leute darauf hereinfallen, doch, wie Vera Fielding mit einem spöttischen Seitenblick auf Kubik bemerkte, »die Dummen sterben nicht aus«, und so verkaufen denn »Wanzen-Händler« derartige Geräte immer noch in beachtlichen Mengen.

Für Agenten, die sich auf den Krieg zwischen den Sozialpartnern spezialisiert haben, blüht fraglos das Geschäft. Die meisten Operationen sind Ausfluß langfristiger Verträge mit beiden Parteien, und deshalb scheuen sich die Beteiligten ganz besonders, sich über ihre Arbeit auszulassen. Ganz im Vertrauen gaben jedoch einige zu, daß diese Aufträge ihnen durch »gute Freunde zugeschustert« würden. Gewöhnlich fügten sie hinzu, daß sie selbstverständlich nur Aufträge »defensiven Charakters« annähmen, obwohl die Fälle, die sie dann schilderten, diese Behauptung ad absurdum führten.

Industrielle, die Spione einsetzen, stellen sich auf den Standpunkt, daß es reine Selbstverteidigung ist, wenn man versucht, die »wirklichen Gründe« für die angebliche Unruhe in der Industrie aufzudecken, die »Störenfriede« ausfindig zu machen, hinter deren übermäßigen Forderungen man oft – und mit Recht – politische Beweggründe wittert, und kostspielige Streiks durch rechtzeitige Gegenmaßnahmen zu unterbinden.

Auch Gewerkschaftsfunktionäre (und der einzelne ist es, der bei professionellen Agenten Unterstützung sucht, nicht die Organisation) rechtfertigen diesen Weg mit ihrem Anspruch auf Selbstverteidigung. Sie müssen die Pläne der Arbeitgeber kennen, wenn sie ihren Mitgliedern die Arbeitsplätze erhalten wollen; sie müssen wissen, welchen verschiedenen Pressionen ein Unternehmen ausgesetzt ist, um eine bestimmte Situation ausnützen zu können, und sie müssen den finanziellen Spielraum einer Gesellschaft kennen, um ihre Forderungen entsprechend auszurichten.

Sehr wenige solcher Fälle sind je vor Gericht verhandelt worden, aber dennoch deutet vieles darauf hin, daß eine breite Spionage-Subkultur aus der systembedingten Gegnerschaft der Sozialpartner eifrig Profit schlägt.

Die »New York Transit Authority« belauschte sämtliche Sitzungen der »Motormen's Benevolent Association« im Konferenzsaal des »Palm Garden« und im »Times Square Hotel«. Als es zur Abstimmung über den geplanten Streik kam, beobachtete ein in einem Wandschrank versteckter Spion die verschiedenen Redner, um sie später identifizieren zu können.

Die »American Teamster's Union« (Transportgewerkschaft) beschäftigte Lausch- und Abhörspezialisten wie Bernie Spindel, während eines der Unternehmen, mit dem sie gerade die Klingen kreuzte, im Konferenzraum derselben Gewerkschaft die Beleuchtungsanlage durch eine ferngesteuerte, gut versteckte Robot-Kamera ergänzt hatte. (Die Kamera entdeckte man im Laufe einer routinemäßigen »Entwanzung« und ist in San Francisco unter anderen Trophäen erfolgreicher Detektive zu besichtigen.)

In seinem Buch »The Eavesdroppers« (Die Lauscher) gibt Samuel Dash einige Gespräche mit Polizisten wieder, die im Auftrag industrieller Kontrahenten in Philadelphia Lausch- und Abhöroperationen durchgeführt hatten: »Gewerkschaft und Arbeitgeber wollen beide dasselbe. Sie wollen wissen, was der andere im Schilde führt, bevor sie selbst die Karten aufdecken ...« In Philadelphia war es auch, wo Sicherheitsleute Streikposten belauschten und polizeiliche Telefonüberwacher Gewerkschaftsfunktionäre über die Ferngespräche ihrer Verhandlungsgegner auf dem laufenden hielten. Während einer Konferenz boten die Vertreter der Unternehmerseite an, den Raum zu verlassen, um der Gewerkschaftsdelegation »Gelegenheit zu geben, die Angelegenheit unter sich noch einmal durchzusprechen«. Im Konferenztisch hatte man jedoch vorher ein Abhörgerät installiert, das die nun einsetzende Diskussion nach draußen übertrug. Als die Sache herauskam, entschuldigten sich die Unternehmer damit, sie hätten nichts anderes gewollt, als »herauszufinden, wo das wirkliche Problem liegt«, um entsprechend konstruktive Vorschläge machen zu können.

Unter die gleiche Rubrik kann man auch den »Fiat-Skandal« einordnen. Im Jahre 1971 entließ das Unternehmen einen der zahlreichen ehemaligen Polizisten, die man zur Beobachtung von Arbeitern und Gewerkschaftsfunktionären beschäftigte. Er behauptete, daß ihm als Spion ein Endgehalt gleich einem Angestellten zustehe, während die Firma ihm nur das Endgehalt eines Arbeiters zubilligen wollte. Er klagte daraufhin vor Gericht, und die Folge war, daß seitens der Behörden die Beschlagnahme sämtlicher Geheimakten der Fiat-Werke angeordnet wurde; Akten, in denen man die Ermittlungsergebnisse über rund 200 000 Personen und die verschiedenen Gewerkschaften zusammengetragen hatte.

Europäische Sicherheitsberater erzählten mir, daß in der Bundesrepublik die Betriebsräte ein Hauptaufklärungsziel für die Unternehmensführung seien, da diese, und nicht die Gewerkschaften, Verhandlungspartner seien, wenn es um Entlassungen, Arbeitsbedingungen und, in kleineren Betrieben, um Gehaltsaufbesserungen gehe. Nur dort, wo die Betriebsräte auch im Vorstand vertreten seien, mit Einflußmöglichkeiten auf die Unternehmenspolitik und freiem Zugang zu allen entscheidenden Unterlagen, erübrige sich die Spionage völlig.

In Großbritannien bestreiten beide Seiten ganz energisch, daß es in den Beziehungen zwischen den Sozialpartnern so etwas wie Spionage gäbe. Diese Behauptung könnte ich durch die Schilderung einiger Fälle widerlegen, aber vielleicht ist es noch überzeugender, wenn ich auf einige Pressemeldungen zurückgreife. Der TUC (Trades Union Congress) legte der Regierung eine Denkschrift zum Schutz der Privatsphäre vor und verwies auf Fälle, in denen Arbeitnehmer bespitzelt worden waren: »Bei einigen Unternehmen kann man davon ausgehen, daß sie regelmäßig Spitzel zu gewerkschaftlichen Veranstaltungen entsenden, unabhängig davon, ob diese innerhalb oder außerhalb des Firmengeländes stattfinden. Einige Sicherheitsagenturen sind offensichtlich darauf eingestellt, für solche Zwecke geeignetes Personal zur Verfügung stellen zu können.« Aufgrund des Ergebnisses einer Umfrage bei einundzwanzig Gewerkschaften gelangte der TUC zu folgendem Schluß: »Wir besitzen Informationen, die zu der Annahme berechtigen, daß diese Praxis weitverbreitet ist.«

Auf der anderen Seite fordert der TUC, nicht ohne gewisse Berechtigung, daß den Gewerkschaften ein großer Teil innerbetrieblicher Informationen zugänglich sein müßte, denn um vernünftige Lohnverhandlungen führen zu können, seien Kenntnisse über die Verkaufslage, Investitionspläne, Umorganisationen, Auftragslage, geplante Fusionen, Preispolitik und Produktionskosten unbedingte Voraussetzung. Während die Diskussion über dieses Thema immer noch anhält, erklärten bereits einige Gewerkschaften, daß sie nicht auf berufsmäßige Schnüffler angewiesen seien. APEX, die Angestellten-

Gewerkschaft, der Tausende von gutinformierten Buchhaltern angehören, drohte damit, vertrauliche Einzelheiten, die seitens der Arbeitgeber abgestritten wurden, der Presse zukommen zu lassen, und Clive Jenkins von der ASTMS* verkündete mit der ihm eigenen Bescheidenheit: »Wir haben Zugang zu Informationen (über Arbeitgeber mit mangelnder Kooperationsbereitschaft), die den meisten Leuten in der City den kalten Schweiß auf die Stirn treiben würden.« Mit dieser Bemerkung hat er sicher nicht geblufft. Sein Verband wissenschaftlicher, technischer und leitender Angestellter hat fast 300 000 Mitglieder, die praktisch mehrere bedeutende Banken und Computer-Dienste verschiedener Schlüsselindustrien kontrollieren.

Leere Drohung? Als Henry Ford II. 1972 mit britischen Gewerkschaften aneinandergeriet, nachdem er erklärt hatte, mit der britischen Ford-Gesellschaft sei alles in Ordnung, nur mit dem Land stimme etwas nicht, konnte er nicht geheimhalten, daß sein weltweiter Konzern im Begriff stand, bestimmte Teile der Produktion langsam von Großbritannien nach Deutschland zu verlagern. Die Ortsgruppe einer Angestellten-Gewerkschaft (in den Ford-Werken Merseyside) veröffentlichte ein aufschlußreiches, zehn Seiten langes Dokument, das darüber Aufschluß gab, welche Produktionszweige nach Deutschland abgewandert waren, welche Preisunterschiede das zur Folge hatte und mit welchen weiteren Maßnahmen zum Nachteil der britischen Arbeiterschaft demnächst zu rechnen sei. Obwohl viele auf diesen Enthüllungen basierende Spekulationen entkräftigt werden konnten, rief ein verzweifelter Sprecher der Ford-Unternehmensleitung aus: »Ich sehe nicht ein, warum wir wie Angeklagte zu unseren eigenen vertraulichen Unterlagen Stellung nehmen sollten.«

Um einer derart peinlichen Situation vorzubeugen, verschärfte die Joseph-Lucas-Gruppe (Auto-Zubehör) in Birmingham ihre Sicherheitsvorschriften und ordnete an, daß über Nacht alle Akten und Unterlagen unter Verschluß zu halten seien. Tagsüber sollten die Angestellten vertrauliches Material »lieber mit auf die Toilette nehmen als auf dem Schreibtisch liegen lassen«, falls sie keine Möglichkeit hätten, die Unterlagen kurzfristig in einem Tresor aufzubewahren. Obwohl die Betriebsobleute dies heftig bestritten, bestand der Verdacht, daß ihre Spitzel in unbewachten Büroräumen herumspioniert hatten, mit dem Ziel, die – etwa durch Materialverknappung in bestimmten Produktionsbereichen bedingte – größere Verwundbarkeit des Unternehmens ausfindig zu machen und mit Hilfe dieses Wissens die wirkungsvollste Streikkonzeption für die Zukunft zu entwerfen.

Mit welchen Mitteln in solchen Schlachten gekämpft wird, zeigte sich am deutlichsten während des großen Poststreiks im Jahre 1971. Während angeblich maßgebende Postbeamte Tag für Tag genauestens darüber informiert waren, wie es um die finanziellen Reserven der Gewerkschaft stand und

* Association of Scientific Technical and Managerial Staffs.

welche Zuwendungen und Darlehen sie noch von anderen Organisationen zu erwarten hatte (Informationen, die zweifellos dazu beitrugen, den Streik niederzuschlagen), zitierte Tom Jackson, der Generalsekretär der Gewerkschaft, frech aus einem geheimen Telex der Postbehörden, das, wie er sagte, in der Nacht zuvor in seine Hände gelangt sei.

»Wenn Sie die Auseinandersetzungen zwischen Gewerkschaften und Arbeitgebern einmal unter die Lupe nehmen, dann werden Sie feststellen, daß Geld und die berechtigte Forderung nach höherer Beteiligung am Gewinn oft nur tiefer liegende politische Zielsetzung verschleiern«, meinte Kubik und verschlang in Ergänzung seines Abendessens, das normalerweise seinen Kalorienbedarf für eine ganze Woche hätte decken müssen, eine weitere Handvoll Vitaminpillen. Offenbar versuchte er den Moment tiefster Erniedrigung, da ihm aus den himmlichen Gefilden eines vorbeifahrenden Lastwagens ein Stücken Manna zugeworfen worden war, dadurch zu verdrängen, daß er die Nahrungsaufnahme zu einer Dauerbeschäftigung machte.

Dann fuhr er fort mit der Behauptung, daß die Politiker für den guteingeführten Berufsagenten ebenfalls eine unersättliche Kundschaft darstellten. »Dabei spreche ich nicht von internationaler Politik oder von der Bedrohung durch den Kommunismus«, fügte er nachdrücklich hinzu. »Deshalb ist es auch Unsinn, von Industriespionen zu sprechen. Ausschlaggebend sind die Beschaffungsmethoden, und die sind immer die gleichen, egal gegen wen sich die Spionage richtet. Politiker wissen das, und greifen gerne auf die Hilfe von privaten Organisationen zurück, wenn es darum geht, das Informationsbild zu ergänzen, das sie den Enthusiasten, den Fanatikern, den Illoyalen und den Unzufriedenen verdanken – alles läuft im Grunde auf dasselbe hinaus.«

Vera und Kubik äußerten sich beide verächtlich über den uneigennützigen Amateur, der nur von ideellen Motiven bewegt wird, denn, wie Vera es ausdrückte, »politische Sympathien untergraben die Loyalität gegenüber der Firma, individuelle Bestrebungen aber zerstören beides, weshalb man einer Quelle, die kein Geld nimmt, nie über den Weg trauen sollte«.

Völlig im Gegensatz zu dieser These schätzen die staatlichen Geheimdienste die auf ideologischen Banden beruhende Zuverlässigkeit höher ein als die Leistungen käuflicher Informanten, bei denen es nie ausgeschlossen ist, daß sie aufgrund eines lukrativeren Angebotes den Informationsstrom auf einmal in die entgegengesetzte Richtung lenken. Alles in allem scheint es jedoch, daß man sich ohne Unterschied beider Typen bedient, wenn politische Rivalen erst einmal bei der organisierten Spionage Zuflucht gesucht und die Skala aller darin liegenden Möglichkeiten von der Bestechung bis zur Erpressung und vom Abhören bis zum Diebstahl ausgeschöpft haben.

In Großbritannien versorgen politische Sympathisanten den ultrarechten »Monday-Club« mit vertraulichen Informationen über politische Entscheidungen und Pläne aus den inneren Zirkeln ihrer jeweiligen Umgebung. Dasselbe geschieht bei der Linken. Als Harold Wilson mit der BBC einen seiner härtesten persönlichen Kämpfe auszufechten hatte – nachdem man den Oppositionsführer in der Fernsehsendung »Männer von gestern« in unfairer Weise angegriffen hatte –, veröffentlichte die Labour Party ein internes Rundschreiben der BBC, in dem die Produzenten aufgefordert wurden, gegenüber interviewten Persönlichkeiten mehr Fairneß walten zu lassen. Das wöchentlich erscheinende Parteiorgan erhob die Frage, warum diese vertrauliche Anweisung bei der Gestaltung der Wilson-Sendung nicht berücksichtigt worden war. Niemand jedoch sah sich zu der Frage veranlaßt, wie ein vertrauliches Schreiben, das nur für den Redaktionsstab des Rundfunks bestimmt gewesen war, in die Hände der Partei gelangen konnte.

Wahljahre, in denen es darauf ankommt, den Gegner durch Aufdeckung diskreditierender Skandale in die Enge zu treiben, erweisen sich für die politische Spionage als äußerst dankbar; das Jahr 1972 war in dieser Hinsicht besonders instruktiv.

Kubik brachte das Gespräch auf einen »Kollegen« – einer seiner Partner oder örtlichen Repräsentanten, soviel ich verstanden habe –, der in Tokio einen »Allgemeinen Informationsdienst« betreibt und der »bei jeder Wahl ein Vermögen verdient«. Von japanischen Politikern, die ins Parlament einziehen wollen, erwartet man, daß sie sich die Stimmen ihrer Wähler erkaufen. Sie verteilen Bargeld und Haushaltsgegenstände, organisieren kostenlose Essen und Ausflüge und investieren auf diese Weise oft Millionen von Yen. Diese liebenswürdigen Gesten als Bestechung zu bezeichnen gilt als Beleidigung (das richtige Wort hierfür heißt nämlich *oré* und bedeutet soviel wie Belohnung). Dennoch sind solche Praktiken illegal, weshalb die Gegner der regierenden Liberaldemokraten an ihrer Aufdeckung äußerst interessiert sind, vor allem, um damit beweisen zu können, daß die gegenwärtige Regierung von den Industriemagnaten an der Macht gehalten wird. Kubiks Partner sammelt diesbezügliche Informationen und verkauft sie an die Propaganda-Abteilungen der vier Oppositionsparteien; gelegentlich findet er es auch einträglicher, sein Nachrichtenmaterial zurückzuhalten und dafür gutgemeinte Geschenke der anderen Seite anzunehmen. (Anschließend von den Zahlen, die Kubik erwähnte, und unter Berücksichtigung der Tatsache, daß anläßlich der letzten Wahl fast zwanzig Millionen Dollar unter das Wahlvolk gebracht wurden, muß sich der Gewinn des Agenten 1972 auf eine Viertelmillion Dollar belaufen haben.)

1972 war auch das Jahr, in dem ein ehemaliger französischer Beamter vertrauliche Dokumente über angebliche Korruption auf höchster Ebene veröffentlichte; Material, das sich bei den für 1973 anberaumten Wahlen als nachteilig für die Gaullisten hätte erweisen können. (Die Gaullisten gewannen die Wahlen schließlich dennoch mit reduzierter Mehrheit.) Es war auch das Jahr, in dem wenige Monate vor den deutschen Wahlen ein Skandal über

Bestechungen, Bespitzelungen und undichte Stellen die Bonner Regierung und die Opposition gleichermaßen erschütterte.

Zeitungen und Illustrierte, die Brandts Ostpolitik und seinem Dialog mit den Sowjets sehr kritisch gegenüberstanden, zeigten sich nicht nur so gut informiert, daß an undichten Stellen im Regierungsapparat nicht mehr gezweifelt werden konnte, sondern sie waren sogar in der Lage, zum Ärger der Regierung höchst vertrauliche Dokumente zu veröffentlichen. Der Staatsanwalt ordnete eine Durchsuchung der Büroräume der Illustrierten »Quick« an, eine Maßnahme, die man etwas durchsichtig mit angeblicher Steuerhinterziehung zu rechtfertigen suchte. (Honorare für Informationsbeschaffung müssen lt. Gesetz in der Steuererklärung aufgeführt werden und sind als solche steuerlich abzugsfähig.)

Die Durchsuchung brachte tatsächlich einige geheime Dokumente an den Tag, darunter auch Verträge mit zwei jüngeren Regierungsbeamten, die daraufhin ihren Rücktritt einreichten. Sie behaupteten, die Beraterverträge hätten sich nur auf Probleme des Presserechts, auf Steuerfragen und Medienpolitik bezogen.

Der »Beschaffer von Industrie-Informationen« in Frankfurt, der mein Gespräch mit einem ehemaligen Bundestagsabgeordneten ermöglichte, behauptete, daß nur ein Bruchteil der ganzen Affäre ans Tageslicht gekommen sei: »Doppeltes Spiel ist bereits so verbreitet, daß selbst ideologisch und politisch Verbündete einander mißtrauen. Deshalb bedienen sie sich oft berufsmäßiger Agenten als Zwischenträger, die es sich nicht leisten können, auf zwei Schultern zu tragen, wenn sie noch eine Weile im Geschäft bleiben wollen. Das bedeutet auch, daß ihnen der Profi sein eigenes exklusives Quellennetz zugänglich macht.«

Solche Dienste sind nicht billig. »Zu meinen laufenden Ausgaben zählen unter anderem Geburtstagsgeschenke für über zweihundert Sekretärinnen in Schlüsselstellungen«, erklärte er mir. »Die Konkurrenz ist vor allem in Bonn so groß, daß man es einfach nicht mehr bei Blumen und Pralinenschachteln belassen kann. Außerdem muß man noch an Ostern und Weihnachten denken. Ich kenne Leute, die Damenhosen en gros einkaufen. Ich persönlich finde, daß es sich auszahlt, etwas mehr Geld und Aufmerksamkeit aufzuwenden und bei der Auswahl der Geschenke der persönlichen Note Rechnung zu tragen. Ich bin dann meist auch der erste, der von vielerlei Dingen erfährt, von Beförderungschancen bis hinab zu schmutzigen Wochenenden in Brüssel, für die irgendwelche ›Besprechungen‹ bei der EG als Vorwand herhalten mußten.«

Er sprach sich auch für den Einsatz echter Profis aus, denn, so argumentierte er, »sind sie schon so dumm, sich schnappen zu lassen, so werden sie wenigstens die Sache auf ihre Kappe nehmen und den Mund halten – wenn es sich lohnt, natürlich.«

In Amerika jedoch erwies sich dieses Schweigegeld-Prinzip nicht als hundertprozentig wirksam, womit wir wieder im Jahre 1972 wären. Nachdem die berüchtigte Watergate-Operation geplatzt war, wurden in einer Blitzaktion erst einmal 200 000 Dollar als Schweigegeld bereitgestellt; diesen Betrag versüßte das Komitee für die Wiederwahl Präsident Nixons noch durch den zusätzlichen Hinweis auf die zu erwartende Milde des Präsidenten.

Die Agenten – meist ehemalige Angehörige der CIA –, die in das Hauptquartier der Demokraten eingebrochen und dort auf frischer Tat mit vorgehaltener Waffe gestellt worden waren, erklärten sich denn auch anfangs ausnahmslos als im Sinne der Anklage schuldig. Dadurch hofften sie einer langwierigen Prozeßführung vorzubeugen, die nur dazu angetan sein konnte, ihre Auftraggeber bohrenden Fragen auszusetzen und weitere Peinlichkeiten ans Tageslicht zu fördern. Man sah keinen anderen Weg, den Skandal in Grenzen zu halten, denn die Affäre war offensichtlich zu monströs, um sie bagatellisieren zu können.

Doch der Skandal ließ sich nicht einschläfern. Einer hielt nicht dicht, bald darauf folgte ein zweiter. Bei der Verhandlung gegen den siebten Watergate-Mann brach ein achter das Schweigen und sagte aus, um selbst der Strafverfolgung zu entgehen. Der Rest ist bekannt: Die Watergate-Story scheint dazu bestimmt, in jeder Hinsicht Rekorde zu brechen und den beliebtesten Fernseh-Opern den Rang streitig zu machen. Die Affäre entwickelt sich weit über eine verpfuschte Abhör- und Lauschoperation hinaus geradezu zu einem ewigen Klassiker der Industriespionage, in dem die Politik des einen die Industrie des anderen darstellt. Nachdem inzwischen, einschließlich des Senatsausschusses, elf getrennte Untersuchungen im Gange sind, zeichnet sich langsam das ab, was man als den systematischen Versuch ansehen darf, die Schwächen der demokratischen Wahlkampagne aufzudecken und die Opposition in Mißkredit zu bringen. Watergate umfaßte alle unappetitlichen Charakteristika einer Kubikschen Operation, wie Einbruch, Lauscheinsätze, Abhörmaßnahmen, Fotografieren von Privatbriefen und vertraulichen Dokumenten, von gummibehandschuhten Händen unter die Objektive geschoben. Nicht nur das Watergate-Hotel wurde mit Abhörgeräten gespickt, sondern auch zwei andere Parteizentren der Demokraten. Call-girls für gezieltes Bettgeflüster und Erpressungsvorhaben sollen zum Einsatz gekommen sein. Berufsmäßige Agenten heuerte man als Wahlkampf-Spezialisten an.

Auch die Techniken, die darauf abzielen, die gegnerische Seite durch persönliche Verleumdungen ihrer Repräsentanten zu schwächen, wurden nicht übersehen. Man entwendete Senator Muskies offiziellen Wahlkampf-Wohnwagen und benutzte ihn, um darin Briefe zu fälschen, mit deren Hilfe man andere Parteiführer der Demokraten zu verleumden gedachte. Für den Fall, daß Senator Kennedy sich um die Präsidentschaft bewerben sollte, hatte man eine »Schmutz-Akte« angelegt, die seinem Ansehen abträgliche Vorfälle und Begebenheiten wie die Chappaquiddick-Affäre enthielt. Über die Vergangenheit, das Sexualleben und die Bankkonten anderer Demokraten versuchte man »Einzelheiten intimer Natur« in Erfahrung zu bringen.

Zweifellos ein schmutziges Kapitel im politischen Leben der Vereinigten Staaten, doch private Agenten, die ihre Einkünfte aus kommerziellen Aufträgen gelegentlich dadurch aufbessern, daß sie ein wenig in Politik machen, scheinen über den Schock und die Überraschung, die das Ereignis in aller Welt und vor allem in Amerika ausgelöst hat, echt erstaunt.

»Wozu das ganze Theater? Worüber regt man sich denn so auf?« fragte mich der Mann in Frankfurt. »Ähnliche Fälle, wenn vielleicht auch auf niedrigerer Ebene, begegnen Ihnen fast überall in der Welt, und Spionage gehört schließlich in der amerikanischen Politik zum guten Ton. Wie ist es sonst zu erklären, daß McGovern sich auf den Inhalt ›streng geheimer Stabsberichte‹ und als ›vertraulich‹ ausgezeichneter Denkschriften berufen konnte, als er zu beweisen suchte, daß Nixon vorhabe, ein Ereignis von nationaler Bedeutung zu einem PR-Rummel für die Großindustrie umzugestalten? Diese Erkenntnisse verdankte er mit Sicherheit ebenfalls irgendwelchen dubiosen Informationsquellen, mögen es nun politische Anhänger oder bezahlte Profis gewesen sein.«*

Es gibt leider nur zu viele Beispiele, die diese zynische Ansicht stützen. Schon 1938 wurde in Philadelphia ein Privatdetektiv beauftragt, die Gespräche der lokalen Politiker in einem Vorort-Hotel über versteckte Mikrophone zu belauschen; die Aktion sollte den Republikanern Munition für die bevorstehenden Gouverneurswahlen liefern.

1960 versuchten Einbrecher die Krankheits-Akten John F. Kennedys zu stehlen, um während der Präsidentschaftswahl seine gesundheitlichen Sorgen gegen ihn ins Feld führen zu können, und angeblich soll der frühere FBI-Direktor Hoover Nixon 1968 darüber informiert haben, daß während seiner Wahlkampagne Lauscheinsätze gegen ihn unternommen worden seien.

1964, während sich Goldwater um die Präsidentschaft bewarb, bereitete der Programm-Ausschuß der Republikaner in San Francisco eine wichtige Grundsatzbesprechung vor. Sie mieteten im Mark-Hopkins-Hotel auf dem Nob Hill, von dem aus man einen herrlichen Blick über die ganze Bucht hatte, einen Konferenzraum und wandten sich an einen Sicherheitsspezialisten, der die elektronische »Entwanzung« vornehmen sollte.

Der Betreffende erzählte mir später: »Ich sollte mich auch um die anderen Sicherheitsaspekte kümmern. Mein Kostenvoranschlag war recht gesal-

* Diese Rede hielt der demokratische Präsidentschaftskandidat im September 1972. Er verriet nicht, wie er in den Besitz der Dokumente gelangt war. Er beschuldigt den Präsidenten, die Zweihundert-Jahr-Feier der amerikanischen Unabhängigkeitserklärung 1976 zu kommerziellen Zwecken mißbrauchen zu wollen. Er behauptete weiter, daß die Firma »McDonalds«, berühmt für ihre Hamburgers, der Hauptnutznießer dieser Veranstaltung sein würde.

zen, aber das schien ihnen nichts auszumachen. Ich bestand darauf, zu allen die Konferenz betreffenden organisatorischen Fragen gehört zu werden. Ich wollte den gesamten Raum absuchen sowie einen elektronischen Schirm aufbauen und unterhalten, um alle Funkübertragungen in und um den Raum stören zu können. Zur Bewachung der Türen und zum Kontrollieren der Ausweise wollte ich meine eigenen Leute mitbringen, jedes Möbelstück wollte ich vorher genauestens untersuchen lassen, während der Konferenz sogar die bestellten Getränke und Erfrischungen, und meine Leute sollten berechtigt sein, nach ihrem Ermessen jeden, der den Konferenzraum betrat, zu durchsuchen. Und dabei meinte ich jeden.

»Das war der Haken. Man war der Ansicht, daß man die erwarteten Gouverneure und Senatoren einer solchen Prozedur nicht unterwerfen könne. Von dieser Seite etwas zu befürchten halte man für übertrieben. Ich machte ihnen klar, daß ich eher auf den Auftrag verzichten würde, als schlechte Arbeit zu leisten. Wenn mir nicht freie Hand gegeben würde, könne ich nicht für hundertprozentige Sicherheit garantieren.

»Damit zerschlug sich die Sache. Ich weiß nicht genau, was sie daraufhin unternahmen, ob sie jemand anders beauftragten oder nicht, ich weiß nur, daß diese Sitzung am Ende belauscht worden ist. Damit hatte ich wieder einmal recht behalten: Bei dieser Arbeit kann man nicht übertreiben.«

Rechtzeitige Information über Pläne des Gegners ist in der Politik genauso wichtig wie in der Industrie, wie wir am folgenden Beispiel sehen werden.

1967 regierten im Bezirk Nassau die Demokraten. Der Vorsitzende des Bürgerkomitees zur Unterstützung des republikanischen Wahlkandidaten versuchte über eine Sekretärin, die für die Demokraten arbeitete, an einige Pläne und Wahlkampfunterlagen des Gegners zu gelangen. (Seine Version lautete später, das Mädchen habe ihn zuerst angesprochen und ihm für Geld Informationen angeboten.) Schließlich einigte man sich auf ein Honorar von 3000 Dollar für die Beantwortung eines Fragebogens und einen Schlüssel zum Büro eines demokratischen Parteiführers.

Das Mädchen ging zum Schein auf das Angebot ein (»... weil ich eine Frau bin und neugierig war«), verständigte dann aber unverzüglich seine Vorgesetzten. Es wurde angewiesen, die Täuschung aufrechtzuerhalten und zu versuchen, herauszufinden, wie weit die Opposition gehen würde. Zu den Gegenmaßnahmen der Demokraten zählte auch die Hinzuziehung eines Studenten, der angeblich »aus Sicherheitsgründen« als Kurier fungieren sollte, in Wirklichkeit aber als zusätzlicher Zeuge des Handels gedacht war. Als der Republikaner um eine Kopie des vertraulichen Haushaltsvorschlages der Demokraten bat, spielte man ihm eine Fälschung in die Hände. Dieses Dokument präsentierte er dann stolz dem Bezirksvorsitzenden der Republikaner, seinem Vorgesetzten, der aber in unerwarteter Weise reagierte: »Ob es echt ist oder nicht, ich will es jedenfalls nicht sehen.« Die

Unterlagen wurden zerrissen und in den Papierkorb geworfen – aus dem man die Schnitzel später wieder herausfischte, »um zu verhindern, daß sie in die Hände der Putzfrau gerieten«.

Dennoch setzte man die Verhandlungen fort, wodurch die Sekretärin Gelegenheit erhielt, ein Telefongespräch auf Band aufzunehmen. Diese Unterhaltung, in der es um die Zahlungsweise ihres Honorars ging, wurde anläßlich einer darauffolgenden Pressekonferenz den versammelten Journalisten vorgespielt.

Frage: »Wie soll ich das Geld erhalten?«

Antwort: »In bar.«

Sekretärin: »Oh, O. K. Dann gibt es wohl keine Probleme?«

Antwort: »Oh, nein, keineswegs.«

Sekretärin: »Einkommensteuer oder so etwas?«

Antwort: »Nein, nein.«

Die Partei distanzierte sich von dem Schuldigen, und der Kommentar des republikanischen Kandidaten lautete: »Ich war schockiert, als ich erfuhr, was geschehen war; ein solches Vorgehen kann ich nicht billigen. Ich hatte von der Angelegenheit absolut keine Kenntnis.«

Der Bezirksvorsitzende, der die Papiere hatte zerreißen lassen, zeigte sich »auch schockiert«, aber aus einem anderen Grunde; er war erstaunt, daß die Opposition »sich dazu hergab, einen Etat-Plan zu fälschen, in der Hoffnung, daraus Gewinn zu schlagen. Das ist ein Versuch, mich, unseren Kandidaten und die Republikanische Partei in eine Falle zu locken.«

Auch der kompromittierte Funktionär, der gezwungen war, von seinem Posten zurückzutreten, gab sich schockiert: »Ich komme mir vor wie ein Narr, so als habe man mich geködert und gefangen.«

Kubik verschlang gerade seine zweite doppelte Portion Nachtisch, als er erklärte, er sei in der Nassau-Affäre der einzige gewesen, der sich überhaupt nicht schockiert gezeigt habe: »Während der ganzen Zeit beriet ich einen Parteifunktionär der Demokraten – nicht die Partei, sondern aufgrund eines völlig privaten Übereinkommens mit einem Mann, ohne daß ich gefragt hätte, aus welcher Kasse er mein Honorar bestritt – und ich glaube, daß wir die Sache sehr professionell handhabten. Und ehrlich gesagt, das ist auch das einzige, was mich kümmert. Auf internationalem Feld werde ich ohne Zögern jeden Amerikaner unterstützen, aber zu Hause leiste ich mir keine politischen Sympathien. Linke, Rechte oder Mitte – für mich sind sie nur potentielle Kunden.«

Die Aufträge aus dem politischen Lager lassen sich meist in zwei Kategorien einordnen: Entweder geht es darum, Leute ausfindig zu machen, die bestechlich sind, Schmiergelder annehmen (Kubik sieht zwischen diesen beiden Formen der Korruption einen großen Unterschied) und an Unbefugte Informationen weitergeben, oder man will wissen, aus welchen dunklen Quellen der Gegner seinen Wahlkampffonds bestreitet.

Kubik behauptete, daß gerade in Amerika mit Aufträgen der zweiten Kategorie eine Menge Geld verdient werden könne, da stets hohe Summen im Spiel seien und vor allem vor den Präsidentschaftswahlen schockierende Enthüllungen über gekaufte Ämter und Bevorzugungen von Firmen zur Tagesordnung gehörten. Er sah jedoch den Zeitpunkt voraus, da sich dieses Geschäft auch in anderen Ländern für ihn lohnen würde:

»Nehmen wir zum Beispiel Großbritannien. Ähnlich wie in den Vereinigten Staaten müssen auch dort die Parteien darüber Auskunft geben, woher ihre Spenden stammen und was sie damit angefangen haben. Das kann sich für die Spender als sehr peinlich erweisen, weshalb auch einige der größten Unternehmen davon absehen, politische Parteien zu unterstützen. Wie hieß noch einmal diese Brauereigesellschaft? Ach ja, Watney's. Dieses Unternehmen pflegte großzügig die Tories zu unterstützen, bis dann die Arbeiter-Clubs 1970 begannen, Watney's Bier zu boykottieren.* Darauf stellten sie ihre Zahlungen schnell ein. Auf der anderen Seite unterstützen die Gewerkschaften die Labour Party nur mit einem Viertel ihrer Einkünfte aus Mitgliedsbeiträgen und anderen Zuwendungen. Meinen Sie nicht auch, daß die Tories nur zu gerne wüßten, was mit den übrigen drei Vierteln passiert und wieviel davon der Labour Party auf indirekten Wegen zufließt?«

»Haben Sie denn in Amerika schon derartige Aufträge bekommen?«

»Ich habe einige feste Kunden.«

»Auch in anderen Ländern?«

Hierauf gab Kubik keine direkte Antwort, berichtete aber dafür unaufgefordert über eine andere Art politisch-industrieller Spionage, »bei der ideologische und kommerzielle Interessen zufällig übereinstimmen«. Eines der genannten Beispiele betraf die »British Leyland Motor Corporation«, und zwar handelte es sich um einen Fall, von dem ich bereits vorher gehört hatte und von dem ich auch nach jenem Abend in Divonne noch von anderer Seite hören sollte.

Zwei – möglicherweise drei – Unternehmensgruppen der Automobil- und Ersatzteilbranche lieferten sich 1969 bei ihren Bestrebungen, ihren Markt auf Afrika und den Mittleren Osten auszudehnen, harte Gefechte. Eines dieser Unternehmen lebte vorwiegend von der Produkt-Imitation und verkaufte eine große Auswahl »echter Imitationen« zweifelhafter Qualität, namentlich Autozubehörteile, Armaturen und Ersatzteile. Eine andere internationale Gruppe mit amerikanischer, deutscher und französischer Beteiligung interessierte sich ebenfalls stark für die Aktivitäten von Konkurrenzfirmen in diesem Raum.

* Der Boykott durch einige Arbeiter-Clubs fand in der Tat 1969 statt, nachdem das Unternehmen der Konservativen Partei eine umfangreiche Spende hatte zukommen lassen. Im folgenden Jahr überwies die Gesellschaft nur noch die Hälfte des Betrages von 1969 und von da an überhaupt nichts mehr.

Kubik erzählte mir, daß er Ermittlungsaufträge für diese Gesellschaften abgelehnt habe – und ich weiß auch von einer anderen Agentur, die diese wahrscheinlich sehr lukrativen Angebote ausschlug –, aber es gab andere, die anbissen und sich im Sinne des unmißverständlichen Auftrages, alles zu finden, was der Konkurrenz schaden könne, an die Arbeit machten. Ein japanischer und ein britischer Ermittler reisten auf der Suche nach Informationen sechs Monate lang von einem Land zum anderen, wobei ihnen ein Anfangsetat in Höhe von mehreren zehntausend Pfund zur Verfügung stand.

Aus mir unbekannten Gründen geriet die damals neugegründete Firma »British Leyland« (hervorgegangen aus dem Zusammenschluß von BMC und Leyland) in die Schußlinie der beiden Ermittler. Zumindest hatte einer der beiden spezifische Anweisungen, »dokumentarisches Beweismaterial« darüber zu erbringen, daß, entgegen allen Beteuerungen der betroffenen Firma, in Israel Land-Rover produziert bzw. zusammengesetzt wurden. Man erwartete ebenfalls von ihm, die entsprechenden Fabrikanlagen in Israel zu lokalisieren, Aktienbesitzer und leitendes Personal zu identifizieren und die Tarnfirmen ausfindig zu machen, über die a) die Maschinen und Einzelteile nach Israel geliefert wurden und b) israelische Produkte mit falschen Herstellerbezeichnungen in arabische Länder exportiert wurden.

Vom Arabischen Informationszentrum in London erhielt ich 1973 folgende Auskunft: »Wir wissen nicht, in welcher Weise ›British Leyland‹ in Israel engagiert ist. Wir wissen überhaupt nichts von Land-Rovern.« Zur gleichen Zeit äußerte sich ein Beamter der israelischen Botschaft in London: »Land-Rover? Es stimmt vielleicht, daß wir während des Sechstagekrieges eine große Anzahl dieser Fahrzeuge von Jordanien ›erhielten‹, aber noch nie wurden in Israel neue Land-Rover hergestellt oder zusammengesetzt.«

Ich habe keine Ahnung, was die privaten Agenten, die mit diesem Fall befaßt waren, an tatsächlichen Geheimnissen entdeckt haben – oder, was sie, um ihre Auftraggeber zufriedenzustellen und ihre beträchtlichen Ausgaben zu rechtfertigen, an Beweisen fabriziert haben. Tatsache ist aber, daß das Arabische Boykott-Büro Ende 1969 den Fall aufgriff und »British Leyland« seit Anfang 1970 in allen arabischen Ländern auf der Schwarzen Liste stand – ein Umstand, der vor allem beim Verkauf des Land-Rovers böse Einbußen zur Folge hatte.

Der Boykott wurde von einigen damit erklärt, daß Leyland zugegebenermaßen Triumph-Pkw sowie Lastwagen und Omnibusse in Israel zusammenbaute. Selbst wenn dies der Grund gewesen sein sollte, bleibt der Zeitpunkt der arabischen Reaktion dennoch rätselhaft. Die Schwarzen Listen wurden nämlich bereits in den frühen fünfziger Jahren angelegt, und das Engagement der Firma in Israel war 1969 schließlich keine Neuigkeit mehr. In der Tat hatte man gerade in diesem Jahr das Lastwagen-Monopol von Leyland eingeschränkt.

Seither hat Leyland aus verschiedenen Gründen seine Israel-Geschäfte gedrosselt. 1972 hieß es, Leyland habe Schritte unternommen, um von der Schwarzen Liste gestrichen zu werden und sich erneut die zahlungskräftigen arabischen Märkte zu erschließen. Ein Sprecher des Arabischen Informationsbüros erklärte mir 1973: »Ja, es haben gewisse Kontakte stattgefunden – ich würde noch nicht von Verhandlungen sprechen, eher von Aussprachen, aber nun liegt es bei Leyland, wann sie von der Liste gestrichen werden – das kann in sechs Monaten sein oder in zwei Jahren, das hängt ausschließlich von der Firma ab ... «

Es scheint, daß die wahren oder völlig unbegründeten Gerüchte über die Land-Rover-Produktion die Gesellschaft für die Dauer von vier Jahren eines bedeutenden Absatzmarktes beraubt haben, eines Marktes, den sie sich jetzt erst wieder erobern muß.

»Nach meiner Ansicht«, kommentierte Kubik, »ist das lustigste an diesen Fällen, daß das eigentliche Opfer immer erst zuletzt erfährt, was gespielt wird, und – was noch schlimmer ist – es bis zuletzt nicht glauben will. Ich bin sicher, daß die Firma mit dem Problem spielend fertig geworden wäre, hätte man sie 1969 rechtzeitig gewarnt. Bezeichnend ist auch, daß Firmen um so weniger geneigt sind, an unsaubere Machenschaften zu glauben, je eindrucksvoller die Namen der dafür in Frage kommenden Konkurrenten sind.«

Wir waren am Schluß eines ungekürzten französischen Mahls angekommen, als Vera uns für einige Minuten allein ließ, um mit ihrem allgegenwärtigen Leibwächter zu sprechen, der, eine Armlänge von uns entfernt, an einem Nebentisch speiste. Die Geschicklichkeit, mit der er sein Messer handhabte, war fast beunruhigend. Sofort senkte Kubik die Stimme und schaute mich durchdringend an: »Wenn man mit bekannten Politikern und den größten Potentaten der internationalen Geschäftswelt verkehrt, dann kann man es sich nicht leisten, mit zwielichtigen Figuren wie beispielsweise mit – wie soll ich sagen – mit Sex-Händlern assoziiert zu sein.«

Vera kam wieder an unseren Tisch, und es entspann sich eine kurze Diskussion über die Erstattung meiner Flugunkosten. Ich bestand darauf, den Flug selbst zu bezahlen, aber Kubik wollte davon nichts hören. Vera nahm schließlich das Geld und erbot sich, den Streit am Roulettetisch zu entscheiden. »Trink nicht soviel Kognak, mon cher, vielleicht mußt du mich noch auslösen.«

Kubik folgte ihr mit den Augen, die wieder die wäßrig blaue Farbe angenommen hatten. Der durchdringende Blick war verschwunden. Mit seinem Gesicht ging eine höchst erstaunliche Veränderung vor sich, die man vielleicht als einen sich in Sekunden vollziehenden, sichtbaren Alterungsprozeß hätte bezeichnen können; seine Gesichtshaut legte sich in Falten wie ein Heißluftballon, unter dem das Feuer erloschen ist. War das wieder eine seiner bühnenreifen Szenen? Wenn ja, dann hatte er auch die Wirkung seiner Stimme, die jetzt sanft und schwingend aus der Tiefe seiner Kehle kam, ganz auf seinen Gesichtsausdruck abgestimmt.

»Ich bin müde, wissen Sie«, meinte er höchst überflüssigerweise. Ich wollte aufstehen, um mich zu verabschieden, aber er drückte mich wieder in meinen Sessel. »Nein, das meine ich nicht. Es ist nicht der Schlaf, der mir fehlt ... « Sein leerer Blick glitt von meiner Schulter abwärts, senkte sich unter den Tisch und blieb an seiner linken Schuhspitze hängen.

Er hob sein Kognakglas, als sei es tonnenschwer, schwenkte den Inhalt und setzte es wieder ab, ohne es an den Mund geführt zu haben. »Ich lasse nach, wissen Sie. Fange an, Zeit zu haben, zum Beispiel für Plaudereien wie diese.«

Ich versuchte unbeteiligt dreinzuschauen.

»Na schön, ich wollte ein paar Fragen beantwortet haben, aber es gab Zeiten, da wären mir diese Dinge nicht so wichtig gewesen. Und wenn, dann hätte ich einige mit Überredungskunst ausgestattete Leute zu Ihnen geschickt, die mir die Antworten schon gebracht hätten, so oder so, und zwar alle Antworten. Das ist vorbei – ich meine, daß ich automatisch so reagiere ... «

Wir wurden von einem Kellner unterbrochen, der zwei Bündel Geldscheine bei uns ablieferte, für jeden eins. Zweifellos eine nette Lösung des Flugschein-Problems. Vera ließ das Kasino den Flug bezahlen.

»Eine Frau mit Einfällen«, sagte ich.

»Und sehr häßlich«, lachte er. »Aber keine Sorge, sie weiß es. Hat ja auch keinen Einfluß auf unsere Partnerschaft. Gott sei Dank macht sie sich nichts aus Sex, zumindest wenn er sie selbst betrifft. Nur das Sexualleben anderer Leute fasziniert sie. Sie hat mir sogar angeboten, mich mit Freundinnen zu versorgen. Wer weiß, vielleicht nehme ich sie bald einmal beim Wort. Das meine ich, wenn ich von nachlassen spreche. Zeit zu haben für sinnlose Gespräche im Klub – ja, ich bin Mitglied in einem der vornehmsten Klubs in London, Spaß zu haben am Reisen, ohne daß ein Auftrag damit verbunden ist, plötzlich zu merken, daß man für Schönheit empfänglich ist, Dinge schätzt, die man bisher für Zeichen der Schwäche und für Zeitverschwendung gehalten hat.«

»Vielleicht haben Sie das Gefühl, alles erreicht zu haben.«

»Alles erreicht zu haben? So würden Sie das also nennen? Daß mir auf einmal gar nichts mehr daran liegt, nach Craiova zurückzukehren und ihnen zu zeigen, wie reich ich geworden bin? Daß es mich langweilt, allein in meiner Privat – maschine zu fliegen? Es ist wohl besser, wenn ich Ihnen den Typ nicht verrate, aber es ist eine Düsenmaschine. Daß ich lieber auf normalen Linienmaschinen buche, manchmal nicht einmal Erster Klasse, nur um ein wenig mit irgendeinem Mitreisenden plaudern zu können? Daß es mir plötzlich mehr Spaß macht, Geld zu verdienen, als es zu besitzen? Meinen Sie das mit ›alles erreicht‹?«

»In Ihrem Falle trifft das vielleicht zu.«

Geräuschvoll kippte er mit einem Schluck den gesamten Inhalt seines Glases hinunter. Dann füllte er es hastig wieder auf, so als wolle er demonstrieren, daß der Anblick eines leeren Trinkgefäßes etwas Unerträgliches für ihn sei.

»Vielleicht ist es Wehmut? Diese Lust, sich zu erinnern, an Triest zum Beispiel, wo die Fahrt in einem Jeep der Militärpolizei als Inbegriff des Luxus galt, aber wo man noch auf Freunde wie Truman zählen konnte? Hat Vera Sie bei Mory eingeführt?«

Nun war es an mir, mich mit dem Brandy zu beschäftigen. »Erwarten Sie tatsächlich von mir, daß ich diese Frage beantworte?«

»Warum nicht?«

»Glauben Sie denn, ich würde ihr oder irgend jemand anderem erzählen, ob Sie mich zum Beispiel mit Terry Ann bekannt gemacht haben oder nicht?«

Für einen kurzen Moment schimmerte es wieder grün in seinen Augen, mit einem winzigen gelben Fleck in der Mitte, und sein Rücken krümmte sich wie zum Sprung, während sein Kinn angriffslustig nach vorn schoß. ›Achtung! Gefahr! Nimm dich in acht‹ signalisierte die gespannte Haut über seinen Backenknochen. Dann entspannte er sich wieder. »Okay, die Antwort will ich gelten lassen.« Er lächelte. »So ungefähr die einzige Antwort, die ich gelten lasse – wissen Sie warum? Weil Truman wahrscheinlich genauso geantwortet hätte.«

Eine Anwandlung von Sentimentalität war das letzte, was ich von ihm erwartet hätte, aber es sollte noch mehr kommen. Er wußte, daß ich an einem Buch arbeitete, und bat mich, nichts über diese Unterhaltung zu schreiben – so lange nicht, bis er mir grünes Licht dafür geben würde. Ich versprach es.

Mir mehrmals versichernd, daß ihm nicht daran liege, mir rührselige Geschichten zu erzählen, verbreitete er sich nun über die metierbedingte Einsamkeit.

»In meine Branche gelangt man nicht über eine Zeitungsannonce und erst recht nicht über den Berufsberaterdienst. Man schlittert hinein, indem man die Gelegenheiten beim Schopfe packt, und lernt durch Erfahrung die Techniken des Überlebens. Und wenn man lange genug überlebt, dann ist das nächste, was man lernt, daß man am besten allein auf die Jagd geht. Alles sehr romantisch. Seeräuberromantik. Aber nur am Anfang. Man lernt auch, daß ein Geheimnis nur ein Geheimnis ist, solange nur einer davon weiß, nämlich man selbst und sonst niemand. Auch sehr romantisch, als einziger zu wissen, was gespielt wird, und dafür zu kassieren. Steigert das Selbstwertgefühl, über die unwissenden Narren lachen zu können. Aber dann wird es zuviel. Ich meine, was man weiß. Man hat das Gefühl, zerplatzen zu müssen, wenn man nicht jemanden findet, dem man sich mitteilen kann. Lachen zählt nur, wenn ein anderer mitlacht. Ich meine, zu einem Scherz gehören immer zwei, oder nicht? Ich bin sicher, daß Sie mich verstehen.«

Es gelang mir einigermaßen, weshalb ich denn auch brav mit dem Kopf nickte: »War das der Beginn Ihrer Partnerschaft mit Vera?«

»Gut geraten. Wissen Sie, Vera hat Humor, und es machte Spaß, Dinge mit ihr zu besprechen. Und wie Sie schon sagten, sie hat Einfälle. Außerdem ist sie ehrgeizig – etwas zu ehrgeizig . . .«

»Sie meinen, daß sie gerne die erste Geige spielt?«

Er überhörte die Bemerkung. »Was mich ärgert, ist, daß sie niemals etwas aufgibt, was sie einmal hat. Ich kannte ihr Sex-Geschäft, und es war auch nichts dagegen einzuwenden, aber nachdem wir einmal die höchste Ebene erklommen hatten und mit wirklichen Top-Leuten und internationalen Organisationen verhandelten, mußten einfach gewisse Seiten der Branche tabu für uns bleiben. Ein Geldschrank-Experte betätigt sich auch nicht als Taschendieb. Sie versprach mir auch, damit aufzuhören . . . «

Die Pause, die er einlegte, sollte mir offenbar Gelegenheit gaben, mit irgendwelchen Informationen herauszuplatzen, aber eine direkte Frage richtete er nicht mehr an mich.

»Dann war da noch ein anderes Problem. Mory. Trumans Tochter war verschwunden, ich hatte es nicht verhindern können, und mit Mory hatte ich abgeschlossen. Aber nicht Vera. Ständig präsentierte sie mir neue Informationen über ihn. Daß er einen unserer Freunde in Hongkong hintergangen habe. Daß er vielleicht doch wisse, wo das Mädchen sei, und daß Truman sich im Grabe herumdrehen würde, wenn er wüßte, daß ich Mory so billig hatte davonkommen lassen. Ich glaube, das gab den Ausschlag. Kam Luang hatte ihn bald aufs Kreuz gelegt. Aber ich hatte niemals seinen Tod beabsichtigt noch gewünscht. Das hat er selbst besorgt. Ich wollte ihn in seinem Elend weiterleben lassen. Nun gut, jetzt wissen Sie, welche Rolle ich bei der Geschichte gespielt habe.«

Nachdem er sich ein weiteres Glas Kognak einverleibt hatte, geriet er immer mehr ins Philosophieren, dennoch ergab sich schließlich, daß er wenige Wochen vor unserem Gespräch ein Telegramm erhalten hatte, das ihn veranlaßte, sich in die nächste Maschine nach Beirut zu setzen. Trumans Tochter war dort vom sechsten Stock eines Hauses gesprungen und schwerverletzt in ein Krankenhaus eingeliefert worden. Sie hatte den behandelnden Arzt gebeten, Kubik zu benachrichtigen, war aber gestorben, bevor Kubik dort unten ankam.

Ich stellte einige Nachforschungen an. Sie hatte wohl einem sehr schmutzigen Unternehmen angehört, das sie – um es milde auszudrücken – unter ständiger Kontrolle hielt. Sogar noch nach Morys Tod. Die Organisation wurde von einer Frau geleitet . . .

»Vera?«

»Wie kommen Sie darauf?«

»Deshalb erzählen Sie es mir doch.«

»So? Nun, ich kann nur sagen, ich weiß es nicht. Sie vielleicht?«

»Nein.«

»Schade. Ich fand es nämlich seltsam, daß Vera ihm an den Kragen wollte und dabei eine solche Hartnäckigkeit an den Tag legte. Bis er dann tot war. Als wenn es ihr nur darauf angekommen wäre, das einzige Bindeglied zwischen ihr und dem Mädchen beiseite zu schaffen, damit ich nicht eines Tages dahinterkäme. Nun, ich hatte eigentlich gehofft, Sie würden mir helfen, ihr ein paar Fragen zu stellen. Heute abend ...«

Er hüllte sich eine Minute lang in Schweigen, leerte sein Glas und erhob sich: »Wir wollen einmal sehen, wie es ihr ergangen ist.«

Unser Gespräch, das sich über Stunden hingezogen hatte, ohne daß wir uns während des Essens eine Pause gegönnt hätten, war damit beendet.

Inzwischen hatten die Croupiers, die Kellner und die Spieler gewechselt. Nur Vera war immer noch dieselbe, lief mit unerschöpflicher Energie von Tisch zu Tisch, raffte ihre Gewinne zusammen, machte ihre Einsätze, gab großzügige Trinkgelder und kommentierte das Erscheinen neuer Gäste mit beißenden Bemerkungen. Niemand konnte ihrem scharfen Blick entgehen.

»Habt ihr über mich gelästert?« fragte sie, ohne sich nach uns umzudrehen.

»Das ist ja reizend!« meinte Kubik scherzhaft. »Du hattest wohl unter unserem Tisch ein Mikrophon installiert?«

»Nein, mon cher. Du hattest nur wieder dieses dumme gelbe Flackern in deinen himmelblauen Augen. Außerdem«, wandte sie sich mit einem süßen schmerzhaften Lächeln an mich, »hat er sich angewöhnt, häßliche Geschichten über mich zu verbreiten. Ich hoffe, daß Sie nicht alles glauben, was er gesagt hat.«

»Das war nicht sehr klug, mein Schatz«, erwiderte Kubik mit seiner sanftesten Stimme. »Heutzutage, wo Diplomaten sich in Spione verwandeln, sollte man auch von einem Agenten etwas mehr diplomatisches Geschick verlangen dürfen.«

Sie standen wieder im Begriff, große Geschütze aufzufahren, und der Gedanke an die bevorstehende Rückfahrt nach Genf, unter der Obhut meines schweigsamen Messerhelden, hatte deshalb etwas sehr Tröstliches für sich.

Vier Monate seit unserem Gespräch waren vergangen, als das Telefon bei mir klingelte und die vertraute, aber deswegen noch keineswegs sympathischere Stimme des Amerikaners wieder in der Leitung war.

»Kubik läßt Ihnen ausrichten, daß das Gespräch in Divonne ab sofort keiner Zensur mehr unterliegt.«

»Hat er einen Grund genannt?«

»Nein.«

»Ich kann also darüber schreiben?«
»Das hat er jedenfalls gesagt.«
»Wo ist er jetzt?«
»Hat er nicht gesagt. Aber ich soll Ihnen noch etwas anderes ausrichten.«
»Ja?«
»Seine Frau wird eine Zeitlang abwesend sein.«
»War das die Mitteilung?«
»Ja. Sie macht eine Schiffsreise rund um die Welt. Besucht auch so nette Plätzchen wie das Große Barriere-Riff vor Australien. Ich glaube, das war alles.«
Er legte auf und ließ mich mit der Frage allein, was Kubik mit dieser für mich so »außerordentlich interessanten« Mitteilung bezwecken wollte.

Die Regierung spielt mit

Bad Godesberg ist das Überdruckventil für Bonn. Regierungsgebäude drängen sich wie gestapelte Bierkisten am Rheinufer zusammen. Sie bilden den Kern dieser Satellitenstadt, die während der Bürostunden wie ausgestorben wirkt, zu anderen Tageszeiten aber den Eindruck erweckt, als gebe es dort mehr Autos als Einwohner. Die Stadt ist noch klein genug, um Beamten, die auf Kantinenbetreuung keinen Wert legen, zu erlauben, ihr Mittagessen zu Hause einzunehmen und vielleicht noch ein kleines Nickerchen anzuhängen, ohne daß solcher Komfort die Überschreitung der genauestens eingehaltenen Mittagspause zur Folge hätte.

Dieser letzte Aspekt Godesberger Bürolebens wäre mir sicher verborgen geblieben, hätte ich nicht ausgerechnet um 11.30 Uhr eine Verabredung gehabt. Im Zusammenhang mit einer anderen Untersuchung hatte ich eine etwas abgelegenere Außenstelle des Gesundheitsministeriums aufgesucht. Die Abgelegenheit der Dienststelle kam auch dadurch zum Ausdruck, daß die Halle nicht wie üblich mit zahlreichen Pflanzen geschmückt war und der Portier im Gegensatz zu der herablassenden Art seiner Bonner Kollegen einen recht vertraulichen Ton anschlug.

Gegen 12.25 Uhr bemerkte ich bei meinen Gastgebern eine zunehmende Unruhe. Ich lud die Herren zu einem Bier und einem Sandwich ein, worauf man mich freundlichst darauf aufmerksam machte, daß es in Godesberg zwar eine Reihe sehr anständiger und preiswerter Lokale gebe, wo man gerne mit mir zusammen gespeist hätte, wenn man sie nicht zu Hause zum Essen erwartet hätte.

Ich hatte meinen Wagen im Vorhof eines benachbarten Gebäudes geparkt – ganz überraschenderweise ebenfalls eine ministerielle Außenstelle – und als ich meine Aktentasche im Kofferraum verstauen wollte, näherten sich mir zwei jugendlich wirkende Zivilisten, hinter deren leisen Sohlen und ernsten Gesichtern ich nichts anderes vermutete als getarnte Verkehrspolizisten auf der Suche nach Opfern. Okay, ein kleines Parkvergehen, damit würde ich schon fertig werden. Innerlich hatte ich mich schon auf die Ich-bin-Ausländer-ich-verstehe-Sie-nicht-Verteidigung eingestellt. Der Größere und offenbar auch Ranghöhere sprach mich höflich mit meinem Namen an und stellte sich als Herr Gebhardt vor. Sein knarrendes Organ klang wie eine Erich-von-Stroheim-Imitation, aber wie in einschlägigen Hollywood-Filmen waren seine Manieren und sein Englisch tadellos.

Er zückte einen Ausweis und murmelte dazu ein ellenlanges Wort, das mit Bundes... begann und ich weiß nicht, womit aufhörte. Ich gab den beiden zu verstehen, daß dies doch wohl etwas zu weit ginge, aber der Ältere begegnete meinem Unmut lächelnd mit einem kleinen Hinweis auf meinen Freund Landau und »andere gemeinsame Bekannte in dieser Branche«. Er entschuldigte sich für sein etwas ungewöhnliches Vorgehen, aber er habe durch Zufall erfahren, daß ich um diese Zeit hier sein würde, und wolle die Gelegenheit zu einem kurzen Gespräch, das für beide Teile nützlich sein könne, nicht versäumen. Er schlug vor, ein kleines Büro aufzusuchen, das sich rein zufällig in günstiger Nähe befinde und das er zu anderen Zwecken kürzlich angemietet habe.

»Man ist dort viel ungestörter als in einem Restaurant oder auch im eigenen Büro«, meinte er.

»Vor allem, wenn man nicht jedem auf die Nase binden will, wo man sein eigenes Büro hat«, fügte ich hinzu, was er mit einem wortlosen Nicken akzeptierte.

Sein Begleiter, der sich nicht die Mühe gemacht hatte, mir seinen Namen anzuvertrauen, betrat das vor uns liegende Gebäude, ging zum Portier und stellte persönlich sicher, daß wir ungehindert passieren durften.

Das Büro war klein und sah aus wie das, das ich vor wenigen Minuten verlassen hatte; Gebhardts Stimme füllte es völlig aus. Er begann die Unterhaltung mit allgemeinen Betrachtungen über die Bedeutung der Wirtschaftsspionage, aber was er von sich gab, wirkte nicht recht überzeugend. Man merkte ihm an, daß zwangloses Geplauder nicht gerade seine Stärke war.

Dann zog er plötzlich eine grobkörnige Fotografie aus der Tasche. Vera Fielding.

»Was soll das Ganze? Eine Morduntersuchung oder was?«

Das war natürlich eine dumme Bemerkung, und ich wußte es. Aber es war nicht mehr zu reparieren.

»Wie kommen Sie denn darauf?«

»Die Masche kenne ich aus Kriminalfilmen. So wird's ja wohl gemacht. Dennoch, das Gesicht kommt mir bekannt vor. Was wollen Sie mich fragen?«

»Kommt Ihnen nur ›bekannt‹ vor?«

»Es ist eine sehr schlechte Aufnahme. Offenbar eine Ausschnittvergrößerung.«

»Könnten Sie mit dem Original mehr anfangen?«

»Natürlich, vor allem, wenn Sie vielleicht ein Vergrößerungsglas zur Hand hätten.«

»Zufällig kann ich Ihnen mit beidem dienen. Bitte...«

Die Aufnahme stammte offenbar von einer Cocktailparty; ich hatte Schwierigkeiten, Vera unter all den Leuten irgendwo im Hintergrund auszumachen. Jedenfalls waren die Gesichter im Vordergrund bei weitem faszinierender. Ich erkannte zumindest zwei bedeutende Industriekapitäne, mit Sicherheit einen bekannten Politiker – bei einigen anderen war ich nicht ganz so sicher – und eine Reihe von Kellnern, die, wenn ich mich recht erinnerte, einmal zu de Gaulles Leibwache gehört hatten.

»Erkennen Sie die Frau?«

»Ja, Vera Fielding.«

»Ist das ihr richtiger Name?«

»Das fragen Sie mich? Vielleicht können Sie mir da weiterhelfen?«

»Fragen wir einmal so: glauben Sie, daß es ihr richtiger Name ist?«

»Es ist der einzige, den ich kenne.«

»Sie glauben, daß sie tot ist?«

»Nein, das nehme ich nicht an.«

»Sie sprachen doch eben von einer Morduntersuchung.«

»Ich wollte damit nur auf die Art und Weise Ihrer Befragung anspielen, auf den glücklichen Zufall, daß Sie gerade das Foto und ein Vergrößerungsglas bei sich tragen. Überhaupt Ihr ganzes Vorgehen ...«

»Tut mir leid. So war es nicht gemeint.«

Jetzt klingelte es bei mir. Ich erinnerte mich eines guten Ratschlags, den mir einmal ein alter Sträfling mit auf den Weg gegeben hatte: »Hüte dich vor einem freundlichen Polizisten.« Hatte ich es hier mit Polizisten zu tun? Oder waren die Leute von der Spionageabwehr? Im weiteren Verlauf des Gesprächs machte Gebhardt ein paar vage Andeutungen, erzählte irgend etwas von einem Wirtschaftsinformationsdienst und von einem »natürlichen Interesse an Leuten, die sich für uns interessieren«. Ich hielt es für ratsam, mein Interesse für seine offizielle Tätigkeit nicht allzu deutlich werden zu lassen. Dafür sprach er von der wachsenden deutschen Besorgnis »über ausländische Konkurrenten, die vor nichts zurückschrecken, um Deutschlands Marktposition zu untergraben und deutschen Exporteuren, die aufgrund der DM-Aufwertung sowieso schon einen schweren Stand haben, das Leben noch schwerer zu machen«.

»Bei ihren Bemühungen, sich solcher ausländischen Angriffe – so will ich es einmal bezeichnen – zu erwehren, braucht und verdient die deutsche Industrie die Unterstützung der Regierung«, erklärte Gebhardt, gab aber gleichzeitig zu, daß gewisse Politiker immer noch nicht bereit seien, sich dieser Ansicht anzuschließen, und daß breite Kreise des diplomatischen Dienstes es heute noch als für unter ihrer Würde erachteten, Wirtschaftsinformationen zu beschaffen, die nur einzelnen Unternehmen zugute kommen.« Sie sehen einfach nicht, was Sie und ich längst begriffen haben, nämlich welchen Schaden ein rücksichtsloser Gegner auf diesem Sektor anrichten kann.«

»Sie meinen jemand wie Vera Fielding?«

»Wenn Sie so wollen.«

Er brachte zwei Beispiele. Bei beiden ging es um internationale Ausschreibungen; die eine betraf ein italienisches Millionen-Projekt. Er hatte »Grund zu der Annahme, daß Informationen, die diese Frau beschafft hatte«, ausschlaggebend für die Ablehnung des deutschen Angebotes gewesen waren.

Ich mußte Kubik einfach bewundern. Das waren die typischen Großoperationen, mit denen er sein Geld machte. Er plante auf weite Sicht, gab seinen Mitarbeitern genaueste Anweisungen, blieb selbst völlig im Hintergrund und lenkte, wenn er es für zweckmäßig hielt, die Aufmerksamkeit von Leuten wie Gebhardt auf Randfiguren wie Vera Fielding.

»Wissen Sie, für wen sie arbeitet?«

»Schwer zu sagen.« Ich fragte mich, ob er Bescheid wußte.

»Nicht schwerer, als sie zu fangen.«

»Sie zu fangen? Was wollen Sie ihr vorwerfen? Ich glaube nicht, daß sie sich eines kriminellen Deliktes schuldig gemacht hat.«

»Das brauchen Sie mir nicht zu sagen!« Die Verzweiflung in seiner Stimme war unüberhörbar. »Wenn es nur ein entsprechendes Gesetz gäbe!«

»Gibt es aber nicht.«

»Nein.« Nach einer Pause, hinter der sich sowohl eine alte List verbergen konnte als auch das echte Bedürfnis, nicht mehr mit der Wahrheit zurückzuhalten, fuhr er fort: »Schauen Sie, wir, ich meine unsere Abteilung, sind sozusagen Neulinge in diesem Spiel. Es könnte uns vielleicht helfen, wenn Sie uns etwas über diese Frau erzählen würden. Natürlich nur, wenn es Ihnen nichts ausmacht.«

Glaubte er mich tiefer in diese Angelegenheit verwickelt, als es journalistische Neugier gerechtfertigt hätte?

»Fragen Sie, was Sie wollen. Ich habe keine Geheimnisse vor Ihnen.«

Das stimmte auch. Mehr oder weniger zumindest. Schließlich hatte man mir die Informationen, die ich erhalten hatte, freiwillig überlassen und war mit ihrer Veröffentlichung einverstanden gewesen. Ob nun die eine oder die andere Partei daraus Nutzen zog, hatte dabei keine Rolle gespielt.

Gebhardts Fragen war zu entnehmen, daß man in Deutschland die sich mehrenden Anzeichen ausländischer Spionageangriffe auf die eigene Industrie ernst zu nehmen begann. Man hatte erkannt, daß die Handelskriege, angefangen von anscheinend unbedeutenden, kleinen Rivalitäten bis zu internationalen Auseinandersetzungen im Bereich der Großunternehmungen, für die Beteiligten Kampf ums Überleben bedeuteten und daß die Summierung einer Reihe unabhängig voneinander sich vollziehender Niederlagen für die Gesamtwirtschaft katastrophale Folgen nach sich ziehen mußte.

Obwohl ich an diesem Tag nichts anderes zu Mittag hatte als die Gesellschaft von Gebhardt & Co., hielt sich mein Hungergefühl schon deshalb in Grenzen, weil mir mein Gesprächspartner als Gegenleistung für meine Mitteilsamkeit zwei interessante Erfahrungen auftischte:

1. Die Deutschen – und mit ihnen wahrscheinlich die Amerikaner und einige europäische Länder – mokieren sich über die Bedrohung durch Industriespionage, »solange sie nur von den Kommunisten oder den Japanern ausgeht, denn von denen erwartet man es ja sozusagen«.

2. Die deutsche Regierung steht im Begriff, sich die im internationalen Handel gebräuchlichen japanischen Verkaufstechniken, denen stets eine kostspielige, zeitraubende und fast schematisch ablaufende Erkundung vorausgeht, zu eigen zu machen.

Damit ich mich näher über diese Verkaufstechniken informieren konnte, empfahl mir Gebhardt einen japanischen Spitzenmann auf diesem Gebiet. Spionage? Schon die bloße Erwähnung dieses Wortes zauberte sichtbaren Unwillen auf die Stirn meines japanischen Gesprächspartners, der nicht wollte, daß sein Name genannt würde. Ich saß mit ihm in einem jener fernöstlichen Restaurants, die für das leibliche Wohl einer inzwischen zweitausend Seelen zählenden japanischen Kolonie in Düsseldorf sorgen.

»Leider werden wir von der ganzen Welt mißverstanden«, informierte er mich. »Die Leute erzählen sich immer noch die alte Geschichte von dem japanischen Geschäftsmann, der bei einem Besuch in einer schwedischen Streichholzfabrik seinen Hut in den Bottich mit der flüssigen Zündmasse fallen ließ, um zu Hause eine chemische Analyse vornehmen zu können. Warum hätte er das tun sollen? Wäre es nicht leichter gewesen, wenn er die Streichholzköpfe analysiert hätte?

Nun schön. Heute ist es sehr viel wahrscheinlicher, daß ein britischer Kaufmann seinen Hut in einen japanischen Chemikalienbehälter fallen läßt.«

Er hatte vier Jahre in Amerika verbracht und war bis zu unserem Gespräch schon über zwei Jahre in Deutschland. Er behauptete, japanische Geschäftsleute gingen ins Ausland, um den Kunden im Westen kennenzulernen, Sprachen zu lernen und Golf zu spielen, sich mit dem Gelände vertraut zu machen, aber nicht um sich im Konkurrenzkampf zu üben. »Wir sind Anfänger auf diesem Gebiet, und wir müssen alles lernen, was mit dem Gelände zusammenhängt, und wir müssen herausfinden, wie gut wir sein müssen, damit wir es mit den besten Spielern aufnehmen können. Was ist denn dagegen einzuwenden, wenn jemand Lee Trevinos Ergebnisse verfolgt und seine Technik studiert?«

Die Ergebnisse solchen »Studierens« sind zur Genüge bekannt. Japan nähert sich einem jährlichen Handelsüberschuß von drei Milliarden Pfund, und der Yen ist härter, als ihm selbst guttut.

Dies ist nicht der Ort, um die japanische Marktpolitik zu analysieren, die sich abstützt auf Dumping, Zollprotektionismus, Schmutzkonkurrenz, Verkaufsprämien für Einzelhändler, guten Kundendienst, Tüchtigkeit, Einfallsreichtum, harte Arbeit oft bis in die Nacht hinein sowie auf ein weltweites kommerzielles Nachrichtenverbindungsnetz, das hinter dem des Pentagon und dem der Luftfahrtgesellschaften an dritter Stelle rangiert, eine Marktpolitik, die die Japaner in die Lage versetzte, den Weltmarkt mit ihren Fernsehgeräten, Transistorradios, Stahlerzeugnissen, Autos und Kugellagern zu überschwemmen. Tatsache ist aber, daß eine jährliche Steigerung des japanischen Exports in bestimmte Absatzländer um 30, 40, ja 56 Prozent* keine Ausnahme mehr darstellt, daß die japanische Industrie auf versteckte oder verschleierte Exportsubventionen durch die Regierung zählen darf und daß die japanischen Werften über die Hälfte des Weltschiffbaumarktes beherrschen (ein Frachter, der in Japan zehn Millionen Dollar kostet, kommt in Großbritannien auf 15 und in Deutschland auf 17 Millionen Dollar). Hinzu kommt, daß sich der Verkauf japanischer Autos in Holland innerhalb von drei Jahren verzehnfacht hat, nicht nur weil die japanischen Fahrzeuge ab Werk mit allem wünschenswerten Zubehör geliefert werden, sondern auch weil der Holländer seinen alten Wagen doppelt so günstig wie üblich in Zahlung geben kann, wenn er statt eines italienischen, französischen oder deutschen Modells ein japanisches kauft.

Die Deutschen sprechen inzwischen schon von der »Gelben Gefahr«. Sie müssen es wissen. In Amerika, dem reichsten Absatzmarkt der Welt, waren sie nämlich noch vor zehn Jahren zu einem Drittel an der Einfuhr ausländischer Elektrowaren beteiligt. Mittlerweile müssen sie sich mit fünf Prozent begnügen, während über die Hälfte der Importe aus Japan kommt.

Die Vorhut solcher Offensiven bildet ein Team von Mitarbeitern der JETRO (Japanese External Trade Organisation = Japanische Außenhandelsorganisation), die in enger Zusammenarbeit mit MITI (Ministry of International Trade and Industrie = Ministerium für Internationalen Handel und Industrie) überall in der Welt scharfe Marktbeobachtung betreiben und jene Lücken erspähen, durch die der phänomenale japanische Außenhandel einzudringen vermag.

Die Erfolge dieser Leute beruhen sehr oft auf sorgfältigster Beobachtung

* Nach Großbritannien, 1972.

von Details. Es blieb ihnen beispielsweise nicht verborgen, daß die britische Besteckindustrie in den späten fünfziger und frühen sechziger Jahren durch horrende Lohnsteigerungen arg ins Hintertreffen zu geraten drohte. Die Preise für Bestecke zogen wie erwartet stark an, da waren auch schon die Japaner zur Stelle und setzten den Herstellern in Sheffield ihre unverhältnismäßig billigen Messer an die Kehle. Schon 1966 erreichte der Wert der Einfuhren die Zwei-Millionen-Pfund-Marke.

Inzwischen hatte sich die japanische Stahlwarenindustrie auch in den USA einen Absatzmarkt erschlossen, der ihr jährlich rund 55 Millionen Dollar einbrachte. Im Rahmen des 1971 einsetzenden amerikanischen Protektionismus wurde dieser Entwicklung ein Riegel vorgeschoben. Die Einfuhren wurden gedrosselt, und somit mußte für einen japanischen Produktionsüberschuß im Werte von zwanzig Millionen Dollar ein neuer Markt gefunden werden. Großbritannien war bereits durch einen entsprechenden Handelsvertrag gegen einen zweiten derartigen Angriff gefeit, also machte sich ein JETRO-Team an die Arbeit und entdeckte die gesuchte Lücke auf dem deutschen Markt. Nun war es Solingen, das berühmte Gegenstück zu Sheffield, das sich einer drohenden Niederlage gegenübersah. So kamen denn Anfang 1973 verschiedene deutsche Hersteller – wie viele Produzenten in anderen Branchen bereits vor ihnen – zu einer Übereinkunft mit dem Gegner: Sie veredelten halbfertige japanische Stahlwaren, versahen sie mit den deutschen Markenzeichen und hatten auf diese Weise wenigstens die alten deutschen Namen gerettet.

Für bewundernswerten Einfallsreichtum zeugt auch ein anderer klassischer, durchaus legitimer Einbruch in ein ausländisches Monopol. Wer anders als ein JETRO-Mann wäre je auf den Gedanken gekommen, den amerikanischen Markt für Friseurstühle anzuvisieren, obwohl die Amerikaner in bezug auf diesen Artikel noch nie in einen Engpaß geraten waren.

Dieses unwahrscheinlich klingende Geschäft stützte sich auf die rund hunderttausend amerikanischen Friseurläden, die im Jahr etwa zehntausend neue Friseurstühle kauften und dafür zehn Millionen Dollar ausgaben, von denen praktisch nur einige Spezialfirmen wie »Paidar« in Chicago profitierten. Es wird behauptet, daß Herr Yoshikawa, Gründer einer bekannten Fabrik in Osaka, während seines täglichen Gebetes die Eingebung hatte, den amerikanischen Markt in dieser Branche zu unterlaufen. Dagegen sind einige Amerikaner davon überzeugt, daß ihm diese Offenbarung über einen Angehörigen der JETRO zuteil wurde, der ihm eine entsprechende Notiz zwischen die Seiten seines Gebetbuches schmuggelte. Der Kauf verschiedener Musterexemplare, die ihn in die Lage versetzten, das gängigste amerikanische Modell naturgetreu nachzuempfinden, muß ihm ebenfalls sehr geholfen haben. Den Absatz seiner äußerst preisgünstigen Stühle begünstigt zudem ein tadellos funktionierender Kundendienst, da die Ersatzteile des amerikanischen Modells zufällig auch für das japanische Produkt verwendet werden können.

Gegen solche Operationen nehmen sich die Praktiken japanischer Design-Diebe weitaus abenteuerlicher aus. Bei deren Operationen verschwinden die Offiziellen der JETRO von der Bildfläche und überlassen die Aufträge eiskalt handelnden Praktikern der Nachrichtenbeschaffung.

Die Technik, gegen die sich noch am wenigsten einwenden läßt, ist der Informationsbesuch in irgendwelchen Produktionsstätten. Verteilt über einen Zeitraum von, sagen wir zwölf Monaten, besichtigen zwei oder drei Besuchergruppen die angezielte Fabrik. Die Vereinbarungen mit den Gastgebern werden durch völlig ehrbare Handelsdelegationen getroffen – die Einzelheiten der Besichtigung aber von schlauen Industriespionen geplant. Die Besucher schmeicheln den Gastgebern mit offener Bewunderung und unschuldigen Fragen, wobei sich die unschuldigen Fragen zu unschuldigen Schlußfolgerungen addieren.

Bei einer Ausschreibung über die Lieferung von Präzisionsgeräten von militärischer Bedeutung legte ein afrikanischer Staat besonderen Wert auf Einhaltung der Lieferfristen und auf Qualität und erst in zweiter Linie auf eine angemessene Preisgestaltung. Man schickte zwei Besuchergruppen nach Amerika, die sich im Hauptwerk des Unternehmens, das die größten Chancen auf den Zuschlag hatte, umsehen sollten. Nichts ließ darauf schließen, daß jemand aus den beiden Gruppen Verbindung zu der japanischen Firma unterhielt, die sich ebenfalls um den Auftrag bewerben wollte. Nachdem das Unglück schon geschehen war, rekonstruierten amerikanische Sicherheitsleute den Fall.

Die erste Besuchergruppe bewunderte pflichtschuldigst die amerikanischen Maschinen, mit denen das Endprodukt einer genauen Qualitätskontrolle unterworfen wurde. Sie erkundigten sich nach dem stündlichen Ausstoß der einzelnen Anlagen; um die Anzahl der Maschinen zu ermitteln, bedurfte es nicht einmal einer Frage. Jedoch wollte man noch wissen, mit wieviel Schichten in dieser Abteilung gearbeitet wurde.

Die zweite Gruppe zeigte besonderes Interesse für die Lagereinrichtungen. Verständnisvoll lauschte sie den Klagen eines jüngeren Angestellten über die hohen Kosten, die mit der Lagerung von Fertigprodukten verbunden seien, und seinen stolzen Ausführungen über ein neues Produktionssystem, das auf Sofortlieferung abziele und eine kostspielige Lagerhaltung weitgehend überflüssig mache.

Durch eine Zwischenperson besorgte man sich einige Muster des amerikanischen Erzeugnisses und stellte in einem Vergleichstest fest, daß das japanische Gerät gegenüber dem amerikanischen kaum, wenn überhaupt, irgendwelche Qualitätsvorteile aufzuweisen hatte. Doch die Antworten, die man anläßlich der Fabrikbesichtigung erhalten hatte, ließen klar die schwache Position der Amerikaner erkennen: Ohne Erweiterung ihrer Fabrikationsanlagen würden die Amerikaner nicht in der Lage sein, ihren Ausstoß wesentlich zu erhöhen – und für »dringende Fälle«, wie zum Beispiel den besagten Auftrag, verfügten sie nicht über die erforderlichen Lagerbestände. Das japanische Angebot zeichnete sich folglich dadurch aus, daß es außer vernünftigen Preis- und Qualitätszusagen auch Dringlichkeitslieferungen garantierte.

Der schottische Werftbesitzer, der »darüber schimpfte, daß er nicht nur mit japanischen Werften im Wettbewerb liege, sondern mit *Japan & Co.*«*, zielte auf die sich ergänzenden Anstrengungen der japanischen Regierung und Industrie. In die gleiche Klage hätten auch jene französischen, italienischen und britischen Bieter einstimmen können, die einen 70-Millionen-Pfund-Vertrag zur Modernisierung der argentinischen Eisenbahn an die »Marubeni-Iida-Gruppe« verloren, die sich auf das gesamtjapanische Bemühen abstützen konnte, in Lateinamerika dauerhaft Fuß zu fassen. Dieses Ziel verfolgte Japan mit der gewohnten Beharrlichkeit und mit Hilfe staatlich gelenkter Nachrichtengewinnung, sanftem Druck und der Entsendung hochrangiger Delegationen nach Argentinien, Chile und Brasilien. Der Ausspruch hätte auch ebensogut von einem Vertreter der pharmazeutischen Industrie stammen können, die sehr bald die Auswirkungen zunehmender Aktivität der »Japanischen Gesellschaft für Information und Marketing der pharmazeutischen Industrie« zu spüren bekommen wird.

Am unteren Ende der Skala offensiver Praktiken rangieren dann jene Aufträge, die selbst für einige erfahrene deutsche Agenten, für die Industriespionage durchaus kein Fremdwort bedeutete, unannehmbar sind.

»Offizielle japanische Vertreter hatten mir zwei Angebote unterbreitet«, erzählte mir jemand in München. »Der erste Auftrag hätte mir so etwas um die zwanzigtausend Dollar eingebracht, der zweite beträchtlich mehr. In Düsseldorf könnten Sie jeden Monat einen Job mit einem Honorar bis zu fünfzigtausend Dollar an Land ziehen. Das Dumme ist nur, daß man für ewig gebrandmarkt ist, wenn man sich einmal mit dieser Bande eingelassen hat. Hat es sich erst einmal herumgesprochen, daß man für die Japse arbeitet, bekommt man keinen anderen Job mehr.«

Dieser pensionierte deutsche Offizier, der früher für den militärischen Nachrichtendienst gearbeitet hatte, stimmte mit einigen anderen darin überein, daß solche Aufträge »die volle Billigung und Rückendeckung der (japanischen) Regierung finden«, auch wenn sie von einem Privatunternehmen kommen, oder »von irgendwelchen Marketing-Leuten oder Unternehmensberatern, die oft zur Wahrung ihrer Anonymität von offiziellen Vertretern der Regierung vorgeschickt werden. Den Beweis hierfür kann man darin sehen, daß die Japaner, die ja zur Einfuhr von Waren oder zur Inan-

* The Observer, 18. Juni 1972.

spruchnahme ausländischer Dienstleistungen einer staatlichen Genehmigung bedürfen, die Bezahlung solcher Aufträge offiziell über ihre Hausbanken abwickeln. Offenbar stößt also die Freigabe von Devisen für derartige ›ausländische Dienstleistungen‹ auf keine Schwierigkeiten seitens der Bank oder der Regierung. Mir jedenfalls hatte man stets angeboten, das Honorar von einer japanischen Bank auf ein beliebiges, von mir zu benennendes Konto zu überweisen.«

Er wußte natürlich, daß offizielle Unterstützung industrieller Nachrichtenbeschaffung und dunkler Machenschaften im Ausland keine japanische Spezialität ist. Angeblich soll eine israelische Forschungs- und Entwicklungsgesellschaft fast zweieinhalb Millionen Pfund Bestechungsgelder an verschiedene afrikanische Politiker und Beamte gezahlt haben, um bestimmte Aufträge zu erhalten. Rechtsgerichtete Oppositionsparteien hatten 1966 im Rahmen eines gescheiterten Mißtrauensvotums gegen die Regierung die Tatsache aufgedeckt, daß man einen Afrikaner mit hunderttausend Pfund bestochen hatte – umsonst, denn er wurde ermordet, bevor das Geschäft zum Abschluß gekommen war – und die Zahlung von der Devisenabteilung des Finanzministeriums als »Maklergebühr« verbucht worden war.

In Nordafrika erhielt eine französische Baufirma lediglich aufgrund starken diplomatischen Engagements den Zuschlag für einen heißumkämpften Auftrag. Ein verhältnismäßig junger Mann im Range eines Hilfsattachés verfügte über dermaßen enge persönliche Kontakte, daß er nicht nur bis in die Einzelheiten über die Angebote der Konkurrenz informiert war, sondern es auch noch durchsetzte, daß der Einreichtermin für die französische Firma verlängert wurde. Dadurch wurde es ihr ermöglicht, ihr Angebot entsprechend abzustimmen, was ungefähr soviel bedeutet wie eine Pferdewette auf ein bereits gelaufenes Rennen.

Während des skandalösen Design-Wettbewerbs um die Gestaltung der UN-City in Wien, einem Projekt von 100 Millionen Pfund, kassierten einige Spionage-Agenturen für die Beschaffung eingereichter und angeblich geheimgehaltener Entwürfe ganz erhebliche Summen. Inwieweit diese Vorgänge den Ausgang des Wettbewerbs – der sogar die Regierung erschütterte – beeinflußt haben, ist eine Geschichte für sich. Tatsache ist lediglich, daß diplomatische Kreise in Wien sich zu jener Zeit buchstäblich überschlugen, verschiedensten interessierten Parteien durch Informationsbeschaffung unter die Arme zu greifen. Als sich beispielsweise österreichische Behörden weigerten, einen britischen Designer Einblick nehmen zu lassen in ein geheimes Schreiben, in dem sein bis dahin aussichtsreichster Vorschlag auf abträglichste Weise kritisiert wurde, und ihm damit die Gelegenheit genommen war, sich angemessen zu verteidigen, war es ein britischer Diplomat, der in die Bresche sprang und ihm aus »privaten Quellen« eine Kopie besorgte.

Die zunehmende staatliche Einmischung, dadurch bedingt, daß oft Millionen von Arbeitsplätzen und damit die Prosperität des Landes auf dem Spiel stehen, bezeichnet den Beginn des »kühlen Krieges«, um noch einmal jenen Ausdruck aufzugreifen, mit dem der schon erwähnte ehemalige Bundestagsabgeordnete die Situation so treffend beschrieb. In diesem Dritten Weltkrieg bekämpfen sich die sogenannten westlichen Alliierten untereinander, während sie zur gleichen Zeit versuchen, gegenüber sowjetischen und tschechischen »Handelsdelegationen« eine gemeinsame »kühle Front« aufzubauen.

Während das »Institut für Konflikt-Forschung« im März 1973 die westliche Geschäftswelt vor sowjetischer Wirtschaftsspionage warnte und die Behauptung aufstellte, daß fast drei Viertel aller sowjetischer Diplomaten und Handelsbevollmächtigten hauptsächlich mit Spionage im wissenschaftlich-technologischen Bereich befaßt seien*, fehlen bisher noch ähnliche Veröffentlichungen über die Tätigkeit westlicher Industriespione.

Ein völlig verbitterter Sicherheitsagent einer amerikanischen Gesellschaft äußerte sich hierzu im Laufe eines Gesprächs, das ich vor drei Jahren mit ihm in Washington führte:

»Mindestens jede zehnte amerikanische Firma wird durch Industriespionage ernsthaft geschädigt, und wir verlieren wahrscheinlich jedes Jahr über eine halbe Milliarde Dollar, wenn nicht noch bedeutend mehr, weil wir jedem kleinen Tom, Dickovsky oder Sorge, der in der Lage ist, sein Abhörgerät mit einem CD-Schild zu versehen, schutzlos ausgeliefert sind. Wir dagegen fahren lustig fort, unsere Botschaften mit unerfahrenen Snobs und professionellen Cocktail-Schwenkern vollzustopfen.«

Inzwischen hat sich auf diesem Sektor schon einiges geändert. Diätverstöße – erst ein Schlückchen, dann ein Törtchen und dort drüben noch ein Spießchen – werden auch weiterhin noch zu den Begleiterscheinungen des diplomatischen Dienstes gehören, aber die Cocktail-Schwenker empfangen ihre Gäste neuerdings nicht mehr nur mit offenen Armen, sondern auch mit offenen Ohren, picken Informationen auf und lauschen mit einer Hingebung, die dem spanischen Botschafter am Hofe Königin Elisabeths I. Ehre gemacht hätte, umlaufenden Gerüchten, Vermutungen und Verdächtigungen.

Dieser diplomatische Eifer wäre im Grunde unbezahlbar, wenn seine Ergebnisse in Form von Warnungen und geschäftlichen Tips aus »gewöhnlich zuverlässiger Quelle« auch jedesmal rechtzeitig alle interessierten Geschäftsleute und Unternehmer in der Heimat erreichen würden. Einige Regierungen haben dieses Problem erkannt und geben Wirtschafts-Informationsblätter heraus. Japan, in dieser Hinsicht schon etwas fortschrittlicher, finanziert eine regelmäßig erscheinende Zeitschrift über Industrieprojekte,

* »The Peacetime Strategy of the Soviet Union«.

Frankreich und Indien verschicken an Industrie- und Außenhandelsunternehmen regelmäßig Informationsmaterial, und die Vereinigten Staaten unterhalten einen Computer-Dienst, über den amerikanische Firmen, je nach Bedarf, Auskünfte einholen können.

Großbritannien richtete als erstes Land einen weltweiten Export-Nachrichtendienst für Industrie und Handel ein und ist auch heute das einzige mit dieser Einrichtung. Die hereinkommende Nachrichtenflut wurde am Anfang zweimal wöchentlich, seit 1962 täglich veröffentlicht. Den Wert dieser Informationsblätter konnte man nicht nur daraus ersehen, daß die Zahl der Abonnenten bald in die Tausende ging, sondern auch aus den Anstrengungen, die ausländische Konkurrenten unternahmen, um sich dieses Blättchen ebenfalls zu sichern.

Die gewünschte und die ungewünschte Popularität waren verständlich. Die Bulletins enthielten eine Menge Export-Hinweise, Marktberichte, Ausschreibungen und wertvolle Tips aus privaten vertraulichen Quellen, die irgendein verkleideter Cocktail-Schwenker angezapft hatte. Außerdem brachten sie regelmäßig Marktanalysen, die das gesamte politische und wirtschaftspolitische Klima eines Landes vom kommerziellen Standpunkt aus bewerteten. Dort fand man dann die genaue Auslegung irgendeiner Wahlrede, in der vielleicht eine »Verstärkung des Küstenschutzes ...« gefordert worden war, was dann dahingehend interpretiert wurde, daß das betreffende Land unter Umständen einen gesteigerten Bedarf an Schiffen, Waffen, Hafeneinrichtungen, elektronischen Geräten oder gar an Straßenbaumaschinen haben könnte.

Anfangs war es für niemanden schwer, Nutzen aus diesem angeblich nur auf britische Bedürfnisse zugeschnittenen Informationsdienst zu ziehen. In den öffentlichen Bibliotheken, denen das Bulletin täglich zugestellt wurde, konnte man beobachten, daß gerade die Ausländer zu seinen eifrigsten Lesern gehörten. Nachdem man den Kreis der Abonnenten eingeschränkt hatte, sahen sich plötzlich auch einige Botschaften vom Bezug ausgeschlossen, worauf einige Länder sowie verschiedene ausländische Großunternehmen in London Scheinfirmen gründeten, die sozusagen als Horchposten dienen sollten.

Bereits 1970 hatte sich der Dienst zu einem kaum noch überschaubaren Mammutunternehmen entwickelt. Bis dahin hatte er 176 000 Ausschreibungen, 53 000 Ausfuhrmöglichkeiten und Tausende von anderen Berichten aus allen Ecken der Welt veröffentlicht. Jedes Jahr katalogisierten die 220 britischen Handelsmissionen im Ausland mehr als 40 000 Vorgänge. Diplomaten wurden besonders für die Beschaffung wirtschaftspolitisch relevanter Informationen und deren Übermittlung per Fernschreiben oder Kurierpost ausgebildet. Schließlich sah man sich gezwungen, den ganzen Apparat auf einen mehr selektiven Computer-Dienst umzustellen, was vor allem im Interesse der kleineren, spezialisierteren Firmen liegen mußte, während man nur noch den größten Handelsorganisationen einen alles umfassenden Überblick zukommen ließ.

Die Zahl der Abonnenten nähert sich den 6000. Jährlich werden ihnen über 60 000 Einzelinformationen, unterteilt in 6000 verschiedene Sparten und Handelsartikel, zugänglich gemacht.

Zusätzlich zu diesen regelmäßigen Leistungen stellen diese zuvorkommenden Diplomaten, die ihre Quellen zwar allgemein beschreiben und bewerten, meist aber deren Namen und Stellung nicht preisgeben, auch ganz gezielte Nachforschungen an. Wenn eine britische Firma beispielsweise von einer angeblich weltbekannten, bestens renommierten Handelsgesellschaft in Saudi-Arabien angeschrieben wird – auf feinstem handgeschöpftem Bütten mit erhaben gedrucktem Briefkopf –, dann kann es vielleicht sein, daß ein Diplomat dem Hauptsitz dieses internationalen Konzerns gelegentlich einmal einen Besuch abstattet und dabei feststellt, daß es um die Kreditwürdigkeit des Unternehmens offenbar schlecht bestellt ist, da er statt des erwarteten Hochhauses nur einen mit Segeltuch gedeckten Ziegenstall vorfand.

Angesichts des offensichtlichen ausländischen Interesses an dem Informationsdienst wurden die Sicherheitsvorkehrungen immer wieder verschärft. Dennoch war man sich stets darüber klar, daß eine hundertprozentige Sicherheit nie zu erzielen sein würde.

Jeder Antrag auf Bezug der Informationsschrift wird genauestens geprüft. Unbekannten Firmennamen widmet man besondere Aufmerksamkeit, wobei man sich vor allem die ausländischen Direktoren im Firmenvorstand herauspickt. Diese Maßnahmen sind im Grunde nichts anderes als Selbstbetrug, den echten Schutz gewährleisten sie nicht. Im günstigsten Falle enttäuscht man nur jene naiven ausländischen Agenten, die ein Abonnement unter dem unverdächtigen Pseudonym eines Mr. Kossygin von der »Kasachstan-London-GmbH.« beantragen.

Eine etwas erfolgversprechendere Art der Überprüfung besteht darin, daß man den Umsatz des Antragstellers unter die Lupe nimmt. Es ist unwahrscheinlich, daß sich eine frischgebackene Ein-Mann-Firma mit Halbtags-Sekretärin und 100 Pfund Grundkapital als Großhandelsunternehmen eintragen läßt, teure Subskriptionsgebühren zahlt und echt interessiert sein sollte an allen Märkten von Österreich bis zum Comoro-Archipel und an allen Handelsgütern von Jade-Figuren bis zum Kaffee-Automaten, wenn damit nicht ein ganz bestimmtes Ziel verfolgt wird.

Obwohl die vom Computer ausgeworfenen Informationen nur an einen ausgesuchten Personenkreis versandt werden, läßt es sich nicht vermeiden, daß die Karten durch verschiedene Hände laufen, bis sie auf dem Tisch des autorisierten Endempfängers landen, und man weiß auch genau, daß zahlreiche Büroangestellte die auf diese Weise gewonnenen Erkenntnisse an die ausländische Konkurrenz verschachern. In manchen Fällen mag es sich dabei um Gelegenheitsdiebe handeln, in anderen wiederum um bestochenes Personal oder eingeschleuste Profis – in jedem Fall um kriminelle Elemente, deren Motive den Abwehrleuten durchaus verständlich sind.

Was den Sicherheitsleuten jedoch Kopfzerbrechen bereitet und sie immer wieder verblüfft, ist ein verhältnismäßig neues Phänomen, auch »korporative Loyalität« genannt, eine Loyalität, die vor allem in den Führungskadern der mächtigen supranationalen Organisationen anzutreffen ist und die sich über den althergebrachten Patriotismus hinwegsetzt. Auch der britische Wirtschafts-Nachrichtendienst verdankt dieser Erscheinung einige undichte Stellen. Als ich den Dienst gegenüber einem leitenden Angestellten einer multinationalen Unternehmensgruppe in Holland erwähnte, zog er einen Stoß Computer-Karten aus einer Schublade und fragte ohne eine Spur von Verlegenheit: »Meinen Sie vielleicht das hier?«

Die Männer an den Schalthebeln dieser Gesellschaften verhandeln mit Regierungschefs wie mit ihresgleichen und, wie Professor Wedderburn von der »School of Economics« in London 1971 anläßlich eines Vortrages vor der amerikanischen Anwaltskammer prophezeite, gleicht der Entscheidungsspielraum nationaler Regierungen inzwischen mehr demjenigen eines ländlichen Gemeinderates.

»Britische Berichte? Wir benutzen sie meist zur Gegenkontrolle unserer eigenen Informationen, die uns aus anderen Kanälen zufließen«, meinte mein Gesprächspartner in Holland und deutete dabei an, daß er seine eigenen Quellen besser einschätzte als das gesamte Informationsnetz britischer Botschaften und Handelsmissionen. »Ja, wir haben davon gehört, daß die Vereinigten Staaten und Schweden das britische System eingehend studiert haben und sich mit der Absicht tragen, etwas Ähnliches aufzubauen. Ich hoffe, daß es ihnen gelingt. Uns kann es im Grunde nur nützlich sein, verstehen Sie.«

Innerhalb dieser Organisationen wird Industriespionage vollkommen überflüssig. Informationen werden nur noch ausgetauscht. Amerikanische Gewerkschaften werfen den multinationalen Unternehmen ganz offen vor, zu einem großen Teil an der negativen Handelsbilanz mitschuldig zu sein sowie Arbeitsplätze und technologisches know-how zugunsten ihrer ausländischen Niederlassungen zu exportieren; aber darauf gibt es eine passende Antwort: Firmen wie ITT, IBM oder Dow Chemicals ziehen fast die Hälfte ihrer Gewinne aus ihren ausländischen Filialen und Tochtergesellschaften und sind damit beiderseits des Atlantiks vor staatlicher Einmischung einigermaßen sicher.

Außerhalb dieser Unternehmensgruppen bleibt jedoch ein sehr großer Spielraum für Wirtschaftsaufklärung und Industriespionage. Der Bedarf an derartigen Leistungen scheint nicht weniger groß zu sein, und der Lohn, der berufsmäßigen Agenten bei solchen Aufträgen winkt, hat auch schon hartnäckigere Skrupel verdrängt.

Aber diese Giganten wissen auch nur zu gut, welchen Gefahren sie selbst ausgesetzt sind, und bauen ihr Sicherheitssystem entsprechend aus. Auf welchen Personenkreis man hierzu gelegentlich zurückgreift, mag nur durch zwei Fälle belegt sein.

John McCone ist einer der Direktoren bei ITT (International Telephone and Telegraph Corporation), der elftgrößten multinationalen Unternehmensgruppe der Welt mit Niederlassungen in siebzig Ländern. Zu seinen zahlreichen Pflichten zählte unter anderem im März 1973 eine Aussage vor einem Unterausschuß des amerikanischen Senats, der eine Untersuchung über dunkle Machenschaften durchführte, in die offenbar allerhöchste Kreise verwickelt waren. Über persönliche Kontakte zum CIA hatte ITT angeboten, jeden möglichen Plan der amerikanischen Regierung, der gegen eine Machtergreifung des Marxisten Allende in Chile gerichtet sei, mit einer Million Dollar zu unterstützen. John McCone verfügt über sehr viel Erfahrung in solchen Geheimoperationen und über noch bessere Verbindungen auf höchster Ebene. Er ist nämlich ein ehemaliger Direktor des CIA.

Im September 1972 beschloß die britische Firma ICI, Europas größter Chemiekonzern, ihr gesamtes Sicherheitssystem zu überarbeiten. Sie ernannte Sir Martin Furnival Jones zum neuen Sicherheitsdirektor. Ihm oblag es nun, die Firma vor Spionage zu bewahren, die Investitions- und Patentgeheimnisse zu schützen, das unerlaubte Melken der elektronischen Datenbanken zu verhindern und eine bessere Durchleuchtung der 180 000 Angestellten in Großbritannien und anderen europäischen Ländern zu organisieren. Sir Martin, der für die Romanfigur des »M«, des Vorgesetzten unseres James Bond, als Vorbild diente, war vorher Chef des ehemaligen MI5. Als Generaldirektor des britischen Sicherheitsdienstes gehörte die Massenausweisung ausländischer Diplomaten wegen Wirtschaftsspionage zu seinen größten Triumphen. Während noch die letzten Tupolews vom Flughafen Heathrow abhoben, muß Sir Martin schon seine Pensionierungsurkunde in Händen gehabt haben. Seine Versetzung in den Ruhestand erfolgte dann im April 1972.

Tragen derartige Ernennungen und zunehmendes staatliches Engagement dazu bei, daß sich die Industriespionage, wie wir sie noch aus den Detektivgeschichten kennen, langsam überlebt?

Dies war eine der Fragen, die ich mit verschiedenen Detektiven, darunter einigen alten Freunden, diskutierte, als wir uns im August 1972 anläßlich des 18. Jahreskongresses des Rates Internationaler Ermittler (Council of International Investigators) im Seaside-Hotel in Brighton trafen.

Es war ein entspanntes, fröhliches Treffen vielbeschäftigter Geschäftsleute aus aller Herren Ländern, das vor allem durch das Fehlen schmieriger Typen, hochgeschlagener Mantelkragen, breitkrempiger Filzhüte und überdimensionierter Sonnenbrillen gekennzeichnet war.

Abhörgeräte waren nicht zu entdecken, dafür zahlreiche Miniatur-Kameras, als es während des großen Banketts darum ging, ein paar Schnappschüsse von der Roast-Beef- und der Freundschaftsbecher-Zeremonie mit nach Hause zu nehmen.

Für Unterhaltung sorgte Ihrer Majestät Grenadier Guards Musikkorps, und mitten im schönsten Trommelwirbel des River-Kwai-Marsches wurde ich von einem Kellner in die Halle gerufen.

Kubiks vielseitiger Leibwächter stand draußen.

»Sie wollen den Chef sehen.« Es klang eher wie eine Feststellung als wie eine Frage. Offenbar schätzte sein Arbeitgeber seine Künste als Messerwerfer so hoch ein, daß er darauf verzichtet hatte, ihm auch noch Manieren beizubringen.

Ich nickte nur. »Wann?«

»Heute abend.«

»Wo?«

»Ich hole Sie ab.«

Die alte Masche. Ich war fest entschlossen, der Flut von Fragen, die sich mir aufdrängte, nicht nachzugeben. Was machte Kubik in Brighton? Woher wußte er, daß ich hier war? Warum wollte er mich sprechen?

»Okay«, brummte ich so unbeteiligt wie möglich und, um ihm eine kleine Lektion in guten Manieren zu erteilen, zwang ich mir ein sparsames »Guten Abend« ab, das ihm deutlich machen sollte, daß er entlassen sei. Aber es hatte keine Wirkung.

»Kann etwas später werden. Gehn Sie nicht ins Bett.«

Das Ganze paßte mir überhaupt nicht, und ich spielte schon mit dem Gedanken, einen der hartgesotteneren Tagungsteilnehmer um meine Beschattung zu bitten. Dadurch wäre die Verabredung möglicherweise geplatzt, und so gewann denn die Neugier wieder die Oberhand. Ich beschloß, zumindest mit einem Amerikaner zu sprechen, von dem ich wußte, daß er Scotland Yard nicht tödliche Kampfgaswaffen zu verkaufen versuchte und zu diesem Zweck eine reichhaltige Musterkollektion an CS-Gaszerstäubern mit sich führte. Immerhin brachte ich ihn dazu, mir über Nacht ein Exemplar in Form einer Mundharmonika zu leihen.

»Mit diesem Magneten können Sie es unter dem Autositz befestigen, und mit dieser Klammer hier stecken Sie es an den Gürtel«, erklärte er mir. »Wenn Sie den weißen Knopf drücken, leuchtet die starke Lampe auf, damit Sie wissen, wohin der Strahl gerichtet ist. Den schwarzen Knopf können Sie mit dem Daumen bedienen. Ein Klick – und das Ding ist entsichert. Noch ein Klick – bitte nicht hier, es sei denn, Sie wollen die Bar räumen – und das Aerosol mit dem Wirkstoff tritt aus. Ein kleiner Spritzer, und der Feind wird zum Flitzer, wie wir sagen. Das Ding heißt ›Chemische Lanze‹ – hast du die ›Lanze‹, hast du 'ne Chance! Ha, ha. Der Gegner zerfließt vor Tränen, vielleicht muß er auch brechen. Aber selbst wenn er

Krämpfe bekommen sollte, wird er keine bleibenden Schäden davontragen.« Er redete auf mich ein, als wollte er mir eine Waggonladung von den Dingern verkaufen, und beinahe hätte ich von dem Vorhaben wieder Abstand genommen. Doch das Mißtrauen, das ich gegenüber Kubiks Messerhelden empfand, bestimmte mich, den klobigen Behälter in der Tasche zu lassen, als ich schließlich abgeholt wurde und um drei Uhr früh mit einem schweigsamen Begleiter das Hotel verließ.

Wie gewöhnlich überzeugte er sich davon, daß wir nicht beschattet wurden. Zuerst durchwanderten wir eine halbe Stunde lang die alten, verträumten Gäßchen, in denen sich ein Antiquitätengeschäft an das andere reihte und wo man den Bauch hätte einziehen müssen, um jemanden passieren zu lassen. Aber in diese Verlegenheit gerieten wir nicht. Für einen solchen nächtlichen Spaziergang war mein Begleiter keineswegs die ideale Wahl, denn ständig war ich gewärtig, eines von seinen Messern zwischen die Schulterblätter zu bekommen, und diese enervierende Vorstellung machte mir wieder einmal klar, wie nützlich ein Revolver sein kann – wenn man einen in der Tasche hat. Schließlich verließen wir das Labyrinth und traten in der Nähe des Royal Pavillon auf die North-Street, wo wir von einem Jaguar aufgenommen wurden.

Nachdem wir in Hove in ein kleines, aber schnelles Motorboot umgestiegen waren, legten wir endlich gegen 3.45 Uhr an einer Hochseeyacht an, die mich an die Aufnahmen erinnerte, die Kubik mir in Divonne gezeigt hatte – aber damals sah für mich ein Luxusschiff aus wie das andere.

An Bord bat man mich in einem gemütlichen Salon zu warten, der ganz den Eindruck machte, als habe hier gerade eine Konferenz von mindestens zehn Personen stattgefunden. Überall standen leere Gläser und volle Aschenbecher. Ich setzte mich und behielt eine Hand krampfhaft um die Gasflasche in meiner Hosentasche geschlossen.

»Hallo, Süßer – warum so sprachlos? Immer, wenn wir uns begegnen, schauen Sie mich an wie das achte Weltwunder. Haben Sie Vera Fielding vergessen?«

Sie wirkte frischer, lebhafter und schlanker als in Divonne. »Überrascht? Na ja – vielleicht liegt es an Ihrem Akzent.«

»An welchem Akzent?«

»Ich vermisse Ihre französische Note. Sie sprechen auf einmal wie eine Texanerin.«

»Gut fürs Geschäft. Zumindest wenn Sie es hier auf dem Kontinent mit nicht Englisch sprechenden Leuten zu tun haben.«

»Branche gewechselt?«

»Nur die Richtung.«

»Was führt Sie nach Brighton?« fragte ich rundheraus.

»Das ist doch gar nicht Ihre Art, mein Lieber, so direkte Fragen zu stellen.«

»Fragen kostet nichts. Sie müssen mir ja nicht antworten.«

»Ich mußte mit jemandem sprechen, der an derselben Tagung teilnimmt wie Sie.« Ich hatte sofort eine Vermutung, um wen es sich dabei handeln könnte, aber ich fand es sinnlos, sie danach zu fragen und von ihr eine Bestätigung zu erwarten. »Haben Sie durch ihn erfahren, daß ich hier bin?«

»Gegen diese Annahme habe ich keine Einwände; bleiben Sie ruhig dabei. Es tut mir leid, daß wir Sie zu so unpassender Stunde hierher gebeten haben, aber wir hatten hier eine sehr wichtige Verhandlung, die einfach kein Ende nehmen wollte.«

»Das sieht man.«

»Ja. Möchten Sie einen Bourbon?«

»Danke. Ein Scotch ist mir lieber. Ich bin ja schließlich kein Kunde vom ›Kontinent‹, nicht wahr?«

»Das ist gut, jetzt haben Sie's mir gegeben«, meinte sie lachend und füllte mein Glas bis zum Rand.

Dann plapperte sie weiter, bis mir endlich klar wurde, daß es an mir war, nach Kubik zu fragen.

»Ist er hier?«

»Wer?«

»Ihr Mann. Vielleicht erinnern Sie sich noch? Sie hatten doch einen Mann, und er hat mich heute abend eingeladen.«

»Ach, den meinen Sie, natürlich erinnere ich mich. Aber wir haben uns getrennt, und die heutige Einladung ging von mir aus.«

»Das tut mir aber leid, ich meine die Sache mit der Trennung.«

»Da braucht Ihnen nichts leid zu tun. Es war für uns beide das beste. Wissen Sie, er hat sich vom Geschäft zurückgezogen. Er wurde langsam alt. Und müde. Und dann seine Nerven, ja, seine Nerven haben nicht mehr mitgespielt. Es war tatsächlich zuviel.«

»Für Sie nicht, nehme ich an.«

»Nein, mein Lieber, für mich nicht. Eigentlich eine traurige Geschichte, wirklich.«

»Er wird seine Yacht vermissen.«

»Das würde ich nicht sagen. Er sehnte sich nach Ruhe. Er hatte genug von dem ständigen Hin und Her. Er fühlte wohl, daß er langsam den Boden unter den Füßen verlor. Das Geschäft hat neue Dimensionen angenommen, da gilt es mit wirklichen Top-Leuten zu verhandeln, mit großen Tieren ... Dazu fehlte ihm einfach die Klasse und der Stil, müssen Sie wissen. Also ist er ausgestiegen.«

»Und wo ist er beerdigt?«

»Wie können Sie nur so eine dumme Frage stellen?! Er ist nicht tot. Er ruht sich nur aus. Genauer gesagt, er segelt um die Welt. Tahiti, Bali, Großes Barriere Riff – und wie die schönen Orte alle heißen. Entspannt sich, weil er weiß, daß der Laden in guten Händen ist.«

»War es das, was Sie mir mitteilen wollten?«

»Ja, so könnte man es ausdrücken. Sie sollen auch wissen, daß wir zu einer gütlichen Einigung gelangt sind. Keiner trägt dem anderen etwas nach.«

Ich konnte mir beim besten Willen nicht vorstellen, mit welchen Manövern man ihn wohl zur »gütlichen Einigung« über seine Abdankung bewegt hatte.

»Würden Sie mir als Gegenleistung auch eine kleine Frage beantworten, mein Lieber?«

Noch völlig in Gedanken vertieft, nickte ich bloß.

»Hat er jemals von seinem Freund Truman gesprochen?«

»Von wem?«

»Oder von Trumans Tochter, von Mory und von Singapur? Es spielt eigentlich keine große Rolle, aber ich wollte Ihnen nur sagen, daß ich nichts damit zu tun hatte.«

»Womit?«

»Mit der rührseligen Geschichte, die er Ihnen möglicherweise erzählt hat.«

Es machte ihr ganz offensichtlich Spaß, mir mit ihrem Wissen über mich, über Kubik und die vielverzweigten Nervenstränge unternehmerischer Macht imponieren zu können.

Als ich mein Glas geleert hatte und die Audienz vorüber war, wurde in den Krankenhäusern wahrscheinlich schon der erste Frühstückstee serviert. Das kleine Motorboot sollte mich wieder an die Küste bringen, und gerade als wir uns gute Nacht wünschen wollten – oder vielmehr guten Morgen –, fragte sie, ob ich mich immer noch mit der Absicht trüge, dieses Buch zu schreiben. »Ja, mein Lieber, Sie können natürlich schreiben, was Sie wollen, aber ich darf Sie darauf aufmerksam machen, daß wir einige ausgezeichnete Rechtsanwälte an der Hand haben, die besonders bei Verleumdungsklagen bemerkenswerte Erfolge aufzuweisen haben.«

Mit Genugtuung stellte ich fest, daß sie die vielen Jahre an Kubiks Seite offenbar nicht vertan hatte. Zumindest hatte sie sich seinen eigentümlichen Sinn für Humor zu eigen gemacht.

Diesmal wartete kein Jaguar auf mich. Zum ersten Mal sah ich meinen Messerhelden grinsen: »Niemand hat mich beauftragt, Sie zurückzufahren, Sirrr...«

So ging ich denn zu Fuß. Eine kühle Brise trieb mich vor sich her, und davor schützte mich auch der vorletzte Schlager auf dem Gebiet der Selbstverteidigung nicht, den ich immer noch in meiner Tasche umklammert hielt.

Register

Abhöranlagen 118, 119, 121–124, 126–153
Abhörbefugnisse der Alliierten in der BRD 9
Abwerbung von Angestellten, unlautere 80–88
»Aldomet« 25, 26
Allardt, Helmut 131
Allende, Salvador 279
American Careers Inc. 85
American Potash and Chemical Corporation 83
Amin, Idi 132
Amore, G. 68
Anti-Abhörgesetze 119, 120, 134
Anti-Korruptionsgesetz von 1906, britisches 105
Anti-Lauschgeräte 150–152
Anti-Spionage-Vorkehrungen 147–153
Arzneimittelindustrie 24–26, 52–63, 91, 106
Ash, Roy 90
Atomkraftwerke 86, 87
Audio-Sensor 146, 147
Automobilindustrie 65–68, 70, 77, 78, 95, 98

Balmain 40
Bangkok, Auktion 18–22, 27, 160
Bankgeheimnis 111–113
Bath, Fred 146
Bean, William 55
Beecham's 57
Benn, Anthony Wedgewood 86
Besson, Jacques 41
BOAC (British Overseas Airways Corporation) 191, 192
Bollinger, Jack 196
Boumaza 161
Boyle, Sir Edward 116
Brand, John 23, 24
British Leyland 258, 259
British Titan Products Ltd. 22
Broady, John 58, 134
Burns Security Services 205

Campbell, Alan 114
Carratu, Vincent 26, 27, 92, 93, 101
Carter Products 83
Chanel 40
Chappaquiddick-Affäre 253
Chemie Grünenthal 61, 62
Chrysler 98
Chubb's 48
CIA (Central Intelligence Agency) 190, 211, 253, 279
CIO (Confidential Investigations Organisation) 64, 69, 70, 75, 77
Clark, Ossie 42
Clay, Cassius 120
Coca-Cola 96
Colgate-Palmolive 23, 24, 83
Computer, Anzapfen von 190, 192–196
Computer-Spionage 190, 192–204
Computeranlagen, Absicherung von 192–198, 203, 204
Computerforschung 191, 192
Cormack, A. S. 197, 201
Council of International Investigators 279, 280
Cyanamid Corporation 24, 56

Dash, Samuel 129, 247
Datenschutzgesetz 115, 220
Dauer-Sender 129, 130
»Der dritte Mann« (Film) 53
Detektiv-Agenturen 219, 220
Digital-Agent 191, 196, 198
Dior 40
Douglass, George 85, 88
Dow Chemicals 278
»Dreigestirn«, Firma 65, 66, 71, 73–76, 79–82
»Drop-Transmitters«, Mikro-Verkleinerung 144

DST, franz. Abwehrdienst 94
Dunlop, Derrick 54, 60
Du Pont 23, 83, 221

EDV (elektronische Datenverarbeitung) 191, 192, 199–201, 204
Entwurf-Diebstahl 150
Erdölexploration 190, 199, 200
Europäische Gemeinschaft 60, 87, 114
Europäische Menschenrechtskonvention 116
Europäischer Rat 115
Europäischer Rechtsausschuß 114

Fabrizio 58, 59, 61, 62
Fair Credit Reporting Act 115
Fairley, Peter 85
Fairmont, Frank 70–72, 74, 77, 79
Faser-Optik 150
FBI (Federal Bureau of Investigation) 31, 82, 111, 123, 196, 211, 220
FBI (Finlay's Bureau of Investigation), brit. Agentur 99
Federal Trade Commission 42
Fernosthandel 34–39
Fiat-Skandal 248
Fiat-Werke 68
Fidelity Inspection Service 49
Fielding, Vera 154–164, 169, 232–234, 242–244, 246, 250, 259–264, 266–268, 281–283
Finlay, Colin 99
Fleming, Alexander 53
Ford 98
Ford, Henry II. 249
Ford, Jasper »Jazzy« 42–47
Funk- und Telegraphen-Gesetz von 1949, brit. 118

Gebhardt 265–269
General Electric 86
General Motors 68
Gesetz gegen den unlauteren Wettbewerb von 1909, deutsches 115
Gesetz gegen Wirtschaftsvergehen, deutsches 115
Gesetzgebung 105, 110–120, 134, 200, 220
Getty, Paul 83
Getty, Ronald 82, 83
Gewerkschaften und Arbeitgeber 246–250
Goldwater, Barry 254
Goodenow, Barry 11, 53, 82, 101
Gramos Chemicals 106
Greene, Graham 53
Greene jr., Richard 25, 90
Großbritannien, Beitritt zur EG 10
Guardia Security Services 121, 134

Hamilton, Peter 89
Heims, Peter 100, 105
Henkell 99
Hintergrund-Informationen 212, 213
Holz 39, 45–47
Hoover, Edgar 31, 254
Hosiery Manufactures' Association 42

IBM (International Business Machines Corporation) 191, 197, 201, 278
Imitationen 33–35, 48–51
Industrie-Gegenspionage 212
Industriespionage, Rechtslage 105, 110–120, 134, 200, 220
Institut für Konflikt-Forschung 275
IOS-Affäre 155
Irving-Affäre 111
Isabel 164–174
ITT (International Telephone and Telegraph) 211, 278, 279

Jackson, Tom 250
Jean 179, 181
Jenkins, Clive 249
JETRO (Japanese External Trade Organisation) 270–272
Jones, Sir Martin Furnival 279
»Justice« 116

Kalgoorlie 175–182
Kefauver-Ausschuß 55
Kempster, Michael 109
Kendall, F. W. 49, 50
Kennedy, Edward 253
Kennedy, John F. 254
Kennedy, Robert 123
King, Martin Luther 120
Konferenz über Sicherheitsfragen in Washington 26
Kriegsspionage 94, 95
Kubik (Tom Asquare alias Blockley) 11–16, 22, 27–32, 107–109, 145, 158, 160, 198, 230–246, 250, 251, 256–264, 268, 280–283

Labour Party 257
L. 70, 75—80, 87, 89, 266
Laser-Lauschanlage 145
Lebensversicherungssystem 20, 21

Lederle 56, 57
Levine, François 14, 15, 90, 223–229
Lipset, Harold 80, 81, 91, 129, 135, 212
Litton Industries Data Systems Division 90
Lizenzdiebstähle, Aufklärung von 49
Lizenzvergehen 51
Lizenz- und Überwachungssystem 60
Luang, Kam (»Mr. Fixit«) 32, 33, 37–39, 50, 52, 235, 262
Lyon, Alexander 116

Mabel 208–210
Mafia 123
Management-Consultancy 65, 66
Management Investigation Services 147, 213
Martin, Sidney 22
Massenausweisung sowjetischer Diplomaten, britische 7, 279
Matthews, R. B. 146, 147, 213, 214
Mayfield, Eugene 24
McCone, John 279
McGovern, George 254
McGregor, James D. 50–52
Mercedes-Werke 115
Merck, Sharp & Dohme Company 25, 57
Mellinger, Frederick 44
Mini-Sender, Einfuhr von 136–138
Modespionage 40–42, 44–48
Monday-Club 250
Morgenthau, Robert 113
Morson's 25, 26
Mory, Ray 28–32, 38, 160, 235, 240–243, 261, 262, 283
Mulhall Electronics 139, 140
Murdoch, Rupert 148
Muskie, Edmund 253

Nachahmungen, Geschäfte mit 34–39
Nassau-Affäre 255, 256
Nasser, Gamal Abdel 131
NCHS (National Criminal History System) 220
New York Transit Authority 247
Niemann, Hans 100, 101, 103
Nixon, Richard 90, 113, 253, 254
Nkrumah, Kwame 161

Offshore-Investment-Operation 155, 160

Parke-Davis 25, 26
Parker, Guy 197
Patentdiebe, Organisation der 33
Patentschutz 53, 60
Patentsystem 53–55, 57
Penicillin 53
»Peeping Tommies«, Sensor 146
Personal Information Bill 115
»Pfeifer«, Peilgerät 150, 151
Philipp, Herzog von Edinburgh 89
Pinkerton's 219
Players 222
Ponzi, Tom 129
Poseidon 176, 182, 184
Procter & Gamble 23, 24
Privatdetektive 212–214, 216, 218, 219
Privatsphäre, Schutz der 115–120, 195, 204, 207, 210–212, 248

Quick, Illustrierte 252

Rand-Report 117
Randall, W. E. 48
Rasierklingen, Imitation von 35–37
Rillon, André 66–76, 79, 80

Saint-Laurent, Yves 40
Sampson, Anthony 86
Schatzamt, amerikanisches 111
Schatzamt, britisches 111, 112
Scheel, Walter 147, 148
Schiedermayer, Philip L. 192, 196
Schottensystem 147
»Scrambler-Anlagen« 149
Security Systems International 121, 122, 135
Seidenproduktion 48
Seifenkrieg 23
Sensoren 145–147, 153
Shang, Lau Big 50
Shepherd, Tony 205, 206
Shumbord, Irving 73, 99, 100
Sicherheitsagenturen 48, 212–214, 216, 217
Sicherheitsdienst, britischer 144
Sicherheitsvorkehrungen 13, 21
Sicherheits- und Nachrichtendienste, sowjetische 131, 132
Singline, Battling Bill 182
Skandale, politische 251–256
Smith, Harvey C. 83, 98, 110
Sorge, Richard 185
Special Branch 7, 10
Spindel, Bernard 134, 247
Spionage und Sex 157–174, 178–181, 186
Stalin, Josef W. 185

Star of Siam Company 48
Strategisches Luftkommando (SAC) 201
Strumpfhosen-Krieg, amerikanischer 39, 42, 43
Sûreté 41
Swinburn, Philip 22

Tabti, Rachid 161
Tasminex 182–184
Terry Ann 11, 16–22, 26, 27, 198, 231, 261
Tetracyline 56, 58–60
Thalidomid 61, 62
Titanoxyd-Herstellung 22, 23
Trades Union Congress (TUC) 248
Trevino, Lee 269

Union Carbide 83
Unternehmen, Geheimfonds 101–103

Veedol-France 83
Vinyl Products 106

Wackenhut Corporation 219
Walden, Brian 116
»Wanze« 123, 124, 126–144, 147–151, 174
Warenzeichenschutz, Verletzung des 51, 52
Watergate-Affäre 253
Wedderburn, Professor 278
Wirtschaftsaufklärung 12, 14, 25, 39, 58, 66
Wirtschaftsspionage, sowjetische 7, 275, 279
Wirtschaftsspionage, sowjetische 7, 275, 279
Wilson, Harold 251
Withers, Gebrüder 220

Younger Komitee, britisches 110, 116, 117
YSL-Kult 40